全国高等院校规划教材·财经管理系列

私募股权投融资教程

主　编　何　宇
副主编　宋　芳
主　审　陈　忠　刘贤昌　潘邦贵

图书在版编目(CIP)数据

私募股权投融资教程/何宇主编. —北京:北京大学出版社,2015.8
(全国高等院校规划教材·财经管理系列)
ISBN 978-7-301-25923-8

Ⅰ.①私… Ⅱ.①何… Ⅲ.①股权—投资基金—高等学校—教材 ②企业融资—高等学校—教材 Ⅳ.①F830.59 ②F275.1

中国版本图书馆 CIP 数据核字(2015)第 121218 号

书　　　　名	私募股权投融资教程
著作责任者	何　宇　主编
策 划 编 辑	李　玥
责 任 编 辑	李　玥
标 准 书 号	ISBN 978-7-301-25923-8
出 版 发 行	北京大学出版社
地　　　　址	北京市海淀区成府路 205 号　100871
网　　　　址	http://www.pup.cn　新浪微博:@北京大学出版社
电 子 信 箱	zyjy@pup.cn
电　　　　话	邮购部 62752015　发行部 62750672　编辑部 62765126
印 刷 者	北京富生印刷厂
经 销 者	新华书店
	787 毫米×1092 毫米　16 开本　23.25 印张　512 千字
	2015 年 8 月第 1 版　2020 年 7 月第 3 次印刷
定　　　　价	49.00 元

未经许可,不得以任何方式复制或抄袭本书之部分或全部内容。
版权所有,侵权必究
举报电话:010-62752024　电子信箱:fd@pup.pku.edu.cn
图书如有印装质量问题,请与出版部联系,电话:010-62756370

前 言

私募股权投资作为连接产业资本与证券二级市场的重要桥梁,是除证券投资以外最重要的金融投资。自从21世纪初在中国兴起以来,其发展势头一直方兴未艾,目前中国已成为仅次于美国的第二大私募股权投资市场,对中国的经济增长、结构转型和技术进步都起着至关重要的作用。随着中国IPO注册制的实施和多层次资本市场的建立,私募股权投资市场规模必将越来越大,私募股权投资知识也必将受到实业投资者、金融专业人士越来越广泛的重视,并成为高校本科金融学专业教学中不可或缺的重要内容。

目前,我国市面上关于私募股权投资的书大致有这样几种:一是单纯从案例分析出发介绍私募股权投资运作过程;二是根据实务经验详细介绍私募股权投资基金操作流程、操作方法和操作细节;三是研究私募股权投资基金与投资银行、对冲基金、被投资公司等某个或多个主体之间的关系;四是针对性地研究私募股权投资过程中某个阶段或部分,如退出机制、委托代理关系等;五是从监管或法律实务角度出发研究私募基金投融资过程。这些研究的侧重点和内容各具特色,但都不太适合作为高校私募股权投资课程的教材。本书的编写立足于高校私募股权投资课程的教学,其特色在于从金融学和法学两个角度将私募股权投融资的基本流程和运作机制完整地展示给读者,并结合金融投资及法律方面的理论与实务,配合翔实、恰当的案例分析,为读者深入浅出且全面系统地介绍私募股权投融资在中国的发展情况,非常适合本科生及研究生的教学;同时,对从事私募股权投融资工作的专业人员以及需要进行私募股权融资的公司股东和高管也有较大的参考价值。

本书由福建师范大学经济学院教授、协和学院经济与法学系主任何宇老师担任主编,负责制定本书的体例、写作规范、写作大纲以及教材的基本要求和教材要点,并对全书作了逐字逐句的校对和修改。福建师范大学协和学院的宋芳老师担任本书的副主编。全书具体分工如下:第一章由吴孔磊、陈贵珍老师编写;第二章、第六章、第九章由陈娜老师编写;第三章、第五章和第十三章由陈晓屏老师编写;第四章由潘晓佳、林莉老师编写;第七章由吴孔磊老师编写;第八章、第十章由宋芳老师编写;第十一章由潘晓佳老师编写;第十二章由赵桂华老师编写;第十四章由翁怡、郝慧老师编写。福州外语外贸学院陈忠教授、刘贤昌教授和福建农林大学潘邦贵副教授担任了本书的主审。

本书的写作得到了众多专家与学者的大力支持、指导和帮助,并且得到福建师范大学协和学院重点教材出版基金资助,在此表示深深的感谢!

编 者
2015年7月

目　录

第一章　私募帝国 …………………………………………… (1)
　　第一节　起源 ………………………………………………… (1)
　　第二节　发展 ………………………………………………… (5)
　　第三节　趋势 ………………………………………………… (15)

第二章　什么是私募股权基金 ……………………………… (26)
　　第一节　私募股权基金的概念 ……………………………… (26)
　　第二节　私募股权基金分类 ………………………………… (31)
　　第三节　私募股权基金运作原理 …………………………… (39)

第三章　如何管理私募股权基金 …………………………… (48)
　　第一节　私募股权基金的设立 ……………………………… (48)
　　第二节　私募股权基金的组织形式 ………………………… (54)
　　第三节　私募股权基金的管理制度 ………………………… (59)

第四章　如何寻找好项目 …………………………………… (77)
　　第一节　寻找优质项目 ……………………………………… (77)
　　第二节　私募股权投资项目评估内容与标准 ……………… (97)
　　第三节　估值 ………………………………………………… (101)

第五章　私募股权基金的资本投入程序 …………………… (114)
　　第一节　项目初审 …………………………………………… (114)
　　第二节　分析财务报告 ……………………………………… (119)
　　第三节　谈判与签约 ………………………………………… (125)

第六章　如何管理持有项目 ………………………………… (134)
　　第一节　投后管理概述 ……………………………………… (134)
　　第二节　持有项目管理的组织形式 ………………………… (139)
　　第三节　持有项目管控 ……………………………………… (143)

第七章　私募股权基金投资的风险控制 …………………… (155)
　　第一节　私募股权基金风险 ………………………………… (155)
　　第二节　项目风险控制 ……………………………………… (165)

第三节　私募股权基金财务风险预警指标体系 ……………………… (169)

第八章　私募股权基金如何获利 ………………………………………… (178)
　　第一节　私募股权基金收益特征及影响因素 ……………………… (178)
　　第二节　私募股权基金退出机制设计 ……………………………… (185)
　　第三节　私募股权投资的退出渠道 ………………………………… (187)

第九章　私募股权基金对公司的影响 …………………………………… (200)
　　第一节　对被投资公司管理与效率的影响 ………………………… (201)
　　第二节　对公司治理的影响 ………………………………………… (205)
　　第三节　对公司品牌的影响 ………………………………………… (217)

第十章　公司私募股权融资 ……………………………………………… (226)
　　第一节　你的公司需要私募股权投资吗 …………………………… (226)
　　第二节　如何走好私募股权融资之路 ……………………………… (235)
　　第三节　企业选择私募股权融资的风险规避策略 ………………… (246)

第十一章　中国企业境内上市流程 ……………………………………… (259)
　　第一节　中国企业境内上市 ………………………………………… (259)
　　第二节　中国企业境内上市流程 …………………………………… (266)
　　第三节　中国证监会发行股票审核工作流程 ……………………… (273)

第十二章　中国企业境外上市路径与流程 ……………………………… (279)
　　第一节　境外主要证券市场介绍 …………………………………… (279)
　　第二节　中国企业境外上市的路径选择 …………………………… (288)

第十三章　我国私募股权投资法律制度 ………………………………… (300)
　　第一节　我国私募股权投资法律制度概述 ………………………… (300)
　　第二节　私募股权基金设立的法律规制 …………………………… (308)
　　第三节　私募股权基金运作阶段的法律规制 ……………………… (314)
　　第四节　私募股权基金退出阶段的法律规制 ……………………… (319)

第十四章　私募股权投资模式及股权变更法律制度 …………………… (327)
　　第一节　增资扩股 …………………………………………………… (327)
　　第二节　股权转让 …………………………………………………… (333)
　　第三节　增资扩股和股权转让并用 ………………………………… (348)
　　第四节　股权变更登记中相关的其他法律 ………………………… (350)

附　录 ……………………………………………………………………… (354)
　　附录一　私募股权融资服务协议范例 ……………………………… (354)
　　附录二　保密协议范例 ……………………………………………… (356)
　　附录三　增资扩股协议范例 ………………………………………… (357)
　　附录四　股权转让协议范例 ………………………………………… (362)

参考文献 …………………………………………………………………… (364)

第一章　私募帝国

> **学习目的**

通过本章的学习,我们将了解私募股权投资在经济发展过程中表现出来的巨大作用;了解私募股权投资的潮流及其在世界主要国家和地区的最新发展动态;把握私募股权投资在当今世界及我国的发展趋势,并能够从目前的形势中对我国私募股权投资发展的机遇与挑战做出比较理性的评判。

第一节　起　源

一、一件不得不提的往事

让时光回到 20 世纪。

1983 年的一个夏日,彼得森坐在他的办公室里陷入了沉思。

作为成立于 1850 年的老牌投行——雷曼兄弟公司的董事会主席,他已经在这个位子上坐了差不多十年。1973 年,彼得森刚刚结束了为期一年的美国商务部长生涯,受邀到雷曼兄弟公司。自从 1969 年罗伯特·雷曼去世以后,公司陷入了权力争夺战。然而,彼得森却以他过人的才能凝聚了涣散的公司,让陷于瘫痪的公司业务重新有了起色。10 年来,在他的精心运作下,公司先后并购了 Abraham & Co 公司和科恩·娄布公司,并重组成雷曼兄弟—科恩—娄布公司。一时间,公司人才济济,业务繁荣。1983 年,公司拥有资本 2.5 亿美元,与高盛、美林、摩根士丹利并驾齐驱,但最终由于权力斗争,彼得森决定:辞职!

后来,彼得森和施瓦茨曼(注:彼得森以前的部下)做出了一个艰苦的决定:建立一家私募股权基金(Private Equity Fund)。施瓦茨曼(Schwarzman)在德文中 Schwarz 是黑色的意思,而彼得森(Peterson)在希腊语中 Peter 有石头的意思。于是,他们给自己的生意起名为 Black stone(黑石)。1985 年,黑石集团(Blackstone Group)成立。不过,这个集团却只有 4 个人——彼得森、施瓦茨曼和两个助手,最初的资金也只有 40 万美元。

他们知道,在投行界,彼得森德高望重,施瓦茨曼也非默默无闻之辈。但是,要做企业并购的买卖,只有资金才是最重要的。40万美元的资金连支付并购中的费用都不够。因此,吸引投资最重要:没有资金,就没有希望。

吸引资金的尝试最初让人绝望。他们认为最有希望提供资金的19个客户全部拒绝向黑石集团提供资金,随后走访的488个潜在的投资者中也没有人愿意向黑石集团投资。资金的缺乏导致黑石集团最早无法进行独立的并购业务。

1987年10月16日是有名的"黑色星期一",股价大跌让很多企业的财务报告非常难堪。然而这一年,对于黑石集团却是一个充满好运的年份。在这一年,施瓦茨曼从保诚保险公司获得1亿美元的投资。幸运的是,这笔投资在黑色星期一前退出了证券市场。当年的投资回报率高达24%。随后,包括大都会人寿、通用电气公司、日兴证券以及通用汽车公司的退休基金在内的32家企业对黑石集团发起的私募股权基金进行了投资。资金充裕的黑石集团随即向诸多行业发起了大规模收购。到2007年6月底,黑石集团管理着五个独立的私募股权基金,管理的资产总额高达918亿美元。这些基金投资了113家企业,交易总额超过2000亿美元。2006年全年,黑石集团的770个员工共创造了22亿美元的盈利,平均每人创造了295万美元的利润(投资银行行业业绩最好的高盛,人均利润是36万美元)。

2007年6月22日,黑石集团上市后,施瓦茨曼套现4.492亿美元,保留的股权价值78亿美元;彼得森套现18.8亿美元,保留的股权价值13亿美元。

仅仅用了22年,两人就将40万美元的初始资金通过投资成长到了114.292亿美元,升值了28573倍。私募股权投资的财富效应,不容小觑。①

那么,私募股权投资到底是什么?它又怎么能使资产在短期内能产生如此巨大的增值效应?它在哪里产生的呢?它的历史怎样?它现在发展的情况又如何?从现在开始,我们将在以后的章节中一一解答这些困惑。

二、私募的起源

(一)私募股权投资的国际源头

总的来看,在现代私募股权投资诞生以前,世界历史上曾出现过两次规模巨大的私募股权投资活动。

一次发生在15世纪末,英国、葡萄牙与西班牙等国在建立远洋贸易企业时进行的投资活动。在当时的历史条件下,仅靠个人的自有资金是无法满足创建远洋贸易企业资金需求的。因此,企业的组建对外源资本产生了强烈的需求,其中一些人可以不必去直接经营远洋贸易企业,只需要通过向远洋贸易企业投资就可以获得高额收益,这种外源资本就是初始形态的私募股权资本。

另一次是在19世纪末20世纪初,美国开发西部过程中建立石油开发企业和铁路企业热潮中的投资活动,这些投资活动对资本的需求都远远超过了个人或家庭的资金实力,这也促进了私募股权投资的发展。当时,一些分别投资于铁路、钢铁、石油和银

---

① 私募股权投资基金,http://pan.baidu.com/share/link?shareid=400324&uk=1426493326&fid=249567233 [2014-03]

行等行业的富有家族投资了一些高科技中小企业。例如,列表机公司(1896年创立于华盛顿)、计算表公司(1901年创建于俄亥俄州代顿)和国际时代唱片公司(1900年创办于纽约州恩迪科特),三个公司合并为一个制造办公用品的公司,这就是后来的IBM(国际商业机器公司);1919年,皮埃尔·杜邦对通用汽车公司的投资;1939年,劳伦斯·洛克菲勒对麦道公司的投资。20世纪30—40年代,这些富有家族开始聘请一些职业经理去帮他们寻找有潜力的中小企业进行投资。但这时期投资活动是由投资主体分散进行的,只能称为非组织化的私募股权投资。

这些早期投资资本对现代私募股权投资的产生与发展具有重大的意义,它们推动了现代企业制度的诞生和发展。经由这种投资方式,资本所有者可以依靠代理投资方式来获取资本的保值与增值,并承担有限责任,而不必再直接经营资产。这种经营制度的变革为私募股权投资以及自由资本的分化创造了制度条件。

不过,一般来说,现代意义上的私募股权金融机构最早出现在第二次世界大战结束之后。当时美国和英国出现了第一批机构性参股投资公司。1945年,美国研究和发展公司(ARD)在美国成立。同年,英国工商金融公司(ICFC)成立。这两家投资公司成为世界上最早的私募股权投资机构。随着战后欧洲重建的开始,在各工业国家中,人们就企业的自有资本率过低,以及由此引起的企业革新能力缺陷等问题进行了热烈地讨论。如此一来,人们便希望新成立的投资公司能够为他们提供帮助。但是,对于当时的投资公司而言,在这个年轻的市场上,它们缺乏必要的经验,这主要表现在两个方面:它们既缺少投资的经验,也缺少管理目标企业的经验。

1958年,美国推行"小型企业投资计划"(Small Business Investment Companies-Program,简称"SBIC计划"),以便推动当时发展缓慢的私募股权市场。此后,私人投资公司可以获得国家许可证,并以这种方式进行长期、低息、获得国家担保的金融资本,以便能够利用这些国家贷款继续募集到私人资本。

法国也随之而动,积极支持这种以公共资金为后盾的投资市场发展。1958年,法国成立了许多家"地区发展公司",以改善地方经济结构。

早在1948年,荷兰也做过类似的尝试,曾经组建过荷兰股权投资公司(NVP)。后来,其他欧洲一些国家也做过类似的尝试,试行这种新型的融资方式。

在德国,自19世纪工业化以来,主要是一些私人银行家作为自有资本出资人,投资那些具有发展前景、在市场经济发展中具有革新意义的项目,而当时的德国股票交易市场尚不发达。这些银行家虽然很自私地追求高利润,但同时也为当时德国国民经济的发展做出了巨大的贡献。这一发展最终推动了新时代的开端,一些关键的技术行业崭露头角,比如蒸汽机船、火车、保险业及机械制造业。

不过,与美国或者英国相比,德国机构性参股投资市场或者说私募股权投资市场的发展历史明显比较短。私募股权投资在德国发展比较缓慢,这与德国金融市场的特殊性有很大关联。一方面,德国市场缺少大型养老基金作为机构投资者,但是在美国,养老基金是资本市场上很重要的一个投资团体;另一方面,长期以来,德国并不存在能够方便股权持有人退出投资市场的渠道,或者说,不存在所谓的股票交易市场。德国还有一个令人瞩目的特点是:在企业融资方面,传统观念导致德国银行业注重企业与银行关系,根据客户关系进行投资,这一点也阻碍了私募股权投资行业的发展。①

在国际私募产生的整个历史源头中,有两件不容忽视的标志性的事件。

其一,私募股权基金的首创者是美国投资家本杰明·格雷厄姆(Benjamin Graham,1894—1976)。1900年前后,美国开始出现一些专门为富人管理财富的家庭办公室,如Phippes,Rockefeller,Vanderbilt以及Whitneys。这样,一些富有家族投资了许多商业企业,包括AT&T,Eastern Airlines以及Mcdonald-Douglas等,这些家族由自我管理逐渐转化为聘请外部专业人士负责选择和管理投资。

1923年,投资股市破产的格雷厄姆放弃了工作9年已成为合伙人的纽伯格—亨德森—劳伯公司,自立门户成立了格兰赫私人基金,规模50万美元,炒作的第一家股票是杜邦。

其二,1949年,美国第一家真正意义上的对冲基金(Hedge Fund)——琼斯组(Jones' Group)以私募的方式成立,引领了对冲基金的私募风潮。富有盛名的量子基金是20世纪60年代末由美国的索罗斯和罗杰斯私募成立的。

量子基金的初始资产只有400万美元,基金设在纽约,但出资人皆为非美国籍的境外投资者,可避开美国证券交易委员会(SEC)的监管。1979年,索罗斯将公司更名为量子公司,来源于海森伯格量子力学测不准定律。至1997年年末,量子基金已增值为资产总值近60亿美元的巨型基金。量子基金在俄罗斯金融风暴以及1997年做空港币时遭遇挫折,对美国网络股的投资更是让其损失了近50亿美元,元气大伤。因此,2004年4月28日,索罗斯不得不宣布关闭这一出尽风头的对冲基金。②

(二)私募股权投资的中国源头

我国最早的私募股权投资出现在1989年。当时我国政府为了促进科技成果的生产力转化而专门设立的中国科招高技术有限公司,成为中国最早的创业投资机构。

私募股权投资在我国真正发展时期是20世纪90年代后期至2000年年初。1998年3月全国两会上,民建中央主席成思危提出《关于尽快发展我国风险投资事业的提案》,呼吁大力发展我国的风险投资事业,建立中国的创业板市场,该《提案》被列为当年全国两会的"一号提案",成思危也被尊称为"中国风险投资之父"。

随着国家相关政策的出台,本土创投机构如深圳创新、鼎晖、弘毅等纷纷设立。1995年中国通过了《设立境外中国产业投资基金管理办法》,鼓励国外风险投资公司来华投资。从1995年到2004年,很多风投机构进入中国,一批国外著名的风险投资机构如IDG基金、KKR、黑石、高盛、凯雷、红杉资本、摩根士丹利、华平基金等也开始进入中国,形成了中外创投资本激烈竞争的局面,中国一大批优秀企业在创业投资基金支持下快速发展并实现海内外上市。在此期间,比较有影响力的公司有深圳市达晨创业投资有限公司、上海创业投资有限公司,等等。

1999年《中共中央关于加强技术创新、发展高科技、实现产业化的决定》的出台,为我国私募股权投资的发展做出了制度上的安排,极大地鼓舞了发展私募股权投资的

---

① 〔德〕马提亚斯·君德尔,布庸·卡佐尔著,吕巧平译.私募股权:融资工具与投资方式[M].北京:中信出版社,2011:20-36.

② 李靖.全球私募股权投资发展的历程、趋势与启示[J]海南金融,2012(5):33-38.

热情,掀起了第二次短暂的投资风潮。但是,2000年,因基金退出渠道仍不够通畅,大批投资机构因无法收回投资而倒闭。

2005年国务院关于《创业投资企业管理暂行办法》的发布、实施,明确了私募股权投资行业的法律地位,标志着我国私募股权投资行业步入规范化发展阶段。

2007年6月1日,新修订的《中华人民共和国合伙企业法》(以下简称《合伙企业法》)开始实行。

2009年10月23日,我国创业板正式开板,各地政府创业投资引导基金不断建立,社会民间资本参与创业的热情空前高涨,多层次资本市场及创业投资领域法律政策不断完善与发展,私募股权投资已经成为仅次于银行存款和首次公开募股(Initial Public Offerings,简称IPO)的重要手段。2009年随着天津股权交易所、天津滨海股权交易中心的成立,深交所推出创业板。

2013年6月1日新基金法施行,首次将私募股权基金纳入监管,填补了监管法律空白。这对于私募行业来讲最大的意义在于"正名"。随着纳入监管,私募未来可以自行发行产品,甚至可以设立发行公募基金,星石投资等私募机构已经开始为发行公募基金进行积极筹备。

2013年2月,保监会发布《关于保险资产管理公司开展资产管理产品业务试点有关问题的通知》,标志着保险资产管理公司发行私募产品的开闸。

2013年10月,国内首个专业型功能性对冲基金集聚地——上海对冲基金园区正式开园。入驻该园区的企业将在引导基金、人才激励、财税扶持、物业租金、医疗保障、交通设施等方面享受一系列由市、区两级政府提供的优惠扶持政策。

截至2013年12月26日,中国基金业协会的网站数据显示已有251家私募成为协会特别会员,私募的合法性得到确立,为私募行业发展打开了广阔空间,标志着我国私募股权投资市场逐渐完善,必将促进我国私募股权基金进入一个全新高速发展的新阶段。[①]

第二节 发展

一、国际私募股权投资的发展

在19世纪末的美国,有不少富有的私人银行家通过律师、会计师的介绍和安排,将资金投资于风险较大的石油、钢铁、铁路等新兴产业,这类投资完全由投资者个人决策,没有专门的机构进行组织,这就是现代私募股权基金的雏形。

在全球经济的大潮中,国际私募股权投资产业先后经历了四个重要的发展时期:

1946—1981年的私募股权投资发展初期,一些小型的私人资产投资以及小型企业对私募的接触使私募股权投资得到起步。

---

① 《私募股权投资》,http://doc.mbalib.com/view/C15af4f9d8324.c5d0971f05f9496096e.html[2014-03]。

1982—1993年的第一次经济萧条和繁荣的循环使私募股权投资发展到第二个时期。这一时期的特点是出现了一股大量以垃圾债券为资金杠杆的收购浪潮,并在20世纪80年代末90年代初几乎崩溃的杠杆收购产业环境下仍疯狂购买著名的美国食品烟草公司雷诺纳贝斯克(RJR Nabisco)中达到高潮。

私募股权投资在第二次经济循环(1992—2002年)中得到洗涤并经历了其第三个时期的进化。这一时期的初期也就是20世纪90年代初期逐渐浮现出一系列金融和经济现象,比如储蓄和贷款危机、内幕交易丑闻以及房地产业危机。这一时期出现了更多制度化的私募股权投资企业,并在1999—2000年的互联网泡沫时期达到了发展的高潮。

2003—2007年成为私募股权投资发展的第四个重要时期,全球经济由之前的互联网泡沫逐步走弱,杠杆收购也达到了空前的规模,从而使私募企业的制度化也得到了空前的发展。从2007年美国黑石集团的IPO中可以得到充分的印证。

国际私募股权基金经过60多年的发展,成为仅次于银行贷款和IPO的重要融资手段。国际私募股权基金规模庞大,投资领域广阔,资金来源广泛,参与机构多样。西方国家私募股权基金占其GDP的份额已达到4%~5%。迄今为止,全球已有数千家私募股权投资公司,黑石、KKR、凯雷、贝恩、阿波罗、德州太平洋、高盛、美林等机构是其中的佼佼者。[①]

二、美国私募股权投资的发展

美国私募股权投资的发展大致经历了以下四个重要的时期。

(一)早期阶段(1946—1969年)

20世纪40年代,美国出现大量中小企业,这些中小企业很难获得传统金融机构的资金支持。在这种背景下,波士顿联邦储备银行行长拉尔夫·弗兰德斯和被称为"创业投资基金之父"的乔治·多里特共同创办了"美国研究与发展公司"(American Research and Development Corporation,简称ARD),其目标之一即是设计一种私营机构解决中小企业的融资缺口问题,同时希望这种私营机构为中小企业提供长期资本与管理服务,于是创业投资基金随之形成。ARD的成立标志着有组织的专业化管理的私募股权投资崭露头角。ARD成立的主要原因是社会对市场上缺乏中小企业融资工具的担忧。因此,ARD的创立者们希望通过ARD实现以下两个目标:一是为中小企业提供一种非公开的融资工具;二是不仅要给中小企业提供资金,还要致力于提高其管理水平。

20世纪50年代,美国的私募股权投资还没有发展成一个真正意义上的行业,只是对个别项目进行投资,对经济的影响力不大。

第一家有限合伙制的风险投资机构——Dtaper、Gaither&Anderson于1958年成立。在20世纪60和70年代,有限合伙制在私募股权投资中占比很小,大部分采用封闭基金或小企业投资公司(Small Business Investment Companies,简称SBIC)形式筹资。1958年,美国通过《小企业投资法》支持小企业投资公司(Small Business Investment Companies Program,简称SBICP)发展。它直接受美国小企业管理局(Uniter States Small Business

---

[①] (私募股权投资,http://doc.mbalib.com/view/C15af4f9d8324.c5d0971f05f9496096e.html[2014-03]。)

Administration,简称SBA)的管辖,并可获得税收优惠和低息贷款的支持。1963年,美国约有692家SBIC,筹集到的私人权益资本为4.64亿美元。虽然SBIC发展迅速,但还是存在一些缺陷:一是SBIC吸引了大量的个人投资者而非机构投资者,这些个人投资者并不真正了解私募股权投资的风险;二是并非所有SBIC都为新创企业提供融资,SBIC更偏爱有着稳定现金流的公司;三是SBIC没有吸引到最优秀的投资经理们的加入。从20世纪60年代后期开始,SBIC的数目和规模都有所减少。

这一时期,较大的小企业投资公司约有23家。这些机构利用管理局执照将其持股公司资金投向小企业,由于不必向小企业管理局贷款,它们可以真正向小企业提供股权融资,这为美国私募投资行业训练了大量的人才。

(二)准备阶段(1970—1980年)

在此期间,美国的一系列政策促进了私募股权投资的迅速发展。

(1)认可退休金对私募股权基金投资。这就明确地允许了养老基金投资于高风险资产,其中就包括私募股权基金。

(2)确认合伙制公司身份。经过私募股权投资行业的多方游说,美国劳工部终于在1980年改变传统做法,认可合伙制与风险资本管理公司一样,可以获得关于认可资产管理的安全豁免权。

(3)改变资本得利税率。1981年,美国的资本得利税税率下调到20%,与此同时,美国国会通过立法,允许将股票报酬的纳税义务延迟到股票出售时,而非行权时。

20世纪70年代,有限合伙制(Limited Partnership)的出现解决了SBIC的很多内在缺陷,例如对投资限制的规避、对投资经理的激励问题等。从1969年至1975年,美国约有29家有限合伙制的私募股权基金得以建立,募集了3.76亿美元的资金。1973年,美国全国风险资本协会(The National Venture Association)成立。20世纪70年代,英国开始允许金融机构投资私募股权基金,欧洲其他各国相继放松对私募股权投资的管制,允许银行和保险公司等机构进入私募股权投资行业。然而,在20世纪70年代中期,世界主要国家股票市场的萎靡不振对私募股权投资的退出渠道造成了严重影响。私募股权投资机构不愿再将资本投入到新的项目,私募股权投资的发展暂时进入低谷,投资由创业阶段公司开始向创业后期公司转移。

(三)快速发展阶段(1981—2000年)

该阶段政府政策的变化导致合伙制公司的发展,大量资本注入私募股权投资市场。在1980—1982年间,承诺金额达成35亿美元,这是整个70年代的2.5倍。风险资本投资和非风险资本投资都得到了快速的发展。然而,其后私募股权投资的发展也并不是一帆风顺的,该行业的投资承诺极不均衡。在20世纪80年代上半期,每年投向该行业的资本持续增长,而在1987—1991年间则稳步下降。并购活动在80年代增长很快,但在80年代末期则急剧下降。这种变化主要受到私募股权投资的影响。比如,在20世纪70年代,风险投资基金的回报率极其可观,吸引了大量的资本进入该行业,包括缺乏经验的风险投资家。因而,在某些领域(如计算机硬件)的过度投资以及投资机构之间的剧烈竞争,必然导致80年代中期私募股权投资回报率急剧下降这一事实,这也在某种程度上影响了后续资本的注入。

美国的私募股权投资在20世纪90年代重新恢复快速增长,其回报率也十分可观,其中的原因有以下三点。

(1) 90年代初期,许多缺乏经验的投资者退出,这在一定程度上减少了投资机构之间的竞争。

(2) 首次公开发行市场在此期间表现良好,投资者可以比较容易地退出私募股权投资交易。

(3) 技术创新,特别是信息技术的创新,给私募股权投资机构提供了良好的机遇。

(四) 调整阶段(2001年至今)

从2001年起,美国私募股权开始进入调整时期。伴随着经济泡沫的破灭,美国股票市场急剧下滑,新股发行不景气,私募股权投资的退出渠道受到严重影响。在1997年东南亚金融危机至2000年美国网络科技股泡沫破裂的一段时期内,美国部分私募股权基金出现营运危机,私募股权基金一度陷入低迷时期。2001年以后,私募股权基金的发展重新加速,私募股权基金走向成熟。2006年,美国三大证交所公开发行股票的筹资总额为1540亿美元,而通过144A条款私募发行股票的筹资总额就高达1620亿美元。2007年上半年,全球私募股权基金共筹集2400亿美元资金,全年超过2006年的4590亿美元。尤其是私募股权基金的高回报吸引了越来越多的机构或个人投资者跟进,合伙人队伍也日益壮大。

近年来,私募股权投资业最富革命性的变化并不是投资模式,而是本身的组织结构。自从20世纪60年代中期开始,有限合伙制结构一直处于主导地位。但是,近年来出现了一些新的实践。例如,风险投资机构与并购机构之间的合伙,在不同国家或地区设立附属基金,风险投资机构设立实际的或"虚拟"的孵化器。[①]

三、欧洲私募股权投资的发展

以前欧洲主要国家的私募股权基金的资金主要来源于国内大银行、保险公司和政府机构,很少有其他类型的投资者。英国与欧洲其他国家不同,其资金来源始终具有很强的国际性,特别是与美国机构投资者的关系尤为密切。现在,欧洲大陆私募股权基金的资金来源越来越国际化,其原因主要有两个方面。

一方面,国际机构投资者特别是美国的机构投资者,对欧洲私募股权基金的兴趣越来越大;另一方面,国际性私募股权基金增加其在欧洲的投资力度。比如说,在并购业务方面有CarLyle,Chase Partners,Kohlberg Kravis and Roberts(KKR),Texas Pacific等,在风险投资方面有Benchmark,Draper Fisher Jurvetson,CatLyle,Central Atlantic等。虽然欧洲私募股权基金市场的发育程度远远逊色于美国,但美国的私募股权基金追求差异化战略(differentiation),并专注于对特定领域或特定范围的投资。而在欧洲,这种投资专门化趋势则刚刚开始,私募股权基金战略基本上没有区别。因此,与美国相比,机构投资者在欧洲选择投资对象时面临着更大的困难。

与此同时,在欧洲第一次出现美国式的投资顾问或"看门人"(gatekeeper),其作用是

---

① 王苏生,陈玉罡,向静.私募股权基金:理论与实务[M].北京:清华大学出版社,2010:3-30.

为投资者尤其是大型机构投资者在私募股权投资方面提供建议,或者直接替他们管理此类投资。在美国,投资顾问市场非常发达,Abbott Capital、Brinson Partners、Cambridge Associate 等投资顾问公司已经在协助养老基金和捐赠基金进行私募股权投资方面建立了牢固的地位。在过去,欧洲基本上不存在私募股权基金顾问。这一现象,一方面,反映出欧洲私募股权投资发展得极不成熟,另一方面,也反映出该市场缺乏对私募股权投资感兴趣的大型机构投资者。欧洲养老基金改革给欧洲的私募股权投资带来了无限的机遇。欧洲和美国的投资者开始增加在欧洲的私募股权投资,几家大型美国私募股权投资顾问开始进入欧洲,欧洲当地投资顾问也相继建立。

在 2008 年欧洲私募股权基金共筹资 1000 亿美元。从 2008 年欧洲私募股权基金的筹资来源来看,养老金居首,其后才是保险公司、银行和私有个体等。

不过,经历了多年的发展之后,近年来,欧洲私募股权投资有了新的动向。

(1) 在过去,许多投资由多家私募股权投资机构共同完成,牵头投资机构可以向其他投资机构收取费用。但是,随着私募股权基金的不断增加,联合投资大大减少,私募股权基金之间的关系不如过去密切。

(2) 欧洲私募股权投资机构在创造交易机会方面越来越积极。管理层换购(management buy,简称 MB)和投资者收购(investors buyouts,简称 IBOs)数量增加。这两种情况都是由目标公司外部管理团队或私募股权机构创造交易的机会,目标公司现有的管理团队在收购过程中可能起作用,也可能不起作用。

(3) 越来越多的欧洲私募股权投资机构在寻找项目和管理交易过程中主要依赖内部资源,对中介机构的依赖越来越少。

(4) 大型并购交易越来越普遍,一些泛欧洲(pan-European)交易至少部分地依靠发行高利率债券来完成融资。

然而,近年来,欧洲私募股权投资的发展也面临着一些艰巨的挑战。

(1) 由于欧洲私募股权投资市场竞争越来越激烈,私募股权投资机构除了关注财务结构以外,还必须更加注重增加被投资公司的价值。由于欧洲私募股权基金的合伙人大多数是财务导向的,今后有必要努力培养并帮助被投资公司改善运营能力。

(2) 目前许多英国和美国私募股权投资机构正在向其他欧洲国家扩张,其原因有两点:① 由于英国和美国私募股权投资市场相对比较成熟,而欧洲大陆市场存在很多有吸引力的投资机会;② 基金规模越来越大,基金管理人存在迅速投资的压力。但是,从一个国内小基金到大型多国基金的发展过程给私募股权投资行业带来了诸多挑战。例如,如何在不同国家和不同办公室之间提供激励机制,如何管理每个办公室的决策过程,如何完成基金的扩张,等等。①

四、中国的私募股权投资发展

我国私募股权投资的发展、变迁轨迹大体可分为四个阶段,且每个阶段都有其独特的市场背景和特点。

---

① 王苏生,陈玉罡,向静.私募股权基金:理论与实务[M].北京:清华大学出版社,2010:3-30.

(一) 行业发展初期阶段:形成全新投资概念

1999年,国际金融公司(IFC)入股上海银行标志着私募股权投资模式开始进入中国,这对于当时的中国来说是一个非常新的投资概念。首批成立的主要还是外资投资基金,投资风格以风险投资(Venture Capital,简称VC)模式为主,受当时全球IT行业蓬勃发展的影响,外资对中国的IT业的发展较为认可,投资的项目也主要集中在IT行业。但由于2001年开始的互联网危机,人们开始对IT行业的过热发展进行重新审视,国内的IT风险投资受到重创,这批最早进入中国的私募股权基金大多没有存活下来。

与之相应的是当时我国股票市场的不完善,发起人股份不能流通,投资退出渠道存在障碍,这些都成为制约这个阶段私募股权基金发展的因素。2002年尚福林担任中国证监会主席后,在2004年开始着手对我国上市公司进行股权分置改革,这是中国证券市场自成立以来影响最为深远的改革举措之一,为市场的长期、健康发展提供了保障。一直到2006年10月9日,"G"股标识正式告别沪深股市,股市也就真正进入了"全流通"时代,股票市场才开始步入正轨。

(二) 行业快速发展阶段:内资股权基金迅猛发展

从A股股权分置改革开始,我国私募股权基金进入了快速发展的阶段,此阶段主要特点体现在以下三点。

(1) 上市公司股权分置改革基本完成。我国股票市场的规范化、二级市场的高估值使得A股成为国内公司青睐的上市平台,私募股权基金的退出渠道畅通,而内资股权基金在A股上市中具有本土优势,使得内资股权基金发展迅猛。

(2) 人民币升值预期强烈。在2006年之后,我国的外汇储备不断攀升,国际市场对人民币升值的预期越来越强烈,国家外管局对外币的兑换做出了限制,海外上市企业在海外融资后存在着货币贬值的风险,外资股权基金发展受到限制。

(3) 政策对外资股权基金的限制。政府和市场都有着顾虑,以防中国改革开放30年以来辛苦创立的优秀民族品牌被外资收购控制,2006年8月由商务部牵头,六部委联合发布十号文《关于境外投资者并购境内企业的规定》,其核心的思想就是限制内资企业在海外上市,这对于外资股权基金来说是当头一棒,外资股权基金的发展自此受到严重阻碍。

这短短的三年时间,国内货币政策相对宽松,外资股权基金发展受到抑制,给内资股权基金腾出了快速发展的空间和机会,是内资股权基金发展的春天。大量的人民币股权基金出现了,并取得了快速发展;机构数量迅速增加,基金规模逐渐放大。在该阶段,市场整体入股价格在6～10倍市盈率,略微高于国际水平。

(三) 行业过热发展阶段:投资总量疯狂激增

从2009年下半年开始,一级市场持续高温,市场整体的价格在10倍市盈率以上,甚至出现了以20倍市盈率入股的项目,这在国外是非常罕见的,可见市场的疯狂程度,远远偏离了市场理性。该阶段的非理性发展现象主要是由于以下原因造成的。

（1）二级市场的关联效应。二级市场作为股权投资基金的下游,其发行状态的好坏直接影响了一级市场的价格。2009年下半年,随着金融风暴的渐渐平息,我国的股票市场也开始有所复苏,虽然大盘整体水平不高,但是IPO行情很好,在发行价格和发行速度方面都十分有吸引力,加速了一级市场的非理性发展。

（2）宽松的货币政策。为度过金融危机,国家推出并逐步实施了4万亿的投资计划,央行多次下调存、贷款利率和准备金率,市场上钱太多了,企业贷款环境非常宽松,大量的产业资本不是投向实业,而是投向了股票市场和股权投资市场,既抬高了股票市场的价格,又推高了股权投资市场行情。

（3）证监会两大政策出台。股票发行制度改革和创业板的推出,促进了市场化进程,单独来看都是非常有必要的,但是两者在同一时段推出却给市场带来了太大的波动。在实行上市窗口指导发行价政策阶段,30倍市盈率是上市公司不能越过的红线,优秀的企业也只能以28、29倍的市盈率进行融资。创业板的概念早在2000年就提出,经历了10年的漫长等待终于成为现实。这两者就像是弹簧,被压制了多年后突然放开,市场会有报复性反弹,而两者一起放开,叠加效应使反弹的幅度更大。

这些举措为我国私募股权基金的发展,特别是近年来一些大型企业之间的并购创造了优越的条件。凡此种种,从最近这些年来发生的一些案例中,便都可以窥见一斑。

2010年创业板上市的企业中,就有超过10家公司发行市盈率超过100倍,简单点看,这相当于投资需要100年时间才能够收回,在发达国家资本市场这种现象是很少见的。二级市场的火爆行情点燃了一级市场的赚钱欲望,拉升了股权投资市场的价格。

2012年,全球经济下行压力增大,私募股权投资行业面临巨大的退出体力及回报压力。中国私募股权投资行业步入深度调整期,行业"洗牌"加速,未达到预期收益的私募投权投资机构在市场竞争中处于不利地位,募资、投资均面临挑战,甚至遭遇市场淘汰。而专业水平高、已提前完成募资的成熟机构能够更好应对行业调整,投资策略、竞争格局都面临改变。

大中华区著名创业投资与私募股权研究机构清科研究中心发布的2012年中国私募股权投资市场数据统计显示,2012年共有369只可投资于中国大陆的私募股权基金完成募集,新募基金个数大幅超越上年,为历史最高水平,但募集金额较上年有较大回落,369只新募基金中有359只披露金额,共计募集253.13亿美元。其中人民币基金354只,外币基金15只,虽然在数量上人民币绝对占优,但在平均单只基金募集规模上,人民币基金与外币基金仍差距明显。

在这个阶段,几乎每周都有新的人民币股权投资基金成立,内资股权基金数量快速增加,基金规模不断放大。市场上的赚钱效应使得地方政府和国有企业也参与其中,做了不少产业基金。

不过,2013年发生的一些有关私募股权基金的大案,似乎更能从正面和反面两个角度来说明问题,并引发人们对私募股权基金发展现况的思考。

在中国并购市场尤为活跃的2013年,各行业并购交易规模不断被刷新,并且参与度较为活跃的私募股权投资机构也开始寻求新的运作方式,经典跨界、跨境并购案例更是层出不穷。其中,2013年最为经典的十大事件如下。

(1) 双汇71亿美元收购Smithfield,打造全球猪肉巨头。

5月29日,双汇国际宣布以总价71亿美元收购全球最大的猪肉生产和美国加工商Smithfield。本次交易全部以现金支付,其中47亿美元支付收购价款,并承担后者24亿美元的债务,收购完成后Smithfield将实现私有化,9月27日,交易完成。

(2) 中石油500亿美元收购伊拉克油田,创资产类并购交易之最。

1月23日,中石油以500亿美元收购世界石油巨头埃克森美孚在伊拉克的西古尔奈-1号油田项目,西古尔奈-1号区块的原油储量在100亿至150亿桶之间,最高日产量可以达到100万桶。

(3) 百度19亿美元收购91无线,刷新互联网并购记录。

7月16日,百度宣布与网龙网络签署谅解备忘录,以19亿美元收购网龙网络旗下91无线网络100%的股权,8月14日,百度与91无线正式签署收购协议,10月1日,该笔交易顺利完成,91无线将成为百度的全资附属公司,并保留原有的管理团队独立运营。

(4) 华谊兄弟6.72亿购得银汉科技,布局"影游互动"模式。

7月19日,华谊兄弟发布公告,以通过发行股份和支付现金的方式收购国内最早专注于提供移动增值服务和移动网络游戏开发与运营服务的企业银汉科技50.88%的股权。银汉售股股东承诺,银汉科技在2013年度、2014年度、2015年度实现归属母公司股东的净利润不低于1.1亿元、1.43亿元、1.86亿元。

(5) 蒙牛112亿港元收购雅士利,创国内乳业最大并购案。

8月15日,蒙牛出资111.89亿港元成功获得雅士利89.82%的股份,交易顺利完成,创下国内乳业规模第一并购案。

(6) 微创医疗2.9亿美元收购Wright,创医疗行业最大出境案。

6月18日,国内最大的介入治疗产品生产商微创医疗拟通过全资子公司Mciro-Port Medical B. V.出资2.9亿美元收购美国Wright Medical Group旗下的关节重建业务及其资产,12月16日,交易完成。

(7) 苏宁、弘毅联手收购PPTV,私募股权基金助力已投企业战略投资。

10月28日,苏宁云商公告称拟联合弘毅4.2亿美元收购日本软银集团、软银中国投资、蓝驰创投、德丰杰共同持有的PPTV 44%的股权,其中,苏宁云商与弘毅分别出资2.5亿美元和1.7亿美元。收购完成后,苏宁云商将成为PPTV第一大股东,该笔交易也成为苏宁云商迄今为止一次最大动作的战略布局。

(8) 成飞集成拟收购同捷科技,私募股权基金贪婪导致交易失败。

1月13日,停牌近3个月之久的汽车模具制造企业成飞科技称,拟以"现金+股权"的方式,以不超过5.45亿元(增值约44%)的价格收购国内最大汽车独立设计公司同捷科技87.86%的股权;7月,双方因对标的资产的最终交易价格未能达成一致,成飞集成公告称放弃收购同捷科技。

(9)雪人股份收购晶雪冷冻,开创私募股权投资退出新途径。

8月30日,雪人股份公告称,出资4.48亿元收购装配式冷库厂家常州晶雪冷冻100%的股权。其中,以发行股份方式向晶雪投资、TBP Ice Age、国信弘盛、同德投资、宏邦投资以及国信创投原股东合计持有的75%股权,以支付现金的方式购买晶雪投资、常润实业合计持有的25%股权。

(10)万科战略入股徽商银行,产业资本布局金融领域。

11月12日,万科通过万科置业(香港)公司作为基石投资者31.2亿港元认购徽商银行IPO发行股份的8%,交易完成后,万科将成为徽商银行最大的股东。

由此可以看出,我国企业在私募股权投资市场发展上,可以说是前景无限。但是,相比之下,由于我国经济总量的不断扩张和人民币升值压力的不断增加,相关限制企业海外上市的政策没有任何松动,外资股权基金在中国市场上可能会持续低迷、沉沦。①

(四)行业发展完善阶段:市场投资者多样化且权益保护日益成熟

一方面,随着中国私募股权投资行业的不断发展,其对市场上投资者权益的保护提出了更高的要求:首先,在法律、法规方面,已经有许多法律确立了投资者的权利,如《中华人民共和国公司法》(以下简称《公司法》)、新《合伙企业法》中对公司制度、有限合伙制度的相关规定,有效保护了投资者的知情权、优先分红权、优先清算权等一系列权益。其次,在各类股权投资基金的公司章程或有限合伙协议中,越来越多的条款都将投资者的利益摆在了最重要的位置,除了约定属于投资者的基本权益外,更多针对投资者优惠的条款亦被频繁地写入其中。究其原因,一是普通合伙人(General Partner,简称GP)为了在愈发激烈的市场竞争中吸引更多投资者,二是由于投资者投资理念日益成熟,自我保护意识逐渐增强。

另一方面,中国的股权投资行业发展时间较短,积累的本土知识与经验毕竟非常有限,迄今为止仍未有专门针对股权投资的相关法律规定出台。此时,制定一部专门的《股权投资基金法》成为我国保障股权投资者权益的根本要求,也是不断完善市场环境的基本出发点。在未来,国家相关监管部门势必越来越重视股权投资市场上投资者权益的保护及市场规范的形成。只有规范了市场的各个参与者的权利与义务,行业才会健康、快速发展。

1. 中国机构投资者整体发展概况

自我国股权投资市场起步以来,机构投资者在数量和规模上获得了较快的发展。目前,我国机构投资者主要包括保险资金、企业年金、信托公司等主要的各类机构及相关的投资者。其发展情况从表1-1中,便可窥一斑。

---

① 统计资料参考 http://www.simuwang.com/bencandy.php?fid=249&aid=163648 [2014-03]

表 1-1　2013 年 3 月份中国私募股权投资市场一级市场行业投资统计①

行业	案例数	比例(%)	披露金额的案例数	金额(百万美元)	比例(%)	平均资金额(百万美元)
互联网	5	17.2	4	28.37	4.7	7.09
房地产	3	10.3	3	72.53	11.9	24.18
生物技术/医疗健康	3	10.3	1	9.63	1.6	9.63
食品饮料	2	6.9	2	122.61	20.2	61.31
机械制造	2	6.9	2	44.93	7.4	22.47
娱乐传媒	2	6.9	2	33.91	5.6	16.96
电子及光电设备	2	6.9	2	3.35	0.6	1.68
IT	2	6.9	1	1.75	0.3	1.75
连锁及零售	1	3.4	1	139.69	23.1	139.69
能源及矿产	1	3.4	1	79.63	12.6	76.39
建筑/工程	1	3.4	1	20.63	3.4	20.36
纺织及服装	1	3.4	1	19.18	3.2	19.18
电信及增值业务	1	3.4	1	3.18	0.5	3.18
化工原料及加工	1	3.4	1	1.75	0.3	1.75
其他	2	6.9	2	27.58	4.6	13.79
合计	29	100	25	605.21	100	24.21

2. 中国机构投资者投资私募股权市场概况

从整体上来看,在中国股权投资市场上,虽然中国机构投资者不断扩张其在私募股权股资行业的布局,但国内有限合伙人(Limit Partner,简称 LP)市场的机构化进程较为缓慢,仍属发展的初级阶段。据清科研究中心数据,截至 2013 年年底,清科研究中心收录的本土机构 LP 共计 3,023 家,仅占本土 LP 总数的四成。其中,企业 LP 数量最多,达到 1,157 家,占比为 38.3%;投资公司、私募或风险投资机构 LP 紧随其后,数量分别为 456 家及 375 家,占比均超过 10.0%;政府机构、上市公司、政府引导基金 LP 在数量上也均超过 200 家,分别为 299 家、277 家以及 227 家,占比分别为 9.9%、9.2% 以及 7.5%。② 从本土机构 LP 的可投资本量来看,截至 2013 年年底,共有 2,245 家机构 LP 披露了其可投资本量,共计 1,674.33 亿美元。虽然本土机构投资者在 LP 总数量上的占比仅为四成,但本土 LP 市场的可投资本量却几乎全部来自机构投资者。在所有本土机构 LP 中,上市公司、企业、投资公司 LP 的可投资本量位居前三位,分别为 370.11 亿美元、201.02 亿美元和 191.27 亿美元。③

---

　① 资料来源:清科数据库,www.ZDBCHINA.com [2013-04]
　② 清科观察:2014 年中国股权投资机构 LP 白皮书,http://research.pedaily.cn/201402/20140218360604.shtml [2014-03]
　③ 资料来源同第 4 页注释。

第三节 趋 势

从全球发展经验和趋势来看,私募股权投资的发展与宏观经济周期密切相关。2008年国际金融危机之前,全球流动性过度增长、发达国家实行超常宽松的货币政策带动了私募股权投资的高速发展;国际金融危机之后,全球私募股权投资急剧萎缩,2010—2011年有所好转但仍处于低位盘整区间。

在中国市场,2005—2008年,私募股权投资新增基金及募资额发展势头迅猛,人民币基金开始超过美元基金占据国内市场主流;与发达市场相比,2010—2011年表现出逆势增长的特征。在我国直接融资市场仍欠发达的情况下,股权投资的大发展显得弥足珍贵。但2012年第一季度,境内私募股权投资交易数量和单笔投资金额与2011年同比显著降低,"逆势"增长趋势不再。

一、私募股权投资发展现状与特征

（一）全球私募股权投资的发展趋势

从全球数据来看私募股权投资发展规模与经济形势密切相关,在经济高涨和全球化扩张时期,私募股权投资得以迅速发展;在经济萧条或危机时期,私募股权投资受到抑制。1995—2000年私募股权投资获得爆发式增长,全球投资总额从440亿美元增至2500亿美元;2002年降至880亿美元后,2003年下半年开始再次复苏,于2007年达到7161亿美元;2008年开始下降,2009年降至955亿美元,已低于2001年的1233亿美元;2009~2011年,全球私募股权投资实际募资额继续下降,分别为2814亿美元、2459亿美元、2298亿美元,投资额略有上升但幅度不大,分别为1379亿美元、2351亿美元、2176亿美元。

（二）中国私募股权投资发展现状

2005—2008年,中国境内私募股权投资新增基金募资额及投资额增长迅猛,与发达私募股权投资市场相比,2010—2011年表现出"逆势"增长特征。2006—2008年,中国境内私募股权投资基金快速增长,人民币和美元私募股权投资基金募资额分别达到213亿美元和398亿美元。受国际金融危机冲击,2009年出现萎缩,但在2010—2011年再次快速增长,2011年新募私募股权投资基金达235只,为2010年的2.87倍,其中披露募集金额的221只基金共募集388.58亿美元,较2010年涨幅达40.7%。本外币私募股权投资基金个数和募资额于2009年出现逆转(VC于2008年出现逆转),人民币基金募资额首次超过美元基金募资额成为市场主力。2007年,私募股权投资额达到160.6亿美元,在2008—2009年盘整之后于2011年重新达到406亿美元(约2560亿元人民币)的历史峰值,已相当于当年非金融企业股票融资总额的近60%,也相当于我国当年社会融资总量的2%。

私募股权投资推动了两大类产业的发展:以生物技术和医疗保健、清洁技术、IT和互联网以及现代制造为代表的新兴产业和以化工、电信、食品、能源及矿产等代表的传统产业。2009年以来,私募股权投资支持的中国企业境内IPO数量及退出收益率均远远高于境外IPO数量和退出收益率。较高的账面投资回报率一方面表明中国境内市场为私募股权投资提供了巨大的机会,另一方面也体现了境内市场的不成熟。

但是,到了2013年,情况发生了一些微妙的改变。

2013年私募股权投资市场低开高走,募集金额同比增长。清科研究中心发布了2013年中国私募股权投资市场数据统计结果。数据统计显示,2013年中国私募股权投资市场共新募集完成349只可投资于中国大陆地区的私募股权基金,募资金额共计345.06亿美元,数量与较上年略有下降,金额同比增长36.3%;从新募基金类型分析来看,房地产基金为2013年表现最抢眼的基金类型,数量与金额占比均超过总量的三成;从新募基金的币种来看,人民币基金数量仍然占据绝对优势,外币基金募集情况有所回温;与募资情况类似,2013年中国私募股权投资市场投资交易数量与上年相比有小幅缩水,投资金额同比增长23.7%,共发生私募股权投资案例660起,其中披露金额的602起案例共计投资244.83亿美元,房地产成为投资最活跃行业;2013年全年共发生退出案例228笔,其中IPO退出均发生在境外市场,共计发生41笔,并购退出以62笔成为机构最主要退出方式,共占全部退出数量的27.2%。

1. 募资市场出现回暖迹象,外币基金较前募集活跃

根据清科研究中心统计,2013年共有349只可投资于中国大陆的私募股权基金完成募集,其中披露金额的339只基金共计募集345.06亿美元,募集数量同比下降5.4%,募资金额同比增长36.3%,募集市场复苏迹象较为明显。其中,进入下半年以来,美元基金的募集热度出现回升,不少大型外资机构完成了投向中国/亚洲市场的美元基金;此外,房地产基金对募资市场的贡献度占到了三成以上;大型机构LP、国资LP在本年度的募集活动中活跃度上升。

从新募基金类型角度分析来看,349只新基金中,成长基金的数量与金额均占一半左右,占比数量较往年有所下降,共计新增基金181只,披露募资金额的172只共计募集188.07亿美元。房地产基金共计新增132只,披露金额的131只共计到位106.67亿美元,包括外币房地产基金4只,共计募集25.20亿美元。2013年,新增并购基金19只,募集资金25.07亿美元,新增夹层基金6只,过桥基金1只,以及以PIPE基金、基建基金为主的其他类型基金10只。

2013年新募基金包括人民币基金322只,其中披露金额的313只募资总额为233.26亿美元,外币基金新增27只,披露金额的26只共计到位111.80亿美元。其中,鼎晖投资的鼎晖中国美元基金一年内募集到位超过18.00亿美元,成为年度最大单只基金。

2. 投资金额同比增长23.7%,成长资本/房地产/PIPE为主要投资策略

2013年中国私募股权投资市场共发生投资案例660起,与上年同期相比减少2.9%,其中披露金额的602起案例涉及交易金额244.83亿美元,同比增长23.7%。其中大宗交易的频频发生有效带动了投资金额的增长,共发生投资规模2.00亿美元以上的大型交易15起,涉及金额超过94.00亿美元。

从投资策略来看,2013年成长资本、PIPE(Private Ivestment in Public Equity 私

募股权基金投资已上市公司)、房地产投资三种策略占据全部策略类型的95.0%以上。其中,成长资本431起、房地产投资105起、PIPE投资94起,披露金额的投资交易分别有384起、100起、92起,涉及金额126.12亿美元、63.39亿美元、45.63亿美元。全年还发生并购投资14起、夹层资本7起、过桥投资2起。

3. 多行业频发大宗交易,北京仍为最热投资地区

2013年,私募股权投资机构所投行业分布在23个一级行业中,房地产行业为最热门行业,共计发生投资交易105起,是唯一投资数量超过三位数的行业。生物技术/医疗健康、互联网、电信及增值业务、清洁技术等战略新兴产业为热门投资行业第二梯队,所获投资数量均超过40起。农/林/牧/渔、机械制造、能源及矿产、化工原料及加工等传统行业紧随其后,投资数量均在25起以上。

在投资金额方面,房地产行业凭借5起超过2.00亿美元的大宗交易以63.16亿美元毫无疑问夺魁,排在2~4位的能源及矿产、物流、互联网行业本年度也有大宗交易发生。值得一提的是,在能源及矿产行业中,国联能源产业基金对中石油管道联合有限公司的240.00亿元巨额出资,为近年来私募股权投资领域最大单笔投资交易。

从2013年投资交易的地域分布来看,北京、上海、江苏、广东、浙江等发达地区依旧是获得投资最多的地区。在投资金额方面,内蒙古、重庆、云南等中西部地区所获投资增长较快。

4. 并购退出占比27.2%,香港主板成IPO主战场

2013年,中国私募股权投资市场共发生退出案例228笔,由于境内IPO经历了历史上最长的空窗期,在主退出渠道阻塞的情况下,退出市场呈现多元化态势。其中,并购退出成为最主要的退出方式,发生案例62笔,占全部案例数的27.2%。全年IPO退出案例41笔,全部发生在境外,香港主板实现退出34笔,成为IPO主战场,其中有18笔发生在12月。此外,本年度股权转让与股东回购各发生47笔与38笔,管理层收购发生20笔,另有以房地产基金退出为主的其他方式退出17笔,清算退出3笔。

从退出行业分布分析来看,房地产行业获得64笔退出,遥遥领先于其他行业,这主要源于房地产基金存续期较短,2011年左右兴起的房地产基金已基本到退出期。排在2~6位的行业为能源及矿产、生物技术/医疗健康、机械制造、互联网、建筑/工程,退出笔数均在10笔以上。

(三)我国私募股权投资的主要特征

当前,我国私募股权投资行业的发展呈现出三个特点。

(1)出资人多元化、机构化、专业化。2010年之前,我国私募股权基金以四类为主:外资背景基金、政府主导基金、券商背景基金和民间资本基金。2010年之后,机构类基金开始成为私募股权投资最主要的潜在出资人,保险资金、社保基金先后获准投资私募股权基金,包括上市企业、银行系资金也加大进入力度,市场结构趋向多元化、专业化,市场竞争加剧。尽管从基金投资人的数量角度来看,"富有家庭及个人"占了私募股权投资行业的近一半,但这类投资人的可投资本量只占总量的0.7%;相反,上市公司、公共养老基金和主权财富基金从数量上看只占5.3%,可投资本量却占全行业的三分之二,该行业开始从"富人俱乐部"向"大机构俱乐部"转变。

(2) 私募股权投资在宏观调控和经济增长趋缓的背景下呈现出逆势增长的特点，在助推高科技和高成长型中小企业、推动经济结构调整和产业转型方面起到了重要作用。市场需求成为推动私募股权投资增长的重要因素。随着传统产业升级、转型以及新兴产业的发展，大量中小企业在科技创新和产业模式创新的推动下不断涌现。私募股权投资以其敏锐、专业和灵活的优势，将处于不同发展阶段的企业与多层次的资本市场有机对接起来，推动了中小企业的成长和产业创新转型。

(3) 政府的积极推动，包括成立各类引导基金和发展基金参与市场投资，在一定程度上降低了私募股权投资的风险。截至 2010 年年底，各地方政府出资设立的创业投资引导基金总数达 58 只，基金总规模 452 亿元。政府引导基金以引导创业投资机构的投资方向、投资行为和投资阶段，扶持创新企业、促进战略性新兴产业发展为目标，不但改善了私募股权投资市场的资本来源问题，还通过参股、提供融资担保和风险补偿等方式带动更多的社会资本进入创业投资领域，与社会资本形成互惠共赢。

二、我国私募股权投资发展的有利条件和潜在风险

(一) 私募股权投资发展的有利条件

(1) 外部条件呼唤私募股权投资的发展。在宏观层面，我国经济转型和产业升级对私募股权基金与企业创新的结合有内在需求。我国以劳动密集型制造业为代表的传统产业优势正在被东南亚和南亚等其他发展中国家赶超。而在新兴产业领域，技术自主创新能力不足限制了新兴产业对产业转型的引导，私募股权投资支持技术创新型企业的敏锐性和专业性恰恰是改变这一困境的重要一环，通过私募股权投资推动企业创新与我国的经济发展战略和发展趋势十分吻合。此外，由于我国间接融资难以充分满足中小微企业的融资需求，正规资本市场直接融资门槛较高，加上境内大机构人民币资金富裕，资本市场退出渠道随着创业板的推出而逐渐通畅，这些因素都形成了私募股权投资增长的有利条件。

(2) 机构投资者增加了对私募股权投资行业的投资或关注，为私募股权投资行业注入了新鲜血液。市场竞争加大，有利于推动私募股权投资致力于寻找真正有价值的高成长企业，切实加快产业转型、升级。

(3) 在宏观调控以后，流动性过剩情况逐渐消失，因流动性泛滥和资产价格泡沫诱发的私募股权投资投机倾向得到抑制，私募股权投资行业的投资选择更加注重企业本身的技术创新、成长潜力等因素，私募股权投资的发展更多地回归到基本面因素。

(4) 私募股权投资发现中小企业内在价值的能力已引起商业银行重视，出现了私人股权融资对债务融资的带动。这一变化与国家鼓励商业银行对中小企业增加贷款的政策导向一致，是一个各方多赢的局面，具有重要的融资创新价值。

(二) 我国私募股权投资发展中的潜在风险

随着私募股权投资对市场参与程度的加深，市场风险构成将发生变化，防范市场系统性风险的难度加大。越来越多的公众财富将由共同基金、养老金、社保基金、保险资金以及委托理财资金等机构管理人代为持有，而绝大部分机构资金在直接投资证券市场的同时，也在不同程度地进入私募股权基金。私募股权投资与其他资本市场之间的联系将变得更为复杂,少数非公开投资人与公众投资人(也是最终受益人)之间、投资人与委托管理人之间、机构投资者与企业之间的交易适当性、公平性对市场规则体系构成挑战。相关风险主要表现为以下三个方面。

(1)私募融资方式"创新"可能加大公众投资者风险。市场出现私募股权投资通过银行理财产品获得融资,而理财产品的投资者主要是不特定的个人投资者,具有了"公募"特征。在市场遭受重大冲击时,私募股权投资的风险就有可能扩散到公众投资者。

(2)私募股权基金与银行、非银行金融机构的业务往来会影响该类金融机构的财务安全。如果银行、非银行等负债性金融机构对股权投资机构大量投资,在市场遭受重大冲击时该类投资风险会危害金融机构的资产负债表,造成系统性风险。美欧等国际监管改革正是在这一方面加大了监管力度。

(3)私募与其他机构投资者存在利益关联,可能"诱使"它们共同影响市场,侵占中小投资者利益,损害整个市场的公平、公正。防范上述潜在风险需要加强对私募股权投资的管理,但监管不当则可能损害市场发展。监管的加强及其对竞争的影响已经成为市场最为担心的问题,因为更多的管制或监管会增大行业成本、扼制行业自由竞争的活力和投资效率。[①]

三、我国私募股权投资发展的前景分析

从国外私募股权投资发展历程来看,我国私募股权投资仍然充满着机遇,其必然会成为国民经济发展的有生力量之一。

(一)经济高速增长,国家重视私募基金的发展

首先,改革开放以来,我国的 GDP 总量不断攀升。中国经济的高速增长表明经济发展蕴含着巨大的投资空间的同时,也蕴含着巨大的投资机会,投资中国成为当前最热门的话题。产业升级加快推进,这是当前和未来一段时期我国产业发展的主题。目前国家已经确定了节能环保、新一代信息技术、生物、高端装备制造、新能源、新材料、新能源汽车等七大战略性新兴产业,并计划其产值占 GDP 的比重由目前的 4% 提升到 2020 年的 15% 左右;同时,我国研发投入占 GDP 的比重将由目前的 1.7% 上升至 2020 年的 2.5%,一大批创新型企业将迅速成长。在产业转型、升级的过程中,私募股权投资基金的孵化器和推进器作用将大显身手。同时,越来越多的行业向民间资本开放,如电力、能源等。而且,我国正在大力转变经济发展方式,迫切需要在附加值高的传统行业和新兴行业,特别是低碳节能领域进行投入,这些都为私募股权投资增添了新的投资机会。其次,我国的投资氛围在不断改善,在党中央的正确领导下,坚持可持续发展的战略构想,资本市场的建设前所未有地摆在国家经济建设的核心环节。相关法律法规、制度体系不断完善,国家级产权交易市场如天津产权交易中心、技术产业交易中心等的建设也在不断完善,一系列的措施使投资环境得到优化,为私募股权投资的投资和退出创造了有利条件。最后,此前进入中国的私募投资案例的较高收益率也

---

① 金中夏、张宣传.中国私募股权基金的特征与发展趋势[J].中国金融,2012(13):82—84.

使得更多人开始关注私募股权投资。①

（二）我国私募股权基金本地化能力强

私募投资重在实地调查，与企业进行深入的沟通，对企业的现状进行详细的调查。目前，大量资金实力雄厚的海外私募股权纷纷进入我国市场，但是他们要想在我国市场获得成功，必须要有一个本土化的过程。作为海外的基金合伙人，要真正理解我国市场的商业环境需要一个很长的过程，而我国的本土私募股权基金对中国特殊国情、企业情况和人际关系的把握是国外私募股权基金无法超越的。他们要想进入我国市场必须借助于我国的人才或者与我国的私募股权合作，这为我国本土的私募股权基金的发展提供了机会。此外，我们应该抓住这一难得的契机与外资私募股权合作，并在合作的过程中学习、借鉴国外的现有技术和管理经验，使我国私募股权基金快速发展、壮大起来，以应对国际化的竞争。

（三）小微企业不断发展、壮大

我国小型、微型企业占全国企业总数的99%以上，不仅数量庞大，而且在产业升级、技术改造、规模扩张过程中的融资需求相当旺盛。目前小微企业的融资渠道依然较为狭窄、单一，银行信贷占其外源融资的比重高达80%以上。尽管近年来银行业加大了对小微企业的信贷投放力度，但其面临的贷款难问题始终难以得到有效解决，小微企亟待拓展新的融资渠道。这无疑为私募股权投资提供了用武之地。2011年，受国内外经济形势影响，中国采取了相对紧缩的财政政策，尤其是存款准备金率的提升，使得银行可贷资金迅速减少，此举直接影响了中小企业的融资。从长远来看，中小企业融资难的问题将持续存在，为私募股权投资提供了机会。

（四）消费观念的变革和人民收入水平的提高

近年来，居民消费观念正以前所未有的广度和深度迅速与国际接轨，特别是以"80后"为主力的年轻一代的消费观念与过去大不一样，追求时尚，消费意愿非常强烈，消费能力超过收入；随着居民收入水平的提高，以及对生活品质的追求，休闲消费、健康消费、绿色消费、网络消费等新的消费形态和模式不断涌现，从而为私募股权投资发展提供了广阔的市场机会。一般而言，当一国的人均GDP达到3000美元时，其国民的私募股权投资需求将快速增长，而中国的人均GDP在2008年就达到了3100美元。目前，中国已是全球仅次于美国和日本的第三大财富来源地。波士顿咨询公司最新发布的《中国财富管理市场》报告显示，2011年中国境内个人可投资资产总额达到62万亿元人民币，比上年增长19.2%。其中，个人可投资资产在600万元人民币以上的高净值家庭数量约121万户，高净值人群持有的个人可投资资产规模约27万亿元人民币。居民财富的持续增长，将推动私募股权行业的快速发展。

（五）资本市场快速发展

美国之所以能够成为全球最大的私募股权市场，拥有层次丰富的退出渠道，特别是容量巨大、门槛较低的创业板和柜台交易市场，是其中的重要原因。我国创业板于

---

① 清科所统计资料：2013年私募股权投资市场低开高走、募集金额同比增长，http://www.simuwang.com/bencandy.php?fid=3&id=164641，2014年3月。

2009年10月正式推出,在首批上市的28家企业中,就有23家得到了私募股权基金资金的支持,一年后这些资金通过二级市场退出时,其投资回报率平均达10.8倍,同时,证监会正在着力推动场外交易市场的建设。多层次资本市场的加快构建,将为私募股权投资运作特别是投资退出及资产结构调整提供更加便捷的渠道和广阔的平台。在融资方面,国家积极鼓励各类资金进入私募股权市场,如:2008年4月,社保基金获准进入私募股权领域;2010年9月,保险资金投资私募股权的限制被放开;2011年6月,券商直投公司获准以有限合伙人身份试点私募股权投资;等等。与此同时,国际资本加速涌入国内私募股权投资市场,仅2011年就有26只外币基金完成募集,同比增长136.4%,募资金额达155亿美元。在投资方面,国务院2010年下发《关于促进企业兼并重组的意见》,明确鼓励私募股权参与企业兼并重组,并向企业提供直接投资、委托贷款、过桥贷款等融资支持;近期,发改委称将尽快出台旨在拓宽民间投资领域的国务院"新36条"的实施细则。

(六)资本本土化趋势,人民币私募股权基金渐成主导

我国私募股权投资地域集聚现象相当明显,基本上集中在我国经济发展最活跃的三个区域,即环渤海地区、长江三角地区和珠江三角地区。随着我国多层次资本市场资金的注入,中国私募股权市场人民币基金的规模将不断发展、壮大,并最终占据市场主导地位。

(七)私募股权投资退出渠道多样化

退出机制在私募股权投资整体运作体系中占有非常重要的位置,从某种程度来说,退出机制决定了私募股权基金运作的成败。通常情况下,在该产业发展较好的国家,基金退出机制一定是多元化的,其可选择的退出渠道更多样且更具效率,从而对基金的发展起到了十分关键的推动作用。2009年10月,创业板正式推出,给中国的私募股权基金的权益实现开拓了新的渠道,对我国私募股权投资行业发展产生了积极的影响。未来,如新三板的推出都将为私募股权投资创造良好的发展环境。同时,随着国内实体经济的日趋壮大,以及上市公司的增多,并购重组必将在私募股权退出渠道中扮演着越来越重要的角色。且从国外私募股权投资发展现状来看,并购重组也是其最主要的退出渠道之一。2012年,我国参与的国内和国外并购案分别为837例和154例,较2010年有明显的增长。由此可以看出,我国正逐渐参与到国内外资本运作的浪潮中,并购重组正日益增多,我国股权投资多元化的退出渠道正逐渐形成。①

四、国际监管的新动向

2008年国际金融危机和2009年欧债危机相继爆发以来,发达国家已经充分认识到金融系统性风险来源的广泛性和复杂性。各类非传统金融机构(对冲基金、私募股权基金是其中的代表)成为系统性风险的重要来源。因此,美国、欧盟等发达经济体相继出台了一系列约束传统金融机构与非传统金融机构风险关联的监管措施。

美国多德—弗兰克法案对私募股权基金提出了新的监管措施。

---

① 林杨赫赫.我国私募股权投资发展现状与趋势研究[J].企业导报,2011(9):58-59.

一是禁止银行、银行附属机构及其控股公司投资对冲基金或私募股权基金,并限制其与对冲基金、私募股权基金的交易。对于由美联储监管的非银行金融机构,限制其与对冲基金、私募股权基金的交易。

二是为填补影子银行的监管空白,要求对冲基金和私募股权基金的投资顾问向美国证券交易委员会(SEC)备案,向 SEC 提供其交易策略和投资组合信息以利于评估系统性风险,并规定了基金杠杆率、最低资本金要求等内容。

在欧盟地区,欧洲议会于 2010 年 11 月 11 日通过了有关另类投资基金(对冲基金、私募股权基金、房地产基金、商品基金,以及其他没有归于原欧盟可交易集合投资证券指令监管下的各类基金)经理人监管指令(Directive on Alternative Investment Fund Managers,简称 AIFMD),要求所有非欧盟另类投资基金经理必须领取"执照"后,才能合法地在欧盟金融市场经营。基于投资者保护的需要,该指令对超过 1 亿欧元的对冲基金和超过 5 亿欧元的私募股权基金提出注册授权要求;提出了对冲基金最低启动资本和维持资本的要求,并且限制其杠杆;所有的 AIFM 都需要在欧洲开设托管账户,需要指定独立的估值机构。此外,该指令还对基金卖空操作以及重大投资策略的信息披露等提出了更高要求。

中国对私募股权投资的监管也有所加强。国家发展和改革委员会于 2011 年 11 月出台的《关于促进股权投资企业规范发展的通知》要求,股权投资基金试行登记备案制度。目前,超过 5 亿元的股权投资基金需申请备案。此外,该《通知》对股权投资企业的资本募集方式以及投资者人数等方面也进行了约束,并规定投资者为集合资金信托、合伙企业等非法人机构的,应核查最终的自然人和法人机构是否为合格投资者。除强制以人民币投资的中外股权投资企业备案外,还"建议单个投资者对股权投资企业的最低出资金额不低于 1000 万元"。

美国和欧盟地区的监管政策变化突出了风险防范目的:

一是降低银行、非银行金融机构与股权投资基金之间的业务关联性(复杂性)来防范金融机构风险。

二是加强监管部门对股权投资基金投资行为适当性的评估,防范系统性风险。

我国私募股权基金主要由发改委实施备案制管理,市场行为适当性主要通过竞争和行业自律实现,尚缺少与其他资本市场相协调的监管制度。①

本章小结

1. 私募股权投资能够产生巨大的资本增殖效应,特别是在信息和通信技术高度发达的今天,它在国内和国外都对经济发展有着不可忽视的作用;私募股权投资已经成为一种时代潮流和趋势。

2. 现代私募股权投资机构最早出现在第二次世界大战结束之后。当时,美国和英国出现了第一批机构性参股投资公司,而后,世界各地相继开始应用和发展这一新型投资方式。

---

① 金中夏,张宣传.中国私募服权基金的特征与发展趋势[J].中国金融,2012(13)82-84.

3. 私募股权投资从产生以后,便在美国、欧洲和中国发展开来,在这些国家或地区都有着不同的发展历程,每个历程也都呈现着各自不同的特征。

4. 当前,在全新的投资理念与高新科学技术的推动下,私募股权投资在向着纵深且更广的方向发展,日新月异;中国市场和国内投资者也面临着独特的机遇与挑战。

复习思考题

1. 你是怎么理解私募股权基金的?请你谈谈自己的看法。
2. 结合本章并查阅相关资料,论述美国与欧洲在私募股权投资的发展道路上,各自的特点有什么不同之处;我国私募股权投资市场应该如何吸收这些经验。
3. 当前全球私募股权投资的总体趋势是什么?我国面临的有利和不利局面各是什么?分别应该怎么利用和克服?
4. 在国际监管的新动向中,中国应该如何应对?
5. 在有关未来的建议中,哪些在我国具有可行性?

扩展阅读

KKR 的成长故事

1. KKR 的由来

KKR 是 Kohlberg, Kravis 和 Roberts 三个人的缩写。KKR 集团 (Kohlberg Kravis Roberts & Co. L. P.,简称 KKR,中译为"科尔伯格—克拉维斯—罗伯茨")是老牌的杠杆收购天王,金融史上最成功的产业投资机构之一,也是全球历史最悠久、经验最丰富的私募股权投资机构之一。科尔伯特(Kohlberg)在三人中最为年长,他早在 20 世纪 60 年代便开始从事收购交易。

科尔伯特的第一笔杠杆收购业务发生在 1965 年夏天,他很幸运地遇见了牙科产品制造厂老板斯特恩。已是 72 岁的斯特恩想把公司股权变现,但又担心买主把公司给毁了。科尔伯特经过一番思考后,提出将公司作价 950 万美元卖给斯特恩和一小群外部投资者,后者只投入了 150 万美元,剩余部分全是借款。8 个月后,公司公开募股,原始股仅 2.5 美元,IPO 价已是 11.75 美元。经过持有股份的新公司管理层的努力,4 年后,公司以 8 倍于原始成本的价格出售。

科尔伯特照此模式又进行了多笔小规模的杠杆收购。1969 年,科尔伯特雇佣了年轻的罗伯茨(Roberts),第二年罗伯茨又把仅比他小 1 岁的克拉维斯(Kravis)拉了进来,于是,这个杠杆收购"三人帮"成立。

"三人帮"的行为在他们所在的华尔街投行贝尔·斯特恩斯(Bear Stearns)中并不吃香,按科尔伯特的说法,贝尔公司奉行的主流交易模式是"长期投资便是隔夜投资"。而"三人帮"的经营模式是,收购公司,让经理们与他们一起投资,让他们发挥治理公司的作用,在 5~7 年的时间里是投资者,最后,他们卖掉股份,实现资本增值。

在 KKR 的前三年交易记录中,共有六次收购,1977 年三笔,1978 年没生意,1979 年又是三笔。KKR 喜欢把这些交易安排称为"管理层回购"(MBO),而不是在 70

代后期出现的"杠杆收购"(Leveraged Buy Outs,简称为LBO),因为KKR十分在意目标公司的管理团队的作用。例如1977年4月收购的A.J. Industries是一家摇摇欲坠的联合型大企业,但它有一个关键的核心业务,更具备一位执着的首席执行官Raymond O'Keefe。O'Keefe抓住了KKR赋予他的自主权,拼命工作,仅用了两年的时间就重整了公司,赚下了足够多的资金偿还债务。KKR的第三笔业务是收购USNR,1977年,经营煤矿石的USNR处于行业周期性的底部,股票跌到面值以下,公司董事会决定把它卖出去,引来大批买主,KKR以每股8.25美元的价格中标,远高于公司股票交易价5.6美元。在拥有20%股权的公司管理层的努力下,USNR业务蒸蒸日上,7年后,公司为KKR合伙人原始股权投资创造的回报以复利计算达到40%的年收益率。

KKR经常说要给一个新公司5~7年的观察时间,而他们自己的成功也是大约用了6年。1980年KKR做了一笔小生意后,1981年终于完成了六笔生意,这引来媒体对这家小公司的大量报道,在同一年中,美国也出现了近100起的杠杆交易。1982年美国经济严重衰退,但杠杆收购交易量上升到164起,而这一年的大新闻是美国前财政部长西蒙的企业用8000万美元收购了一家公司,但西蒙只出了100万美元资金。16个月后,这家公司上市,西蒙的投资增值到7000万美元。1983年,美国又完成了230起收购,总融资达45亿美元,从那时开始直至第一次大收购浪潮于1990年结束,年平均杠杆收购数量为300多起。

1983年,KKR声称给他们的投资者每年赢得62.7%的利润。KKR更是名利双收,他们的20%的股本当然发了大财,被人视作华尔街杠杆购并领袖。

2. 几近完美的劲霸电池收购

劲霸电池(Duracell)收购是KKR最成功的案子。收购前,劲霸电池的业务和管理层都非常不错,但它仅是食品加工巨头克拉福特的一个事业部,而且规模太小,与总公司业务风马牛不相及。当39岁的劲霸CEO鲍伯·坎德得知克拉福特要将公司卖给柯达和吉列等战略性买主,他匆忙飞往纽约,向KKR等金融性买家咨询MBO的可能性。

经过众多买家5个月的角逐,KKR于1988年5月得到了劲霸电池。当时的分析普遍认为劲霸总值超不过12亿美元,但KKR出价18亿美元,至少高出竞争对手5亿美元,震惊了业界。KKR的方案也十分有利于劲霸的管理层,公司的35位经理共投入630万美元购买股份(其中鲍伯·坎德投入100万美元),而KKR给每一股分配5份股票期权,这让他们拥有公司9.85%的股权。这大大出乎管理层的意料。劲霸的管理层没有辜负KKR的期望,买断后的第一年现金流就提高了50%,以后每年以17%的速度增长。如此高速增长的现金流当然是好事,因为它便于偿还债务,但KKR并没有阻拦经理们扩张企业的冲劲。KKR把CEO坎德的资本投资权限从收购前的25万美元提高到500万美元的水平,同时把管理下级经理报酬的权力完全交给了他。

1991年5月,劲霸的3450万股票公开上市,IPO价格是15美元,KKR销售了它投在公司的3.5亿美元资本金的股票。1993年和1995年,劲霸又进行了两次配售股票,加上两年分红,KKR在1996年的投资收益达13亿美元,并将收购劲霸时借贷的

6亿美元债务偿清。1996年9月,KKR把劲霸卖给了吉列公司,每一股劲霸股票可得到1.8股吉列股票,总价值相当于72亿美元。交易结束时,KKR仍拥有劲霸34%的股权。1998年2月,KKR公司将2000万股票以10亿美元价格出售,到2000年9月,KKR仍拥有价值15亿美元的5100万股吉列股票。到此时为止,KKR及周围的投资商得到了23亿美元现金和15亿美元股票。劲霸的管理层也赚了大钱,到1996年劲霸再出售时,当年的35名经理的持股价值翻了11倍。劲霸的坎德早在1994年年底就自动退休了,靠着丰厚的回报,到酿酒业去进行第二次创业了。

3. KKR收购西夫纬连锁超市

KKR收购西夫纬连锁超市也是影响力巨大的案子,所谓"影响力巨大"缘自它在1990年5月6日的《华尔街日报》上被曝光,记者苏珊·法璐迪生动地揭露了西夫纬被收购四年后员工们所遭受的苦难,因此获得普利策奖。

这让KKR和西夫纬管理层大触霉头,他们刚刚对公司10%的股份进行了成功的IPO,收入是原始股投资价值的4.5倍,如果考虑到这是一起价值41亿美元、杠杆比率高达94%的交易,利润确实十分惊人。

20世纪80年代中期,美国食品连锁店成为大企业兼并的受宠对象,原因是收购者从连锁店高额的人力资本和经常资本的投入中看到大幅削减成本的机会,而连锁店又很容易被分割出售。

西夫纬就是一个理想的猎物,它拥有遍及美国本土29个州以及欧洲、中美洲和中东等地的2300多家连锁店。1986年,由哈福特家族控制的达特集团购买了1.45亿美元的西夫纬股票,提出以每股64美元购买公司的6110万股股票,而西夫纬深知哈福特家族并非善辈,赶紧请KKR做"白武士"救助。1986年7月下旬,KKR以每股69美元的价格买下整个公司,交易额达41亿美元。其中,KKR的管理人员只筹集了150万美元,却按他们与投资者达成的惯例,拥有了被杠杆收购公司20%的股权。

西夫纬在1990年重新上市,但KKR公司并没有出售其股票。只是在此之前,通过销售不属于西夫纬连锁店的资产以及在欧洲的业务部门共得到了24亿美元,超过估价的40%。

KKR的耐心在90年代后期得到了回报。他们在1996年至1999年二级市场销售中,出售了50亿美元的西夫纬股票,但仍然持有20亿美元的股票(截至2000年8月,西夫纬总资产超过了240亿美元)。[①]

---

① KKR的成长故事,http://read.mlook.mobi/read/11269/page/10[2014-03]

第二章 什么是私募股权基金

> **学习目的**

　　1976年,美国华尔街著名投资银行贝尔斯登的三名投资银行家合伙成立了第一家投资公司KKR,由此诞生了世界上最早的私募股权投资公司。在此之后,私募股权投资不仅在美国得到充分的发展,而且迅速扩到世界各地。我国对私募股权投资的探索和发展也是从风险投资开始的,风险投资在我国的尝试可以追溯到20世纪80年代。到20世纪90年代以后,大量的海外私募股权基金开始进入我国,并在这个新兴经济体中掀起了私募股权投资的热潮。本章中,我们将概要介绍私募股权基金的概念、特点、作用、分类、运作原理等内容。

第一节　私募股权基金的概念

一、私募股权基金的定义

(一)私募股权基金和私募股权投资的含义

　　私募股权基金(Private Equity Fund),也称私募股权资本、私人股权基金、私募股权投资基金等。是指专门面向少数机构投资者或者个人投资者提出要约,通过"私下"即非公开的形式所募集的基金。换句话说,它就是私下集资的一种证券发行方式,不需要通过证券监管部门的审批或者备案。私募股权投资是通过选择那些具有发展潜力的未上市企业进行投资,等到该企业经上市使自身价值升值后,通过管理层回购(MBO)、首次公开募股(IPO)、并购(Buy Out)等方式退出该投资企业并获得回报。私募(Private Placement)是相对于公募(Public Offering)而言,私募就是私下地向有限的机构或特定个人投资者募集资金。与证券市场上的公募基金不同,私募基金不会采取媒体广告、宣传材料、研习会等方式来进行宣传,向社会大众公开募集资金。私募基金所面向的这些机构或者个人投资者通常是由专门投资该类基金、具备丰富的行业和投资经验的专家构成。公募的对象是"普通公众投资者",而私募的对象则是少数有实力和经验的"富人"。私募既可以弥补单个的投资者进行某项投资项目资金不足、单打独斗的弊端,又能够实现风险分担的效果。①

私募股权投资(Private Equity)②是指非上市公司的股权,也被用来指投资非上市公司的股权,并以策略投资者(Strategic Investors)的角色积极参与投资标的经营与改造。现在使用 PE 一词时,已经扩大了其原来的含义,多数用来指私募股权投资或者私募股权基金。

私募股权投资也有狭义和广义之分。狭义的私募股权投资主要是指对已经形成一定规模并产生稳定现金流的发展及成熟企业的投资,即将私募股权投资的投资阶段限定在公司首次公开发行股票之前的发展成熟阶段。广义的私募股权投资涵盖企业首次公开发行前各阶段的权益投资,即对处于种子期、初创期、成长期或扩张展、成熟期和 Pre-IPO(企业上市之前)各个时期企业所进行的投资,相关资本按照投资阶段可划分为创业投资(Venture Capital)、发展资本(Development Capital)、并购基金(Buy-out/Buyin Fund)、夹层资本(Mezzanine Capital)、重振资本(Turnaround)、Pre-IPO 资本(如 Bridge Finance),以及其他如上市后私募投资(PIPE)、不良债权(Distressed Debt)和不动产投资(Real Estate)等。在中国语境下,私募分为直接投资到中国境内目标企业的私募和通过在海外设立离岸公司方式进行的红筹私募。③

值得一提的是,也有少部分私募股权基金投资已上市的股权,例如,在一些已上市公司的定向增发中,也经常活跃着私募股权基金的身影。在本书中,如果不是特意指出投资于已上市公司,私募股权基金或投资一般针对非上市公司的私募股权基金或投资。

因此,私募股权基金里面的"私募"有两层含义:一是指基金的募集是私下募集或私人配售的,面向特定人群而非大众;二是指基金的用途是用于投资非公开发行的企业股权,股权的交易是非公开的。

(二)私募股权基金的形式

私募股权基金通常被理解为从事私募股权投资的主体。一方面,私募股权基金从不特定的机构投资者和富有的个人投资者手中募集资金(当然,这也不是绝对的,私募基金也有可能从公开市场上获得资金);另一方面,私募股权基金用筹得的资金为未上市公司提供股权融资。前提是私募股权基金必须以法律所认可的某种法律主体的形式从事活动、筹集资金和进行股权融资。

私募股权基金筹集资金的形式:可能是成立一个公司,投资人通过认购公司的股份对私募股权基金进行投资;也可能是成立有限合伙企业,投资人通过入伙向私募股权基金投资;还可能是一种信托关系,私募股权基金接受投资者的资金信托,对外进行股权投资。

私募股权基金之所以能够获得机构投资者和富有的个人投资者的投资,主要是因为,私募股权基金有一批具有丰富管理经验和行业经验的基金投资管理人,由他们决定股权投资的对象和其他相关事宜,他们的个人能力往往成为基金成败的关键。因

---

① 私募股权投资行业内习惯简称为 PE。
② 隋平,董梅.私募股权投资基金[M].北京:中国经济出版社,2012:3.
③ 李晓峰.中国私募股权投资案例教程[M].北京:清华大学出版社,2010:2.

此，私募股权基金拥有的不仅是巨额的资金，也必须拥有优秀的管理人才，是资金和管理人才的集合体。

二、几个概念的区别

私募股权投资是众多投资方式中的一种，"私募"和"股权"两个词界定了它的独特之处，因此，私募股权基金有别于私募证券基金和对冲基金等概念。

（一）私募股权基金与私募证券基金的比较

私募证券基金主要是指通过私募形式，向投资者筹集资金，进行管理并投资于证券市场（多为公共二级市场）的基金。私募股权基金与私募证券基金在投资对象或产品上有着本质区别：私募股权基金一般投资于未上市公司，并参与公司的管理，相对于上市公司其估值更低、回报也更丰厚，但流动性有限，风险也更高；而私募证券基金投资于上市公司，一般不参与企业的管理，按照市场估值买入，不具备谈判余地，投资产品流动性较高，投资过程较简单，投资回报时间也较短，投资回报取决于投资组合及其在证券市场的表现。

（二）私募股权基金与对冲基金的比较

对冲基金是采用各种交易手段（如卖空、杠杆操作、程序交易、互换交易、套利交易、衍生品种等）对二级市场上的证券和证券衍生产品进行对冲、换位和套期来赚取巨额利润的一种投资基金。它在很多方面与私募股权基金很像，两者的基金来源基本上均为私募而得，均没有义务向公众披露信息，均能够获得很大的收益。两者的区别主要体现在投资目标和理念上：私募股权基金的投资目标主要是改善投资企业的经营业绩并实现最后的退出；而对冲基金主要通过各种交易手段在二级市场上通过低买高卖的交易操作来获利。

对冲基金中有一种特殊形式即活跃性对冲基金（Activist Hedge Fund），这种形式的对冲基金通常会联合行动，获得企业少数的股权，对企业管理层施压，使企业发展策略发生一定的变化，这种对冲基金有着浓厚的私募股权基金色彩，算是私募股权基金和对冲基金之间的过渡。

三、私募股权基金的特点

（一）投资运作期限较长，属于中长期投资

股权投资的盈利模式决定了股权投资的长期性和不确定性，一个企业从需要股权融资发展到能够首次公开发行股票，期间的过程是比较漫长的，少则2～3年，多则5～7年。而且中间可能还会有诸多插曲，因此做投资计划时，还要留些余地，便于投资退出的回旋。

目前，我国本土的私募股权基金较为急功近利，追求短期内获取高额回报，一般把投资周期设定为3～5年。国际成熟的私募股权基金一般把投资周期设定为5～7年，即便是这样，在一些经典的成功案例里面投资周期也达到了8～10年，有的甚至超过了10年。

因此，私募股权基金通常更应将所投资对象的期限设置一定的封闭期，保证投资

计划不会因为部分投资者的赎回而影响整个投资计划的利益最大化,也应该考虑投资周期内的追加投资、引入其他投资者等事项。

(二)组织形式以有限合伙型为主

统计数据表明,独立的私募股权资本有限公司所管理的私募股权资本在美国私募股权基金总额中所占的比重不断上升,1980年仅为40%,后来则稳定在80%左右,是美国私募股权投资企业的主要形式。

这种独立的私募股权资本有限公司采取有限合伙的形式,由对合伙债务承担有限责任的有限合伙人和对合伙债务承担无限责任的普通合伙人共同组成了有限合伙公司。

有限合伙企业实现了企业管理权和出资权的分离,可以结合企业管理方和资金方的优势,因而是国外私募股权基金的主要组织形式,我们耳熟能详的黑石、红杉都是合伙制企业。

2007年6月1日,中国《合伙企业法》正式实施,青岛葳尔、南海创投等股权投资类有限合伙企业陆续成立,为中国私募基金和股权投资基金的发展掀开了新的篇章。

(三)一般不会控股投资企业

私募股权基金在投资时,一般不要求控股接受投资的企业,大多数私募股权基金选择不超过30%的股权进行投资。其原因是多方面的:一方面是由于控股实业要付出大量的人力资本,另外私募股权基金的管理团队比较精炼,投资项目也不止一个,没有精力来进行日常企业管理。特别是在我国,职业经理人发育还不成熟,完全由职业经理人进行企业经营管理的社会文化底蕴不足,最好的方法还是将企业交由接受投资企业的经理层进行管理。一旦控股,原有的经理层无论是在情感还是接受性上,都会受到影响。而且外来资本控股了一个企业,容易使企业的职员安全感下降,打击员工的积极性和能动性,企业的发展潜能也不容易充分释放。另一方面是由于控股以后,基金控制的股权实际交易的困难将变大,投资周期将会拉长。

在操作上,私募股权基金主要从发展方向、重大决策以及财务等方面对所投资企业进行管理,一般会派出自己的财务总监到企业进行监管。

但是,在国际私募中,也有大量的案例显示,私募股权基金控股性地甚至百分之百地购买了所投资企业的股权,也能获得投资的成功。而且,越是在职业经理人制度发达的国家和地区,这种趋势越明显。但是,在目前我国的传统社会文化氛围和职业经理人制度发育不成熟的条件下,控股接受投资的企业很难获得成功。

(四)对产业认知有较高的要求

私募股权基金在选择项目的时候,看一个行业是否具有投资价值,主要是看这个企业所在的领域和市场是否处于产业发展S曲线的高速发展期间。如果太早,则整个行业还没有发展起来,风险太高;如果处于后期,市场没有成长性,企业价值不会快速发展。

企业具有前瞻性的发展潜力,如良好的市场趋势和发展策略,具有竞争力的技术、产品以及优秀的人事管理、主旨运作等产业因素,决定了所投资企业未来的成长性,也决定了企业股权的价值。对于私募股权基金来说,挑选出管理好、成长性高和拥有值得信赖的管理团队的投资对象十分关键。私募股权基金只有对投资对象的产业知识非常熟悉,才能做出准确判断。

同时,私募股权基金在对项目进行投资以后,还需要对接受投资的企业进行组织变更、战略、市场策略以及引导企业成功实施首次公开发行股票等方面的一系列扶持、帮助,对自己的产业认知水平提出了很高的要求。

因此,一些私募股权基金专注于某一个或者某些熟知的领域进行投资,而对于认知有限的领域从不涉猎。比如有些股权投资基金偏爱互联网,有些股权投资基金偏爱新能源等。

(五)主要集中于企业的成长阶段和扩充阶段

私募股权基金主要是对未上市的企业进行股权投资,并参与到公司管理当中,绝少投资已公开上市企业,因此不会涉及要约收购义务。私募股权基金一般在企业成长或扩张阶段介入,大多希望通过所投资企业未来上市来实现资本增值,取得丰厚的利润回报。

四、私募股权基金的作用

(一)经济作用

私募股权基金在经济发展中具有积极作用。私募股权基金在助推高科技和高成长型中小企业、推动经济结构调整和产业转型方面起到了重要作用。市场需求成为推动私募股权投资增长的重要因素。随着传统产业升级、转型以及新兴产业的发展,大量中小企业在科技创新和产业模式创新的推动下不断涌现。私募股权基金以其敏锐、专业和灵活的优势,将处于不同发展阶段的企业与多层次的资本市场有机对接起来,推动了中小企业的成长和产业创新、转型。根据清科集团旗下私募通数据显示,2014年,新设立的政府引导基金为39只,管理资本量共计1956.12亿人民币。政府引导基金以引导创业投资机构的投资方向、投资行为和投资阶段,扶持创新企业、促进战略性新兴产业发展为目标,不但改善了私募股权投资市场的资本来源问题,还通过参股、提供融资担保和风险补偿等方式带动更多的社会资本进入创业投资领域,与社会资本形成互惠共赢。

私募股权基金在传统竞争性行业中的一个十分重要的功能是促进行业的整合。中国最稀缺的资源是优秀企业家和有效的企业组织。最成功的企业就是优秀企业家与有效企业组织的有机结合。让优秀企业去并购和整合整个行业,也就能最大程度地发挥优秀企业家人才与有效企业组织对社会的积极贡献。因此,私募股权基金中的并购融资对中国产业的整合和发展具有极为重要的战略意义。

私募股权基金专业化的管理可以帮助投资者更好地分享中国的经济成长。私募股权基金的发展拓宽了投资渠道,可以疏导流动性进入抵补风险后收益更高的投资领域;一方面可减缓股市和房地产领域的泡沫生成压力,另一方面可培育更多、更好的上市企业,供投资者公众选择,使投资者通过可持续投资高收益来分享中国经济的高成长。

(二)市场作用

私募股权基金作为一种重要的市场约束力量,可以补充政府监管之不足。私募股权基金作为主要投资者可以派财务总监、派董事,甚至作为大股东可直接选派总经理到企业去。在这种情况下,私募股权基金作为一种市场监控力量,对公司治理结构的完善有重要的推动作用,为企业上市后改善内部治理结构和内控机制创造良好的条件。

最后,私募股权基金可以促进多层次资本市场的发展,可以为股票市场培育优质的企业。私募股权基金壮大以后,可以推动国内创业板和中小企业板市场的发展。

第二节 私募股权基金分类

一、功能分类

私募股权基金从功能的角度考量,可以具体划分为创业投资基金、过桥基金、并购基金等。

(一)创业投资基金

创业投资(Venture Capital,简称 VC),在国内通常被称为"风险投资"。国际上定义风险投资是指由专业人士投资到新兴的、迅速发展的、具有强大发展潜力的企业中的权益性资本形式。[①] 所以,创业投资基金一般会投资于那些处于种子期和初创期的企业。但是与天使投资人相比,投资期稍晚一点,两者区别就在于项目的雏形是否已经具备。在风险投资的概念刚刚开始出现的时候,业内对其理解为"创投"还是"风投"有过一些争论。但是国际上的创业投资是既有创业投资的特点,也具有风险投资的特点。要认识这个问题,还得对具体的投资行为进行分析才能得出结论。

创业投资基金的投资运作方式是:首先,投资于创新型企业或是那些高成长型企业,从而持有被投资企业的股份;其次,待企业发展成熟后,选择一定恰当的时机退出套现,并从投资中获利。有人认为,风险投资只会对那些以高科技与知识为基础、生产与经营技术密集的创新产品或服务感兴趣,这种观点更强调了企业的创新性。但在实际运作中,高新技术企业的高风险和高收益主要是存在于企业高速发展的创业阶段,而其收益率会伴随着这些企业进入成熟期后相应地逐渐下降。因此,创业投资基金一般会在企业即将进入成熟期时将投资套现撤出。尽管退出方式多种多样,但基本上都能从中获取较高的投资回报。在完成投资退出后,再另寻求其他的项目投资。目前,较常用的退出创业投资基金的方式有公开上市、股权第三方转售、创业企业家回购或者是清算解散企业。

尽管创业投资基金能够帮助投资者盈利,但实际上,创业期在整个私募股权基金投资阶段中所占的比例并不是很大,创业投资业务通常也只是私募股权基金投资业务范围中的一部分。对于私募股权基金来说,其所投资的并不是产品或产业,而是一个能够给他带来资本增值收益的企业。他所经营的也不是某一个具体的产品,而是把企

[①] 隋平,董梅.私募股权投资基金[M].北京:中国经济出版社,2012:8-10.

业作为一个整体,从产品设计、市场营销模式、组织管理体系等多个方面对其进行全面的考虑。因此,私募投资基金方必须根据企业的创业阶段来寻求创业投资的最佳时机,并且要对处于不同创业阶段的项目企业采取不同的投资方案。

通常,基金管理人会发起私募股权基金中的创业投资基金,其一般会作为普通合伙人,出资1%,其余的99%则进行私募,吸收企业或金融保险机构等机构投资人或个人投资人来入伙,因为这些投资者只承担有限责任,因此被称为有限合伙人。至于作为普通合伙人的基金管理人在基金合伙中的权利与义务,一般会在合伙协议中加以规定:一是由其全权负责基金的投资、经营和管理;二是每年从基金经营收入中提取相当与基金总额2%左右的管理费;三是投资基金期满解散时,作为普通合伙人的基金管理人可以从收益中分得20%,企业出资者分得80%。

(二)过桥基金

过桥基金作为私募股权基金中的一种,主要投资于过渡阶段的企业或即将上市的企业。基金方一般没有兴趣对所投资企业进行控股,一般情况下,基金方占有的公司股份不会超过30%。他们只需要在董事会占有一席具有一票否决权的位置就可以。也就是说,他们并没有兴趣参与企业的日常经营管理,但却需要拥有对企业发展方向的控制权。过桥基金的最终目的是,通过企业上市、股权转让或并购的方式在资本市场中退出套现。

(三)并购基金

私募股权基金中的并购基金,主要是投资于那些处于成熟期的企业以及参与管理层回购(MBO),是专门从事于对目标企业进行并购的基金。其投资操作手法主要是,通过收购目标企业的股权,从而获得对目标企业的控制权,然后对其进行改造、重组,优化企业资产结构,再对项目企业采取运营管理机制改造,待其大幅升值后再出售。并购基金与其他类型私募股权投资的区别表现在:风险投资主要投资于创业型企业,并购基金投资的对象是成熟企业;其他私募股权投资并不一定需要掌握企业控制权,而并购基金则需要获得所投资企业的控制权。并购基金经常出现在内部管理层收购和外部管理层收购中。

二、结构分类

私募股权基金从结构的角度考量,可以具体划分为公司型基金、有限合伙型基金、信托型基金、外商创投企业等。

(一)公司型基金

在公司型私募股权基金中,基金份额持有人实际上就是一家投资公司,它是以公司股东的形式出现的。因此,按照我国《公司法》的相关规定,他们依法享有股东权利,并以其出资额为限对公司债务承担有限责任。一般的基金管理人可以公司董事的身份,接受公司型私募股权基金的管理委托,对其进行投资管理。在公司制下,入资基金的基金份额持有人对于他们的投资拥有较为全面的公司股东权利。股东可以通过董事会委任权来监督基金管理人。股东还可以直接任命私募股权基金的外部审计机构,并具有审议批准会计报表的权利。虽然作为股东的基金份额持有人不能直接干预基金的具体的投资与运营管理,但部分基金份额持有人仍然能够通过基金管理人的投资委员会参与投资决策。

根据 2014 年颁布的新《公司法》规定,公司注册成立时,已取消首次出资额不低于注册资本最低限额 20% 的规定,取消注册资本的最低限额以及分期出资最长期限和首次出资百分比。新规定有利于公司型私募股权基金在成立之初就掌握更多的先进头寸,对基金的投资收益率必会造成较大的影响。公司型基金可以通过在登记注册时,登记较少的注册资本,并在选定需要投资的项目后,作为股东的基本份额持有人以股东贷款的形式实现股东出资;或者是在成立时登记较少的注册资本,在选定项目进行投资时再提高企业的注册资本,由基金份额持有人再度注资。公司型私募股权基金是具有独立法律人资格的企业法人,可以通过自己的名义向银行申请贷款或者为被投资企业提供担保。基金管理人只是基金代理人的地位,并不承担公司型基金的债务责任。如果公司型私募股权基金因投资失败而导致破产,基金份额持有人作为股东只以出资额为限承担投资损失。

依照我国现行《公司法》和《创业投资企业管理暂行办法》(中华人民共和国国家发展和改革委员会令第 39 号,2005 年 9 月 7 日国务院批准,2005 年 11 月 15 日,国家发展改革委员会、科技部、财政部、商务部、中国证监会、国家外汇管理局联合发布,自 2006 年 3 月 1 日起正式实施,以下简称《办法》)的规定,创业投资企业可以通过有限责任公司、股份有限公司或法律规定的其他企业组织形式设立。以公司形式设立的创业投资企业,可以委托其他创业投资企业、创业投资管理顾问企业作为管理顾问机构,并负责其投资管理业务。申请创业投资企业的备案管理部门分国务院管理部门和省级(含副省级城市)管理部门两级。国务院管理部门为国家发展和改革委员会;省级(含副省级城市)管理部门由同级政府任命确定,报国务院管理部门备案后履行相应的备案管理职责,并在创业投资企业备案管理业务时接受国务院管理部门的指导。

《办法》第 9 条规定,创业投资企业向管理部门备案应当具备以下条件:① 已在工商行政管理部门办理注册登记。② 经营范围符合本办法第 12 条的规定。③ 实收资本不低于 3000 万元人民币,或者首期实收资本不低于 1000 万元人民币且全体投资者承诺在注册后的 5 年内补足不低于 3000 万元人民币实收资本。④ 投资者不得超过 200 人。其中,以有限责任公司形式设立创业投资企业的,投资人数不得超过 50 人。单个投资者对创业投资企业的投资不得低于 100 万元人民币。所有投资者应当以货币形式出资。⑤ 有至少 3 名具备 2 年以上创业投资或相关业务经验的高级管理人员承担投资管理责任。委托其他创业投资企业、创业投资管理顾问企业作为管理顾问机构负责其投资管理业务的,管理顾问机构必须有至少 3 名具备 2 年以上创业投资或相关业务经验的高级管理人员对其承担投资管理责任。

根据《关于促进创业投资企业发展有关税收政策的通知》(2007 年 2 月 7 日财政部、国家税务局 财税[2007]31 号)的规定,创业投资企业采取股权投资方式投资于未上市中小高新技术企业 2 年以上(含 2 年),凡符合下列条件的,可按其对中小高新技术企业投资额 70% 抵扣该创业投资企业应纳税所得额:① 经营范围符合《办法》规定,且工商登记为"创业投资有限责任公司""创业投资股份有限公司"等专业性创业投企业,在2005年11月15日《办法》颁布之前完成公司登记的,可保留原有工商登记名称,但经营范围须符合《办法》的规定。② 遵照《办法》规定的条件和程序完成备案程序,经备案管理部门核实,投资运作符合《办法》的有关规定。③ 创业投资企业投资的中小高新技术企业职工人数不超过500人,年销售额不超过2亿元,资产总额不超过2亿元。④ 创业投资企业申请投资抵扣应纳税所得额时,投资的中小高新技术企业当年用于高新技术及其产品研究开发经费需占本企业销售额5%以上(含5%),技术性收入与高新技术产品销售收入的合计需占本企业当年总收入的60%以上(含60%)。另外,按照我国《企业所得税法》,公司型私募股权基金进行股份投资获得股息、红利符合条件的免于纳税。从被投资企业获得管理咨询收入的征收25%的所得税,股权转让所得同时也必须缴纳25%的所得税。

《办法》第12条规定,创业投资企业的经营范围限于:① 创业投资业务;② 代理其他创业投资企业等机构或个人的创业投资业务;③ 创业投资咨询企业;④ 为创业企业提供创业管理服务;⑤ 参与设立创业投资企业与创业投资管理顾问机构。创业投资企业不得从事担保业务和房地产业务,但是购买自用房地产除外。创业投资企业可以全额资产对外投资,其中,对企业的投资,仅限于未上市企业。但是所投资的未上市企业上市之后,创业投资企业所持股份的未转让部分以及配售部分不在此限。其他资金存放银行、购买国债或其他固定收益的证券。经与被投资企业签订投资协议,创业投资企业可以以股权和优先股、可转让优先股等准股权方式对未上市企业进行投资。创业投资企业对单个企业的投资不得超过创业投资企业中资产的20%。

(二) 有限合伙型基金

有限合伙型私募股权基金是目前国际上流行的私募治理结构的良好解决方式,其有效地解决了投资人和管理人之间的激励与约束问题。另外,其在税收和灵活性上的特点也更适合于私募的投资方式和投资习惯。

根据我国2006年8月27日新修订的《合伙企业法》第2条规定,有限合伙型基金是指由至少一个普通合伙人与若干有限合伙人组成的有限合伙企业。在有限合伙企业形式中,合伙人分为有限合伙人(LP)和普通合伙人(GP)两类,前者仅以出资为限承担有限责任,而后者则要对企业的债务承担无限连带责任。

在合伙企业中,作为有限合伙人,基金份额持有人仅仅以其认缴的出资额为限,对私募股权基金债务承担投资损失,并且依法享有对合伙企业的财产权。作为普通合伙人和企业的执行管理人,基金管理人代表私募股权基金对外开展经营活动,其对基金的债务承担无限连带责任。在采取有限合伙企业形式的私募股权基金中,虽然部分有限合伙人也可以通过在合伙企业中设立投资委员会参与投资决策,但是,基金管理人作为普通合伙人,在私募股权基金的运营中处于主导地位。当然,在合伙企业中可以设立顾问委员会以监督基金管理人运营企业的行为,顾问委员会的成员由有限合伙人组成,并以此来对基金管理人的经营活动进行监督。不过,顾问委员会在运营企业方面并没有权利,这使得普通合伙人的决策具有一定的独立性。如果顾问委员会对基金管理人的投资决策有不同意见,基金管理人仍然可以代表私募股权基金对外开展经营活动。但在实践中,通常基金管理人对顾问委员会的意见会予以尊重,这是因为基金运作的成功还要依赖于其他基金份额持有人后续资本的支持,这主要体现了市场经济中基金的信誉成本的作用。

有限合伙型私募股权基金不是法人。但这并不妨碍私募股权基金的权利行使,私募股权投资基金仍可根据需要以合伙企业的名义申请贷款或者提供担保。通常会通过一定的安排将基金管理人与普通合伙人进行分离,这是因为基金管理人作为私募股权基金的普通合伙人或其关联方,在出现违约时有可能会承担无限连带责任。但在任何时候,私募股权基金的有限合伙人仅以出资为限承担有限责任。

在有限合伙型私募股权基金中,基金管理人在履行管理职责时会产生一定的日常费用,这笔费用通常是由所有基金份额持有人来共同承担的。按照通行的做法,年度管理费一般为私募股权基金承诺出资总额的1%~2.5%。一般来说,投资者当然希望基金管理人在与他们利益共享的同时,也能够风险共担,因此,基金管理人也需要在基金中投入相当份额的资本,一般至少为1%。按照通行的模式,基金管理人的收益包括三方面,即作为有限合伙人的投资收益、管理分红以及按资本额计算的管理费。而对于其他基金份额持有人来说,他们的收益则完全来自基金投资收益。

对于私募股权基金来说,其他基金份额持有人并不能够完全适用以其所投入资本比例分享投资收益这个规则。由于私募股权基金的收益能力取决于基金管理人的经营管理能力和表现,因此作为激励机制,通常会给予基金管理人较高的管理分红。这种分红比例通常高达利润的20%。按照基金总体利润来计算,也可能按每个投资项目的利润单独计算,这都可以是管理分红的计算方式。在某些情况下,基金份额持有人会要求在扣除一定资本成本之后,再计算管理分红。其他基金份额持有人与管理人之间的商讨将决定具体分红比例与模式。

公司型私募股权基金与下面将要介绍的信托型私募股权基金无法通过持股结构自然实现以上的利润分配模式,但是可以通过在基金管理协议、信托合同或者公司章程中明确规定利润分配的具体模式。公司型基金作为法人持有其对外投资并获得相应收益,信托型基金则由基金管理人代为持有对外投资及收益。不同的制度安排可能造成利润分配的顺序的差别。公司型基金的股东可能会优先获得资本金返还及收益,管理人收益的实现取决于基金董事会的履约。而在利润分配顺序上,信托型基金的管理人则可能处于有利地位。

2006年通过的新《合伙企业法》使得有限合伙形式作为一种合伙形式在我国获得了法律上的确认。2007年6月1日,新的《合伙企业法》正式生效,在我国建立有限合伙形式私募股权基金就有了可能。

(三) 信托型基金

由信托公司与专业的私募股权基金管理团队相结合的一种模式即信托型私募股权基金。其中信托公司负责募集,或者入资基金的基金份额持有人一同出资设立信托,入资基金的基金份额持有人的身份是委托人兼受益人,其中的区别是信托公司是否仅仅作为募集者,还是以信托公司作为主导,既负责筹资又负责管理。而依据基金信托合同,基金管理人作为受托人,负责信托制私募股权基金运作的专业化管理与投资决策等工作,并以自己的名义为基金份额持有人的利益行使基金财产权,并承担相应的受托人责任。信托型基金可以选任一家信托投资公司或者商业银行作为受托人发行信托单位和理财产品。在此过程中,基金管理人则作为受托人聘任的投资顾问公司参与投资管理。也可以由基金管理人直接作为受托人。

在信托型私募股权基金的治理结构当中,虽然有信托合同作为其权利、义务的约束,但基金份额持有人享有的权利仍然难以实现。虽然名义上基金份额持有人可以任命受托人,但在实践中信托制基金一般由受托人发起,如果受托人没有重大过失或违法违约行为,基金份额持有人一般不能通过投票方式解任受托人。此外,基金份额持有人会议对受托人的投资决策行为缺乏充分的权利来进行监督。通常,如果基金份额持有人对基金管理人不满,他们只有选择"用脚投票",即离开。基金份额持有人基本上难以干预到作为受托人的基金管理人的决策。因此,在信托型私募股权基金中,基金份额持有人处于被动投资者的地位。正是因为这种治理结构方面的缺陷使得目前国际上使用信托制的私募股权基金相当的少,更多的还是采用有限合伙制的形式。

信托型私募股权基金的优势在于,与公司制私募股权基金相类似,它也可以通过制度安排来避免闲置现金头寸过高。通常的做法是订立分期信托,基金份额持有人在总额确定的前提下根据基金管理人的要求分期出资到位。

信托型私募股权基金主要接受《信托公司结合资金信托计划管理办法》(中国银行业监督管理委员会令2007年第3号)的约束。因为信托型私募股权基金本身不是具有独立法律人格的法人,所以无法以私募股权基金的名义进行借贷或为他人提供担保。作为受托人,基金管理人当然也可以以自己的名义申请过桥贷款或者为被投资企业进行担保。然而,如果信托型私募股权基金出现资不抵债的问题,基金份额持有人依照法律规定只以出资额为限承担投资损失。作为受托人的基金管理人如果没有过失,则不对负债承担任何责任。但如果基金管理人以自己的名义借债,就会直接导致债务的发生。此外,信托制私募股权基金本身并不是纳税主体,其所得税的处理与有限合伙制私募股权基金类同,只不过是多了信托投资公司为投资者进行代购代缴所得税。

(四) 外商创投企业

我国从2003年3月1日开始实施的《外商投资创业投资企业管理规定》(对外贸易经济合作部、科学技术部、国家工商行政管理总局、国家税务总局、外汇管理局令2003年第2号,以下简称《管理规定》)制定了外商投资创业投资企业的设立和运作方面的基本制度。根据《管理规定》的规定,外商投资创业投资企业(以下简称"创投企业")所指的是外国投资者或外国投资者与根据中国法律注册成立的公司、企业或其他经济组织,根据本规定在中国境内设立的以创业投资为经营活动的外商投资企业。对未上市的高新技术企业进行股权投资,并向其提供创业管理服务,以期获取资本增值收益的投资方式,这是其主要的投资内容。

1. 组织形式

非法人制组织形式,或者公司制组织形式都可以是外商投资创业投资企业采取的组织形式。采取非法人制组织形式的外商投资创业投资企业(以下简称"非法人制创投企业")的投资者对创投企业的债务承担连带责任。根据创投企业合同中非法人制创投企业的投资者的约定,也可以是在非法人制创投企业资产不足以清偿该债务时由《外商投资创业投资企业管理规定》第7条所述的必备投资者承担连带责任,其他投资者以其认缴的出资额为限承担责任。采用公司制组织形式的外商投资创业投资企业(以下简称"公司型创投企业")的投资者则以其各自认缴的出资额为限对创投企业承担责任。

2. 必备条件

设立创投企业应该具备的条件如下:① 投资者人数在2人以上50人以下;且应至少拥有一个《管理规定》第7条所述的必备投资者。② 非法人制创投企业投资者认缴出资总额的最低限额为1000万美元;公司制创投企业投资者认缴出资总额的最低限额为500万美元。除《管理规定》第7条所述必备投资者外,其他每个投资者的最低认缴出资额不得低于100万美元。外国投资者以可自由兑换的货币出资,中国投资者以人民币出资。③ 有明确的组织形式。④ 有明确、合法的投资方向。⑤ 除了将本企业经营活动授予一家创业投资管理公司负责的情形外,创投企业应有3名以上创业投资从业经验的专业人员。⑥ 法律、行政法规规定的其他条件。

必备投资者应当具备下列条件:① 以创业投资为主营业务。② 在申请前3年其管理的资本累计不低于1亿美元,并且其中至少5000万美元已经用于进行创业投资。在必备投资者为中国投资者的情形下,本款业绩要求为:在申请前3年其管理的资本累计不低于1亿元人民币,且其中至少5000万元人民币已经用于进行创业投资。③ 拥有3名以上具有3年以上创业投资从业经验的专业管理人员。④ 如果某一投资者的关联实体满足上述条件,则该投资者可以申请为必备投资者。关联实体是指该投资者控制的某一实体,或控制该投资者的某一实体,或与该投资者共同受控于某一实体的另一实体。所称控制是指控制方拥有被控制方超过50%的表决权。⑤ 必备投资者及其上述关联实体均应未被所在国司法机关和其他相关监管机构禁止从事创业投资或投资咨询业务或以欺诈等原因进行处罚。⑥ 非法人制创投企业的必备投资者,对创投企业的认缴出资及实际出资分别不低于投资者认缴出资额及实际出资总额的1%,且应对创投企业的债务承担连带责任;公司制创投企业的必备投资者,对创投企业的认缴出资及实际出资分别不低于投资者认缴出资总额即实际出资总额的30%。

非法人制创投企业的投资者的出资及相关变更应符合以下规定:① 投资者可以根据创业投资进度分期向创投企业注入认缴出资,最长不得超过5年。各期投入资本额由创投企业根据创投企业合同及其与所投资企业签订的协议资助制定。在创投企业合同中投资者应约定投资者不如期出资的责任和相关措施。② 投资者在创投企业存续期内一般不得减少其认缴出资额。如果占出资额超过50%的投资者和必备投资者同意且创投企业不违反最低1000万美元认缴出资额的要求,经审批机构批准,投资者可以减少其认缴的资本额(但投资者根据《管理规定》第7条规定减少其已投资的资本额或在创投企业投资期限届满后减少未使用的认缴出资额不在其范围)。在此情况下,投资者应当在创投企业合同中规定减少认缴出资额的条件、程序和办法。③ 在创投企业存续期间必备投资者不得从创投企业撤出。特殊情况下确需撤出的,应获得占总出资额超过50%的其他投资者同意,并应将其权益转让给符合《管理规定》第7条要求的新投资者,且应当相应修改创投企业的合同和章程,并报审批机构批准。其他投资者如转让其认缴资本额或已投入资本额,需按创投企业合同的约定进行,且受让人应符合《管理规定》第6条的有关要求。投资各方应相应修改创投企业合同和章程,并报审批机构备案。④ 创投企业设立后,如果有新的投资者申请加入,需符合本规定和创投企业合同的约定,经必备投资者同意,相应修改创投企业合同和章程,并报审批机构备案。⑤ 创投企业出售或以其他方式处置其在所投资企业的利益而获得的收入中相当于其原出资额的部分,可以直接分配给投资各方。此类分配构成投资者减少其已投资的资本额。创投企业应当在创投企业合同中约定此类分配的具体方法,并在向其投资者做出该等分配前至少30天内向审批机构和所在地外汇局提交一份要求相应减少投资者已投入资本额的备案说明,同时证明创投企业投资者未到位的认缴出资额及创投企业当时拥有的其他资金至少相当于创投企业当时承担的投资义务的要求。但该分配不应成为创投企业对因其违反任何资产投资义务所产生的诉讼请求的抗辩理由。

受托管理创投企业的创业投资管理企业应具备下列条件:① 以受托管理创投企业的投资业务为主营业务;② 拥有3名以上具有3年以上创业投资从业经验的专业管理人员;③ 注册资本出资总额不低于100万元人民币或等值外汇;④ 有完善的内部控制制度。创业投资管理企业可以采取公司制组织形式,也可以采取合伙制组织形式。同一创业投资管理企业可以受托管理不同的创投企业。

3. 经营范围

创投企业可以经营以下业务:① 以全部自由资金进行股权投资,具体投资方式包括新设企业、已设立企业投资、接受已设立企业投资者股权转让以及国家法律、法规允许的其他方式;② 提供创业投资咨询;③ 为所投资企业提供管理咨询;④ 审批机构批准的其他业务。创投企业资金应主要用于向所投资企业进行股权投资。创投企业不得从事以下活动:① 在国家禁止外商投资的领域投资;② 直接或间接投资于上市交易的股票和企业债券,但所投资企业上市后,创投企业所持股份不在此列;③ 直接或间接投资于非自用不动产;④ 贷款进行投资;⑤ 挪用非自由资金进行投资;⑥ 向他人提供贷款或担保,但创投企业对投资企业1年以上的企业债券和可以转换为所投资企业股权的债权的债券性质的投资不在此列(本款规定并不涉及所投资企业能否发行该等债券);⑦ 法律、法规以及创投企业合同禁止从事的其他事项。

创投企业应当依照国家税法的规定申报纳税。对非法人制创投企业,可以由投资各方依照国家税法的有关规定,分别申报缴纳企业所得税;也可以由非法人制创投企业提出申请,经批准后,依照税法规定统一计算缴纳企业所得税,非法人制创投企业所得税的具体征收管理办法由国家税务总局另行颁布。创投企业的所投资企业注册资本中,如果创投企业投资的比例中外国投资者的实际出资比例或与其他外国投资者联合投资的比例总和至少为25%,则该所投资企业将享受外商投资企业的有关优惠待遇;如果创投企业投资的比例中外国投资者的实际出资比例或与其他外国投资者联合投资的比例总和低于该所投资企业注册资本的25%,则该所投资企业将不享受外商投资企业有关优惠待遇。

创投企业中属于外国投资者的利润等收益汇出境外的,应当凭管理委员会或董事会的分配决议,由会计师事务所出具的审计报告、外方投资者投资资金流入证明、验资报告、完税证明和税务申报单(享受减免税优惠的,应提供税务部门出具的减免税证明文件),从其外汇账户中支付或到外汇指定银行购汇汇出。外国投资者回收的对创投企业的出资可依法申购外汇汇出。公司制创投企业开立和使用外汇账户、资本变动及其他外汇收支事项,按照现行外汇管制规定办理。非法人制创投企业外汇管理规定由国家外汇管理局另行制定。

投资者应在合同、章程中约定创投企业的经营期限,一般不得超过12年。经审批机构批准,经营期满可以延期。创投企业经审批机构批准,可以提前解散并终止合同和章程。但是,如果非法人制创投企业的所有投资均已被出售或通过其他方式变卖,其债务亦已全部清偿,且其剩余财产均已被分配给投资者,则无须上述批准即可进入解散和终止程序,但该非法人制创投投资企业应该在解散生效前至少30天内向审批机构提交一份书面备案说明。创投企业解散,应按有关规定进行清算。

创投企业境内投资比照《指导外商投资方向的规定》和《外商投资产业指导目录》的规定来执行。创投企业投资于任何属于鼓励类和允许类的投资企业,应向所投资企业当地授权的外经贸部门备案。当地授权的外经贸部门应在收到备案材料后15天内完成备案审核手续并向所投资企业颁发外商投资企业批准证书。所投资企业持外商投资企业批准证书向登记机关申请办理注册登记手续。依照有关法律和行政法规的规定,登记机关决定准予登记或不予登记。准予登记的,颁发外商投资企业法人营业执照。创投企业投资于限制类的投资企业,应向所投资企业所在地省级外经贸主管部门提出申请。省级外经贸主管部门自接到上述申请之日起45日内做出同意或不同意的书面批复。做出同意批复的,颁发外商投资企业批准证书。所投资企业持该批复文件和外商投资企业批准证书向登记机关申请登记。依照有关法律和行政法规的规定,登记机关准予登记或不予登记。准予登记的,颁发外商投资企业法人营业执照。

第三节 私募股权基金运作原理

一、私募股权投资的主要参与者

(一)私募股权投资的主体关系

私募股权投资的主体是指参与私募的投资者、私募股权基金、私募股权基金管理者、被投资企业以及在私募投资中提供专业服务的中介机构,如会计事务所、律师事务所、资产评估机构、信息咨询公司、投资顾问公司等。

投资者、私募股权基金、基金管理者和被投资企业是国际私募的四大核心主体。这四者之间的关系是:投资者把钱交给私募股权基金,私募股权基金管理者通过对项目筛选以后把钱投给被投资企业,并和企业管理者一起经营管理公司,等到企业发展成熟以后通过企业首次公开上市、整体出售等方式转让股份、推出企业并得到资产增值,然后私募基金再将资本及其增值返还给投资者。这样,一轮私募投资就宣告结束了。

私募股权投资特别强调人的因素,投资者把钱交给私募股权基金,是因为相信基金管理者,相信基金管理团队有能力寻找到合适的项目进行投资,从而使资本得到快速增值。私募股权基金管理者把钱投给被投资企业,是因为基金管理者相信接受投资企业的管理者有能力经营好企业,实现产业增值,从而获取高额回报,私募股权基金按照股权比例受益,转而回报基金投资者。当然,一个具有前景的项目和企业是需要物质载体的,私募股权投资固然强调被投资企业的人的因素,但是良好的项目和具有发展潜力的企业也是不可或缺的。

私募股权投资通过私募股权基金和被投资企业将有钱人的钱投资到需要钱的人身上,完成了资本增值的闭环。这个过程中人的能动性得到充分体现,投资者找到基金管理者,基金管理者再找到被投资企业的管理者。当然也可能是逆向的或者部分逆向的,比如被投资企业的管理者找到基金管理者,基金管理者认可项目再回头找到投资者等。

私募股权投资过程中对于私募股权基金管理者和被投资企业的管理者提出了很高的要求。如果被投资企业的管理者产生了信任危机,投资项目就会失败;如果基金管理者产生了信任危机,轻则导致投资失败,重则导致私募股权基金的清算。可见,私募股权投资暗含了"投资就是投人"的至理。

(二)私募股权投资的主体构成

下面简要地介绍一下私募股权投资的各个主要参与者。

1. 投资者

投资者又称风险投资者,是私募股权基金的资金提供者,包括个人投资者和机构投资者。富有的家庭和个人一直是私募股权基金的主要资金来源,也是私募股权基金发展历史上最早出现的投资者。个人投资者包括退休的或者在职的公司高层职员、高收入家庭等。个人投资者重又可分为两类:一类是拥有管理经验和雄厚资本,愿意参与项目筛选的投资者,这时,私募股权基金的投资者和私募股权基金的管理者出现了一定的重合;另一类是拥有雄厚资本,没有足够的时间和精力,也没有投资经验和企业管理经验的投资者。

机构投资者包括国家或团体设立的退休基金、捐赠基金、保险公司、大型企业、投资银行等机构。对于机构投资者来说,其投资的方式有两种:一种是直接将资本投资于企业;另一种是成为私募基金的合伙人或者股东。前者成为直接机构投资者;后者成为间接机构投资者,即把钱投资于私募股权基金等,由基金进行再投资以实现资本的增值,这也是私募股权基金备受机构资本青睐的重要原因。

2. 私募股权基金

私募股权基金是投资者和被投资企业之间不可缺少的纽带,它搭建起了投资者和被投资者之间的桥梁。同时,私募股权基金是一个资产池,具有蓄水池的功能,吸收投资者的资本,排放出资金给被投资企业,并且通过超额回报、扩大影响和自身发展,壮大水池的容量,做大基金的规模,强化基金促进资本增值的功能。正是有了私募股权基金提供的"壳"和"桥梁",才有了被投资企业的成长和发展,也才有了私募资本增值的可能性。

3. 私募股权基金管理

一般来说,私募股权基金的管理人主要由基金投资者中拥有管理经验、对资本市场和产业发展有深入研究和操作经验的人担当。但也不排除聘请职业经理人担任这个角色。特别是当基金规模庞大,基金由一支团队进行管理运作的时候,很难说这个团队的每一个人都是基金的投资者,并且这个团队很可能是一支外部的职业团队,这时候,私募股权基金就委托给一个专业投资机构运营,除了委托与受托关系,该专业投资机构与投资者没有多大的关联。

私募股权基金的管理人负责对私募股权资金进行科学的管理和运作,筛选和评估项目,进行风险控制,参与被投资企业的决策管理,为被投资企业的首次公开发行股票出谋划策,为投资的股权寻找退出通道,等等。

4. 被投资企业

在私募股权投资中,被投资企业大多数是尚未完全发展成熟的未上市企业。这些企业具有良好的市场前景和很大的增长潜力,但同时在技术、管理、市场等多方面具有不确定性,存在失败的风险。吸引私募股权基金的特征有:具有良好的无形资产、拥有很好的管理团队、其产品在市场上还没有替代产品、其所处行业的进入门槛很高等。

这些企业之所以寻求私募股权融资:有可能是因为它们很难从银行贷款或其他融资渠道获得融资;有可能是因为它们希望在获取巨额融资的同时得到私募股权基金管理人在经营管理上的帮助;有可能是因为它们渴望在引入外来资本的同时让企业变得更加公众化;有可能是希望引入外部资本改变自己的股权结构和推动企业的变革;也有可能是因为引入私募股权资本以借助私募股权基金的无形资产扩大自己的影响力;等等。原因是比较复杂的。

5. 中介机构

私募股权基金的健康发展离不开中介机构。在私募股权基金的投资过程中,不论是私募股权基金还是接受投资的企业都需要中介机构服务,包括财务、法律、资产评估、税收等各个方面。比如,律师事务所提供的服务贯穿私募股权投资的全过程,具体包括参与双方的谈判、尽职调查、起草各种投资协议、预防法律风险、解决因为履约引起的法律纠纷等;会计师事务所在私募投资中主要负责编制会计与财务报表、审核融资需求与盈利预测等。

目前,在我国的私募股权投资中,由于行业发展起步较晚、信息分布极不对称,投资方与项目之间谁也找不着谁。这时,中介机构起到的一个重要的作用就是信息沟通、发布以及价值挖掘,从而催生了一批投资咨询和顾问公司、财经公关公司等,为双方牵线搭桥。

私募股权投资中介机构专门负责帮助为缺乏投资经验的投资者提出投资建议,构建商业模型和财务模型,帮助投资者获得更好的投资条件,负责帮助需要融资的企业获得更好的投资等。

二、私募股权基金运作的基本程序

在私募股权基金具体操作中,投资的程序通常先是募集设立基金,寻找投资机会,然后由目标企业制订融资计划，做出商业计划书，详细列出所需资金和投入时间，以及赢利预测、销售或销售增长预测。此后私募股权基金根据这份业务计划判断是否有投资价值，以及是否进一步进行尽职调查来决定是否投资，并就投资的价格和条款进行充分的谈判，然后签署有关投资的法律文件，最后由私募股权基金方分批将资金注入被投资企业。

(一) 资金的募集和设立

一般来说，私募股权基金的资金主要来源于长期投资者，这些投资者多数由机构投资者构成。就基金募集方式而言，私募股权基金不同于证券投资基金，其通常采用承诺出资的方式。也就是说，基金管理公司在设立基金时，并不一定要求所有基金份额持有人投入预定的资本额，而仅仅是由它们给予投资数额的承诺。当基金管理公司发现何时有投资机会时，它们只需要提前一定的时间通知所有基金份额持有人进行注资即可。在实际的筹资活动中，基金募集设有一定的筹集期限。当期限届满时，基金会宣布基金份额认购截止。某一个基金在实践中可能会设有多次认购截止日，通常来说不多于三次。

(二) 项目筛选

1. 信息的获得

为了保证私募股权基金投资成功，选择高质量的投资项目是非常重要的。有关项目的直接信息往往可以从企业发展中得到，而这是对项目企业的感性认识。此外，私募股权基金管理人还可以通过银行、经纪人、投资顾问、律师、会计师、评估师等渠道获得投资项目方面的信息，这些信息往往具备较高的真实性、准确性，能够使投资人对项目企业做出一个比较理性的整体认识。有时候，私募股权基金管理人也可以通过以前在成功投资中建立的各种社会关系得到相关的项目信息。这些信息通常可以作为补充信息使用，并且这样的信息可能很有效。

2. 筛选要素

私募股权基金的投资者通常以什么样的标准筛选项目往往是人们最关心的。私募股权基金投资一定程度上是需要勇气和耐心的投资。一般来说，越急越不可以投。往往多看看多放放才能投到好项目。所以基金管理人在选择项目过程中要有耐心，需要反复地考察、评估、筛选投资项目，精心构造投资方案，甚至潜心培育投资项目，不可急于求成。在分析投资项目是否具有价值时，私募股权基金管理人需要认真分析人、市场、技术、管理等要素。

(1) 分析团队。包括拟投资项目的企业管理人或控制人的素质和评估项目企业的管理。对于管理团队的考察一直以来都是私募考察的核心内容。在业界，一直流传着"一流团队、二流项目远远好于一流的项目、二流的团队"的说法，私募股权基金管理人宁可选择一流管理、二流技术的风险企业。所以组织混乱的企业不容易获得投资，尽管其可能技术先进，但是必须管理专一才能有所突破，什么都要顾及必然缺乏核心竞争力。私募股权基金管理人需要从各个不同角度对该企业管理人和管理团队或控制人进行考察，如技术能力、市场开拓能力、融资能力等综合管理能力。而且企业的快速成长依赖的是企业的销售能力和市场份额。因此，私募股权基金更愿意投资于那些由销售型的企业管理人或控制人所掌控的企业。

（2）分析市场。卖不出去的货就不是好货,再优秀的产品也必须符合市场的需求。技术的革新并不一定会带来市场的需求。任何一项技术或产品如果没有广阔的市场前景,其潜在的增值能力就是存在疑问的,相应地,私募股权基金管理人通过转让股份而获利的能力也就极为有限,甚至会造成投资失败。

（3）产品技术评估。私募股权基金管理人需要考察项目企业所生产的产品使用的技术,判断项目技术是否首创、未经试用或至少未产业化,其产业化的可能性和市场前景如何。

3. 尽职调查或专业评估

私募股权基金管理人对经过筛选阶段的备选项目在企业控制人达成初步投资意向后,还需要对该企业进行更为深入、复杂且耗时的尽职调查和专业评估。私募股权基金将依据调查和评估的结果决定是否投资、如何投资以及投资多少。尽职调查通常需要由私募股权基金管理人自己组建的专业团队或者外聘专业的中介机构来进行,其中主要包括进行调查和评估的会计师和律师。通常评估的内容主要包括:创业家和管理队伍的素质,包括事业心、动力、信誉、创造性等;产品差异性,包括特性、价格、营销方式以及分销渠道等;技术水平以及核心竞争能力;潜在市场规模;商业模式;融资方式和额度;撤出渠道和撤出方式。私募股权基金进行的法律方面的尽职调查主要是要了解:企业是否涉及纠纷或诉讼,证明执照等手续、土地和房产的产权是否完整,商标专利权、知识产权、环境问题,等等。通常,融资的企业都是刚刚开始起步的企业,它们多少都存在一些法律问题,所以双方应当在项目企业进行调查和评估的过程中对这些问题予以逐步清理并解决。

（1）投资的决策与交易条款谈判。

交易谈判是指私募股权基金管理人和企业控制者双方针对自己的需求进行协调的过程,包括协商交易结构发展要求和融资价款等方面的内容。在谈判过程中,私募股权基金管理人主要考虑相对于投资的风险赚取合理的回报、对企业是否有足够的影响、在任何情况下都要保证投资顺利撤出等问题;而企业控制者更关心其对企业的领导权和企业未来的发展前景。在谈判中如何协调这两者之间的要求显得尤其重要,私募股权基金管理人的首要原则是利益最大化,尽可能地规避投资风险;而企业可能更加希望的是战略投资者的加入,而不仅是一个单纯的投资者。无论如何,双方在以后良好合作的前提保障就在于充分地协调与沟通。

私募股权基金管理人与企业控制者谈判的主要内容包括:交易定价;确定企业控制权、金融工具的种类以及资本结构;对未来融资的要求、管理的介入和资金撤出方式的安排;等等。

（2）投资方案设计。

价值定价、董事会席位安排、投资方否决权和其他的公司治理结构、退出策略、确定合同条款清单并提出私募股权基金投资委员会审批等步骤应当是私募股权基金关注的投资方案设计的重点。由于投资者和被投资企业的出发点和利益不同、税收考虑不同,在估值和合同条款清单的谈判中,双方经常会产生意见分歧。退出策略的选择是私募股权基金管理人在开始筛选企业时重点考虑的因素。常用的退出策略通常有上市、出让、股票回购、卖出期权等方式。其中,通过被投资企业上市的退出是投资回报最高的退出方式,企业的盈利和资本利得是上市的收益来源。

如果投资者在上市后的一定时间内还持有被投资企业的股票,即使过了证券交易所规定的管理层股份锁定期,管理层和创始股东也必须保留一定数量的股权。

(三)介入企业的经营管理

与传统金融机构最重要的区别在于,私募股权基金一般会具有在投资之后介入企业经营管理的意愿。私募股权基金管理人本身一般是企业管理的专家或与专家有着广泛的联系,特别是在财务、营销方面能够为项目企业提供强有力的支持。另外,与金融机构的密切关系也为私募股权基金追加融资提供了来源。

私募股权基金一般是采用分批、分期的资金注入形式。在每批或者每期资金投入之前私募股权基金会根据企业的运行发展状况来判断是否达到预期目标。在此期间私募股权基金还将积极实施有效的监督以降低投资风险。不同的私募股权基金管理人会采取适合自己的监管手段,主要包括采取有效的报告制度和监控制度、参与决策、进行战略指导、信息披露等。私募股权基金还会利用其社会资源网络和渠道帮助项目企业进入新市场、寻找战略伙伴以发挥协同效应、降低成本等方式来提高企业的收益能力。另外,为满足引资企业未来公开发行或国际并购的要求,私募股权基金会帮助其建立合适的管理体系和公司治理构架。

(四)退出套现

投资退出是私募股权投资的最终目标,也是实现盈利的重要环节。投资的退出需要借助资本经营手段来完成。一般而言,私募股权基金的退出有三种方式,即首次公开募股、股权出售(包括回购)及企业清算。公开上市是私募股权基金最佳的退出方式,可以使资本持有人的不可流通的股份转变为上市公司股票,实现具有流动性的盈利;股权出售则包括股权回购、管理层收购和其他并购方式;企业清算则是在投资企业未来收益前景堪忧时的退出方式。

1. 首次公开募股(IPO)

IPO是私募股权基金最向往的退出方式,它可以给私募股权基金人和被投资企业带来巨大的经济利益和社会效益。在私募股权基金的发展过程中,IPO拥有令人骄傲的历史记录。在美国,成功IPO的公司中很多都有私募股权投资的支持,如苹果、微软、雅虎和美国在线等全球知名的公司;国内的例子有分众传媒、携程网和如家快捷等,这些企业的上市都给投资者带来了巨额的回报。当然,企业管理层也很喜欢这种退出方式,因为它标明了金融市场对公司良好的经营业绩的认可,又维持了公司的独立性,同时还使公司获得了在证券市场上持续融资的渠道。但是,通过IPO退出也有一定的局限性,在项目公司IPO之前的一两年,必须做大量的准备工作,要将公司的经营管理状况、财务状况和发展战略等信息向外公布,使广大投资者了解公司的真实情况,以期望得到积极评价,避免由于信息不对称引起价值被低估。相比于其他退出方式,IPO的手续比较繁琐,退出费用较高,IPO之后存在禁售期,这加大了收益不能变现或推迟变现的风险。

2. 股权出售

股权出售是指私募股权基金将其所持有的企业股权出售给任何其他人,包括二手转让给其他投资机构、整体转让给其他战略投资者,以及所投资企业或者该企业管理层从私募股权投资机构手中赎回股权(即回购)。选择股权出售方式的企业一般达不到上市的要求,无法公开出售其股份。尽管收益通常不及以 IPO 方式退出,但私募股权基金投资者往往也能够收回全部投资,还可获得可观的收益。在德国,私募股权投资基金的融资资金主要来源于银行贷款,退出渠道也因此被限定于股权回购和并购,这两种退出方式与 IPO 相比,投资者获得的收益较少。同样,日本的大部分融资渠道都是银行,和德国一样面临着退出渠道受限和控制权配置的问题。

3. 企业清算

企业清算是指私募股权基金在被投资企业无法继续经营时通过清算公司的方式退出投资,这是投资退出的最坏结果,往往只能收回部分投资。清算包括自愿性清算与非自愿性清算两种形式:自愿性清算是指当出售一个公司的资产所得超过其所发行的证券市场价值时,清算对股东来说可能是最有力的资产处置方式;非自愿性清算是指公司濒临破产边缘,公司发生严重的财务危机而不得不出售现有资产以偿还债务,由清算组接管,对企业财产进行清算、评估、处理和分配。

本章小结

1. 对私募股权基金和私募股权投资分别下定义。
2. 概括了私募股权基金的五个特点,并说明了这些特点对私募股权基金的意义。
3. 通过对私募股权基金功能与结构的分类,有助于对私募股权基金的认识。
4. 通过对私募股权基金的主要参与者、投资工具及基金程序的介绍,对私募股权基金的运作有一定的了解。

复习思考题

1. 私募股权基金具有哪些特点?
2. 私募股权投资基金与私募证券投资基金有哪些区别?
3. 参与私募股权投资的主体有哪些?
4. 私募股权基金通过什么方式来进行盈利?
5. 私募股权基金可以通过哪些方式来退出?

扩展阅读

当当网成功登陆纽交易所

1. 美国上市

美国当地时间 2010 年 12 月 8 日,中国知名电子商务网站以"DANG"为股票代码顺利登陆纽交所,当日开盘价 24.5 美元,较发行价 16 美元高出 8.5 美元,涨幅为

53%,估价最高上涨至30.9美元,收盘价29.91美元,较发行价上涨86.94%,市值达23.3亿美元。

当当网本次IPO共发行1700万份美国存托股票(ADS),每份ADS相当于5股普通股。其中1320万份ADS由公司发行,380万份由公司股东出售。瑞士信贷、摩根士丹利是当当网此次IPO的主承销商。此前当当曾将发行价区间由11~13美元上调至13~15美元,但发行价16美元仍然高于发行区间最上限。尤其令人眼前一亮的消息是,2010年10月以来在美国IPO的十多家企业中,发行市盈率超过20倍的有6家,超过60倍的有4家,而当当网上市当日市盈率超过100倍,创下近期在美国上市公司市盈率最高水平。

早前,在当当网赴美路演中,海外投资者对当当网可与美国亚马逊媲美的网上商城模式以及未来成长性极为看好,认购数超过了30倍。显然,美国资本市场之所以热捧当当网,与当当网是中国第一家在美国以纯网上商城概念上市的B2C电子商务企业有关,而其参照系则来自美国亚马逊,其估价高达170美元。

事实上,在很多方面,当当网是亚马逊的中国翻版,二者都是从网上书店起家,都是各自本土市场最大的网上图书零售商,都是从图书产品线逐步向百货类拓展,都是在成立后的第八个年头实现盈利,都向第三方商家开放平台,都开展了数字出版、手机购物等创新业务,等等。

1999年当当网从图书零售创业起家,是目前中国最大的图书零售商,拥有中国网上出版物零售市场50%左右的份额,并占全国一般图书(教材教辅除外的书)10%左右市场份额。2007年当当网将产品线扩充至百货领域,并在2008年年底推出了百货招商平台,准许第三方卖家在当当网上销售他们的商品。

在2010年的前三个季度中,当当网营收同比增长55.6%,达到15.7亿元。其中自营百货业务同比增长159.8%,联营百货业务同比增长278.6%。在保持销售额高速增长的同时,当当网从2009年已经实现盈利,是中国第一家在美国上市、完全基于线上业务、盈利的B2C网上商城。在本次IPO后,当当网募集到的资金将用于加强基础设施、提升配送能力、拓展百货产品线和完善服务。

当当网除提供59万种图书商品外,还提供50万种美妆、家居、母婴等百货自营商品和41万种电子、服装、鞋包等百货联营商品。尽管在营收结构中占比还不高,但当当网百货业务的增速却大大超过了图书业务。或许正因为看好当当网百货业务的成长性,尽管当当网2009年的净利润只有1692万元(253万美元),但是美国资本市场却仍然对其未来盈利增长空间有较高的预期。

2. 融资往事

根据China Venture头重集团统计,当当网上市前共完成了三轮融资(如将创业投资算上,则为四轮融资)。三轮融资分别为:2000年2月,IDG VC、SBC(软银中国,后改名为中国创业投资基金)VC、Luxembourg Cambridge Holding Group(卢森堡剑桥控股集团)Rakuten投资当当网,占59%股权,创业团队占41%股权;2004年2月,老虎科技基金投资当当网1100万美元,管理层持股上升到51%;2006年7月,第三轮DCM、华灯国际以及Alto Global Investment投资当当网2700万美元。

第三轮投资后公司两位联合创始人李国庆、俞渝夫妇共持股43.8%,其中担任董事会主席的俞渝女士持股4.9%,CEO李国庆持股38.9%,团队其他高管的持股比例均低于1%,但整个管理团队持股比例为52.5%,占绝对控股,其余为老虎基金持股23.9%、DCM持股8.7%、IDG持股6.8%及其他投资人等。

据报道,2004年年初第二轮融资成功引进老虎基金时,当时管理层和原有的投资人还掀起了一场不小的波澜。2003年老虎基金在中国互联网界出手大方,已向当当的劲敌卓越网投资了750万美元。就在卓越宣布成功从老虎基金融资不久后,到美国转了一圈的当当网联合总裁李国庆、俞渝夫妇乘从西雅图起飞的国际航班回到北京,并在第一时间宣布,当当网已经成功融资1100万美元,投资人即为老虎基金。

其时,IDG、卢森堡剑桥、软银等由于急于套现,曾力促老虎基金加盟,但当李国庆提出给夫妇二人增加当初约定的总额为18%的创业股份时,却后悔了,又改而极力反对。老虎基金获悉当当网内部斗争后,立刻向李国庆表示:如果你们能带领当当网的管理团队出去另创一家类似于当当网的公司,老虎基金愿将此次1100万美元转投给新成立的公司。

果然,2003年10月28日,在李国庆假戏真唱地给IDG在国内所投资企业的管理层去信说欲另起炉灶后,IDG方面坐不住了,被迫做出让步。李国庆的这张王牌使三家原来的投资方最后屈服,承认给管理团队持股51%,超过了此前的预期。

据知情人士透露,老虎基金投资当当网,是因为当当看到老虎基金投资了卓越,揣测老虎基金认可了国内的B2C市场,因此主动去找老虎基金。而当当的投资人IDG和卢森堡剑桥方面对当当失去了耐心,急着套现,动用了关系劝说老虎基金投资当当。投资当当纯粹是一个资本游戏,双方各怀心思,当当和老虎基金签订了协议,但是老虎基金方面因为一些原因一直没有付钱,包括过程中发生了当当高层的辞职纷争。在当当和老虎基金几番交涉并几度面临谈判破裂的危机之后,协议中的融资款终于到账。2004年2月25日,当当网第三轮私募的主角老虎基金终于兑现了两个月前的承诺,将约定的1100万美元划到当当账户上。至此,融资风波以喜剧性结局暂告收场,当当网并意外地获得老虎基金7000万美元估值(两个月前该数字为6500万美元),股份占比为15.7%。

(资料来源:潘启龙.私募股权投资实务与案例[M].北京:经济科学出版社,2011:208—218.)

第三章　如何管理私募股权基金

> **学习目的**
>
> 通过本章的学习,了解私募股权基金的资金来源及其设立条件与流程,私募股权基金董事会的作用与投资委员会的相关条款及责任、义务。掌握私募股权基金的三种组织形式,以及不同基金架构之间在投资者权利、税收地位、信息披露、投资者规模限制、出资进度及责任承担等方面的特点与区别。掌握私募股权基金管理中对基金经理人的激励和约束制度,以及基金的内部管理和外部管理制度。

第一节　私募股权基金的设立

现代意义上的私募股权金融机构最早出现在美国和英国。1945年,美国研究和发展公司(ARD)在美国成立,同年,英国工商金融公司(ICFC)成立。这两家投资公司是第一批机构性参股投资公司,也成为世界上最早的私募股权投资机构。随后的几十年里,私募股权投资在全球范围内迅速发展,成为继商业银行、证券市场之后的第三条投融资通道。私募股权基金的规模越来越庞大,投资领域越来越广阔,资金来源越来越广泛,参与机构越来越多样。迄今为止,全球已有数千家私募股权投资公司,其中,最为著名的有黑石、KKR、凯雷、贝恩、高盛、美林等。

一、私募股权基金的资金来源

私募股权基金的投资期限非常长,因此其资金来源主要是长期投资者。在国外成熟的市场条件下,私募股权投资的资金来源主要是机构投资者,包括养老金、证券基金,以及保险机构等。由于私募股权基金在我国发展的历史并不长,因此,企业、政府、富有的个人、金融机构等都是私募股权基金公司募资时争取的对象。

(一)企业

各类型国企、民企及上市公司的闲置资金是我国私募股权基金最重要的资金来源。为了追求更高的回报率,有些企业会把闲置资金投入到私募股权基金中,或者直接成立一个私募股权基金。这样,既能够获得高额回报,也能够收购或兼并那些具有技术、资源和人才等优势的企业;同时,还能够大大地降低企业的运营风险,更有利于企业的发展和成长。

(二)政府

政府作为私募股权基金的重要投资主体,主要是因为其在各个地方建设和规划产业园区的同时,也会对一些高新技术企业实行补贴,使这些企业获得大量的政府资金。但是,这类资金的区域性比较强,只是针对某一个地区,并且具有很强的专一性。被投资企业的类型也比较单一,不在财政补贴范围之内的企业就无法享受到这种政府引导基金。有时,政府会作为私募股权基金的出资方,甚至还会发展成合伙人的形式。

(三)富有的个人

私募股权基金对个人投资者募集的起点是非常高的。富有的个人拥有大量的闲置资金,其中一些人会利用这些资金投入到一些具有高额投资回报的企业或者行业中去,私募股权基金就是其投资的重要载体,能够帮助这些富有的个人投资者在比较小的风险下获取丰厚的收益。这些富有的个人获得第一笔投资收益之后,会带动其周边更多的富有的个人加入投资行列,这一群体成为我国私募股权基金的主要资金来源之一。

(四)金融机构

在国外,各类商业银行、保险公司、证券公司等金融机构,是各类私募股权基金募集首选的游说对象。这些资本知名度、美誉度高,一旦承诺出资,会迅速吸引大批资本跟进加盟。但我国的金融机构出于资金安全性和风险等因素的考虑,在对私募股权基金提供资金的额度上比较保守。它们为了自身资金的安全考虑,会对私募股权基金的投资项目进行严格的考核。

清科研究中心 2012 年发布的数据显示,2011 年我国私募股权投资市场新募集的 277 只基金中,来自各类企业的资本占总募资额的比例达到了 39.7%,是所有资金渠道中最高的;其次是从政府获得的资本,占总募资额的比例为 25.2%;来自个人资本的比例为 19.3%;从金融机构获得的资本仅占 10.7%(如图 3-1 所示)。

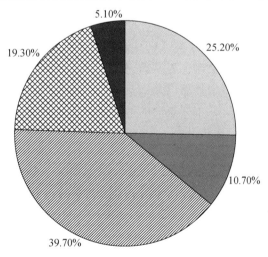

图 3-1 2011 年我国私募股权基金的资金来源①

---

① 数据来源:清科——中国创业投资暨私募股权投资数据库。

从我国私募股权基金募资的币种上看,外币基金自 2011 年以来呈现出稳健增长的发展趋势。2014 年,我国私募股权基金披露的募资金额约 440 亿美元,其中,外币基金募资金额为 284 亿美元,约占 64.5%,实现了自 2008 年以来最高募集规模,较人民币基金呈现出更快速的增长,而同期人民币基金募资金额为 156 亿美元,约占 35.5%,人民币基金数量及占总体资规模的比例都呈下行趋势(如图 3-2 所示)。①

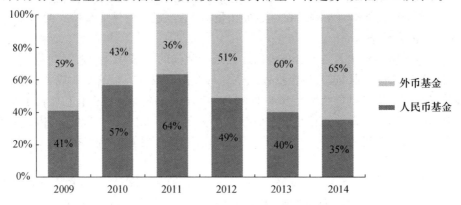

图 3-2　2009—2014 年人民币、外币基金募资规模趋势

目前,我国多层次资本市场建设、私募股权正式确立的宽松监管原则及对外投资合作的加快使得大量的国资背景产业基金、社会资本及中外合作基金相继设立,极大地促进了我国私募股权投资市场的募资积极性。新一轮国企改革、境内外并购市场的火爆、上市公司资本运作的活跃,以及生物医疗、移动互联网等新兴投资领域热潮的到来,在为不同类型私募股权基金带来资金的同时,极大地带动了我国私募股权投资市场的发展。

二、私募股权基金的设立条件与流程

(一) 设立条件

设立公司型私募股权基金不仅要符合《公司法》关于设立公司的相关规定,还要符合《私募基金暂行管理办法》、《外商投资创业投资企业管理规定》及《创业投资企业管理暂行方法》(发展改革委员会十部委令[2005]第 39 号)对在国内设立公司制创业投资基金的特别规定,具体表现在以下几个方面。

1. 设定投资人门槛

为确保创业投资企业在资本私募过程中仅涉及具有高风险鉴别能力和承受能力的投资者,《创投暂行办法》规定:创业投资企业的投资者人数不超过 200 人(以有限责任公司形式设立创业投资企业的,投资者人数不得超过 50 人),同时,还特别规定"单个投资者对创业投资企业的投资金额不得低于 100 万元。"《外资创投管理规定》也要求除必备投资者之外,其他投资者最低出资额不得低于 100 万美元。

2. 允许更为优化的资本制度

修订后的《公司法》规定,有限责任公司和以发起方式设立的股份公司的注册资本

---

① 普华永道.中国私募股权/风险投资基金 2014 年回顾与 2015 年展望[R].2015-02.

在首期只需要到位 20%,其余资金要求在 2 年内到位,这被称为折中资本制,较之法定资本制已有进展,但仍然可能导致一定程度的资金闲置。《创投暂行办法》对创业投资企业的出资制度做出了创新性规定:"实收资本不低于 3000 万元人民币,或者首期实收资本不低于 1000 万元人民币且全体投资者承诺在注册后的 5 年内补足不低于 3000 万元人民币实收资本。"这样,创业投资企业就可以以较大规模承诺资本和一定规模实收资本先期成立,待成立之后再根据承诺协议和投资需求,逐步追加资本。如设立一个 10 亿元规模的创业投资基金,首期到位资本只需 1000 万元,其余 99 000 万元可以按照投资人的出资承诺,在注册后的 5 年内逐步补足。而根据《公司法》,10 亿元的创业投资基金在设立之初就需要缴纳 2 亿元注册资本,剩余 8 亿元也需要在 2 年内到位。可见,前者较《公司法》的规定更倾向于一种承诺资本制,更利于创业投资基金的设立和发展。

3. 允许以特别股权方式投资

我国《公司法》规定,同股同权,虽然某些方面可以在章程中另行规定,但基本原则是公司只能发行普通股。为此,《创投暂行办法》做了有益的突破,该法规第 15 条规定:"经与被投资企业签订投资协议,创业投资企业可以以股权和优先股、可转换优先股等准股权方式对未上市企业进行投资。"

4. 保障对管理人的激励机制

《创投暂行办法》第 18 条规定:"创业投资企业可以从已实现投资收益中提取一定比例,作为对管理人员或管理顾问机构的业绩报酬,建立业绩激励机制。"这一规定明确了对于管理人可以实行激励机制,使得过去不少国有独资或国有控股的创业投资公司通过业绩报酬建立激励机制有了依据。

5. 创业投资企业税收的具体优惠政策

根据《税收政策通知》的规定,创业投资企业采取股权投资方式投资于未上市中小高新技术企业 2 年以上(含 2 年),可以享受的税收优惠政策有以下几项:

(1) 应纳税所得额抵扣制度。创业投资企业可按创业投资企业对中小高新技术企业投资额的 70% 抵扣该创业投资企业的应纳税所得额。

(2) 应纳税所得额可逐年延续抵扣制度。创业投资企业按上述规定计算的应纳税所得额抵扣额,符合抵扣条件并在当年不足抵扣的,可在以后纳税年度逐年延续抵扣。这一规定与目前我国税法对其他企业亏损弥补的期限为 5 年相比较,是一项有益的突破。

(3) 所得税不重复征收制度。创业投资企业从事股权投资业务的其他所得税事项,按照国家税务总局《关于企业股权投资业务若干所得税问题的通知》(国税发[2000]118 号)的有关规定执行。该通知主要规定有:关于企业股权投资所得的所得税,凡投资方企业适用的所得税税率高于被投资企业适用的所得税税率的,投资方企业才需要补缴不足部分的企业所得税;关于企业股权投资转让所得和损失的所得税,应并入企业的应纳税所得,依法缴纳企业所得税。但因收回、转让或清算处置股权投资而发生的股权投资损失,可以在税前扣除;股息和红利无须纳税制度,即创业投资企业从所投资企业分得的股息及红利收益均被视为税后收益而无须缴税。

（二）设立流程

1. 申报审核要点

（1）基金管理公司运作方案要有特色、可行性较强；

（2）基金管理公司核心管理人现场演讲及问答；

（3）申报材料完整、无瑕疵。

2. 设立流程

第一步，取得受理函。向省金融工作办公室面告知设立意向，省金融工作办公室同意后，取得受理函；

第二步，名称预核准。持省金融办受理函至省工商局进行名称预核准，取得名称预核准通知书；

第三步，省金融办评审。制作整套设立方案并申报，管理核心人员进行演讲，专家现场问答，省金融办组织法律、投资、财务会计专家评审，出具批复意见；

第四步注册登记。持省金融办批复意见进行注册登记流程。

3. 申报所需提交的材料

（1）设立意向书；

（2）名称预核准通知书；

（3）设立申请书；

（4）股东身份证复印件；

（5）出资承诺书；

（6）高级管理人员名单及简历；

（7）基金管理公司设立可行性研究报告（包括设立的必要性、可行性、发展战略、业务发展计划及财务预测）；

（8）机构组织架构及职能设置；

（9）内控制度（包括投资管理制度、投资决策程序、风险控制制度、关联交易制度、信息披露制度、会计制度、资料档案管理制度、业绩评估考核制度等）；

（10）股东无犯罪记录证明；

（11）股东征信记录；

（12）股东承诺函；

（13）出资人授权委托书。

三、私募股权基金董事会与投资委员会

（一）董事会

在所有风险投资和私募中，"董事会"组成的规定毋庸置疑是最显眼，也是私募股权基金与被投资企业对于公司控制最重要的一个条款。

在国外，董事会是现代企业的决策核心。高质量的董事会是企业快速、健康发展的保证。尽管我国在董事会建立上经验还存在不足，但是董事会在境内企业的运作上也逐步起到核心的作用。风险投资和私募的投资者是小股东，为了保护自己的利益，持有的是优先股。投资条款中有一些保护自己利益的内容，例如，若干否决权和批准权。伴随着投资的进入、董事会的改组，决策机制也会有所变化。

这个过程有时候是不平静的。国内大部分创业者都是第一次做CEO,缺少董事会的经验。

按传统的法律观念,所谓董事会,是指管理公司事务的领导机构,它通常是由公司的投资者(股东)选举产生。董事会的主要成员一般由公司的内部成员出任,有时也特邀公司的外部成员参加。董事会受投资者(股东)委托对外代表公司,对内有权任免公司的高级职员和决定公司的重大事务。公司董事会是公司的主要领导机构,但不是最高权力机构。根据各国《公司法》的规定,公司的最高权力机构是投资者会议,或称股东大会。因为投资者(股东)是公司的拥有者,而董事会则是由股东大会选举产生而组建的决策机构,它是受股东大会的委托而行使管理和领导职能的。董事会决定CEO及核心高管的任免、年度预算、员工期权计划等重大事项,对公司发展起着至关重要的作用。风险投资和私募的投资者投资到公司,董事会重新组成,权利会发生再分配。如果说投资者会议(股东大会)是最高权力机关,那么董事会则是公司的领导枢纽,是代理投资者(股东)具体行使管理职能的一个集体领导班子。

(二)投资决策委员会

为了提高投资业务质量,控制资金风险,股东会或董事会授权投资决策委员会行使评审的相关职能。投资决策委员会依据制度审核投资项目,以投票方式对投资项目进行表决,出具审核意见。投资决策委员会审核公司的投资项目管理规程,报董事会审议通过。投资决策委员会对公司股东负责,有权审查所有投资项目实施情况。

1. 投资决策委员会的组成

投资决策委员会的组成人员由股东大会或董事会任命,每名委员均有表决权。委员会设主任1名,负责召集、主持投资决策委员会会议。

投资决策委员会主任的职责包括:

(1) 股权投资项目须在项目组提出申请的7个工作日内主持召开投资决策委员会会议;

(2) 债权投资项目须在项目组提出申请的3个工作日内主持召开投资决策委员会会议;

(3) 组织投资决策委员会委员在投资决策委员会会议上发表意见并开展讨论。一般情况下,针对股权投资项目,各投资决策委员会委员应在会后的7个工作日出具最终审核意见。针对债权投资项目,应在会后3个工作日内出具最终审核意见。若未在固定时间内出具审核意见,则视为同意;

(4) 负责上报业务材料审核意见处明确审核意见,并由全体成员签字确认。

2. 投资决策委员会的职责

审订投资项目管理制度和业务流程;监督公司经营管理层严格、有效执行投资项目操作流程;适时引导公司管理层调整公司的投资方向及结构比例;审核投资项目的申请是否符合公司相关管理规定的条件;听取项目组关于投资项目情况的汇报;审核项目组出具的初审意见;依照有关规定对投资项目出具审核意见,经全体委员通过的投资项目,经董事长决策后由项目组负责人组织实施;听取项目组负责人关于投资项目实施进度情况的汇报;审议、制定投资逾期90天(含)以上的处理方案,并在出现上述情况的7个工作日内形成书面报告,经全体委员在书面报告签字后报董事会审批;

其他投资决策委员会认为需要审批的事项。

投资决策委员会委员因故无法行使表决权时视为放弃权利，委员会委员可以向董事长申请调阅履行职责所必需的与公司有关的资料。

投资决策委员会委员应当遵守下列规定：按要求出席投资决策委员会会议，并在审核工作中勤勉尽职；保守公司的商业秘密，不得向本公司以外人员泄露投资决策委员会会议讨论内容、表决情况等；不得利用投资决策委员会委员身份或者在履行职责上所得到的非公开信息，为本人或者他人直接或者间接谋取利益；不得有与其他投资决策委员会委员串通表决或者诱导其他委员表决的行为；公司制定的其他有关规定。

投资决策委员会工作会议可采用现场和非现场形式召开。采用非现场会议形式时，投资决策委员会委员必须以传真、电子邮件的形式出具审核意见，并在审批完成后规定的时限内在审批资料上补齐签字。委员会委员应当遵守公司对投资决策委员会委员的规定和要求，认真履行职责，接受公司的考核和监督。

第二节 私募股权基金的组织形式

当前国内的私募股权基金主要有三种组织架构：公司型、合伙型和信托型。本节将介绍该三种架构，并简要比较三种架构的特点。根据国际成功的经验和国内基金的发展趋势，我们建议优先选择合伙型架构。

一、公司型私募股权基金

公司型私募股权基金即用公司的形式组织发行股份以募集资金。投资者以"购买基金公司股份"的方法认购基金，成为基金公司股东。基金公司的经营管理结构却和一般的公司大不相同。基金公司不设经营管理组织，而是委托专业投资管理机构管理运营，公司由此转化成为基金。资金也委托专业的保管人保管公司型基金的组织结构图如图3-3所示。

公司型基金具有如下优势：一是公司具有独立的法人地位，保证了组织稳定性，这为公司开展业务带来了极大的便利。二是公司全面实行有限责任，因此所有的出资人都可以享受到有限责任的保护；并且在享受有限责任的法律保护的同时，所有股东还可以通过股东大会参与公司的重大决策。因此，公司型基金能够最大程度地调动投资者的积极性。三是公司型基金公司也可以通过比较完善的法人治理机制、独立董事制度和与之相适应的制度约束，来防范经理人员的"内部人控制"，而且也可以采取业绩报酬、经理层持股和股票期权等制度激励经理人员。

采用公司型会面临两个最大的问题：一是多重制度设计（公司法要求的股东大会、董事会、监事会、管理团队等组织设置）可能给公司运作带来较大的制度成本；二是公司会面临双重税负的问题。这两个方面使得公司型私募股权基金运作的成本大大增加。

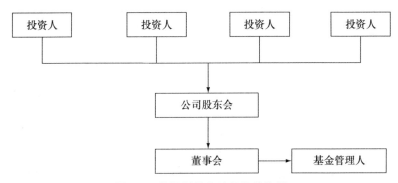

图 3-3　公司型基金的组织结构图

公司型基金的投资者作为股东参与基金的投资,依法享有《公司法》规定的股东权利,并以其出资为限对公司债务承担有限责任。基金管理人的存在可有两种形式:一种是以公司常设的董事身份作为公司高级管理人员直接参与公司投资管理;另一种是以外部管理公司的身份接受基金委托进行投资管理。

二、有限合伙型私募股权基金

合伙型私募股权基金主要指有限合伙型私募股权基金。有限合伙型私募股权基金是以合伙企业的形式组织,以发行合伙企业份额的方式募集资金。投资者以"购买合伙企业份额"的方法认购基金,成为基金份额的持有人。有限合伙型的合伙人一般分为普通合伙人(GP)和有限合伙人(LP)两类。普通合伙人对企业承担无限责任,有限合伙人对企业承担有限责任。作为"国际惯例",有限合伙型的优势是明显的。①

首先,有限合伙型的私募股权基金解决了双重征税的问题。根据《合伙企业法》的规定,"合伙企业的生产经营所得和其他所得,按照国家有关税收规定,由合伙人分别缴纳所得税"。这一规定明确合伙企业不作为独立的所得税纳税主体,将合伙企业所应缴纳的税收缓解后置到各个合伙人层面,这将有利于不同税赋水平的企业进行合作。例如,类似社保基金这样的免税主体,如果投资到有限合伙型的股权投资基金,将获得按投资协议分配的全部收益,而如果投资到公司型私募股权基金,则在分配之前就需要扣除股权投资基金机构本身的所得税。

其次,有限合伙型的私募股权基金在收益分配上很灵活。按照惯例,有限合伙型的股权基金可以在合伙人之间的协议中约定收益分配方式,基金管理人可以获得基金利润的一定份额(一般为20%),以作为管理分红。当然很多情况下,投资者会要求投资利润超过一定水平(一般为8%)之后,再计算管理分红。

再次,有限合伙型的私募股权基金在资金募集和退出的灵活性上可操作性强。一方面,合伙人可以通过承诺和分期认缴基金出资完成风险投资基金的资金募集,避免了资金的浪费;另一方面,有限合伙人可以直接将基金权益账户中的资金退出。这种操作性良好的资金募集和退出的运作方式能够有效提高风险投资基金的运营效率。

---

① 潘启龙.私募股权[M].北京:经济科学出版社,2012:37.

最后，有限合伙型的私募股权基金不能留存利润，其投资收益都要向投资人分配。有限合伙型按照合伙协议的规定有一个经营期限，一般为7年，期限届满时，利润要进行全额分配。

有限合伙型的私募股权基金通过有效和灵活的方式、巧妙的制度设计和合理的组织安排及其所构建的激励约束机制，具有较强的资源整合能力和抗风险能力，相比公司型和信托型基金在某些方面适应了股权投资的运作特点和选择偏好，增强了私募股权投资机构运作的有效性，提高了私募股权基金运作效率和投资收益。但是，有限合伙型基金的缺点也是明显的。有限合伙型在国外已经历历史的考验，在国内却是根"新苗"。投资者对其形式还不太认同，现在有限合伙型的中国式内部管理形式也在探索之中。从目前法律框架来看，有限合伙型基金还不能作为上市公司持股，但从长远来看，有限合伙型应当是发展趋势。

合伙型基金很少采用普通合伙企业形式，一般采用有限合伙形式。有限合伙制基金的投资人作为合伙人参与投资，依法享有合伙企业财产权。其中的普通合伙人代表基金对外行使民事权利，并对基金债务承担无限连带责任。其他投资者作为有限合伙人以其认缴的出资额为限对基金债务承担连带责任。从国际行业实践来看，基金管理人一般不作为普通合伙人，而是接受普通合伙人的委托对基金投资进行管理，但两者一般具有关联关系。国内目前的实践则一般是基金管理人担任普通合伙人，如图3-4所示。

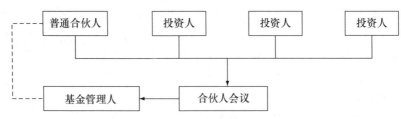

图3-4　有限合伙制基金的组织结构图

因为有限合伙形式具备自身的一些优势，所以私募股权基金采取了这种企业形式。在某些情况下，设立有限合伙企业的一个基本的目的是利用有限合伙形式的某个优点，为此设立一定的结构和模式。从现实的角度分析，有限合伙形式具备以下四个方面的基于结构的功能。

（一）所有权与管理权的分离

同样是一个代理问题，在私募股权基金中，基金管理人投入的资金并非基金的主要资金来源，其对基金的财产并不享有绝对的财产权。但是作为基金投资与运营的管理人而言，他们必须拥有基金的投资决策权和基金的运营管理权。这一方面是因为基金管理人有经营私募基金的专业能力，而其他基金份额持有人可能在这方面经验不足或者没有时间和精力，另一方面，如果让其他的基金份额持有人也参与投资决策，势必在一定程度上削弱管理者决策的独立性，不利于投资决策和时机的把握。

相比之下，投资人的决策独立性在公司型私募股权基金的制度框架下会受到影响。尽管基金管理人可以采取作为顾问公司的方法控制公司的管理权，但公司的权力最终仍然掌握在作为股东多数的其他的基金份额持有人手中。公司股东作为公司的最高权力层能够左右决策,即便是其他的基金份额持有人,也还是可以对管理者的决策造成根本的影响。这是因为公司一直都必须对其股东的投资负责,股东以其投资对公司享有权利。虽然,信托型私募股权基金可以有效地实现出资和管理的分离,但是由于有限合伙形式在出资和收益分配方面更为灵活,在实现出资和管理分离的问题上,采取有限合伙形式具有很大的优势。

(二)激励与约束并存

基金管理人是在有限合伙企业形式下唯一的普通合伙人,享有充分的管理权,并享有相当程度的激励,能够极大地促使私募股权基金管理人充分发挥其才能作用。成功的私募股权投资基金管理人通常具有某一方面的专长,例如,很多私募股权基金的管理人是计算机专业毕业的常春藤高材生,其在 IT 投资方面的优势就相得益彰。当然,即使在有限合伙企业形式下,由于投资者和经营者分离,也需要相应的控制普通合伙人道德风险的制度设计。在有限合伙型私募股权基金中,一般的框架如下:

1. 优先风险承担

合伙企业发生亏损时,首先由普通合伙人承担损失,其次由有限合伙人的出资承担损失,再次由普通合伙人的累积利润承担损失和有限合伙人的累积利润承担损失,最后由普通合伙人承担合伙企业债务的无限连带责任。这样就避免了管理人过分投机、铤而走险。

2. 延后享受收益

如果企业产生盈利,在预期利润没有实现前,所有的利润由有限合伙人享有;超出任务利润以外的收益,有限合伙人和普通合伙人按照80%:20%(或约定的比例)进行分配。这样通常可以促使管理人努力提高收益率。

3. 稳定的收入保证

合伙企业提供一定数量的费用,由此作为普通合伙人的日常开支和管理费,超出部分则由普通合伙人补足。这样可以使得管理人不必因为缺乏基本资金而铤而走险。

(三)灵活的融资结构

《合伙企业法》规定,合伙企业合伙人的数量最多为50人。该规定虽然在一定程度上制约了有限合伙形式的融资能力,但也恰好符合私募股权基金的私募性质。有限合伙形式一个很大的优点就在于它可以灵活地筹资。前面谈到,如果私募股权基金,特别是公司型的私募股权基金,因为资本制度的缘故而保留了太多的闲置现金,无形之中就降低了私募股权基金的收益率,即资金的机会成本。因此,私募股权基金希望尽可能少地留存闲置现金。而合伙企业存在着允许协议出资的制度空间,也就是说,合伙协议可以约定,在私募股权基金选好投资项目需要投资时,合伙人才把现金交给基金管理人。在采用公司型私募股权基金或者信托型私募股权基金的形式下,协议出资制度不具有实际层面上的操作灵活性,在要实现同等条件下有限合伙的优势时往往需大费周折,还需规避法律。对于公司型私募股权基金来说,它需要经常地将其注册资本进行改变。对于信托型私募股权基金,闲置现金的存在问题是难以避免的,除非能够频繁地设立信托或者给信托分期。有限合伙形式的好处就在于由于合伙协议的灵活性,而且也没有那么多相关的法规规定投资者必须在某个时期出资多少,所以它是最适合私募投资模式的出资制度。

(四)合伙人身份的激励作用

在有限合伙形式中,有限合伙人和普通合伙人之间可以相互转换。这种机制便于有限合伙形式企业根据经营者的位置变化而调整其身份。从一定程度上来说,这种转变本身就可能构成某种激励。在有限合伙形式私募股权基金中,成为普通合伙人对于普通合伙人的助手们来说,有着重要的意义。很多年轻人就是为了普通合伙人的身份而努力工作。同样,当普通合伙人退休后,如果其对基金具有显著的贡献,还能以普通合伙人的身份作为有限合伙人参与投资基金。

三、信托型私募股权基金

信托型私募股权基金是指管理人为进行某一项目投资,委托信托公司向特定投资人募集资金,投资人通过认购信托受益凭证的方式投资基金。需要注意的是,在实务操作中,信托本身只是一个虚拟法律实体,资金的具体运作由受托人负责进行。

信托型基金在我国也属于新生事物。随着 2007 年 3 月 1 日新版《信托公司管理办法》和《信托公司集合资金信托计划管理办法》的生效,我国信托公司才逐渐发展成为合格投资者提供高端资产管理服务的专业机构。其中,为投资者提供股权投资管理服务,即私募股权基金业务也成为信托公司的主营业务。信托型由于具有机制灵活、激励有效等优点,成为我国私募股权基金组织形式的现实选择。相比之下,信托型私募股权基金运作的独立性的优势更值得称道。投资者通过认购信托受益凭证的方式投资基金,其一般对基金的运作不进行干预,而不像有限合伙或公司型中,投资者或有限合伙人(LP)总会对管理者或普通合伙人(GP)提出管理上的不同意见,从而影响基金运作。但是,目前我国法律尚不允许信托持股的企业上市,也为基金的投资退出模式的设计进行了较大限制。

信托型基金由基金持有人作为委托人兼受益人出资设立信托,基金管理人依照基金信托合同作为受托人,以自己的名义为基金持有人的利益行使基金财产权,并承担相应的受托人责任,如图 3-5 所示。

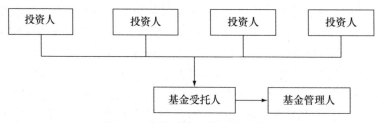

图 3-5 信托型基金的组织结构图

四、不同架构的比较

三种不同基金的架构之间在投资者权利、税收地位、信息披露、投资者规模限制、出资进度及责任承担等方面具有不同的特点。本节仅简要介绍各架构在投资者权利和税收地位方面的差别,如表 3-1 所示。

（一）投资者权利

表 3-1　不同结构的基金对比

	公司型	有限合伙型	信托型
基金管理人的任命	间接	直接	直接①
外部审计机构的任命	股东会	合伙人会议	基金管理人
参与基金管理②	不参与	不参与	不参与
资本退出	需管理人同意③	需管理人同意	不需管理人同意④
审议批准会计报表	股东会	基金管理人	基金管理人
基金的终止与清算	股东投票	合伙人投票	信托合同约定

一般而言,公司制下,基金的投资者不能干预基金的具体运营,但部分投资者可通过基金管理人的投资委员会参与投资决策。有限合伙制下,基金管理人（普通合伙人）在基金运营中处于主导地位;有限合伙人部分可以通过投资委员会参与投资决策,但一般通过设立顾问委员会对基金管理人的投资进行监督。信托制下,投资者基本上难以干预到受托人（基金管理人）的投资决策。

（二）税收地位

从税收地位来看,公司型基金存在双重纳税的缺点:基金作为公司需要缴纳公司所得税,但符合财政部、国家税务总局及国家发改委有关规定的公司制创业投资企业可以享有一定的税收优惠;在收益以红利形式派发给投资者后,投资者还须缴纳收入所得税。合伙型和信托型的基金则不存在双重纳税问题,基金本身不是纳税主体,投资者在获得投资收益后才自行缴纳收入所得税;该等投资者是否享受创业投资企业的税收优惠有待咨询当地税务部门。

第三节　私募股权基金的管理制度

一、对基金经理人的激励与约束

与其他投资人和代理人一样,风险投资者（私募股权基金的投资者）和创业企业家之间也存在着代理问题和信息不对称问题,也就是说,他们的利益需求不同。治理结构安排所要解决的主要问题是在信息不对称的情况下,要通过一定的制度安排来协调

---

①　一般而言,受托人应是基金的主要发起人之一。如无重大过失或违法违约行为,委托人无权解任基金管理人。
②　作为整体,投资者无权参与基金管理。实践中,基金管理人负责投资决策的委员会中一般会有个别投资者代表。
③　依照《公司法》和《合伙企业法》,股东或合伙人转让权益需要其他股东或合伙人同意。实践中,一般投资者与管理人签订协议,允许管理人代表他们同意其他股东或合伙人的退出。
④　从《信托法》角度来看,委托人可以自行解除委托。但实践中,信托合同可能会有不同安排。

风险投资者和被投资企业管理层之间的关系,以防止管理层以风险投资者的损失为代价来谋求自身利益的最大化。风险投资者通过被投资企业治理结构的设计来达到规避投资风险并使其投资收益最大化。在西方,治理结构安排主要依赖于两种机制:一种是激励机制;另一种是约束机制。

(一)激励机制

所谓激励机制是指用"利诱"的办法来激励管理层为股东利益最大化或企业价值最大化而努力,同时防止其为了个人利益或管理层集团的利益而损害股东的利益。这是一种"收买政策"。风险投资者往往通过安排股权和期权的办法来构筑针对被投资企业管理层的激励机制。

1. 对管理层的股权安排

在被投资企业中,风险投资者投资的目的是为了通过持有具备增长潜力的被投资企业的股份到一段时期后出售获利,而不是为了控股,更不是为了经营企业。因此风险投资者持有被投资企业的股份比例一般在 15%～20% 之间,而安排相当一部分股权份额由被投资企业管理层持有,并以此作为管理层收入的很大一部分。对管理层的这种股权安排一方面是管理层对控制自己创建的企业的需求,同时也使管理层的利益和企业的兴衰相一致,继而也实现了和风险投资者利益的一致性。

2. 对风险投资者的股权安排

可转换优先股是私募股权投资交易结构设计中经常采用的一种金融工具。因为与普通股相比,可转换优先股具有两个明显的优点:一是在转换前可转换优先股在被投资企业破产清算时有优先清偿权;二是在被投资企业迅速发展时,风险投资者可以将可转换优先股转换为普通股,从而分享被投资企业未来增长所带来的好处。可转换优先股的使用使被投资企业的所有权凭证分成两类,其中级别高的一种证券实际上使级别低的另一种证券的价值被低估,因此被投资企业的管理层在购买普通股时,实际支付的价格比普通股的实际价值要低。这种潜在的资本利得不但不会立即产生应税收入,而且还会鼓励他们为实现这一潜在的资本利得而努力工作。另外,可转换优先股风险投资中交易结构的设计的转换价格或转换比率的设定又往往与被投资企业管理层的经营业绩联系在一起。因此,对风险投资者的这种股权安排又构成了对被投资企业治理结构中激励机制设计的一部分。

3. 对管理层的期权安排

对管理层期权安排的目的是要将管理层的利益和被投资企业价值的增长联系起来,从而使管理层竭尽全力去增进被投资企业的价值。因为,只有当被投资企业的价值最大化时,风险投资者才能顺利出清手中的股份并实现超额利润。这时,管理层、被投资企业和风险投资者各自的利益通过期权安排达成了一致。期权安排通常的做法是允许管理层在实现未来经营目标时按照事先约定的较低的价格或无偿增持股份。

4. 退股权和股权回购

退股权是指当被投资企业管理层未按经营计划实现其预期目标时,风险投资者有权要求被投资企业赎回其在被投资企业中的股份。即允许风险投资者在被投资企业经营业绩不理想时有权退股,收回初期的股本投入加上一定的利润。股权回购是指风险投资者允许被投资企业管理层在某一时间从风险投资者手中购回股权。退股权的设置在一定程度上保障了风险投资者的利益,而股权回购的设置可以起到激励被投资企业管理层为企业的发展而努力的作用。

(二)约束机制

与激励机制不同,约束机制者则是要通过对被投资企业经营管理的监督控制来"迫使"管理层尽力去增进企业和股东价值,从而使风险投资者的期望收益得以实现。在治理结构安排中,风险投资者通常运用董事会席位、表决权分配、控制追加投资和管理层雇佣条款等办法来构筑针对被投资企业管理层的约束机制。

1. 管理层雇佣条款

激励机制中股权和期权安排最大的缺陷是拥有较大比例的股权和期权的管理层很有可能偏好从事收益很高但风险也很大的项目或业务。在风险投资者看来这种冒险不符合他"持股—增值—出售"的投资战略,因此需要制定管理层雇佣条款来惩罚那些经营业绩差的管理者,以限制管理层偏好风险的倾向。管理层雇佣条款通常包括解雇、撤换管理层并回购其股份的种种情况。

2. 董事会席位

风险投资者虽然不谋求对被投资企业的控股权也不以经营企业为目的,但同样在被投资企业董事会中占有一个或一个以上席位。而且在很多情况下,风险投资者作为外部董事,由于具备丰富的经验,拥有在培育公司成长和鉴别管理层素质等方面的专业素养以及有着极为广泛的外部联系,风险投资者凭着投入被投资企业的资本和向该企业所提供的增值服务而在董事会中占据主导地位。由于董事会要对被投资企业的经营业绩负责,并有权任命或解聘企业总经理,指导、监督企业的运营情况,风险投资者通常会利用其在董事会的有利位置对管理层实行监督。

3. 表决权分配

在多数情况下,对被投资企业的表决权并不取决于其股权的性质。因此在通常情况下,虽然在金融工具安排中,风险投资者持有的可能是被投资企业的可转换优先股,但同样可以行使与普通股相同的表决权,即使作为长期债权人也可以拥有一定的表决权。对表决权的这种分配确保了风险投资者对表决权的实施而不管风险资本是以何种形式进入被投资企业。

二、私募股权基金的内部管理制度

(一)基金管理公司董事会议事规则

第一章 总 则

第一条 为维护公司及公司股东的合法权益,明确董事会的职责与权限、议事程序,确保董事会的工作效率、科学决策、规范运作,根据《中华人民共和国公司法》(以下简称《公司法》)、《公司章程》以及其他有关法律、法规的规定,特制定本规则。

第二章 董事和独立董事

第二条 公司董事为自然人。董事无须享有公司股权。

第三条 公司董事包括独立董事。公司参照我国有关独立董事制度的规定逐步建立,以及完善独立董事制度。

第四条 有《公司法》第57条、第58条规定的情形的人不得担任公司的董事。

第五条 董事由股东会选举或更换,任期三年。董事任期届满,连选可以连任。董事在任期届满以前,股东会不得无故解除其职务。

第六条 董事应当遵守法律、法规和《公司章程》,履行诚信、勤勉义务,维护公司利益。当其自身的利益与公司和股东的利益相冲突时,应当以公司和股东的最大利益为行为准则。

第七条 对于涉及公司核心技术的资料及公司其他的机密信息,董事有保密的责任,直至公司做出正式公布或者成为公开信息为止。

第八条 除非有董事会的授权,任何董事的行为均应当以董事会的名义做出方为有效。

第九条 董事连续两次未能亲自出席,也不委托其他董事出席董事会会议,视为不能履行职责,自动丧失董事资格,董事会应当建议股东会予以撤换。

第十条 公司不以任何形式为董事纳税或支付应由董事个人支付的费用。

第十一条 下列人员不得担任独立董事:

(1) 在公司或者其附属企业任职的人员及其直系亲属、主要社会关系(直系亲属是指配偶、父母、子女等;主要社会关系是指兄弟姐妹、岳父母、儿媳女婿、兄弟姐妹的配偶、配偶的兄弟姐妹等);

(2) 直接或间接享有公司股权 x% 以上,或者是公司前十名股东中的自然人股东及其直系亲属;

(3) 在直接或间接享有公司 x% 以上股权的股东单位,或者在公司前五名股东单位任职的人员及其直系亲属;

(4) 最近一年内曾经具有前三项所列举情形的人员;

(5) 为公司或者其附属企业提供财务、法律、咨询等服务的人员;

(6) 公司章程规定的其他不得担任独立董事的人员;

(7) 中国证监会认定的其他人员。

第十二条 独立董事应当对以下事项向董事会或股东会发表独立意见:

(1) 提名、任免董事;

(2) 聘任或解聘高级管理人员;

(3) 公司董事、高级管理人员的薪酬;

(4) 公司的股东、实际控制人及其关联企业对公司现有或新发生的总额高于 x 万元人民币或高于公司最近经审计的净资产值 x% 的借款或其他资金往来,以及公司是否采取有效措施回收欠款;

(5) 独立董事认为可能损害中小股东权益的事项;

(6) 公司章程规定的其他事项。

第十三条　独立董事应当就第十二条所列事项发表以下几类意见之一：同意；保留意见及其理由；反对意见及其理由；无法发表意见及其障碍。

第三章　董事会和董事会的职权

第十四条　董事会向公司股东会负责。董事会行使《公司法》、《公司章程》以及其他法律、法规所赋予的职权。

第十五条　董事会在行使其职权时，应当确保遵守法律、法规的规定，公平对待所有股东。

第十六条　董事会行使下列职权：

(1) 负责召集股东会，并向股东会报告工作；
(2) 执行股东会的决议；
(3) 决定公司的经营计划和投资方案；
(4) 制订公司的年度财务预算方案、决算方案；
(5) 制订公司的利润分配方案和弥补亏损方案；
(6) 制订公司增加或者减少注册资本、发行债券或其他证券方案；
(7) 拟订公司重大收购、回购本公司股权或者合并、分立和解散方案；
(8) 在股东会授权范围内，决定公司的风险投资、资产抵押及其他担保事项；
(9) 决定公司内部管理机构的设置；
(10) 聘任或者解聘公司总经理、董事会秘书；根据总经理的提名，聘任或者解聘公司副总经理、财务负责人等高级管理人员，并决定其报酬事项和奖惩事项；
(11) 制定公司的基本管理制度；
(12) 制订公司章程的修改方案；
(13) 管理公司信息披露事项；
(14) 向股东会提请聘请或更换为公司审计的会计师事务所；
(15) 听取公司经理的工作汇报并检查经理的工作；
(16) 法律、法规或公司章程规定，以及股东会授予的其他职权。

第十七条　董事会以会议的方式行使职权。董事会对授权董事长在董事会闭会期间行使董事会部分职权的内容、权限应当明确、具体，不得进行概括授权。凡涉及公司重大利益的事项应提交董事会以会议的方式集体决策。

第十八条　董事会设董事长一人，董事长由董事会以全体董事的过半数选举产生。董事长为公司的法定代表人。董事会中应至少包括两名以上(含两名)独立董事，其中一名应为具有高级职称或注册会计师资格的会计专业人士。

第十九条　董事会执行委员会是在董事会闭会期间代行董事会的部分职权，是董事会的常设机构，其主要任务是负责贯彻执行董事会所决定的各项决议，决定和审议公司的重大决策，并对大量日常工作和活动做出安排。执行委员会由公司执行董事组成。

第四章　董事会会议的召集、通知和出席

第二十条　董事会每年至少召开两次会议，由董事长召集，于会议召开十日前以传真、信函、电子邮件等书面方式通知全体董事。

第二十一条 董事会会议的通知应当包括：

(1) 举行会议的日期；

(2) 会议地点和会议期限；

(3) 事由及议题；

(4) 发出通知的日期。

董事会会议的通知也可附有该次董事会会议的详细议案。

第二十二条 就董事会会议，董事会应按规定的时间事先通知所有董事（包括独立董事），并提供足够的资料，包括会议议题的相关背景资料和有助于董事理解公司业务进展的信息和数据。当两名或两名以上独立董事认为资料不充分或论证不明确时，可联名书面向董事会提出延期召开董事会会议或延期审议该事项，董事会应予以采纳。

第二十三条 董事会会议应由二分之一以上的董事出席方可举行。

第二十四条 董事会会议由董事长主持，董事长不能履行该职责时，由董事长指定一名董事代其主持董事会会议。董事长无正当理由不主持董事会会议，亦未指定具体人员代其行使该职责时，由二分之一以上的董事共同推举一名董事负责主持会议。

第二十五条 董事有亲自出席董事会会议的义务。董事因故不能出席，可以书面委托其他董事代为出席董事会。委托书应当载明代理人的姓名、代理事项、权限和有效期限，并由委托人签名或盖章。代为出席会议的董事应当在授权范围内行使董事的权利。董事未出席董事会会议，亦未委托代表出席的，视为放弃在该次会议上的投票权。

第五章 董事会会议的议程与议案

第二十六条 董事会会议的议程与议案由董事长确定。除事先确定的议案以外，董事会可视具体情况在会议举行期间确定新的议案。董事会确定新的议案，应当保证提供足够的资料，包括相关背景资料和有助于董事理解的相关信息和数据。当两名或两名以上独立董事认为资料不充分或论证不明确时，可联名书面向董事会提出不加入该新议案或在下一次董事会会议上审议该新议案，董事会应予以采纳。

第二十七条 董事如有议案或议题需交董事会会议讨论的，应预先书面递交董事会，并由董事长决定是否列入议程。如决定不予列入议程的，应在会议上说明理由。如决定列入议程的，应当参照本规则第二十六条条第二款的规定。

第二十八条 董事在董事会会议期间临时提出议案的，由董事长决定是否加入会议议程，如决定不予加入议程的，无须说明任何理由。如决定列入议程的，应当参照本规则第二十六条第二款的规定。

第六章 董事会会议的表决

第二十九条 董事会决议表决方式为举手表决，每名董事有一票表决权。

第三十条 董事会对所有列入议事日程的议案应当进行逐项表决，其中，凡涉及关联交易的议案，关联董事应当回避表决，其享有的投票数不计入表决票数范围。

第三十一条　董事会做出决议,必须经全体董事过半数通过。董事会会议应形成书面决议。董事会会议决议由与会董事签署。

第三十二条　董事应当对董事会会议决议承担责任。董事会决议违反法律、法规或者公司章程,致使公司遭受损失的,参与决议的董事对公司负赔偿责任。但经证明在表决时曾表明异议并记载于会议记录的,该董事可以免除责任。

第七章　董事会会议记录

第三十三条　董事会会议应当有记录,出席会议的董事和记录人(由董事会秘书担任),应当在会议记录上签名。出席会议的董事有权要求在记录上对其在会议上的发言做出说明性记载。

第三十四条　董事会会议记录包括以下内容:
(1)会议召开的日期、地点和召集人姓名;
(2)出席会议的董事姓名以及受他人委托出席董事会的董事(代理人)姓名;
(3)会议议程;
(4)董事发言要点;
(5)每一决议事项的表决方式和结果(表决结果应载明赞成、反对或弃权的票数)。

第三十五条　董事会会议记录应当完整、真实。董事会秘书要认真组织记录和整理会议所议事项。出席会议的董事和记录人应当在会议记录上签名。董事会会议记录应作为公司重要档案妥善保存,以作为日后明确董事责任的重要依据。

第三十六条　董事会会议记录作为公司档案由董事会秘书保存,且为永久保存。

第八章　董事会秘书

第三十七条　董事会设董事会秘书。董事会秘书是公司高级管理人员,对董事会负责。

第三十八条　董事会秘书应当具有必备的专业知识和经验,由董事会聘任。本规则第四条规定不得担任公司董事的情形适用于董事会秘书。

第三十九条　董事会秘书的主要职责是:
(1)负责准备股东会和董事会的有关报告和文件;
(2)筹备董事会会议和股东会,并负责会议记录和会议文件、记录的保管;
(3)保证有权得到公司有关记录和文件的人及时得到有关文件和记录;
(4)《公司章程》规定的其他职责。

第四十条　公司董事或者其他高级管理人员可以兼任公司董事会秘书。公司聘请的会计师事务所的注册会计师和律师事务所的律师不得兼任公司董事会秘书。

第四十一条　董事会秘书由董事长提名,经董事会聘任或者解聘。董事兼任董事会秘书的,如某一行为需由董事、董事会秘书分别做出时,则该兼任董事及公司董事会秘书的人不得以双重身份做出。

第九章 附则

第四十二条 本规则将作为《公司章程》的附件,经公司第 x 届董事会第 x 次会议和 x 年度临时股东会通过后生效执行。

第四十三条 如本规则与《公司章程》及其修正案有任何冲突之处,以《公司章程》及其修正案为准。

如本规则未予以规定的,则以《公司章程》及其修正案的规定为准。

第四十四条 本规则的修改权与解释权属于公司董事会。

(二)基金管理公司项目投资管理办法

1. 总则部分

(1)为保证公司业务工作的质量、效率,防范业务风险,根据《公司法》及相关法律、法规的规定,同时结合本公司的《公司章程》及投资原则,制定本办法。

(2)公司业务开展实施项目经理负责制,项目经理原则上按照公司所接触项目的行业进行分类。

(3)公司项目实行三级审查、审批制度。即:项目经理审查(初审),投资总监审查(复审),行业专家组意见及投资决策委员会审批(决策)。行业专家组至少由两名行业内的专家组成,专家组的意见应采取背靠背的方式提出,每名专家独立发表本人对该项目的意见。投资决策委员会是公司拟投项目的决策机构。

(4)公司项目经考察后,可分为淘汰、跟踪、上报三类。项目审查阶段,由项目经理根据各审查人意见进行分类,并报投资总监批示;项目投资与否由投资决策委员会决定。

(5)项目负责人及相关人员须承担保密责任,严格保守公司及项目相关资料的秘密;若因其个人原因造成公司损失的,应承担相应的赔偿责任。

2. 项目操作细则

(1)项目初审

项目经理接到企业基本材料后,应在之后的 5 个工作日内,通过收集、分析企业所处行业的现状、国家产业政策、行业发展趋势或与企业及相关单位访谈了解企业的基本状况,并得出初步结论;之后,项目经理填写项目初审表,报投资总监审查,投资总监提出复审意见。

(2)项目复审

① 项目初审表经投资总监批示后,对准予立项的项目,项目经理应根据项目的性质及行业特性,组建项目小组,撰写项目工作计划。对不予立项的项目,项目经理应将相关材料整理归档。

② 对于投资类项目,项目小组应按照公司投资要求,对项目公司展开尽职调查,详细了解、掌握项目公司及其所在行业的基本情况;同时,在尽职调查过程中,项目经理认为存在投资可能性时,须与对方就一些必要的投资条款(投资价格、投资方式等)进行沟通,并达成初步协定。

③ 尽职调查一般控制在 4~6 周内完成,特殊项目视情况而定。尽职调查完成后,项目经理根据尽职调查的内容,撰写尽职调查报告,并后附尽职调查工作底稿,由

项目经理报公司投资总监复审。

④ 经复审后,适合投资的项目,由项目经理撰写项目投资建议书;不适合投资的项目,项目经理根据复审意见将相关资料整理归档。

(3) 投资决策委员会决策

① 项目经理须将投资建议书及必要的相关资料交行业专家进行咨询,行业专家须出具《投资项目专家咨询意见书》。

② 项目经理需在投资决策委员会召开前一周,将《投资建议书》、《专家咨询意见书》交予公司投资决策委员会委员。

③ 经投资决策委员会评审后,项目经理根据投资决策委员会的决议,填写《项目评审意见表》。

④ 对于确定投资的项目,《项目评审意见表》经投资决策委员会主席批示后,进入投资实施阶段。投资决策委员会决定不予投资的项目,《项目评审意见表》经投资决策委员会主席批示,由项目经理将相关资料整理归档。

(4) 项目入资

① 公司投资总监和/或主管副总经理负责项目合同条款细节的谈判工作,及审查投资项目所涉及的公司章程、投资协议等有关法律文件。

② 项目经理负责根据谈判细节起草项目相关协议、合同的文本;起草完成后,交公司的法律顾问修改为法律文本。

③ 项目经理负责为所投公司的股东会、董事会及项目监管会做好各项筹备工作。

④ 项目经理负责办理入资及工商注册手续。

(5) 项目后续管理

① 公司董事会主席负责选择为所投项目公司派驻的董事或监事人员;该人员须在公司所投资金到位后,按季度向公司投资总监和/或主管副总经理提供目标公司的最近动态资料。

② 公司所派驻的董事或监事人员须与项目投资合作方进行密切合作,行使输出管理的各种职能。以及根据公司的资源为投资企业或项目提供增值服务,从而提高公司的投资收益。

③ 待合适退出时机出现时,项目经理根据派驻人员提供的最新动态及公司领导的意见制订退出方案,并负责实施。

(6) 公司应配合项目经理做好服务和协调工作。包括安排律师、会计师、评估师、公司后台支持等。

三、私募股权基金的日常管理流程①

（一）项目管理总流程（如图 3-6 所示）

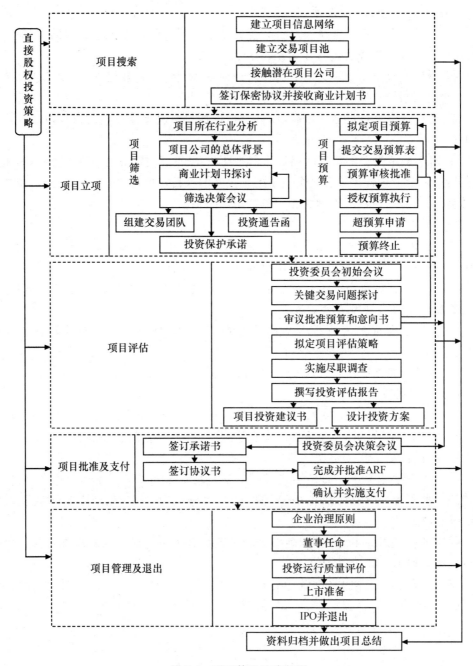

图 3-6 项目管理总流程图

---

① 隋平．私募股权投资基金［M］．北京：中国经济出版社，2012：149．

（二）项目搜索子流程（如图 3-7 所示）

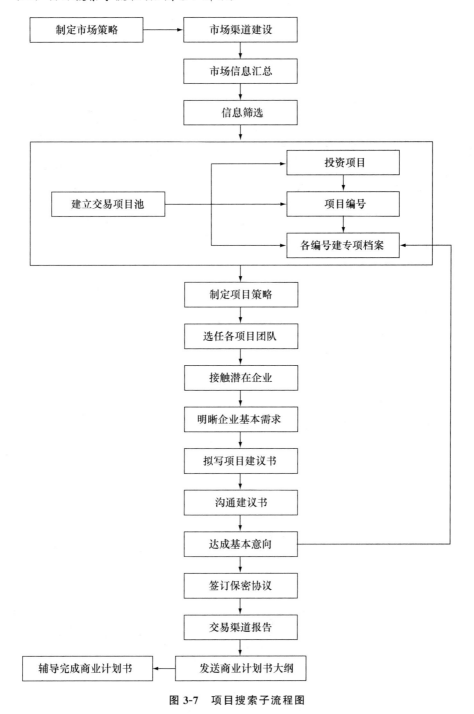

图 3-7　项目搜索子流程图

（三）项目筛选子流程（如图3-8所示）

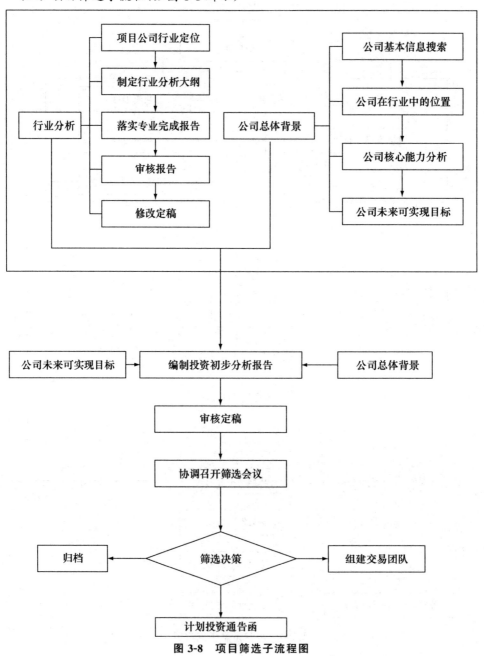

图 3-8　项目筛选子流程图

（四）项目立项子流程（如图3-9所示）

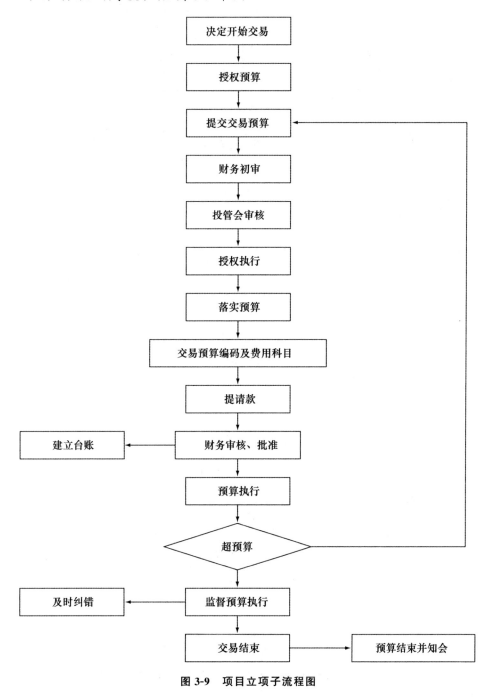

图3-9 项目立项子流程图

（五）项目批准及评估子流程（如图3-10所示）

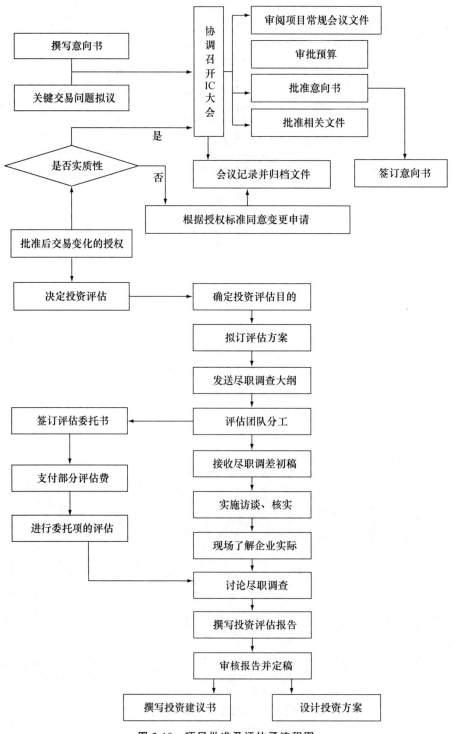

图3-10 项目批准及评估子流程图

(六)项目批准及支付流程(如图3-11所示)

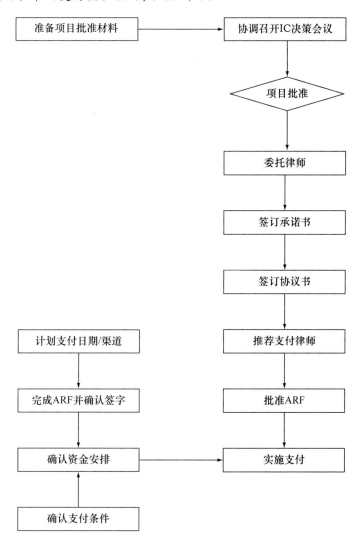

图 3-11 项目批准及支付流程图

（七）项目管理及退出子流程（如图3-12所示）

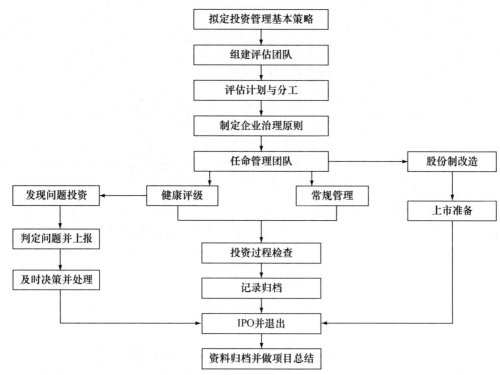

图3-12　项目管理及退出子流程图

本章小结

1. 私募股权基金主要来源于政府、金融机构、大型企业、个人等。

2. 私募股权基金设立满足条件主要体现在投资人门槛、优化的资本制度、特别股权投资方式、保障对管理人的激励机制及税收优惠等。

3. 私募股权基金的组织形式主要包括公司型、有限合伙型、信托型等。要建立有效的管理制度对私募基金经理人进行约束和激励。

复习思考题

1. 私募股权基金的资金来源有哪些？设立条件是什么？
2. 私募股权基金的组织形式有哪些？
3. 如何建立有效的私募股权基金管理制度？
4. 私募股权基金如何设立满足条件？
5. 私募股权基金日常管理流程包括哪些内容？

扩展阅读

案例一　私募股权基金的内部管理制度

1. 典型的董事会条款

投资条款中典型的"董事会"条款如下：董事会由3个席位组成，普通股股东指派2名董事，其中1名必须是公司的CEO，投资人指派1名董事。

很多创业者，看到这个条款还是很满意的。殊不知，这当中有陷阱。其中1名必须是公司的CEO，风险投资和私募的投资者进入时，CEO一般都还是原来的创业者。但是万一有一天，这个CEO不是公司的创业者，而是风险投资和私募的投资者选定或者倾向于风险投资和私募的投资者，那整个董事会的控制者是谁可想而知了。所以，这里面一些小小的字眼还是需要非常小心。

2. 观察员制度

在2005年联想收购IBM电脑业务时，IBM提名Robert W. Moffat, Jr.和周伟焜进入联想董事会担任观察员，从交割日起生效。那什么是观察员？实际上，观察员经常是只列席会议，可以"说话"，表达自己的见解，但是对最后的决议没有表决权。

那为什么需要派一个没有表决权的人担任投资人的代表呢？如果企业的状态并不适合授出董事会席位，建议采用更灵活的其他方式：投资人可以作为"董事会观察员"，以获得他们需要了解的信息，而不用承担任何做决定的实际责任。通过与投资人更简单的契约关系，创业者也可以避免与所有董事会成员产生紧张的关系。

3. 董事的费用和其他事项

董事的费用可以分为两块：董事会费和董事费。董事会费是指董事会及其成员为执行董事会的职能而开支的费用。董事会费和董事费是两种不同的费用。董事费是指董事会决定支付给董事会成员的劳务报酬，是一项个人收入。投资人委派的董事，其参加董事会会议所产生的费用，大可归入董事会费。创业者在同意投资人委派的董事时，也需要考虑一下其是否在海外，有必要规定是否可以通过电话会议开会，董事会会议次数或者住什么级别的酒店和乘坐什么舱位的飞机等很详细的规定，避免由此产生很大的费用，尤其对于草创型企业来说是一个不小的负担。

如果有多位董事在不同地方，尤其是海外，根据编者个人经验，当一个董事会决议需各方签署时，往往在签字页的交换上颇费周章。如果可能的话，可以让投资人在国内的MD或者董事来担任联络人，这样较为便捷。

4. 公平合理的董事会构成

最有效的董事会组合了投资人、公司创始人和外部董事。3人、5人或7人的单数总成员数有助于避免产生决策僵局。一个合理的董事会最好是可以反映各方的所有权关系。一个小型、平衡的董事会能提供给一家公司成长中所需的快捷和技能。除了平衡，董事会和创业者之间一种好的关系的另一个特征是灵活。随着公司业务发展，可以考虑开发新的董事会成员的经验和专长。董事会有利于健全公司结构，如果你有良好的关系，他们也齐心协力地帮你经营公司，那就会对大家都有利。

5. 案例见证

据《中国经营报》的报道,2009年真功夫目前的股权结构和董事会席位十分微妙。在引入今日投资和中山联动两家私募股权基金后,股东数有5名:蔡达标和潘宇海各占41.74%,私募股权基金各占3%,双种子公司占10.25%。因为双种子公司也由蔡达标和潘宇海各占一半,因此,实际股权分布为蔡达标和潘宇海各约占47%,私募股权基金各占3%。而董事席位也有相应的5个,双种子公司委派到真功夫的董事正是潘敏峰。知情人士告诉记者,双种子公司的董事席位的设立,当初是为了防止潘宇海和蔡达标在经营决策上产生分歧,没想到却成了一个麻烦。自2008年年底开始,公司的董事会就成了蔡、潘之间的吵架会,各类经营上的决议都无法协调。可见,一个合理的董事会构成是多么至关重要。

(资料来源:叶玉盛,风险投资和私募中目标公司董事会的组成,http://blog.sing.com.cn/s/blog-6002949a0100exev.html.)

案例二 海沧资本陨落 缺乏正规管理的私募股权基金需加强监管

一直以来,私募股权基金由于其管制相对较少、收益高,成为第三方财富市场的主力军之一。对于缺乏正规管理的私募股权基金,为何能吸引到投资者屡屡购买呢?正是因为购买门槛较低。一般券商和信托理财产品的购买门槛是100万,但有限合伙制基金因为缺乏监管,投资者投入20万、30万就可以购买。另外,有限合伙制产品年化收益都要较信托、券商等同类理财产品高于3~4个点。由于有限合伙型基金项目资源无法与信托、银行等专业机构比拼,往往会接盘一些资质较差、涉及房地产、矿产的项目,背后偿付风险往往较大;此外,有限合伙产品混乱的内部管理也引发管理人挪用资金事件层出不穷。

此外,有限合伙型基金不透明的信息披露,也使投资者的利益无法得到保障。在一些合伙型基金中很多信息都不是公开的,投资者自己都不知道项目已经超募,投入资金到底有没有流向融资方。而在这种不透明的体制下,管理人一旦出现问题,投资人很难发现。对于这种高风险产品,投资人应该在购买时更加谨慎考察管理人的情况。如1998—1999年,台湾资本市场大牛市行情,同样涌现了众多的私募股权投资机构,当期台湾合计有964家私募股权,但是在经过2000年的整顿后,目前台湾只有6家私募股权投资机构,中间投资人为此付出的代价不可计量。目前私募股权投资机构机构借钱投资的本因在于私募股权投资市场对投资人而言已经"失去了诚信",而私募股权投资机构还在用各种手段希望吸引投资人的注意。

现在很多私募股权投资机构面临的问题是不知道如何清盘,要么"跑路"了,要么继续拿假项目欺骗投资者,而监管层面临的问题则是从何处下手开始整顿,因为一旦整顿,很多私募股权投资机构问题暴露,将导致投资人血本无归。

(资料来源:海沧资本陨落私募股权基金亟待管理加码,中国新闻网 http://finance.qq.com/a/20140804/048726.htm. 2014-08-04.)

第四章　如何寻找好项目

学习目的

"我们有钱,但找不到好项目"。这可能是活跃于中国市场的私募股权基金最普遍的心声。各路资金的大量涌入,既助涨了投资市场的热潮,也加剧了项目竞争的激烈程度。获得好的项目是私募股权基金投资的起点,如何寻找、评估、筛选优质项目成为投资成功的关键问题。

本章要求:掌握私募股权基金寻找项目的渠道以及尽职调查的种类,了解私募股权基金投资项目评估内容与标准,掌握企业的主要估值方法。

第一节　寻找优质项目

一、目标搜寻网络

获取投资机会是私募股权投资的起点,也是私募股权基金最重要的工作内容。成熟的私募股权基金都拥有广泛的项目渠道从而及时获取大量的项目信息。

为私募股权基金提供项目信息的人或者公司被称为中介机构。中介机构包括那些拥有大量客户关系的律师(事务所)、会计师(事务所)、咨询公司、投资银行、行业协会,也包括那些拥有广泛人际关系的个人。在某些情况下,特别是在联合投资的情况下,同行也会成为项目的来源。

私募股权基金会积极、主动地扩展项目渠道,如参加各类展览会、各种形式的投融资专题洽谈会、论坛,以及主动联系各地方产权交易中心、招商引资办公室等。

私募股权基金也会积极、主动地寻找潜在的合作伙伴,例如帮助其在海外的投资组合中的公司寻找在中国的战略合作伙伴。

现代信息通信技术的发展也为私募股权基金有效地获取项目信息提供了技术支持。电脑与互联网的普及,电子邮件、电话、传真的广泛应用使得大量项目信息的传递、储存、处理更迅捷、更准确且成本低廉。时至今日,多数项目信息是通过电子邮件传递给私募股权基金的。

需要注意的是,要成功找到优质项目,私募股权基金管理人最好能够主动出击,积极地寻找投资商机,而不仅仅是守株待兔,等着好机会、好项目自己找上门。另外,私募股权基金管理人可以通过以下这些渠道获取相关的投资机会信息。

（一）金融中介机构与财务中介

商业银行可以为基金管理人寻找好的投资项目提供各个方面的帮助。首先,银行有很多寻找资金输入的贷款项目,其贷款部门会很热心地推荐需要股权投资的各种情况。其次,商业银行那里总是会有一些因为需要资金而向其求贷的企业。如果某些企业因为没有足够的担保而无法得到银行贷款,这些企业也会愿意接受商业银行推荐一些合适的投资者以股权投资的形式对企业进行注资。在特定地域范围内,商业银行通常都会很熟悉当地企业的经营和资金状况,这些信息很有价值,对私募股权基金找到合适的投资项目很有帮助。

另外,商业银行也会拥有大量不良贷款。私募股权基金管理人会发现,银行很希望那些欠款企业能够找到资金来源以偿还拖欠已久的贷款,而私募股权基金经常就是其外部渠道。

银行理财和财务顾问部门也是一条重要的途径。他们经常与企业的管理者或者控制者打交道,帮助其制订企业的理财和融资计划。他们可以直接与企业的管理者或控制者就企业的财务数据进行坦诚交流,这点其他人可能无法做到。

几乎每个股票经纪公司都有一群股票金融中介机构,也就是我们所谓的投资银行家。这些人为特定区域的经纪行工作,他们的工作是作为企业销售和融资的金融中介机构。每一个部门都有一群企业领域或并购重组领域的专家,私募股权基金管理人应该想办法与这些人建立业务合作关系,他们会帮助私募股权基金找到好的投资项目。他们的服务费用由公司支付给经纪行。

商业金融中介机构和财务金融中介机构的业务就是帮助企业找到买主或投资者。这些人与投资银行家类似,自己单干或为小型专业投行工作。这些金融机构中介每年都会帮一两个企业寻找合适的交易者,而私募股权基金有可能就是最佳人选。私募股权基金管理人可以通过查找黄页的"商业金融中介机构和财务金融中介机构"找到他们,也可以查阅报纸"商机"栏下的分类广告找到他们。私募股权基金管理人可以跟这类小型金融中介机构联络并告知他们这一消息,同时还可以询问他们关于需要资金支持的企业主的信息。

注册会计师事务所在其业务中经常会和很多的待售企业及许多急需资金的公司打交道。通过他们,私募股权基金管理人很可能会和那些需要资金来购买企业或解决资金"燃眉之急"的企业家建立联系。在这个过程中,注册会计师事务所实际上扮演了投资银行的角色,帮助企业从个人及机构找到投资。所以,私募股权基金管理人可以花一些时间跟会计师们建立较为稳固的业务合作和交流。很多大型的会计师事务所有专门负责这一块的咨询师,同时市场上也有一些独立的咨询师会关注企业并帮他们解决问题。这些咨询师一般都认识一些资金短缺的企业管理人,能够把他们推荐给投资者。私募股权基金管理人可以多与这些咨询师建立业务联系,使他们了解私募股权基金正在寻找何种投资项目和机会。

律师和会计师有很多共同之处。他们与客户的交往使得他们了解企业的情况。

律师经常与一些因为企业运营环境或企业成长环境而急需资金支持的企业打交道。他们比较了解哪些企业正需要资金支持。

(二)经济及行业组织

在很多城市里都会有一些行业组织,在本行业中都有较好的社会关系,往往知道哪些企业需要资金支持。他们很乐意把私募股权基金推荐给企业。本地的商会也认识很多本地区的企业,而其中的一些企业可能就在寻找投资者。确定自己愿意在本地区投资后,投资者可以提供信息给商会,让其能够把这个信息传递给企业。私募股权基金管理人可以与这些机构建立联系,让其了解私募股权基金正在寻找什么样的投资机会。

另外,很多城市都会举办面向企业家、企业以及风险资本的展会。私募股权基金管理人可以参加这些展会,寻找值得投资的企业和项目。还有其他一些团体,私募股权基金管理人也可以经常跟他们保持联系,比如职业介绍所,它可能会为企业进行人员招聘,因而可以把投资者要投资的信息传递给企业。政府也会时不时听到一些有关企业寻找融资的消息,也可能给私募股权基金带来一些有价值的投资项目。

(三)其他渠道

私募股权基金管理人在与外界交流的同时,也应该告诉朋友及熟人投资者对投资企业非常感兴趣并且正在寻找投资商机。他们可能会恰好遇到正在寻找投资资本的公司并推荐给私募股权基金管理人。在报纸、期刊(特别是行业期刊)上刊登的广告有时候能给私募股权基金带来好的投资机会。特定行业的供应商有时候能帮私募股权基金找到需要融资的、正在发展中的企业。很多供应商都对帮助他们的客户获得融资有极大的热情。私募股权基金管理人可以选择一个比较熟悉和感兴趣的行业,然后通过此行业的供应商去寻找投资商机。

二、项目尽职调查[①]

(一)尽职调查概述

1. 尽职调查的概念

尽职调查(Due Diligence)又称谨慎性调查,是指投资人在与目标企业达成初步合作意向后,经协商一致,投资人对目标企业的背景与历史、企业所在的产业,以及企业的营销、制造方式、财务资料与财务制度、研究与发展计划等各种相关的问题做一个全面、深入的审核,以充分评估项目风险。尽职调查通常需要花费3~6个月的时间。

2. 尽职调查的目的

简单来讲,尽职调查的根本原因在于信息不对称。融资方的情况只有通过详尽的、专业的调查才能摸清楚。

(1)发现项目或企业内在价值。

投资者和融资方站在不同的角度分析企业的内在价值,往往会出现偏差,融资方可能高估也可能低估了企业的内在价值。因为企业的内在价值不仅取决于当前的财

---

① 上海富厚股权投资管理有限公司、私募股权投资《尽职调查》指引[R].上海,2011:4-26.

务账面价值,同时也取决于未来的收益。对企业内在价值进行评估和考量必须建立在尽职调查的基础上。

(2) 判明潜在的致命缺陷及对预期投资的可能影响。

从投资者角度来讲,尽职调查是风险管理的第一步。因为任何项目都存在着各种各样的风险,比如,融资方过往财务账册的准确性;投资之后,公司的主要员工、供应商和顾客是否会继续留下来;相关资产是否具有融资方赋予的相应价值;是否存在任何可能导致融资方运营或财务运作出现问题的因素。

(3) 为投资方案设计做准备。

融资方通常会对企业各项风险因素有很清楚的了解,而投资者则没有。因而,投资者有必要通过实施尽职调查来补救双方在信息获知上的不平衡。一旦通过尽职调查明确了存在哪些风险和法律问题,买卖双方便可以就相关风险和义务应由哪方承担进行谈判,同时投资者可以决定在何种条件下继续进行投资活动。

3. 尽职调查的流程

尽职调查的范围很广,调查对象的规模亦千差万别,每一个尽职调查项目均是独一无二的。对于一个重大的投资项目,尽职调查通常需经历以下程序:立项——成立工作小组——拟订调查计划——整理、汇总资料——撰写调查报告——内部复核——递交汇报——归档管理——参与投资方案设计。尽职调查过程中有几个注意事项:

(1) 必须由专业人员在项目立项后组成工作小组实施尽职调查;

(2) 拟订调查计划需建立在充分了解投资目的和目标企业组织架构的基础上;

(3) 尽职调查报告必须通过复核程序后方能提交。

4. 尽职调查的方法

(1) 审阅文件资料。通过公司工商注册、财务报告、业务文件、法律合同等各项资料审阅,发现异常及重大问题。

(2) 参考外部信息。通过网络、行业杂志、业内人士等信息渠道,了解公司及其所处行业的情况。

(3) 相关人员访谈。与企业内部各层级、各职能人员,以及中介机构充分沟通。

(4) 企业实地调查。查看企业厂房、土地、设备、产品和存货等实物资产。

(5) 小组内部沟通。调查小组成员来自不同背景及专业,其相互沟通也是达成调查目的的方法。

5. 尽职调查遵循的原则

(1) 证伪原则。站在"中立偏疑"的立场,循着"问题—怀疑—取证"的思路展开尽职调查,用经验和事实来发觉目标企业的投资价值。

(2) 实事求是原则。要求项目调查人员依据私募股权投资机构的投资理念和标准,在客观、公正的立场上对目标进行调查,如实反映目标企业的真实情况。

(3) 事必躬亲原则。要求项目调查人员一定要亲临目标企业现场,进行实地考察、访谈,亲身体验和感受,而不是根据道听途说下判断。

(4) 突出重点原则。需要项目调查人员发现并重点调查目标企业的技术或产品特点,避免陷入"眉毛胡子一把抓"的境地。

（5）以人为本原则。要求项目调查人员在对目标企业从技术、产品、市场等方面进行全面考察的同时，重点注意对管理团队的创新能力、管理能力、诚信程度的评判。

（6）横向比较原则。需要项目调查人员对同行业的国内外企业发展情况，尤其是结合该行业已上市公司在证券市场上的表现进行比较分析，以期评估目标企业的投资价值。

（二）尽职调查的内容

第一部分：公司背景情况

1. 公司历史演变调查

（1）调查目标。

① 了解公司历史上的重大事件，检查其对公司的发展、演变和企业文化形成的重大影响；

② 对公司成立时间较长的企业，历史演变较为复杂，着重考察企业历史演变、发展的逻辑合理性。

（2）调查程序。

① 获取公司所在行业管理体制历次改革的有关资料，调查行业管理体制的变化对公司的影响；

② 获取公司历次产品、技术改造、管理能力等方面的变动及获奖情况的有关资料，判断公司核心竞争力在行业内地位的变化；

③ 调查公司历史上有重大影响的人事变动，判断核心管理者的去留可能对公司产生的重大影响；

④ 审查公司历史上是否存在重大的违反法规行为以及受到重大处罚的情况，判断其影响是否已经消除。

（3）调查结论。

① 公司历史演变定性判断（复杂与否）；

② 历史演变对公司未来发展有无实质性影响（体制、人员、技术演变）。

2. 股东变更情况调查

（1）调查目标。

① 股东是否符合有关法律、法规的规范；

② 公司股东变更的行为和程序是否合法、规范。

（2）调查程序。

① 编制公司股本结构变化表，检查公司历次股份总额及其结构变化的原因及对公司业务、管理和经营业绩的影响；

② 取得公司的股东名册，查看发起人或股东人数、住所、出资比例是否符合法律、法规和有关规定；

③ 追溯调查公司的实质控制人，查看其业务、资产情况是否对公司的产、供、销以及市场竞争力产生直接或间接的影响；

④ 检查公司自然人持股的有关情况，关注其在公司的任职及其亲属的投资情况；如果单个自然人持股比例较大，还应检查是否存在其他人通过此人间接持股的情况，

而可能引起潜在的股权纠纷;

⑤ 检查公司是否发行过内部职工股,是否有工会持股或职工持股会持股;

⑥ 调查公司的股份是否由于质押或其他争议而被冻结或被拍卖而发生转移,并导致股权结构发生变化;

⑦ 获取公司与股本结构变化有关的验资、评估和审计报告,审查公司注册资本的增减变化以及股本结构的变化的程序是否合乎法律规范,若涉及国有企业,股权变革是否有国资批复文件;

⑧ 相关股东变更资料取得当地工商资料为准。

(3) 调查结论。

① 股东及实际控制人是否有较大变化;

② 自然人持股在公司任职及外部任职情况;

③ 股本变动的验资、评估及审计是否齐全,若涉及国有企业,股权变革是否有国资批复文件。

3. 公司治理结构调查

(1) 调查目标。

① 公司章程及草案是否合法、合规;

② 股东大会、董事会、监事会的设立、运作的实质性判断;

③ 董事、监事、高级管理人员任职及变动是否合法合规。

(2) 调查程序。

① 查阅股东大会的会议记录、董事会的会议记录,确定公司章程及草案的制定和修改过程是否履行了法定程序,其内容是否与《公司法》等相抵触。

② 确认公司是否具有健全的股东会、董事会、监事会的议事规则及其合规性。

③ 查阅公司历次的股东会、董事会、监事会的会议记录,确认其决议内容,尤其是确认董事会的对外担保、重大投资、融资及经营决策符合公司章程的规定;通过会议记录了解公司重要管理人员的变化。

④ 确认董事、经理是否挪用公司资金或者将公司资金借贷给他人;是否以公司资产为本公司的股东或者其他个人债务提供担保;是否自营或者为他人经营与公司同类的营业或者从事损害公司利益的其他活动。

⑤ 考察公司高级管理人员的激励与约束机制,如设置股票期权,判断这些机制是否有利于吸引人才,保持高级管理人员的稳定。

4. 组织结构调查

(1) 调查目标。

① 全面了解公司主要股东(追溯到实质控制人)及整个集团的所有相关企业的业务和财务情况,查找可能产生同业竞争和关联交易的关联方;

② 了解公司内部组织结构模式的设置对公司实现经营管理目标的影响。

(2) 调查程序。

① 画出整个集团的组织构架图,标明各经营实体之间的具体组织联系;

② 画出公司组织结构设置图,并以实线和虚线标明各机构之间的权力和信息沟

通关系,分析其设计的合理性和运行的有效性;

③ 与管理层有关人员进行讨论,进一步获得公司组织结构设置方面和运行方面情况的资料。

5. 管理团队调查

(1) 调查目标。

① 主要管理层(包括董事会成员、监事会成员、总裁、副总裁以及财务总监等高级管理人员)是否正直、诚信;

② 主要管理层是否具有与发展公司需要相匹配的开拓精神和经营管理能力;

③ 了解关键管理人员的选聘、考核和离职情况,及其程序是否合法;

④ 了解公司与主要管理人员有关的激励和约束机制,及其对公司经营和长远发展的影响。

(2) 调查程序。

① 取得主要管理人员学历和从业经历概况,对核心人员要取得其详细资料,尤其要关注主要成员在本行业的执业经验和记录;

② 与公司主要管理人员就企业发展、公司文化、竞争对手、个人发展与公司发展的关系等主题进行单独的会谈;

③ 调查过去三年中公司关键管理人员离职的情况,调查其辞职的真实原因;

④ 调查公司董事是否遵守"竞业禁止"的规定;

⑤ 与公司职员进行交流,获取其对管理团队以及企业文化贯彻情况的直观感受;

⑥ 调查公司内部管理制度规定、年度经营责任书,了解公司是否制定经济责任考核体系,特别是考核体系的落实情况;

⑦ 了解公司为高级管理者制订的薪酬方案,持有股份及其变动情况;

⑧ 调查主要管理者是否有不适当的兼职,并说明必要的兼职是否会对其工作产生影响。

6. 业务发展战略与目标

(1) 调查目标。

① 调查公司业务发展目标与现有业务的关系;

② 调查公司业务发展目标实现的可行性和风险。

(2) 调查程序。

查阅公司的发展规划、年度工作计划等资料,或与经营决策层访谈,得到以下的信息:

① 公司发展目标的定位,包括长远发展战略、具体业务计划;

② 公司发展目标与现有业务间的关系;

③ 公司实现业务发展目标中可能存在的潜在风险,包括法律障碍等;

④ 公司实现未来发展计划的主要经营理念或模式、假设条件、实现步骤、面临的主要问题等。

第二部分：行业和业务经营调查

1. 行业及竞争者调查

（1）调查目标。

① 调查公司所处行业的现状及发展前景；

② 调查公司所处行业发展驱动因素与本质；

③ 调查公司提供的产品（服务）较之同行业可比公司的竞争地位；

④ 调查公司主要经营活动的合法性。

（2）调查程序。

① 查阅权威机构的统计资料和研究报告（如国家计委、经贸委、行业协会、国务院研究发展中心或其他研究机构），调查公司所处行业国内、外的发展现状与前景，分析影响其行业发展的有利、不利因素；

② 调查公司所处行业内企业是否受到国家宏观控制，如果是，其产品定价是否受到限制，是否享受优惠政策；

③ 调查公司所处行业产业链情况，公司所处链条环节情况；

④ 了解公司所处行业的进入壁垒，包括规模经济、资本投入、技术水平、环境保护或行业管理机构授予的特许经营权等方面，分析其对公司核心竞争力的影响；

⑤ 了解公司所处行业的整体特征，是否属于资金、技术、劳动密集型产业，了解该行业对技术（或对资金、劳动力等要素）的依赖程度、技术的成熟度，了解该行业公司是否需要大量的研究开发支出、巨额的广告营销费用以及是否应收账款周转慢，了解产品价格的变动特征、出口占总销售的比例等方面；

⑥ 调查公司近三年内销售产品所处的生命周期阶段，是处于导入期、成长期、成熟期、衰退期中的哪个阶段，调查公司产品的寿命；

⑦ 查阅国家的产业结构调整政策、公司相关财务资料和发展规划文件，获取或编制公司最近几个会计年度主要产品产销量明细表，了解公司产品结构构成，了解公司未来产品结构调整的方向；

⑧ 查阅权威机构的研究报告和统计资料，调查影响公司产品需求的相关因素以及产品需求的变化趋势，分析未来几年该产品的需求状况、市场容量，获取公司所处行业中该产品的现有生产能力、未来几年生产能力的变化数据，了解所处行业是否因过多受到国家政策、技术进步、可替代产品的冲击等外部因素影响而具有较大的脆弱性；

⑨ 对公司产品价格变动做出预测；

⑩ 调查可替代产品的价格和供应状况，调查公司产品目前或在可合理预计的将来多大程度上受到同类进口产品的冲击；

⑪ 对公司现有与潜在的竞争者进行调查，应包括但不限于整个产品市场容量、竞争者数量、公司与市场竞争者各自的市场份额，对公司与竞争者的比较应包括相对产品质量、相对价格、相对成本、相对的产品形象及公司声誉等，对公司目前、未来的市场地位做出描述和判断；

⑫ 利用各大证券报、主要证券类网站披露的公开信息，与已上市公司进行比较分析，选择5～10家产品结构、生产工艺相同的公司，以这些公司近几年的数据为基础，

至少在生产能力、生产技术的先进性、关键设备的先进性、销售收入、销售的地理分布、主要产品销售价格与主营业务利润率、行业平均销售价格与主营业务利润率等方面进行比较。

2. 采购环节业务调查

（1）调查目标。

① 调查公司供应方市场、采购政策及主要的供应商；

② 调查公司采购业务涉及的诉讼及关联交易。

（2）调查程序。

① 调查供应方市场的竞争状况，是竞争，还是垄断，是否存在特许经营权等方面因素使得供应方市场有较高的进入壁垒；

② 与采购部门人员、主要供应商沟通，调查公司生产必需的原材料、重要辅助材料等的采购是否受到资源或其他因素的限制；

③ 了解公司主要的供应商（至少前5名），计算最近三个会计年度公司向主要供应商的采购金额、占公司及同类原材料采购金额、总采购金额比例，是否存在严重依赖个别供应商的情况；

④ 与采购部门人员、主要供应商沟通，调查公司主要供应商与公司的地理距离，分析最近几年原材料成本构成，关注运输费用占采购成本中的比重；

⑤ 与采购部门人员沟通，了解公司是否建立了供应商考评制度；

⑥ 调查公司与主要供应商的资金结算情况，是否及时结清货款，是否存在以实物抵债的现象；

⑦ 查阅权威机构的研究报告和统计资料，调查公司主要原材料的市场供求状况，查阅公司产品成本计算单，定量分析主要原材料、动力涨价对公司生产成本的影响；

⑧ 与采购部门与生产计划部门人员沟通，调查公司采购部门与生产计划部门的衔接情况，关注是否存在严重的原材料缺货风险和原材料积压风险；

⑨ 与主要供应商、公司律师沟通，调查公司与主要供应商之间是否存在重大诉讼或纠纷；

⑩ 如果存在影响成本的重大关联采购，判断关联采购的定价是否合理，是否存在大股东与公司之间的利润输送或资金转移的现象。

3. 生产环节业务调查

（1）调查目标。

① 调查公司的生产工艺、生产能力、实际产量；

② 调查公司的生产组织、保障；

③ 成本分析；

④ 调查公司生产的质量控制、安全、环保。

（2）调查程序。

① 调查公司生产过程的组织形式，是否属于个别制造或小批量生产、大批量生产或用装配线生产、用流水线生产；

② 了解公司各项主要产品生产工艺,获取公司产品生产工艺流程图,调查公司行业中工艺、技术方面的领先程度;

③ 调查公司主要产品的设计生产能力、最近几个会计年度的实际生产能力以及主要竞争者的实际生产能力,进行盈亏平衡分析,计算出盈亏平衡时的生产量,并与各年的实际生产量比较;

④ 与生产部门人员沟通,调查公司生产各环节中是否存在瓶颈,是否存在某种原材料的供应、部分生产环节的生产不稳定或生产能力不足而制约了企业的生产能力;

⑤ 与生产部门人员沟通,调查公司的生产是否受到能源、技术、人员等客观因素的限制;

⑥ 采用现场察勘的方法,调查公司主要设备的产地、购入时间,机器设备的成新率、是否处于良好状态、预计尚可使用的时间,调查现有的生产能力及利用情况,是否有大量闲置的设备和生产能力;

⑦ 调查公司是否存在设备抵押贷款的情形,如有,查阅或查询借款合同的条款及还款情况,判断预期债务是否会对公司的生产保障构成影响;

⑧ 制造成本的横向比较。查阅公司历年来产品成本计算单、同类公司数据,分析公司较同行业公司在成本方面的竞争地位;

⑨ 制造成本的纵向比较:获取或编制公司最近几个会计年度主要产品(服务)的毛利率、贡献毛利占当期主营业务利润的比重指标,分析公司主要产品的盈利能力,如果某项产品在销售价格未发生重大变化时,某一期的毛利率出现异常,分析单位成本中直接材料、直接人工、燃料及动力、制造费用等成本要素的变动情况,确认成本的真实发生;

⑩ 与公司质量管理部门人员沟通,现场实地考察,查阅公司内部生产管理规定,调查公司的质量控制政策、质量管理的组织设置及实施情况;

⑪ 调查公司保障安全生产的措施,成立以来是否发生过重大的安全事故;

⑫ 了解公司生产工艺中三废的排放情况,查阅省一级的环境保护局出具的函件,调查公司的生产工艺是否符合有关环境保护的要求,调查公司最近三年是否发生过环境污染事故,是否存在因环保问题而被处罚的情形;

⑬ 查阅省一级的质量技术监督局文件,调查公司产品是否符合行业标准,是否因产品质量问题受过质量技术监督部门的处罚。

4. 销售环节业务调查

(1) 调查目标。

① 调查公司营销网络的建设及运行情况;

② 调查公司产品商标的权属及合规性;

③ 调查公司销售回款、存货积压的情况;

④ 调查公司销售业务涉及的诉讼及关联交易。

(2) 调查程序。

① 了解公司的分销渠道,对自营零售的,调查公司销售专卖店的设置,对通过批发商进行销售的,调查经销或代理协议,是否全部委托销售代理而导致销售失控;

② 查阅国家工商行政管理局商标局的商标注册证,调查公司是否是其主要产品的商标注册人;

③ 查阅国家质量技术监督局或省一级的质量技术监督局的证明或其他有关批复,调查公司的产品质量是否执行了国家标准或行业标准,近三年是否因违反有关产品质量和技术监督方面的法律、法规而受到处罚;

④ 是否存在假冒伪劣产品,打假力度如何;

⑤ 调查公司的主要竞争者及各自的竞争优势,从权威统计机构获取公司产品与其主要竞争者产品的市场占有率资料;

⑥ 获取或编制公司近几个会计年度各项产品占销售总收入比重明细表、各项产品产销率明细表;

⑦ 获取公司近几个会计年度对主要客户(至少前5名)的销售额、占年度销售总额的比例及回款情况,调查其客户基础是否薄弱,是否过分依赖某一客户而连带受到客户所受风险的影响,分析其主要客户的回款情况,是否存在以实物抵债的现象;

⑧ 获取近几个会计年度按区域分布的销售记录,分析公司销售区域局限化现象是否明显,产品的销售是否受到地方保护主义的影响;

⑨ 是否存在会计期末销售收入的异常增长,采取追查至会计期末几笔大额的收入确认凭证、审阅复核会计师期后事项的工作底稿等程序,判断是否属于虚开发票、虚增收入的情形;

⑩ 是否存在异常大额的销售退回,查阅销售合同、销售部门与客户对销售退回的处理意见等资料,判断销售退回的真实性;

⑪ 测算公司最近几个会计年度的应收账款的周转率,调查公司坏账、呆账风险的大小;

⑫ 对于销售集中于单个或少数几个大客户的情况,需追查销货合同、销货发票、产品出库单、银行进账单,或用函证的方法以确定销售业务发生的真实性。如果该项销售系出口,尚需追查出口报关单、结汇水单等资料,以确定销售业务发生的真实性;

⑬ 查阅会计师的工作底稿,调查是否存在大量的残次、陈旧、冷背、积压的存货,与会计师沟通存货跌价准备是否足额计提,计算公司最近几个会计年度产成品周转率,并与同行业可比公司比较;

⑭ 抽查部分重大销售合同,检查有无限制性条款,如产品须经安装或检修、有特定的退货权、采用代销或寄销的方式;

⑮ 调查关联销售的情况,如果存在对主营业务收入有重大贡献的关联销售,抽查不同时点的关联销售合同,获取关联销售的定价数据,分析不同时点的销售价格的变动,并与同类产品当时市场公允价格比较,如果存在异常,分析其对收入的影响,分析关联销售定价是否合理,是否存在大股东与公司之间的利润输送或资金转移的现象。

5. 技术与研发调查

(1) 调查目标。

① 调查公司专利、非专利技术;

② 调查公司研发机构、人员、资金投入;

③ 调查公司正在研发的项目。

（2）调查程序。

① 了解公司的行业技术标准,是否有国家标准、国际标准；

② 调查公司核心技术的选择,调查公司较同行业其他企业在技术方面的领先程度,关注其核心技术是否为其他新技术所取代；

③ 获取公司专利技术、非专利技术等权利证书和在有权管理部门的登记文件以及相关协议,了解公司的专利技术、非专利技术有哪些,了解公司核心技术的来源,是属于自主开发、股东投资、购买或及拥有使用权,调查公司对于上述技术拥有的权限,并且关注公司是否存在与上述技术相关的重大纠纷,核心技术是否超过法律保护期限；

④ 了解公司是否建立了相应的机制保障与主要产品生产相关的非专利技术不被泄漏；

⑤ 了解研发机构设置,获取公司目前的研发人员构成、近几年来用于研究开发的支出、研发支出占销售收入的比重等数据；

⑥ 了解公司是否存在与科研院所的合作开发项目,有哪些机构,合作项目有哪些,合作方式、合作项目的进展情况；

⑦ 了解公司研究人员的薪酬情况,包括公司核心技术人员的薪酬水平,公司主要竞争者(国内、国外公司)同类技术人员的薪酬水平,了解公司研究人员历年来的流失情况,公司是否实行了包括股权激励的其他激励措施；

⑧ 调查公司新产品研究开发周期(从产品开发到进入市场的周期),主要研发项目的进展情况,并对项目的市场需求做出描述。

6. 商业模式调查

（1）调研目标。

① 行业商业模式的演变与创新；

② 公司现有商业模式及未来创新模式；

③ 通过商业模式理解与评估企业价值。

（2）调查程序。

① 结合公司所处行业发展历程及行业内的企业商业模式演变发展,分析行业内商业模式演变历程,及未来新的创新商业模式；

② 通过公司高管访谈及上述采购、生产、销售、研发等情况及公司发展战略资料了解公司现有的商业模式,以及行业内是否具有创新性,其商业模式其他企业是否能够容易模仿和超越；

③ 确认公司未来商业模式的发展方向,及对商业模式创新采取的准备行动；

④ 结合公司的商业模式的定位,及行业内的标杆企业对比,评估公司未来的价值。

第三部分：法律调查

1. 独立性调查

（1）调查目标。

公司与具有实际控制权的法人或其他组织及其关联企业是否做到人员、财务、机构、业务独立以及资产完整。

(2) 调查程序。

① 公司的业务是否独立于股东单位及其他关联方。获取股东单位及其他关联方的营业执照、公司与关联方签订的所有业务协议,检查公司与关联方的业务是否存在上下游关系。

② 公司是否具有独立、完整的供应、生产、销售系统。调查公司的部门设置,检查原材料的采购部门、生产部门、销售部门是否与关联方分开,检查发起人与关联方的采购人员、生产人员、销售人员是否相互独立,有无兼职现象,检查所有采购、销售或委托加工协议,确认是否存在委托关联方采购、销售或委托加工的情况,获取公司的采购、销售账户,检查原材料的采购、货物销售是否与关联方账务分离。

③ 如供应、生产、销售环节以及商标权等在短期内难以独立,公司与控股股东或其他关联方是否以合同的形式明确双方的权利、义务关系。获取公司与控股股东或其他关联方签订的如下协议:《综合服务协议》《委托加工协议》《委托销售协议》《商标许可协议》《其他业务合作或许可协议》,上述合同是否明确了双方的权利、义务。

④ 拥有的房产及土地使用权、商标、专利技术、特许经营权等无形资产的情况。获取产权证书、土地使用证书、商标注册证明、专利证书、特许经营证书等,其所有人、使用者是否合法。

⑤ 公司有无租赁房屋、土地使用权等情况,租赁是否合法有效。检查有关房屋、土地其所有权证明,有租赁的,对相关租赁协议进行检查。

⑥ 检查主要设备的产权归属。检查固定资产账户,对其产权归属进行调查,并调查有无抵押发生。

⑦ 是否存在产权纠纷或潜在纠纷。

⑧ 公司对其主要财产的所有权或使用权的行使有无限制,是否存在主要财产被担保或者其他权利受限制的情况。

⑨ 是否存在"两块牌子、一套人马",混合经营、合署办公的情况。

⑩ 控股股东和政府部门推荐董事和经理人选是否通过合法程序进行,公司董事长是否不由主要股东或控股股东法定代表人兼任,公司经理、副经理、财务负责人、营销负责人、董事会秘书等高级管理人员是否在本单位领取薪酬,是否不在股东单位兼职。

⑪ 公司是否已按有关规定建立和健全了组织机构,是否与控股股东相互独立。

⑫ 公司是否设立了独立的财务会计部门,是否建立了独立的会计核算体系和财务管理制度(包括对子公司、分公司的财务管理制度)。

⑬ 是否不存在控股股东违规占用(包括无偿占用和有偿使用)公司的资金、资产及其他资源的情况,如有,需说明原因。

⑭ 公司是否独立在银行开户,是否不存在与控股股东共用银行账户的情况。

⑮ 公司是否不存在将资金存入控股股东的财务公司或结算中心账户的情况。

⑯ 检查控股股东的财务公司或结算中心账户,检查公司与控股股东的往来账项。

⑰ 获取公司与控股股东的税务登记证,检查公司是否依法独立纳税。

⑱ 与财务部门有关人员进行沟通，检查公司有关财务决策制度，看公司是否能够独立做出财务决策，是否存在控股股东干预公司资金使用的情况。

2. 同业竞争调查

（1）调查目的。

是否存在同业竞争，是否采取了有效措施避免同业竞争。

（2）调查程序。

① 检查公司与控股股东及其子公司的经营范围是否相同或相近，是否在实际生产经营中存在同业竞争；

② 如存在或可能存在同业竞争，公司是否采取了如下有效措施避免同业竞争：签署有关避免同业竞争的协议及决议，需审查该协议或决议有无损害公司利益的情况的条款，调查有无其他有效措施避免同业竞争的措施，如：A. 针对存在的同业竞争，通过收购、委托经营等方式，将相竞争的业务纳入到公司的措施；B. 竞争方将业务转让给无关联的第三方的措施；C. 公司放弃与竞争方存在同业竞争业务的措施；D. 竞争方就解决同业竞争，以及今后不再进行同业竞争做出的有法律约束力的书面承诺。

③ 查阅公司的股东协议、公司章程等文件，是否有在股东协议、公司章程等方面做出的避免同业竞争的规定。

3. 关联方及关联交易调查

（1）调查目的。

① 关联交易是否公允，是否损害公司及其他股东的利益；

② 关联交易是否履行了法定批准程序。

（2）调查程序。

① 关联方及其与公司之间的关联关系调查。检查所有关联方，包括：公司能够直接或间接地控制的企业、能够直接或间接地控制公司的企业、与公司同受某一企业控制的企业、合营企业、联营企业、主要投资者个人或关键管理人员或与其关系密切的家庭成员、受主要投资者个人或关键管理人员或其关系密切的家庭成员直接控制的其他企业，获取公司的主要采购、销售合同，检查公司的主要采购、销售合同的合同方是否是关联方。

② 调查公司与关联企业是否发生以下行为：购买或销售商品，购买或销售除商品以外的其他资产，提供或接受劳务、代理、租赁、提供资金（包括以现金或实物形式的贷款或权益性资金）、担保和抵押、管理方面的合同，研究与开发项目的转移，许可协议，关键管理人员报酬；

③ 检查关联交易的详细内容、数量、金额，调查关联交易是否必要；该关联交易是否对公司能够产生积极影响；关联交易的内容、数量、金额，以及关联交易占同类业务的比重如何。

④ 关联交易定价是否公允，是否存在损害公司及其他股东利益的情况；如该交易与第三方进行，交易价格如何，检查关联价格与市场价格（第三方）的差异及原因。

⑤ 检查关联交易协议条款，审查其内容是否公允合理，有无侵害公司利益的条款。

⑥ 对关联交易的递增或递减做出评价,并分析原因。获取为增减关联交易签定的协议、承诺或措施,检查这些承诺或措施的可行性。

⑦ 公司是否为控股股东及其他关联股东提供担保。

4. 诉讼、仲裁或处罚

(1) 调查目标。

① 公司是否存在诉讼、仲裁或行政处罚事项。

② 上述事项对公司财务状况、经营成果、声誉、业务活动、未来前景的影响。

(2) 调查程序。

① 调查是否具有对财务状况、经营成果、声誉、业务活动、未来前景等可能产生较大影响的诉讼或仲裁事项。

② 如果有上述事项,需调查提起诉讼或仲裁的原因,诉讼或仲裁请求、可能出现的处理结果或已生效法律文书的执行情况,对财务状况、经营成果、声誉、业务活动、未来前景等可能产生的较大影响。

第四部分:资产调查

1. 调查目标

了解并核实固定资产、在建工程和无形资产。

2. 调查程序

(1) 了解固定资产规模、类别,并核实期末价值

① 取得前三年及最近一个会计期末"固定资产""累计折旧"及"固定资产减值准备"明细表,并与会计报表核对是否相符。

② 调查房屋建筑物的成新度、产权归属。

③ 调查机器设备成新度、技术先进性、产权归属。

④ 了解有无设置抵押的固定资产,并与了解到的借款抵押进行核对。

⑤ 了解并描述计提折旧的方法,并将本期计提折旧额与《制造费用明细表》中的"折旧"明细项核对是否相符。

⑥ 了解并描述固定资产减值准备计提方法,判断减值准备计提是否充分。

(2) 了解在建工程规模,若规模较大,进一步调查在建工程价值、完工程度,判断完工投产后对生产经营的影响。

(3) 了解并核实无形资产入账依据及价值的合理性。

① 取得无形资产清单及权属证明。

② 调查每项无形资产的来源。

③ 判断各项无形资产入账及入账价值的合理性。

(4) 关注与生产密切相关的土地使用权、商标权、专利技术等无形资产权利的状况。

第五部分:财务调查

1. 销售环节财务调查

(1) 调查目标。

① 了解并核实各期主营业务收入、主营业务成本、主营业务利润的真实性。

② 了解并核实各期期末因销售活动产生债权、债务的余额。

(2) 调查程序。

第一,主营业务收入、主营业务成本、主营业务利润调查。

① 取得前三年及最近一个会计期间主营业务收入、成本和毛利明细表,并与前三年及最近一个会计期间损益表核对是否相符。

② 价格调查。取得产品价格目录,了解主要产品目前价格及其前三年价格变动趋势,搜集市场上相同或相似产品的价格信息,并与本企业进行比较。

③ 单位成本调查。比较各期之间主要产品单位成本变化幅度,对较大幅度的变动(>10%)应询问原因并证实。

④ 销售数量调查。比较各期之间主要产品销售数量的变动比率,对较大幅度的变动(>10%)应询问原因并证实。

⑤ 毛利率调查。比较各期之间主要产品毛利率的变动比率,若变动幅度较大(>10%),应询问原因并核实;与行业平均的毛利率进行比较,若发现异常,应询问原因并核实。

⑥ 主要客户调查。取得前三年主要产品的《主要客户统计表》,了解主要客户,检查主要客户中是否有关联方,对异常客户进一步详细调查。

第二,应收票据、应收账款、坏账准备、预收账款调查。

① 取得前三年及取近一个会计期末"应收票据""应收账款""坏账准备""预收账款"余额明细表,检查大额应收票据、预收款项、应收账款的客户是否为主要客户明细表中的主要客户,若不是公司主要客户,询问原因。

② 结合销售结算方式,判断各客户账龄是否正常,对异常情况,查明原因,对长期挂账款项,判断可回收性。

③ 了解前三年坏账准备计提方法是否发生变化,并了解变化的原因,结合账龄分析,判断坏账准备计提是否充分。

④ 计算应收账款周转率,与同行业进行比较,异常情况进一步调查原因。

第三,营业费用调查。

计算各期之间营业费用变化比率,结合销售收入的变动幅度,分析营业费用变动幅度是否正常,对异常情况,应询问原因并证实。

2. 采购与生产环节财务调查

(1) 调查目标。

① 了解企业生产能力利用率、产销比率。

② 了解并核实各期期末存货价值。

③ 了解并核实各期期末采购活动产生债权、债务的余额。

④ 了解并核实各期期末应付工资及福利费。

(2) 调查程序。

① 了解前三年及最近一个会计期间主要产品生产能力利用率、产销比率,初步判断生产经营情况是否正常。取得前三年及最近一个会计期间主要产品生产能力、产量、销量统计表,结合产量,判断生产设备利用情况,结合产量、产成品库存,计算产销比率。

② 了解并核实各期期末存货价值,为核实年销售总成本提供依据。

③ 了解并核实各期期末采购活动产生债权、债务的余额。抽查因采购原材料而发生的大额债权、债务的对应方是否是本公司的主要客户,若不是,应抽查采购合同,了解业务发生的原因,判断是否正常,对其他大额长期挂账款项,要查明原因。

④ 了解并核实各期期末应付工资及福利费。

⑤ 分析前三年及最近一个会计期末资产负债表中"预提费用""待摊费用""待处理财产损益"金额是否异常,若为异常,进一步核实。

3. 投资环节财务调查

(1) 调查目标。

① 了解并核实各会计期末短期投资余额、期末市价、跌价准备。

② 了解并核实各会计期末长期投资余额、减值准备。

③ 了解并核实各会计期间投资收益的真实性。

(2) 调查程序。

① 取得前三年及最近一个会计期间短期投资及跌价准备余额明细表,判断投资风险。

② 取得前三年及最近一个会计期间委托贷款及投资收益明细表,判断委托贷款的安全性。

③ 取得前三年及最近一个会计期间长期股权投资、减值准备及投资收益明细表,关注大额及异常投资收益,对现金分得的红利,关注是否收现,有无挂账情况。

4. 融资环节财务调查

(1) 调查目标。

① 了解债务融资的规模、结构。

② 了解权益融资。

(2) 调查程序。

① 取得前三年及最近一个会计期间短期及长期借款增减变动及余额表,并与会计报表核对是否相符。

② 取得前三年及最近一个会计期间应付债券明细表,并与会计报表核对相符。

③ 取得财务费用明细表,与贷款合同规定的利率进行复核。

④ 取得前三年及最近一个会计期间长期应付款及专项应付款明细表,与会计报表核对是否相符。

⑤ 取得前三年及最近一个会计期间所有者权益增减变动及余额表,与各年增资、配股情况和各年利润分配方案相核对。

5. 税务调查

(1) 调查目标。

① 调查公司执行的税种和税率;

② 调查公司执行的税收及财政补贴优惠政策是否合法、真实、有效;

③ 调查公司是否依法纳税。

(2) 调查程序。

① 查阅各种税法、公司的营业执照、税务登记证等文件,或与公司财务部门人员访谈,调查公司及其控股子公司所执行的税种(包括各种税收附加费)、税基、税率,调查其执行的税种、税率是否符合现行法律、法规的要求;

② 调查是否经营进口、出口业务,查阅关税等法规,调查公司所适用的关税、增值税及其他税的税率;

③ 如果公司享受有增值税的减、免,查阅财政部、国家税务总局法规或文件,调查该项法规或文件是否由有权部门发布,调查公司提供的产品(服务)的税收优惠是否合法、合规、真实、有效,该项税收优惠的优惠期有多长;

④ 如果公司享受有所得税减、免的优惠政策或其他各种形式的财政补贴,查阅有权部门的法规或文件,调查该政策是否合法、合规、真实、有效,该项税收优惠的优惠期有多长;

⑤ 获取公司最近几个会计年度享受的税务优惠、退回的具体金额,依据相关文件,判断其属于经常性损益,还是非经常性损益,测算其对公司各期净利润的影响程度;

⑥ 查阅公司最近三年的增值税、所得税以及其他适用的税种及附加费的纳税申报表、税收缴款书等文件,调查公司最近三年是否依法纳税;

⑦ 获取公司所处管辖区内的国家税务局、地方税务局以及直属的税收分局征收处的证明,调查公司是否存在偷税、漏税情形,是否存在被税务部门处罚的情形,是否拖欠税金;

⑧ 如果公司企业组织形式变化,如外资企业变为内资企业,是否补足了以前减、免的税款。

6. 或有事项调查

(1) 调查目标。

① 调查或有事项的具体情况;

② 判断上述事项对公司财务状况、经营成果、声誉、业务活动、未来前景等可能产生影响。

(2) 调查程序。

① 调查公司因诉讼或仲裁情况可能引起的或有负债,引证诉讼专题;

② 如果企业对售后商品提供担保,参照历史情况,估量顾客提出诉求的可能性;

③ 公司为其他单位的债务提供担保,调查提供担保的债务数额,是否承担连带责任,是否采取反担保措施,估算可能发生或有负债金额,确认公司是否以公司资产为本公司的股东、股东的控股子公司、股东的附属企业或者个人债务提供担保;

④ 环境保护的或有负债:查阅公司有关环保方面的批文,明确是否达到环境保护的相关标准,调查公司是否有污染环境的情况发生,测算出公司可能发生的治理费用数额或者可能支付的罚金数额。

第六部分:发展规划与财务预测调查

1．公司发展规划调查

（1）调查目标。

调查企业未来几年的发展规划。

（2）调查程序。

① 取得企业所提供的商业计划书,或直接要求被投资企业提供未来3～5年公司的发展规划,获知企业未来几年的发展目标、发展方向、发展重点、发展措施。

② 取得企业计划投资项目的可行性研究报告,评估报告的可行性。

2．公司财务预测调查

（1）调查目标。

调查企业在未来几年的发展目标、发展规模、发展速度、发展的可能。

（2）调查程序。

① 取得企业所提供的商业计划书,或直接要求被投资企业提供未来3～5年公司的财务预测表,获知企业未来几年的财务发展目标、发展规模、发展速度；

② 以销售为起点,核实企业所提供的各项预测指标制定的依据；

③ 根据企业所处的外部环境,调查企业各项指标实现的可能性；

④ 根据企业的经营管理水平与生产经营的其他条件,判断企业各项指标实现的可能性。

第七部分:本轮融资及上市计划调查

1．与本轮融资有关事项调查

（1）调查目标。

获知企业所提出来的与本轮融资有关的事项。

（2）调查程序。

通过企业所提供的商业计划书,或与公司领导人交流,获知与本轮融资有关的如下信息：

① 本轮的融资是股份转让,还是增资扩股,抑或二者兼而有之；

② 企业价值的估计、本轮融资的金额、所占的投资比例；

③ 拟引入的投资者的数量,对投资者的具体要求,目前已接触过的、有倾向性的投资者；

④ 募投项目及资金的具体用途；

⑤ 本轮融资的时间计划；

⑥ 融资后的管理制度安排及人事安排；

⑦ 信息披露的程度及具体措施；

⑧ 企业能够接受的对赌协议的内容；

⑨ 是否有管理层或核心技术人员的股权激励计划及具体内容。

2．未来上市计划调查

（1）调查目标。

获知企业的上市计划及已做的工作。

(2)调查程序。

通过企业所提供的商业计划书,或与公司领导人交流,获知如下与上市有关的情况:

① 上市的时间进度计划;

② 上市地点的选择及理由;

③ 已经接触的、有倾向性的中介机构,是否与其签订意向书或协议,是否已经支付部分款项。

三、私募股权投资可行性研究报告

私募项目可行性研究报告是对项目市场、技术、财务、工程、经济和环境等方面进行精确、系统、完备、无疑的分析,完成包括市场和销售、规模和产品、场址、原辅料供应、工艺技术、设备选型、人员组织、实施计划、投资与成本、效益与风险等的计算、论证和评价,且在招商引资、投资合作、政府立项、银行贷款等领域常用的专业文档,主要对项目实施的可能性、有效性、如何实施、相关技术方案及财务效果进行具体、深入、细致的技术论证和经济评价,以求确定一个在技术上合理、经济上合算的最优方案和最佳时机而写的书面报告。

表 4-1 投资分析初步报告的内容

类别	详细内容
行业背景	行业基本情况 行业历史增长及预测数据
拟投资企业概况	市场地位 发展规划 主要产品(服务)及赢利模式 组织架构 注册资本及股东结构
管理层背景	从业背景、教育背景、年龄等
竞争对手状况	主要竞争对手简要介绍
基本财务状况	近三年资产负债、营收及利润、现金流等简要财务数据预测
投资/重组需求	初步对价、融资额及占股比例 资金用途

可行性研究报告是投资前期工作的重要内容,在确定建设项目前具有决定性的意义。它一方面充分研究建设条件,提出建设的可能性;另一方面进行经济分析评估,提出建设的合理性。它既是项目工作的起点,也是以后一系列工作的基础,在各级发展改革委员会和其他经济管理部门审批和报批项目的过程中,可行性研究报告是最重要的一个环节,也是项目成败的重要因素。可行性研究报告的具体内容在本书后面的章节还会进一步介绍。

第二节　私募股权投资项目评估内容与标准

一、项目评估的信息基础

私募股权投资项目评估需要包含的信息包括投资规模、投资行业、投资阶段选择等,因此,在项目初评阶段,基金经理通常根据直觉或经验就能很快判断。常见的项目评估信息如表4-2所示。

表4-2　项目评估的信息基础

评估对象	评估内容
投资规模	投资项目的数量 最小和最大投资额
行业	是否属于基金募集说明书中载明的投资领域 私募股权基金对该领域是否熟悉 私募股权基金是否有该行业的专业人才
发展阶段	种子期 初创期 成长期或扩张期 成熟期
产品	是否具有良好的创新性、扩展性、可靠性、维护性 是否拥有核心技术或核心竞争力 是否具备成为行业中的领先者/行业规范塑造者的潜力
管理团队	团队人员的构成是否合理 是否对行业有敏锐的洞察力 是否掌握市场前景并懂得如何开拓市场 是否能将技术设想变为现实
投资区域	是否位于私募股权基金公司附近城市 是否位于主要大都市

二、项目评估的主要内容

(一)宏观经济形势

宏观经济因素的变动对企业的创业活动有着深刻的影响,比如GDP和贷款利率等。GDP的增长不仅提高了对创业资本的需求,而且给企业提供了更多的融资渠道,给投资者创造了更好的投资环境,这些都促使了创业资本金供给的增加。评价宏观经济形势的指标主要包括:国内生产总值(GDP)、通货膨胀率、货币供应量、利率水平等。

例如,2012年8月,随着中国经济增速的持续回落,中国私募股权投资的信心也在降温。中华股权投资协会(CVCA)一项针对私募股权投资行业投资者的调查表明,超过51%的投资者对宏观经济信心不足。2013年7月10日,美国《华尔街日报》指出,2013年上半年私募股权基金在亚洲筹款数额急剧下滑,投资者逐渐转向美国和欧洲购买基金。中国经济增速放缓及首次公开募股暂停在一定程度上影响了亚洲募资。数据显示,2013年上半年,亚洲私募股权基金募资金额出现大幅度下滑,募资金额仅为150亿美元。相比之下,截止到6月30日,美国募资总额为1040亿美元,欧洲募资总额约为420亿美元。基金管理人和融资经理人分析,中国经济增速放缓、IPO市场处于休眠状态会影响投资者对亚洲私募股权基金的青睐。而到了2014年,中国内地股市结束长达一年多的IPO"空窗期"。伴随退出渠道恢复畅通,股权投资市场的"中国机会"再度吸引着全球私募股权投资机构的目光。东南亚第二大金融服务集团新加坡华侨银行2014年1月10日在上海宣布,其在中国的第一支人民币股权投资基金正式成立。

此外,贷款利率反映了债务市场的广度和深度以及内在的风险溢价。高利率意味着借贷环境风险较高,贷款渠道有限,创业企业通过债权市场获取投资资金的渠道较少,企业面临着较高的风险溢价。

一国的实际贷款利率反映了持有货币的机会成本和获得资金的实际成本。较高的贷款利率意味着提供资本的机会成本较高,因此,无论是机构投资者还是个人投资者,都会尽量避免承担创业资本的投资风险,从而导致创业资本供给的减少。

研究人员通过研究美国私募股权基金的融资过程,指出影响私募股权投资行业发展的主要因素有资本收益税、养老金基金规模、GDP增长率、股票市场收益率、研发支出、公司业绩和声誉等。其中GDP增长率对私募股权投资行业的影响最大。

(二)行业因素

行业地位分析的目的是判断公司在所处行业中的竞争地位,如是否为领导企业,在价格上是否具有影响力,是否有竞争优势等。企业的行业地位决定了其盈利能力是高于还是低于行业平均水平,决定了其在行业内的竞争地位。衡量公司行业竞争地位的主要指标是行业综合排序和产品的市场占有率。

产业和资本的强强联合是上策。私募股权基金不可能对所有行业精通,也不可能对一个行业内的新项目了如指掌。因此,私募股权基金投资者常常选择行业中的领导公司,直接嫁接产业和行业的优势。在优势行业中发掘、寻找优势企业。优势行业是指具有广阔的发展前景、国家政策支持、市场成长空间巨大的行业;优势企业是在优势行业中具有核心竞争力,细分行业排名靠前的优秀企业,其核心业务或主营业务要突出,企业的核心竞争力要突出,要超越其他竞争者。

近年来,政府相继出台相关的产业扶持政策,私募股权基金的投资方向紧跟政策动向,呈现投资多元化趋势。根据清科研究中心的调查数据,我国2013年共发生私募股权投资案例660起,所投行业分布在23个一级行业中,房地产行业为最热门行业,共计发生投资交易105起,是唯一投资数量超过三位数的行业。生物技术/医疗健康、互联网、电信及增值业务、清洁技术等战略新兴产业为热门投资行业第二梯队,所获投资数量均超过40起。农/林/牧/渔、机械制造、能源及矿产、化工原料及加工等传统行业紧随其后,投资数量均在25起以上。投资金额方面,房地产行业凭借5起超过2亿美元的大宗交易以63.16亿美元毫无疑问夺魁,排在2~4位的能源及矿产、物流、互联网行业2013年度也有大宗交易发生。①

2014年全年,我国私募股权投资市场共计完成943起投资案例,披露投资金额的847起投资案例共计投资537.57亿美元。投资案例数同比增长42.9%,披露投资金额同比增长119.6%,双项数据均创历史新高。新一轮国企混改、境内外并购市场的火爆、上市公司资本运作的活跃及生物医疗、移动互联网等新兴行业的快速发展都成为推动2014年投资市场火爆的主要原因。

2014年943起投资案例分布于至少23个一级行业中。互联网依然为投资案例最集中的行业,共计发生145起投资案例,披露投资金额的129起案例共计投资40.84亿美元。其次为房地产行业,共计完成106起投资案例,披露投资金额的99起案例共计投资94.97亿美元,在各行业中位列第一。紧随其后的生物技术/医疗健康、机械制造、电信及增值、IT及娱乐传媒行业的投资案例数相对集中,其他行业的投资案例数均低于50起。从投资金额分析,房地产行业、能源及矿产、连锁及零售、金融等行业大宗投资案例频发,使得这些案例的投资总金额相对较高。②

私募股权基金选择目标企业最终目的是通过这些标准预测企业的价值增值空间、评估从该投资项目中可能获得的投资回报。企业价值增长是私募股权基金获得高额投资回报的基础,而企业在生命周期不同阶段、不同的行业,面临不同的风险,具有不同的价值驱动因素和价值构成,也就是说不同行业、阶段,企业的价值增长空间不同。因此,私募股权基金必须充分了解企业价值增长的一般规律,以选择投资价值增长较快的行业以及所提供的资金和增值服务对促进企业价值增长边际效应较高的投资阶段。

(三)商业模式

商业模式决定了企业的命运。成功的企业必须拥有成功的商业模式,不管他们对外是如何解释成功的,但是商业模式一定是导致其成功的关键因素。商业模式就是为了实现客户价值最大化,把能使企业运行的内外各要素整合起来,形成一个完整的、高效率的、具有独特核心竞争力的运行系统,并通过提供产品和服务使系统持续达成盈利目标的整体解决方案。

对于被投资企业,一定要弄清三个模式,包括其业务模式、盈利模式和营销模式。业务模式是企业提供什么产品或服务,业务流程如何实现,包括业务逻辑是否可行,技术是否可行,是否符合消费者心理和使用习惯等,以及企业的人力、资金、资源是否足以支持。盈利模式是指企业如何挣钱,通过什么手段或者环节挣钱。营销模式是企业如何推广自己的产品或服务,销售渠道、销售激励机制如何等。好的业务模式,必须能够盈利,好的盈利模拟,必须能够推行。

(四)企业团队

投资就是投人,投资就是投团队。因此,所有私募股权基金都非常重视对项目公司管理团队的考评,以至于业界一直流传着"一流团队、二流项目远远好于一流项目、

---

① 2013年中国私募股权投资市场数据统计分析,中商情报网,2014-4-3
② 清科观察:私募股权投资业十年华丽飞跃,2014开启中国"股权投资时代",清科研究中心,2015-4-24

二流团队"的说法。这句私募股权投资的口号足以见得企业管理团队的重要性。

对企业的领头人也即企业家的评估中要求其必须具备以下素质：

第一，战略思想，企业家的战略思想一般体现在企业文化和经营理念中，所以，选择具有长远发展战略眼光的企业家，对保障投资的未来预期收益将起到非常重要的作用。

第二，整合资源能力，包括经营管理能力、市场营销能力、市场应变能力、公共关系能力、风险预见和防范能力以及技术创新能力等。

第三，个人品质，一个具有良好个人品质的企业家应该是忠诚正直、敢于承担责任、机智敏锐、信念坚定、坚韧不拔、精力充沛、乐观豁达而又务实的。

对于被投资企业的管理团队来说需要具有以下素质：

第一，公司法人治理结构。

健全的公司法人治理机制至少体现在以下七个方面：规范的股权结构；有效的股东大会制度；董事会权力的合理界定与约束；完善的独立董事制度；监事会的独立性和监督责任；优秀的职业经理层；相关利益者的共同治理。

第二，公司经理层的素质。

一般而言，企业的经理人员应该具备如下素质：一是从事管理工作的愿望；二是专业技术能力；三是良好的道德品质修养；四是人际关系协调能力。

第三，公司从业人员素质和创新能力。

公司从业人员应具有如下的素质：专业技术能力、对企业的忠诚度、责任感、团队合作精神和创新能力等。对公司从业人员的素质进行分析，可以判断该公司发展的持久力和创新能力。

三、私募股权投资项目评估标准

关于目标企业的选择方法，行业内目前还没有形成一套统一的标准体系，每家私募股权投资机构的标准不尽相同。具体来说，私募股权基金选择目标企业的标准不仅与私募股权投资机构自身的投资理念、投资风格、投资策略有关，同时也与被投资企业所在行业的发展前景及企业的阶段性特性有关。不过，虽然具体的操作细节不同，但本质上还是殊途同归。我们可以把这些标准分为三类：财务标准、市场标准和无形资产价值标准。

（一）财务标准

由于我国私募股权基金起步较晚，国内投融资环境及私募股权投资理念不够成熟，部分私募股权基金过度强调短期利益，把未培育成熟的公司推向 IPO 市场，这种做法非但不是为企业提供增值服务，反而增加了企业的融资成本，从而进一步导致公司 IPO 后经营业绩和市场业绩的恶化。

所以，目前大多数财务状况良好的中小企业都不愿意引入私募股权基金。如没有特殊的目的，这样的企业可以申请到条件很低的银行贷款或直接寻找投资银行安排证券发行。除非私募股权基金肯开出一个很高的价格，才能获得投资机会。在这种情况下，了解企业真实的财务状况具有重要的意义。

了解目标企业财务状况的最终目的是：了解企业现在存在哪些问题、这些问题如何才能得到解决、解决这些问题后企业会发生怎样的变化，这些问题进一步决定了私募股权基金能从该投资项目中获得多少收益。但是，从企业获取的财务报告也不一定是真实的，企业为了获得资金，也有可能修饰甚至编造它的财务报告。因此，虽然了解目标企业的财务状况具有重要的意义，但不是决定性的意义。企业的实际发展潜力比企业的现状更值得期待。

（二）市场标准

企业价值的提升既与外部的市场环境有关，也与自身的管理能力有密切关系。然而，对于私募股权基金而言，企业的管理是可以通过调整企业的管理层获得改善，而企业面对的客观竞争环境却无法改变。因此，对于私募股权基金而言，企业所面对的市场情况就会成为判断企业投资价值的一个重要标准。

市场标准主要是用来分析企业面对的市场环境以及企业在行业中的竞争地位。通过考察目标企业的潜在对手、客户、供货商、产品替代品以及行业竞争等情况，有助于投资者形成一个关于被投资企业竞争环境的整体印象。

接下来，就可结合对市场环境的分析，对被投资企业自身的竞争能力进行更为明确的分析，找到被投资企业应该发扬的优势和去除的劣势，对自身经营做出改进。

（三）无形资产价值标准

财务标准和市场标准仅构成了对于企业有形方面的选择标准。只要投资者有兴趣收集资料，总会找到相对完全的信息，并得出一般化的结论。这是企业选择过程中技术性的环节，也是企业选择的基础，但是，仅有技术性的标准还不够。如果只能看到其他人都能看到的有形的企业现状，那么最终也只能获得平均的投资收益。

在投资过程中需要考虑的无形价值主要包括：私募股权投资者提供的配套服务对企业需求的满足能力、企业的能力和权利、无形资产等。无形资产的价值很难评估，但确实存在。在选择企业时，投资者应注意挖掘企业的无形资产。无形资产有形化所带来的价值增值，是投资者最安全的收益空间。

通过以上分析，关于私募股权基金选择目标企业的标准，无论是财务标准、市场标准等对于企业有形方面的选择标准，还是对于企业无形价值的选择标准，其最终目的还是通过以上标准预测企业的价值增值空间，评估从该投资项目中可能获得的投资回报。

第三节 估 值

一、估值与交易价格

估值（Valuation），或称价值评估，是潜在交易者计算其愿望接受的、关于交易标的与货币数量之对价关系（即价格）的过程。潜在交易者，包括特定标的所有可能的买方和卖方。在本节中，交易标的仅指可明确界定产权并且可以合法转让的特定数量的股权或资产。[①]

长久以来人们对估值的主要误解,或许在于所谓的"科学的内在价值"或"唯一的能够公平价值"的探求。"精确地估值"是一个伪命题。教科书中的估值方法是建立在一系列假定条件基础上的,例如在财务模型中预先设定未来若干年内企业提供的产品或服务的价格与数量不变,尽管这些假设常常不能得到满足,但是并不影响各种估值方法为人们所认知。

如果一个企业特定的股权或资产对于所有的潜在交易者来说具有唯一的价值,那还有进行交易的必要吗?假设交易费用为零,人们为什么要用一个价值去交换另一个相同的价值呢?如果交易费大于零,人们就不会劳心费力地用一个价值交换另一个相同的价值并承担交易费用,那为什么人类的交易活动没有绝迹呢?

对这个问题的逻辑推断是:只有买方对交易标的的估值(用最高意愿买价代表)高于卖方对交易标的的估值(用最低意愿售价代表)时,才有可能进行交易。这就意味着,价值是"主观的",即交易标的之价值依赖于评价者。例如,某一块奶酪,对甲来说可能是臭不可闻、白送都不要,更别说付钱买了;但同一块奶酪,对乙来说却可能是珍馐美味、甘之如饴,愿出高价购得。再者,某些古玩收藏家可能费尽心机、用千金购得一块元代官窑的破碎瓷片,而不懂收藏的人们却会嗤之以鼻、弃之如敝屣。简单地说,价值反映了评价者愿以最少获取多少货币来转让交易标的。

几乎无法"科学地"估值,那么估值的意义何在呢?

一种看法认为,价值为潜在买方出价/潜在卖方报价提供底线。通常,估值由每个潜在交易者根据自己的评价体系独自完成。在正常情况下,签字的买方对交易标的的估值结果可以表达为"若某些条件成立,则标的价值≤B(或'标的价值不超过 B')",即他不会以超过 B 的价格购买;潜在卖方对交易标的估值结果可以表述为"若某些条件成立,则标的价值≥S(或'标的价值不低于 S')",即他不会以低于 S 的价格出售。

在特殊的情况下,如国有产权的转让,可能会以低于评估价值的价格成交。此时,需要综合考量在转让失败的情况下,继续保有国有资产的成本(如企业持续亏损、工资福利拖欠、银行债务负担等)、再次评估的费用、再次挂牌交易的费用、相关人员的时间成本、资产盘活的社会影响等因素。这种情况的存在说明了评估价值既不是交易价格,也不是最低售价。

价值的另一个作用是防止收购交易双方避税。特别是在资产交易的情况下,卖方做低交易价格并从买方那里以其他方式获得补偿可以降低各项税费。中国政府要求卖方提供合格资产评估机构出具的资产评估报告,在某种程度上限制了避税行为。

对于潜在买方来说,当然付得钱越少越好;对于潜在卖方来说,则卖价越高越好。潜在买方与潜在卖方讨价还价的博弈结果有两种可能:达成一致/合作(成交),或者,没有达成一致/不合作(不成交)。交易成功的前提是交易双方达成一致的交易条件,而交易价格是最重要的条件之一。

[①] 叶有明.股权投资基金运作——PE 价值创造的流程[M].上海:复旦大学出版社,2012:266-267.

如果交易成功,则必有"B≥交易价格≥S"或"交易价格"一定会落在买方出价上限和卖方出价下限之间,并且前者高于后者。在买方看来,这笔交易很划算,他本来可以接受更高的价格B,但现在节省了"B－交易价格"的货币资金,他对交易结果满意;在卖方看来,这笔交易也很划算,他本来可以接受更低得价格S现在则多收获了"交易价格－S"的货币资金,他对交易结果也满意。由此可见,自由交易(欺骗除外)是双赢的,并非此消彼长,不存在一方之多得必为另一方之贬损的情况。

用经济学的话语可以表述为"自由交易增进财富",即在不增加总产出的情况下,自由交易可以"凭空创造"出财富,这正是市场的神奇魅力之一。

除估值结果外,买卖双方还要独立考虑更多因素以最终达成交易价格,例如:

(1) 交易条件,如对价形式(现金或股票等)、支付时间、支付方式(一次或分期)等;

(2) 为完成交易而发生的各项费用,如律师费、尽职调查费用、差旅费、投入的人力等;

(3) 交易结构的潜在影响,如资产交易中卖方面临的税负问题,或如股权交易中买方可能面对的事后事项,例如员工安置方案或国企员工身份置换、或有负债问题等;

(4) 政策的连续性与政策变化的可预见性,如行业准入政策和外资鼓励/限制政策等的变化;

(5) 对风险的判断、价格与风险是必须同时考虑的因素。例如,对或有负债、应收账款等实现可能性的判断,对政策变动的判断等;

(6) 替代关系,如是否存在交易标的之替代物;

(7) 机会成本,即如果不做这笔交易或做其他交易,将会如何;

(8) 交易方式也会影响交易价格,如拍卖、招投标、集合竞价等方式,与一对一谈判形成的价格可能会有所不同;

(9) 市场范围也会影响交易价格,如国际市场、地区市场或街边市场等形成的交易价格可能会不同;

(10) 交易目的不同也会影响交易价格。如果卖方,例如国有资产所有者,在转让国有产权时,既要考虑经济利益又要考虑社会效益和政治影响,则其对买方资质就会做出限制,从而可能拒绝了潜在竞争性买家的更高价格。如果买方,如产业资本,在收购企业时既要考虑获得新市场的进入渠道又要考虑到削弱、甚至消灭潜在竞争对手,则其出价可能会高于其他类型的买家。

由此可见,实际交易价格的形成影响因素很多,远比各种估值模型得到的结果复杂得多。此外,现实中,实际交易价格还依赖于私募股权基金管理人在谈判过程中的能力和手段。

一些流传已久的对私募股权基金的偏见可能源于一些影视文学作品或公共媒体对私募股权基金蓄意的丑化,例如将私募股权基金描述为贪婪的财富掠夺者或门口的野蛮人等。在这种语境中,人们认为,私募股权基金的收购活动中或者充斥着阴谋和狡诈,或者趁火打劫,总之私募股权基金是通过不良手段损害卖方利益获得"不公平"的极低收购价格从而转手倒卖赚取暴利。此类见解的荒谬之处在于,认为私募股权基金(作为买方)之所得,即为卖方之所失,这就完全忽视了自由交易增进财富、改善双方境况的事实,以及私募股权基金所从事的价值创造活动。

如果"自由交易增进财富"可以成为共识的话,那么对自由交易的任何限制都将减损财富,从而不利于交易双方。但是在一些特殊的情况下,例如产权边界不清或产权归属于国家或政府等抽象实体而非自然人的情形时,对此类产权交易的限制似乎难以避免。在这些特殊的情况下,估值的程序与方法,甚至交易价格可以由法规来管束。例如,在中国,国有企业国有产权转让的估值、国有商业银行办理抵押贷款时对抵押物(如房产、土地使用权等)的估值,都必须接受各级相关行政部门的管辖。例如,2007年国资委和财政部联合发布的《关于企业国有产权转让有关事项的通知》规定,转让企业国有产权的首次挂牌价格不得低于经核准或备案的资产评估结果。经公开征集没有产生意向受让方的,转让方可以根据标的企业情况确定新的挂牌价格并重新公告,如拟确定新的挂牌价格低于资产评估结果的90%,应当获得相关产权转让批准机构的书面同意。

二、企业价值评估体系

财务价值评估体系既要包括定量评价指标,即反映企业实力的一些硬指标,包括财务指标和可以量化的非财务指标;又要包括定性评价,即不可量化的非财务指标。

对一个企业的估值应以企业价值创造能力为主线,根据企业盈利因素和风险因素,确定关键的价值驱动因素,建立起以盈利能力和风险水平为主体的价值评估体系框架。

私募股权基金在投资企业过程中所思考的问题是如何在确定投资风险的前提下获得最大收益,因此对于企业的投资价值的评估归结为对企业盈利能力和风险水平的评估。究其原因,一个企业只有在盈利这一前提下,才能在市场竞争中生存下来,企业才有价值,作为投资者的私募股权基金才能获得预期的投资回报。

而企业的投资价值虽然表现在各个方面,但最终应该集中反映在企业盈利能力以及承担的相关风险上。因此,我们将企业价值评估体系分为企业盈利能力评估与风险水平评估两个方面,如图4-1所示。

图4-1 企业价值评估体系框架

(一)企业盈利能力评估指标

企业盈利能力评估指标包括当前盈利能力评估与持续盈利能力评估,如图4-2所示。

1. 当前盈利能力评估

当前盈利能力评估主要反映企业现有的经营成果,是对企业未来盈利评估的历史

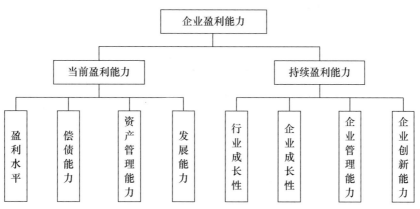

图 4-2 企业盈利能力评估指标

基础,包括企业盈利水平、偿债能力、资产管理能力和发展能力。

(1) 盈利水平。

盈利水平反映企业主营业务及总资产的获利能力,盈利水平的主要构成指标如表 4-3 所示。

表 4-3 盈利水平指标

指标	公式	意义
销售毛利率	毛利润/销售收入净额	创造销售净利率的保障,只有较高的毛利率才能获取更大的净利
销售净利率	净利润/销售收入净额	销售净利率高,表明企业获利能力强
资产回报率	(净利润+利息+所得税)/平均总资产	企业包括负债、净资产在内的全部资产的获利能力,是评价企业资产运营效果的重要指标
净资产收益率	净利润/净资产	反映股东进行投资活动获得报酬的高低,体现自有资本的获利能力,是综合性、代表性最强的一个指标

(2) 偿债能力。

偿债能力反映了企业承担风险的能力及偿还债务的能力,偿债能力的主要决定因素如表 4-4 所示。

表 4-4 偿债能力指标

指标	公式	意义
流动比率	流动资产/流动负债	反映短期偿债能力
速动比率	(流动资产—存货)/流动负债	衡量流动资产中可以立即变现用于偿还流动负债的能力
负债比率	总负债/总资产	反映账面资本结构,代表长期偿债能力
利息保障倍数	(净利润+利息+所得税)/利息	反映支付债务利息的能力

(3) 资产管理能力。

资产管理能力是用来衡量企业资源使用效率的。一般情况下,资产管理能力越强,表明企业的经营状况良好,并处于正常的发展状态。资产管理能力的构成指标构成如表4-5所示。

表4-5 资产管理能力指标

指标	公式	意义
应收账款周转率	销售收入净额/应收账款平均余额	反映应收账款转化为现金的平均次数,说明应收账款流动的速度
存货周转率	销售成本/存货平均余额	反映存货在购、产、销过程效率的尺度,存货周转率越高,表明存货资产变现能力越强
流动资产周转率	销售收入净额/流动资产平均余额	反映流动资产周转速度,周转速度快会相对节约流动资产,等于相对扩大资产投入,增强盈利能力
固定资产周转率	销售收入净额/固定资产平均余额	反映固定资产周转速度
总资产周转率	销售收入净额/总资产平均余额	综合评价全部资产的经营质量和利用效率的指标。周转率越大,反映销售能力越强

(4) 发展能力。

发展能力体现了企业现有盈利能力的稳定性和坚实性,同时又对企业潜在盈利能力和持续盈利能力的状况给予侧面印证。一个具有较大发展潜力的企业,通常都在短期内表现出企业规模迅速扩大、销售金额明显增长、市场占有率稳步提高的特点。这一特点对于创业板上市的企业来说尤为明显,它们往往都具有较高的增长率,并且能够迅速地发现市场机会并扩大自己的市场份额。企业发展能力的决定指标如表4-6所示。

表4-6 发展能力指标

指标	公式	意义
营业收入增长率	$\frac{当年营业收入增长额}{上年营业收入总额} \times 100\%$	该指标越高,表明营业收入增长速度越快,市场前景越好
资本保值增值率	$\frac{扣除客观因素后的期末所有者权益}{期初所有者权益} \times 100\%$	反映所有者投入企业资本的保全性和增长性
资本积累率	$\frac{当年所有者权益增长额}{年初所有者权益} \times 100\%$	反映当年资本的积累能力,评价企业发展潜力
总资产增长率	$\frac{当年总资产增长额}{年初资产总额} \times 100\%$	该指标越高,表明企业一定时期内资产经营规模扩张速度越快
营业利润增长率	$\frac{当年营业利润增长额}{上年营业利润总额} \times 100\%$	反映企业营业利润的增减变动情况
技术投入比率	$\frac{当年科技支出合计}{当年营业收入} \times 100\%$	反映企业在科技进步方面的投入,在一定程度上可以体现企业的发展潜力

2. 持续盈利能力评估

持续盈利能力评估主要反映企业投资价值在现有基础上实现增值的可能性或空

间,重点体现企业可持续竞争力对企业价值作用的产业效应与位势效应强度。它由行业成长性、企业成长性、企业管理能力和企业创新能力所决定。

(1) 行业成长性。

行业成长性主要从企业外部环境角度进行说明,包括行业竞争强度,如竞争对手实力变化、替代品的威胁、互补品的变化等,以及行业发展前景两个方面。由于不同行业的成长性以及企业未来发展空间通常有较大差异,私募股权投资机构对处于不同行业的企业估值也会差别很大。受成长空间的限制,传统行业的企业在私募股权估值时要低于新兴行业的企业。此外,行业发展的外部环境也会影响企业的估值,例如,受国家政策扶持的新能源、新材料和信息技术等行业常受到私募股权投资机构的青睐。

(2) 企业成长性。

企业成长性主要从企业内部条件角度进行说明,涉及企业主营业务的成长性、内部业务流程的效率(强调对顾客灵活、及时、有效和连续地提供产品和服务的能力)、与顾客关系以及与供应商和销售商的关系网络(反映了企业能否及时、有效、低成本进行生产以及高效率地销售产品和提供服务)。

(3) 企业管理能力。

企业管理能力由企业学习、组织和战略规划能力所体现,它涉及企业管理层综合素质、企业是否具有核心价值观、管理和业务流程是否科学等多方面要素。管理团队的素质是决定企业成败至关重要的因素。从某种角度来看,管理团队也是一项影响企业价值的重要"资产",管理团队的管理能力在估值过程中也要有所考虑。

(4) 企业创新能力。

企业创新能力包括技术、组织、制度和市场创新等四个方面内容,它成为企业持续发展的动力源。对于现代企业的竞争(尤其是高新技术企业)而言,技术是重要的竞争因素。当企业所处的领域具有较高的技术壁垒,企业无疑是拥有一道深深的"护城河"。如果企业拥有某种独占技术,那么,竞争优势将尤为明显。同样,一个企业若拥有竞争者无法模仿的商业模式,那么这种别具一格、胜人一筹的运作模式和盈利模式将使企业具备独特的竞争优势并实现持续盈利。

(二) 企业风险水平评估指标

私募股权投资之所以不同于一般意义上的投资,主要原因是由其高风险性决定的。风险不仅存在于被投资企业特定的生产经营环节,而且贯穿整个发展的全过程。因此,对风险水平的确定是私募股权投资决策过程中最重要的环节之一。

企业的风险大体可分为两大类:系统风险与非系统风险,如图 4-3 所示。系统风险是指与外部客观条件有关、超出了项目自身范畴的风险;非系统风险是指可由项目自身控制和管理的风险。然而,这种风险的划分并不是绝对的。

1. 系统风险

企业的系统风险是指私募股权投资过程中的各种社会的、政治的、法律的、自然的变化所引起的风险。这种风险的一个基本特点就是私募投资参与者不可控制。

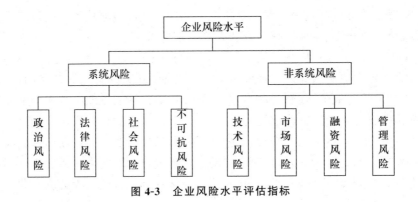

图 4-3　企业风险水平评估指标

2. 非系统风险

企业的非系统风险包括技术风险、市场风险、融资风险和管理风险。

（1）技术风险。

私募投资是否可行，关键看是否有值得投资的技术，包括具有自主知识产权的非专利技术或服务体系。至于技术是否可行，预期与实践之间是否出现偏差，这其中存在着巨大的风险。技术风险就是指企业在产品创新中受到多方面因素的影响，不可能对创新技术的成果和投入市场做出完全准确的预测，同时受自身技术装备水平、科研力量的限制，致使许多因素处于不确定状态，而产生的风险。技术风险的大小由技术成功的不确定性、技术前景的不确定性、技术寿命的不确定性以及配套技术的不确定性等因素决定。

（2）市场风险。

市场风险是指市场主体从事经济活动所面临的盈利或亏损的可能性和不确定性。市场风险是导致新产品、新技术商业化和产业化过程中断甚至失败的核心风险之一。市场风险主要包括难以确定市场容量、市场接受时间、市场价格因素、市场战略因素等。

（3）融资风险。

企业如果拥有了具备增长潜力和广阔市场空间的产品或技术，接下来的问题就是如何筹集资金进行投资了。企业在融资过程中也会经常出现风险，主要表现在经济衰退、信用危机、利率风险、外汇风险等。

（4）管理风险。

管理风险是指被投资企业在接受投资过程中因管理不善而导致投资失败所带来的风险，主要表现在决策风险、组织风险、人力资源风险等。

三、估值方法

企业价值评估是一项综合性的资产权益评估。目前国际上通行的评估方法主要分为收益法、成本法和市场法三大类。从技术角度来看，企业估值的基本角度有：着眼于历史，着眼于现在或着眼于未来。着眼于历史的是基于资产的评估方法，着眼于现在的是基于市场的评估方法，着眼于未来净收入的是基于盈利能力的评估方法。具体见表 4-7。下面将具体介绍其中常见的四种。

表 4-7 企业价值评估方法

大类	具体方法	常用方法	适用环境
收益法	现金流量贴现(DCF)法 内部收益率(IRR)法 资本资产定价模型(CAPM) 经济增加值法(EVA)	DCF、EVA	收益法关注企业的盈利潜力,考虑未来收入的时间价值,是立足现在、放眼未来的方法,因此,对于处于成长期或成熟期并具有稳定持久收益的企业较适合采用收益法
成本法	账面价值法 重置成本法	重置成本法	成本法是考虑企业现有资产负债,是对企业目前价值的真实评估,所以在涉及一个仅进行投资或仅拥有不动产的控股企业,以及所评估的企业的评估前提为非持续经营时,适宜用成本法进行评估
市场法	参考企业比较法 并购案例比较法 市盈率法 市净率法	市盈率法	市场法较之其他两种方法更为简便和易于理解,其本质在于寻求合适标杆进行横向比较。在企业具有发展潜力同时未来收益又无法确定的情况下,适用市场法

(一)现金流量贴现(DCF)法

现金流量贴现法(Discounted Cash Flow,简称 DCF)是指对企业未来的现金流量及其风险进行预期,然后选择合理的贴现率,将未来的现金流量折合成现值对企业进行估值。现金流量贴现法是西方企业价值评估方法中使用最广泛、理论上最健全的一种方法,但是,现金流量贴现法中要求对未来现金流量做出预测,而我国现行的企业会计制度很难准确地做到这一点。因此,国内在私募股权投资中使用该法对企业进行估值的还很少。

现金流量贴现法反映企业整体的未来盈利能力。现金流量贴现法最符合价值理论,能通过各种假设,反映企业管理层的管理水平和经验。但是,使用这种方法主观性强,评估的公允性完全取决于对企业未来获利能力的预测和评估师的职业判断能力。如果预测不准确,那么结果也就毫无意义。此外,对于处在成长期的企业,它的现金流量通常是负数,即使将来会获得高利润,预测其今后一定时期的业绩也将有一定风险,而且贴现率的确定也是十分复杂且困难的。

(二)经济增加值法(EVA)

EVA 是英文 Economic Value Added 的缩写,可译为资本所增加的经济价值、附加经济价值或经济增加值等。该方法是 20 世纪 80 年代初由美国的斯特恩·斯图尔特(Stern Stewart)咨询公司提出的一种企业经营业绩评价的新方法。

EVA 指标设计的基本思路是:理性的投资者都期望自己所投出的资产获得的收益超过资产的机会成本,即获得增量受益;否则,他就会想方设法将已投入的资本转移到其他方面去。根据斯特恩·斯图尔特咨询公司的解释,EVA 是指企业资本收益与资本成本之间的差额。

更具体地说,EVA 就是指企业税后营业净利润与全部投入资本(债务资本和权益资本之和)之间的差额。如果这一差额是正数,说明企业创造了价值,创造了财富;反之,则表示企业发生价值损失。如果差额为零,说明企业的利润仅能满足债权人和投资者预期获得的收益。

EVA 指标最重要的特点就是从股东角度重新定义企业的利润,考虑了企业投入的所有资本(包括权益资本)的成本,因此它能全面衡量企业生产经营的真正盈利或创造的价值,对全面、准确评价企业经济效益有着重要意义。

EVA 指标在税后净营业利润的基础上调整计算得到,它概念明确,易于理解。运用 EVA 指标来评估企业价值,综合考虑了投资资本回报率、增长率、资金成本等因素对企业价值的影响,而且有利于企业价值最大化目标的实现。

EVA 法与 DCF 法作为企业估价两种主要的收益方法,虽然其表现形式不同,但事实上两者殊途同归,其估价结果是相同的。尽管如此,EVA 估价法优于 DCF 估价法之处在于,EVA 对于了解公司在任何单一年份的经营情况来说,是一个有效的衡量,而 DCF 却做不到。

(三) 重置成本法

重置成本法将被评估企业视为各种生产要素的组合体,在对各项资产清查核实的基础上,逐一对各项可确认资产进行评估,并确认企业是否存在商誉或经济性损耗,将各单项可确认资产评估值加总后再加上企业的商誉或减去经济性损耗,就可以得到企业价值的评估值。即:

企业整体资产价值=($\sum$单项可确指资产评估值)+商誉(或-经济性损耗) (4.1)

成本法在评估公司价值时的假设是企业的价值等于所有有形资产和无形资产的成本之和,减去负债。使用这种方法强调被评估企业资产的重置成本,很少考虑企业的收益和支出。主要通过调整企业财务报表的所有资产和负债,来反映它们的现时市场价值。

成本法在评估公司价值时的优点是客观性。不论企业性质、类型,对于所有企业来说成本法都是最客观,最适用的评估方法,尤其是当目标公司缺乏可靠的财务数据或可靠的对比数据时。但该方法的一个重大缺陷是忽略了不同资产之间的协同效应和规模效应,也就是说在企业经营的过程中,往往是"1+1>2",企业的整体价值是要大于单项资产评估值的简单加总。而且该法在评估中不考虑那些未在财务报表上出现的项目,如企业的管理、企业自创的无形资产等。

(四) 市盈率法

国内企业一般采用可比公司法对企业进行估值。可比公司法是指挑选与非上市公司同行业的可比或可参照的上市公司,以同类公司的股价与财务数据为依据,计算出主要财务比率,然后用这些比率作为市场价格乘数来推断目标公司的价值,通常就是指我们所说的 P/E 法,即市盈率法。市盈率法是目前国内市场上最常见的企业估值方法。

1. 基本思路

市盈率乘数法就是根据目标企业的收益和市盈率确定其价值的方法,也称为市盈率法。应用市盈率法对目标企业估值的关键在于,选择、计算目标企业估价收益指标和选择标准市盈率两个方面。

运用市盈率法评估企业价值,需要有一个较为完善、发达的证券交易市场,还要有行业部门齐全且足够数量的上市公司。随着我国证券市场的不断发展壮大及股权分置改革的完成,证券市场正在逐步走向成熟,因此市盈率法作为对企业进行整体价值评估的独立方法正在得到广泛的应用。

2. 选择目标企业估价收益指标

一般情况下,估价收益指标有三种选择,采用目标企业最近一年的税后利润,因为其最贴近目标企业的当前状况。考虑到企业经营中的波动性,尤其是经营活动具有明显周期性的目标企业,采用其最近三年税后利润的平均值作为估价收益指标更为恰当。更多的时候,应注重目标企业被并购后的收益情况。

3. 选择标准市盈率

可选择的标准市盈率有以下两种:与目标企业具有可比性的企业的市盈率,目标企业所处行业的平均市盈率。在选择标准市盈率时,对比企业必须确保在风险和成长方面与目标企业的可比性。在确定了估价收益指标和标准市盈率之后,就可以计算出目标企业的价值,计算公式为:

$$目标企业的价值 = 估价收益指标 \times 标准市盈率 \qquad (4.2)$$

4. 市盈率法的优缺点

与其他方法相比,市盈率法的优点是:计算简单,容易从股票市场上获得相关数据;便于比较,直接确定企业的价值。但是应用市盈率法的前提是资本市场比较发达,市场越发达,企业的评估价值就越准确。如果市场发育不充分,就很难找到参照企业。而且在一定程度上,一家企业的市盈率并不能反映该企业的目前业绩或未来业绩,而更多反映的是投资者对投资市场的未来前景的信心。所以,使用市盈率法对被评估企业价值的准确性有一定的影响。

本章小结

1. 私募股权基金管理人不能等待机会主动送上门,而是要积极地寻找投资商机,要善于通过诸多渠道获取相关的投资机会信息。

2. 找到投资机会之后,完成一系列的尽职调查,并且撰写可行性研究报告。

3. 私募股权投资项目评估的主要内容包含许多方面,尤其要注意宏观经济形势、商业模式以及企业团队等对投资项目的影响。

4. 企业估值的主要方法有收益法、成本法、市场法,需结合企业的情况正确使用。

复习思考题

1. 私募股权如何寻找投资项目?有哪些渠道?
2. 项目评估的主要内容包括哪些?谈谈不同宏观经济条件对 PE 选择投资项目的影响。
3. 你认为商业模式对私募股权基金选择投资项目有何影响?
4. 尽职调查的内容包括什么?

5. 企业估值的常用方法有哪些,各适用于什么情况?

扩展阅读

私募股权基金投资如何寻找好项目
——以"永辉"为例

私募股权基金在寻找项目时通常会采用两种方式。第一种是"自上而下"。一些领先的私募股权基金通常会先对行业做一个梳理,了解行业的基本面,如细分行业的市场容量、发展趋势、驱动因素、竞争态势、利润水平和行业周期等,并通过对以上因素的分析,来判断一个行业是否具备投资吸引力。

与此同时,私募股权基金还会审视、判断自身的能力。也就是说,在选定了重点关注的行业之后,私募股权基金需评估自己是否具备某些特别的能力,比如自己的政府关系如何、是否拥有熟悉这个行业的管理团队、在这个行业里是否有上下游资源等。能令自己比其他私募股权基金更有可能成功地投资该行业。总之,私募股权基金需要判断投资之后是否能形成一个资源网络,在一个独特的投资主题下构建一个有效的平台来运作项目。

在前两者的基础上,私募股权基金还要对这个行业内的主要企业进行梳理和研究。比如可以列出该行业内前20名的企业名单,以及它们各自的背景、业务模式、盈利状况和管理团队等方面的情况,逐一分析之后,私募股权基金可选定其中5~10家左右重点关注,并做好投资的准备。

第二种是"自下而上",俗称"扫街型"。投资公司会深入到各地市场,密切关注并积极接触各行业才华出众的企业家,并与活跃的中介机构保持联系。这通常会是一个中长期的投入与积累,投资者需要悉心搭建并维护一个资源网络。现在一些投资基金的管理团队,平时基本不待在本地,而是前往国内二、三线城市,利用自己的资源网络,寻找、接触有潜力的企业。这样做的益处是,在别人还没有关注到某个有潜力的企业时,自己就已抢先一步,通过与该企业长期的接触建立起一种相互信任的关系。但是这种方式对私募股权基金团队的要求相对较高。

值得一提的是,这两种方式并不是截然分开的。从系统性来看,可以先采用第一种(自上而下),后用第二种(自下而上)。但在中国市场,很多私募股权基金公司通常会双管齐下,去寻找好的投资项目。

那么,究竟怎样的项目算是一个好项目呢?通常,投资人在对项目进行评估时,行业、商业模式和团队是三个最重要的评估要素。

首先,投资人会关注项目所在的行业。IT、消费品、工业产品、金融服务这些行业都比较受投资基金的关注。但就领先的私募股权基金而言,它们最青睐的还是消费类企业(包括消费品和零售)。研究数据显示,有50%的投资基金表示对消费领域感兴趣,20%则垂青于医疗行业。

在消费领域之内,零售比消费品具有更多的投资机会。主要原因之一是,达到一定规模的消费品公司,要么是国外企业,要么是已经上市的国内企业,还没有吸纳投资的私营企业比较少;而零售行业则由于市场分散,企业数量更多一些,机会也相对较多。

电子商务类公司现在是一个热点,其实从某种程度上说电子商务也可以划归消费类范畴。与零售相比,电子商务类公司更需跻身全国少数最领先的阵营,才有可能引起投资人的兴趣。相比之下,零售企业只要能成为区域内的领先者,就已经具有不错的投资价值。

其次是商业模式。私募股权基金投资的项目与风险投资不同,通常项目都已经具备了一定的规模,也就是说企业大都已经形成了自己稳定的商业模式,一般不会有太大的改变。投资人重点评估的是企业现有的商业模式是否具有可持续性、是否难以被竞争对手复制。

最后是对企业管理团队的评估。由于私募股权基金一般采用参股而不是控股的形式,投资之后项目还是会由原来的管理团队负责管理,所以,原有管理团队的素质和能力是一个非常重要的因素。如果投资人对企业管理团队的能力、创业热情和事业专注度充满信心,那么,这将会极大地增加投资人认可项目的机会。

值得注意的是,以上三种评估要素在权重上并无轻重之别,只是在次序上有先后之分。通常,投资人会先评估行业,再评估商业模式,最后再评估团队,但这并不意味着人的因素相比之下最不重要。事实上,团队因素非常关键,会直接影响一个投资项目的成败。要想完成一次成功的投资,从寻找项目到竞争项目,再到投资之后对项目的管理支持,在每个环节私募股权基金都需要凭借自己的专业经验去争取成功。以下这个案例可以很好地说明这一点。

2006—2007年,汇睿资本(原汇丰直投)投资了总部在福建的永辉超市。永辉超市在福建市场发展势头良好,此外,它当时刚进入重庆市场不久,在重庆仅设有4家店。

之前也有不少投资机构与永辉有过接触,但最终都没有投资。其原因可能是它们对永辉潜在价值的判断、对商业模式和管理层的能力都有不同的看法。零售超市是公认的具有增长潜力的行业,因而大家对于这个行业本身的价值并没有异议。问题在于,永辉当时规模较小,而且只是在福建做得不错,虽然进入了重庆市场,但未来成长空间如何并不确定。于是,这些机构在经过几次接触之后就决定放弃。

在决定投资之前,汇睿资本委托其他机构做了尽职调查,评估投资永辉是否具备独到的投资主题。尽职调查主要考察了两个方面:一是永辉是否守得住其大本营福建市场;二是在重庆市场消费者对永辉的认可度如何。

尽职调查的结果是,永辉在福建市场的地位稳固,而在重庆,虽然只是刚刚起步,但这4家店门庭若市,消费者调研也发现消费者对这4家店认可度很高,客户净推荐值很高。因此,汇睿资本对永辉未来的发展充满信心。投资之后,汇睿资本为永辉提供了增值服务,在战略设计、运营、人力资源、高管团队、外部资源调配等方面都给予了不少的帮助。汇睿资本的尽责让永辉将其视为二次创业的合作伙伴。

4年之后,永辉超市的收入获得了5倍多的增长,其利润获得了超过11倍的增长,并于2010年12月在A股主板成功上市,而汇睿资本则赢得了丰厚的投资回报。

(资料来源:PE投资如何寻找好项目? http://www.ces-sysu.com.cn/article/operation/24.html,中山大学MBA总裁班[2011-08]。)

第五章　私募股权基金的资本投入程序

> **学习目的**
>
> 　　了解私募股权基金项目初审的各项内容,包括投资流程、投资分析报告以及投资委员会的审议。掌握财务报告的基本分析流程,了解什么是财务报告、如何分析运用财务报告的各项数据。当私募股权基金的资本投入进入谈判与签约阶段时,要了解交易结构的设计、保护性条款的各项内容,以及投资意向书的签订。

第一节　项目初审

一、投资流程

私募股权基金的投资活动总的来说可分为项目寻找与项目评估、投资决策、投资管理和投资退出四个阶段。

（一）项目来源

私募股权基金要取得良好的投资回报,如何在众多项目中以较低的成本和较快的速度获得好的项目是关键。因此,通常,基金经理在充分利用公司自有资源的同时,也会积极从外部渠道获取项目信息,整合内外部资源,建立多元化的项目来源渠道。一般来说,投资项目的来源渠道主要包括自有渠道、中介渠道以及品牌渠道等。各种信息渠道来源提供的项目信息质量存在差异,通常,通过个人网络、股东、业务伙伴获得的项目信息质量比较高,因此,基金经理在寻找项目过程中倾向于通过朋友、熟人、银行、证券公司、政府部门或会计师事务所、律师事务所等中介机构的介绍。另外,一些重要的投资洽谈会也是很好的收集项目信息的渠道,如我国每年9月8日至11日在厦门举办的中国国际投资贸易洽谈会,在天津举办的中国企业国际融资洽谈会等。

（二）项目初步筛选

项目初步筛选是基金经理根据企业家提交的投资建议书或商业计划书,初步评估项目是否符合私募股权基金初步筛选标准、是否具有良好发展前景和高速增长潜力,进而存在进一步投资的可能。对于少数通过初步评估的项目,私募股权基金将派专人对项目企业进行考察,最终确定是否进行深入接触。

1. 项目初评

项目初评是基金经理在收到创业项目的基础资料后，根据基金的投资风格和投资方向要求，对创业项目进行初步评价。私募股权基金通常都有一套自己的投资政策，包括投资规模、投资行业、投资阶段选择等，因此，在项目初评阶段，基金经理通常根据直觉或经验就能很快判断项目是否值得投资。

2. 项目进一步考察

由于项目初评只对项目的一些表面信息进行筛选，因此，对于通过初步评估的项目，基金经理需要进行进一步调查研究，对项目进行全面的技术、经济认证和评价，从而更全面地了解项目未来发展前景。根据项目企业提供的商业计划书对创业项目进行综合研究评价后，基金经理通常会组织对企业尽职调查，对创业者进行访谈，询问有关问题，并让创业者就一些关键问题做一次口头介绍或讲演。基金经理可通过这次会面获取更多有关项目的信息，核实商业计划书中所描述的创业项目的主要事项，了解私募股权基金能够以何种程度参与企业管理和监控、创业者愿意接受何种投资方式和退出途径，考察创业者的素质及其对创业项目成功的把握。

(三) 价值评估

价值评估是私募股权基金基于尽职调查所得到的项目企业历史业绩、预期盈利能力等资料，通过科学的价值评估方法对企业价值进行评估的过程。价值评估是私募股权基金对外投资过程中关键的一步，无论是项目投资还是项目退出，都需要对项目企业进行价值评估。对创业企业的价值评估方法主要有收益法、成本法、市场法。

二、投资价值分析报告

对私募股权基金而言，项目投资价值分析报告是一个投资决策辅助工具，它为基金方提供了一个全面、系统、客观、科学的全要素评价体系和综合分析平台。利用项目投资价值分析评估报告，私募股权基金能全方位、多视角地剖析和挖掘项目最大投资价值所在，最大限度地降低投资风险。对被投资企业或私募股权基金而言，利用项目投资价值分析报告可以对项目的投融资方案以及未来收益等进行自我诊断和预测，以适应资本市场的投资要求，进而达到在资本市场上融资的目的。一份好的项目投资价值分析报告将会使私募股权基金更快、更精准地了解投资项目，增强基金方对项目收益的信心，促成其参与该项目，最终达到为项目筹集资金的作用。

投资分析报告的分析框架如下：

1. 概述项目名称及项目单位

(1) 企业简介。包括以下方面：目标企业的历史沿革，隶属关系，企业性质及制度；目前职工人数；地理位置，占地面积；各交通运输条件（铁路、公路、码头和航空港口等），运输方式；年设计及实际生产能力，运营状况；产品种类，主导产品名称及产量；能源供应条件（水、电、汽、气、冷冻等）配套情况；主要原、辅、燃料的供应量及距离，费用情况；产品质量状况及产品在国内、外市场的定位与知名度；产品出口量、主要国家和国外市场份额等。

(2) 项目概要。

(3) 简要分析结论。

2. 团队和管理

(1) 董事长、法人代表。

(2) 原有股东情况。

(3) 主要管理人员。

(4) 主要技术负责人员。

(5) 员工和管理。管理及人力资源评价指标包括:内部调控是否合理;管理组织体系是否健全;管理层是否稳定团结;管理层对市场拓展、技术开发的重视程度;有否科学的人才培训计划;各层面的执行情况;等等。

3. 产品和技术

(1) 产品介绍。

(2) 产品应用领域及性能特点。

(3) 主要技术内容。

(4) 技术先进性。

(5) 产品技术指标。

(6) 国内外技术发展状况。

产品评价指标包括:产品是否具有独特性,难以替代;产品的开发周期;产品的市场潜力;产品的产业化情况;产品结构是否合理;产品的生产途径;等等。

技术评价指标包括:技术的专有性(技术来源);技术的保密性(专利保护);技术的领先性;等等。

技术开发包括:技术开发投入占总收入的比重,技术开发体系与机构,技术储备情况。

4. 市场及竞争分析

(1) 市场需求。

(2) 目前的市场状况及产品市场分布。

(3) 产品应用市场前景分析。

(4) 产品市场需求预测。

(5) 产品市场竞争力分析:产品质量竞争力分析;生产成本竞争力分析;产品技术竞争力分析;等等。

(6) 主要竞争对手分析:国内主要竞争对手分析,列出前20名,做出竞争对手一览表;国外竞争对手分析;潜在竞争对手分析。

(7) 市场竞争状况分析:市场垄断情况;该行业是否存在剩余生产能力,目前是什么情形;该行业转换成本高低;该行业进入壁垒与退出壁垒,等等。

(8) 企业发展趋势与行业发展趋势比较:技术发展趋势比较;产品结构发展趋势比较;价格发展趋势比较;替代品的研究与开发;替代品的性能价格比;替代品对产业的威胁。

5. 建设内容及产品方案

(1) 建设内容。

(2) 投资预算。

(3) 产品方案。

6. 融资需求及股权设计

(1) 融资方式。

(2) 融资金额。

(3) 股权设置方案。

(4) 融资条件。

(5) 资金使用计划。

7. 财务状况

(1) 历史财务报表分析与考查。

(2) 未来五年财务预测。

8. 经营预测和经济效益评价

(1) 经营预测。

(2) 经济效益评价。

9. 投资退出和回报

(1) 公开上市。

(2) 协议转让。

(3) 管理层回购。

(4) 其他退出回报。

10. 主要风险因素及对策

(1) 经营管理风险。

(2) 市场和竞争风险。

(3) 技术研发和生产风险。

(4) 退出风险。

(5) 财务风险。

11. 结论和建议

(1) 可行性研究结论。

(2) 建议：做好投资协议具体条款的谈判和拟定工作，切实保障各方的利益推荐合适人员进入董事会，派出管理人员实现增值服务，为以后的管理运作打下坚实的基础。

投资价值分析报告是国际投、融资领域投资商确定项目投资与否的重要依据，主要对项目背景、宏观环境、微观环境、相关产业、地理位置、资源和能力、SWOT、市场详细情况、销售策略、财务详细评价、项目价值估算等进行分析研究，反映项目各项经济指标，得出科学、客观的结论。

投资价值分析报告在全面、系统分析目标企业和项目的基础上，按照国际通行的企业价值评估方法，站在第三方角度客观公正地对企业、项目的投资价值进行分析。

不仅为融投资双方充分认识投资项目的投资价值与风险,更重要的是通过充分评估项目优势、资源,加速企业或项目法人拥有的人才、技术、市场、项目经营权等无形资源与有形资本的有机融合,对企业和私募股权投资机构提供重要的融投资决策参考依据。

三、投资决策委员会审议

为了提高投资业务质量,控制资金风险,制定投资委员会制度。股东会或董事会授权投资决策委员会行使的评审相关职能。投资决策委员会依据本制度审核投资项目,以投票方式对投资项目进行表决,出具审核意见。投资决策委员会审核公司的投资项目管理规程,报董事会审议通过。投资决策委员会对公司股东负责,有权审查所有投资项目实施情况。

（一）投资决策委员会的组成

投资决策委员会的组成人员由股东会或董事会任命,每名委员均有表决权。委员会设主任 1 名,负责召集、主持投资决策委员会会议。

投资决策委员会主任的职责包括：

(1) 股权投资项目须在项目组提出申请的 7 个工作日内主持召开投资决策委员会会议。

(2) 债权投资项目须在项目组提出申请的 3 个工作日内主持召开投资决策委员会会议。

(3) 组织投资决策委员会委员在投资决策委员会会议上发表意见并开展讨论。一般情况下,针对股权投资项目各投资决策委员会委员应在会后的 7 个工作日出具最终审核意见。针对债权投资项目应在会后 3 个工作日内出具最终审核意见,若未在固定时间内出具审核意见,则视为同意。

(4) 负责在上报业务材料审核意见处明确审核意见,并由全体成员签字确认。

（二）投资决策委员会的职责

审订投资项目管理制度和业务流程;监督公司经营管理层严格、有效执行投资项目操作流程;适时引导公司管理层调整公司的投资方向及结构比例;审核投资项目的申请是否符合公司相关管理规定的条件;听取项目组关于投资项目情况的汇报;审核项目组出具的初审意见;依照有关规定对投资项目出具审核意见,经全体委员通过的投资项目经董事长决策后由项目组负责人组织实施;听取项目组负责人关于投资项目实施进度情况的汇报;审议、制定投资逾期 90 天（含）以上的处理方案,并在出现上述情况的 7 个工作日内形成书面报告,全体委员在书面报告签字后报董事会审批;其他投资决策委员会认为需要审批的事项。

投资决策委员会委员因故无法行使表决权时视为放弃权利,委员会委员可以向董事长申请调阅履行职责所必需的与公司有关的资料。

投资决策委员会委员应当遵守下列规定:按要求出席投资决策委员会会议,并在审核工作中勤勉尽职;保守公司的商业秘密;不得向本公司以外人员泄露投资决策委员会会议讨论内容、表决情况等;不得利用投资决策委员会委员身份或者在履行职责上所得到的非公开信息,为本人或者他人直接或者间接谋取利益;不得有与其他投资决策委员会委员串通表决或者诱导其他委员表决的行为;公司制定的其他有关规定。

投资决策委员会工作会议可采用现场和非现场形式召开。采用非现场会议形式时,投资决策委员会委员必须以传真、电子邮件的形式出具审核意见,并在审批完成后规定的时限内在审批资料上补齐签字。委员会委员应当遵守公司对投资决策委员会委员的规定和要求,认真履行职责,接受公司的考核和监督。

(三)投资决策委员会会议

投资决策委员会会议根据审核工作需要,由投资决策委员会主任适时负责召开。会议表决方式为同意票和反对票,与会委员不得弃权。会议根据审核工作需要,可以邀请投资决策委员会委员以外的行业专家到会提供专业咨询意见。投资决策委员会委员以外的行业专家没有表决权。

投资决策委员会会议前的工作程序:项目组负责人具体负责投资决策委员会工作会议前的各项准备工作。主要包括:向投资决策委员会委员申请召开投资决策委员会会议通知、项目申请文件和尽职调查报告。公司投资决策委员会主任主持、召开投资决策委员会工作会议。投资决策委员会委员收到审核材料后,须认真审阅。

投资决策委员会会议的工作程序:出席会议的投资决策委员会委员全部到会后,主任宣布会议开始并主持会议。项目组负责人向投资决策委员会委员介绍投资项目情况,并就有关问题提供说明。投资决策委员会主任组织与会委员逐一发表个人审核意见。投资决策委员会委员须在项目报告上签署审核意见并签字确认,若需补签,须在出具审核意见后的10个工作日(含)内完成。

表决投票时同意票数达到全部票为通过,同意票数未达到全部为未通过。未经投资决策委员会审核通过的业务,不得实施。

(四)对投资决策委员会审核工作的监督

董事会对投资决策委员会实行问责制度,若投资决策委员会审核批准的投资项目形成了逾期90天(含)以上时,投资决策委员会成员将接受董事会的质询。投资决策委员会成员存在违反投资决策委员会制度规定的行为,违反投资决策委员会工作纪律的行为的,公司应当根据情节轻重对有关投资决策委员会成员分别予以批评、更换等处理。

第二节 分析财务报告

一、财务报告的分类

财务报告可按如下标准进行分类:

(一)按会计报表反映的经济内容分类

按会计报表反映的经济内容的不同,可以分为静态会计报表和动态会计报表。静态报表是指综合反映企业某一特定日期资产、负债和所有者权益状况的报表,如资产负债表;动态报表是指综合反映企业一定期间的经营成果或现金流量情况的报表,如利润表、现金流量表。

（二）按会计报表的报送对象分类

按会计报表报送对象的不同，可以分为内部报表和外部报表。内部报表是指为满足企业内部经营管理需要而编制的会计报表，由于无须对外公开，所以没有规定统一的格式和编制要求；外部报表是指企业对外提供的会计报表，主要供投资者、债权人、政府部门和社会公众等有关方面使用，《企业会计准则》对其规定了统一的格式和编制要求。

（三）按会计报表的编制单位分类

按会计报表编制单位的不同，可以分为单位报表和合并报表。单位报表是指由企业在自身会计核算的基础上，对账簿记录进行汇总编制的会计报表；合并报表是指以母公司和子公司组成的企业集团为会计主体，根据母公司和所属子公司的会计报表，由母公司编制的综合反映企业集团财务状况、经营成果及现金流量的会计报表。

（四）按会计报表的编制时间分类

按会计报表编制时间的不同，可以分为月报、季报、半年报和年报。其中，月报要求简明扼要、及时反映；年报要求揭示完整、反映全面；季报和半年报在披露会计信息的详细程度方面，则介于二者之间。半年报、季报和月度财务会计报告统称为中期财务会计报告。季度和月度财务会计报告仅指会计报表，但国家另有要求的，则应按国家要求增加相关资料。

财务报表的目的是为报表使用者提供经济决策有用的财务状况、经营成果和财务状况变动的决策有用的会计信息。由于不同的报表使用者对信息的需求不同，并受经济、法律、政治和社会环境的影响，财务报告只提供报表使用者需要的通用会计信息而不提供全部信息资料。

二、财务报告能告诉我们什么

财务报告主要通过分析企业的行业地位、经营战略、主要产品的市场、企业技术创新、企业人力资源、社会价值分配等经营特性和企业的盈利能力、经营效率、偿债能力、发展能力等财务能力，并对企业做出综合分析与评价，预测企业未来的盈利情况与产生现金流量的能力，为相关经济决策提供科学的依据。[1]

（一）财务报告的内容

财务报告分析的内容主要包括企业经营环境与经营特性分析、企业会计政策及其变动分析、财务报表项目及其结构分析、财务能力分析、企业综合分析与评价等。

企业经营环境与经营特性分析主要分析宏观经济发展的形势，分析企业所处行业的发展趋势，分析企业的行业地位、经营战略、主要产品的市场情况，分析企业技术创新能力，分析企业高层管理人员与职工素质等人力资源情况等。这样做，决策者可把握企业的宏观环境与企业总体情况，更好地联系与解释财务报告分析的结果。

企业会计政策及其变动分析主要分析企业经营管理者选择不同的会计政策的理

---

[1] 李昕旸.私募股权投资基金理论与操作［M］.北京：中国发展出版社，2013：178.

由及其对财务报表项目与财务分析指标的影响,为保证对比分析时分析指标的可比性,必要时对分析资料进行适当的修正。

财务报表项目及其结构分析主要对资产负债表、利润表、现金流量表及其附注的各个项目与结构进行对比分析,分析各种资产、负债、所有者权益、收入、成本、费用、利润、现金流量的变化、变化原因和其对企业经营的影响。每个财务报表项目都具有特定的经济含义,它的变化对财务能力、经营特性都可能产生影响,一般可编制多期比较财务报表和多期百分比财务报表进行分析。多期百分比财务报表是将财务报表项目用结构百分比表示,并将多个会计期间的财务报表合并,这样有利于对财务报表的结构变动进行分析。

财务能力分析主要分析企业的盈利能力、经营效率、偿债能力(短期、长期)、发展能力等。该部分主要通过定量的财务指标分析进行,它是财务报告分析的重要内容。

企业综合分析与评价主要将上述分析情况用系统、科学的方法进行综合得出对企业的综合分析与评价。该综合分析与评价使用定量指标与定性指标相结合,并可使用综合指数法、综合评分法、雷达图法等方法进行综合分析与评价。该综合分析与评价和企业业绩评价有很强的联系,企业业绩评价可看成企业综合分析与评价的一种形式,它是财务报告分析的重要内容。

现代企业是在一定社会经济环境下生产与分配社会财富的经济实体,它与许多社会利益团体有复杂的经济利益关系,可看成一个复杂的社会系统。企业的财务能力、经营特性等分析与综合分析与评价是相互联系的,企业的经营环境、财务报告的内容、财务报告分析的技术与方法都是发展的。因此,通过对财务报告分析来了解企业经营情况就必须用系统的观点来分析企业,即用联系、发展的观点分析企业。

随着计算机信息处理技术的发展,构建智能决策支持系统、诊断分析专家系统的技术不断发展,利用人机系统进行财务报告分析将大大地提高我们财务报告分析的工作效率。

(二)财务报告分析的主体与目的

财务报告分析的主体是财务报告的使用者,主要包括私募股权基金(股东)、债权人(金融机构、企业单位)、企业经营管理者、政府经济管理部门、企业工会组织、注册会计师等。不同的分析主体其分析的目的不同,所分析的内容与重点也有差异。

私募股权基金作为投资者主要是为寻求投资机会获得更高投资收益而进行的投资分析和为考核企业经营管理者的经营受托责任的履行情况而进行的企业经营业绩综合分析与评价。其分析的重点是企业的盈利能力、发展能力和业绩综合分析评价。

债权人的分析主要是金融机构或企业为收回贷款和利息或将应收款项等债权按期收回现金而进行的信用分析。信用分析的重点是偿债能力、盈利能力和产生现金能力。

企业经营管理者为了更好地对企业经营活动进行规划、管理与控制,利用财务报告进行经营分析。重点分析企业各种经营特性包括盈利能力、偿债能力、经营效率、发展能力、社会存在价值等,并要综合分析企业的经营情况。

政府经济管理部门的分析主要是为制定有效的经济政策和公平、恰当地征税而进行的经济政策分析与税务分析。其分析的重点是企业发展、社会价值分配等。

工会组织的分析主要是为争取职工合理的工资、福利等利益而进行的工会利益分配分析。其主要分析企业社会价值分配、盈利能力等。

注册会计师为了客观而公正地进行审计、避免审计错误、提高财务报告的可行度而对财务报告进行审计分析。其分析的重点是财务报表及其之间的稽核关系与各种财务能力、经营特性分析。

三、财务报告分析的程序

(一) 主要步骤

1. 确定分析目的

分析的目的不同,所分析的内容与重点也有差异。因此,在进行财务报告分析时,首先应确定分析的目的,确定分析的内容与重点。

2. 收集分析资料

财务报告分析所用到的资料主要包括:企业财务报告;有关企业经营环境的资料如反映企业外部的宏观经济形势统计信息、行业情况信息、其他同类企业的经营情况等;有关分析比较标准的资料。对所收集的资料要加以整理,去伪存真,保证资料的真实性。

3. 进行专题分析

按确定的分析内容与重点,选择科学、合理的分析方法进行分析。分析时应按分析要求依次进行企业经营环境与经营特性分析、企业会计政策及其变动分析、财务报表项目及其结构分析、财务能力分析等。

4. 进行综合分析与评价

对专题分析进行总结,并进行综合分析与评价,完成分析报告。对分析结果进行评价,评价将分析结果用于经济决策是否能取得满意的效果,若不能满意,则再从第二步开始,进一步收集分析资料,进行更深入的分析,直到能取得满意的决策效果为止。循环的分析工作应注意成本效益原则。

(二) 基本要领

1. 对比阅读

财务报表只有通过对比式阅读才有意义,通常情况下至少要横比三家(同行或竞争对手、上市公司),纵比三年,才能得出相对科学的结论。

2. 捕捉灵魂

报表各项目的具体数据只是皮肉,结构(各种比率或指标)是筋骨,趋势是灵魂。结构比数值重要,而趋势比结构重要。

3. 掌握分寸

各种会计原则都有天然局限,不能迷信或局限于报表分析,不妄下结论。

(三) 一般流程

1. 结构分析

首先,检查报表的各种勾稽关系。其次,做报表结构的横向对比,找出与同行之间的重大指标差异并分析原因。比较重要的指标是毛利率、净利率、经营活动现金流总和/销售收入总和、销售收入/固定资产、流动资产/非流动资产、存货/固定资产、负债/总资产等等。结构差异列出之后,要从竞争力、产品细分、商业模式、规模、地域等方面进行推理,若找不出合理原因则有理由怀疑报表的真实性。如果报表真实性被质疑,那么所有财务分析都没有意义。

2. 趋势分析

趋势分析的重要内容是资产、收入和利润。对资产的增加,主要分析其是来源于负债还是权益(盈利或股东投入),此外还要重点关注各资产科目的比例变化,这往往体现了企业的模式变化。对收入的增加,主要分析其是来源于合并范围扩大还是自身经营扩张,重点关注毛利率和市场占有率的变化。总体来说,在毛利率较小波动的前提下市场占有率逐步增长才是最可靠、最有持续性的情形,除此之外都要认真分析。对利润的增加,要综合资产与收入的增长做逻辑推理,但利润系经过若干加减之后处于报表末尾,客观性最弱,要深入理解权责发生制的缺陷与漏洞之后辩证看待。企业的价值在于发展趋势,需要深入揣摩、熟能生巧。而这与所处行业紧密相关,不能仅凭报表而做出草率结论。

3. 风险分析

财务风险归根到底是偿债能力弱化,这是本质,而偿债能力分析并非几个比率那样简单,需要结合资产与收入增长趋势、净现金流量、历史成本及谨慎原则对净资产的低估、权责发生制影响以及资产变现能力等因素做综合分析。但报表所反映的信息通常有限,需要捕捉更多的证据。

4. 可靠性分析

这一步最难,往往要甩开报表数据。企业的核心价值或者说赚钱的绝活儿是什么?是企业家个人能力、团队能力、资源占有、特许经营、地缘优势,还是成本控制、技术优势、规模优势,或者是并购整合能力、资产增值等?只有找准了核心价值,才能进一步验证报表信息的可靠性。一般而言,越大、越久、越成熟的企业,其报表数据越可靠,而小微或新创企业表外重要因素越多,其可靠性越低。

(四)财务报告分析的四个视角

财务报告分析不是机械的比率计算,而是一个定性、定量的系统工程。本节从会计政策的选择、财务战略、财务比率、收益质量与成长性四个视角简述财务报告分析的过程。

1. 会计政策选择分析

会计政策的选择形式上表现为企业会计过程的一种技术规范,但其本质却是经济和政治利益的博弈和制度的安排。公司经理人员被允许做出许多与会计有关的职业判断,因为他们最了解公司的经营和财务情况。公司管理层的财务决策对财务报告的形成有很大的影响,包括影响财务报表数据、分析人员对数据的理解、会计规则的选择、科目调整、格式选择和计量判断等。

财务报告分析的目的就是:对交易和事项加以确认、评价公司会计数据反映经济现实的程度以及执行会计政策的正确性;分析公司运用会计政策灵活性的性质和程度,确定是否调整财务报告的会计数据,以消除由于采用了不恰当的会计方法而造成的扭曲。

一般来说,分析一个单位选择会计政策的程序是:① 辨明关键的会计政策,② 评价会计灵活性,③ 评价会计战略,④ 评价会计信息披露的质量,⑤ 辨明潜在亏损,⑥ 消除会计扭曲。

2. 突出财务战略的一个维度分析

财务报告分析是战略分析的必要步骤,它有助于对公司、竞争者以及经济环境量化的理解。从战略高度进行财务报告分析立足于量化分析的现实基础,通过辨明关键的利润动因和商业风险,帮助经营者做出现实的预测选择。

战略分析用于财务报告分析必然涉及管理会计,而平衡计分卡是财务会计和管理会计相融合的极好工具。根据美国 Gartner Group 的调查,在《财富》杂志公布的世界前 1000 家企业中,有 55% 的企业运用了平衡计分卡系统。平衡计分卡从财务维度、客户维度、内部业务流程维度和学习成长维度等四个方面进行系统的分析,帮助管理层对具有战略重要性的领域做全方位的("平衡")思考,以保持经营战略一致。平衡计分卡方法最大的贡献在于引入了非财务评价指标而成为有效的战略执行的框架和工具。财务指标是企业追求的结果,其他三个方面的指标(非财务指标)是取得这种结果的动因。正如美国著名经济学家 Kaplan 和 Norton 所说,"所有维度的评价都旨在实现企业的一体化战略"。

3. 财务比率参照性分析

财务比率是对财务报告信息进行重新组织的结果。比率分析旨在评价公司当前和过去的业绩,并判断其业绩是否能够保持。比率分析包括:将公司与同一行业内的比率对比,将公司在各个年度或各个会计期间的比率对比,将财务比率与一些独立的基准对比。比率分析能够提供对财务报表项目的可比性和加深对相对重要性的深入了解。

财务比率基本上有四种类型:第一种比率概括了公司某一时点的财务状况的某些方面,是两个"存量"项目的对比,通常称为资产负债表比率;第二种是损益表比率,概括了公司一段时间的经营成果的某些方面,将利润表的一个"流量"项目与另一个"流量"项目做比较;第三种比率反映公司的综合经营成果,是将利润表中的某个"流量"项目与资产负债表的某个"存量"项目做比较,称为损益表与资产负债表比率;第四种是基于现金流量表的比率,特别关注收益与营业活动现金流量提供的公司收益质量方面的信息。

认真进行财务比率分析,有助于评价公司高管层制定的政策在以下几方面的相对有效性:① 经营管理方略,② 投资管理规划,③ 财务战略,④ 股利政策。

4. 收益质量与成长性实质分析

收益质量分析着重进行两项评价:① 公司收益质量的绝对水平,② 公司收益质量的变化。收益质量绝对水平的评价影响到公司的价格收益倍数;收益质量变化体现了公司经济价值的正面或负面的变动,这个变动是由营业环境或财务环境的变化或者前景变化引起的。

通常收益质量评价的含义是：高质量收益指标较好地反映了公司的目前状况和未来前景，同时表明管理层对公司经济现状的评价较为客观；反之，低质量收益指标表明管理层可能夸大了公司真实的经济价值，对公司状况进行了粉饰，或者表明管理层没有客观地反映公司目前的状况和未来前景。收益质量上升表明管理层的决策越来越客观地反映了公司环境，同时也表明了公司增加经济价值不是依赖于降低收益的质量，而是提高了创造能力；反之，收益质量下降表明相对于过去公司目前状况和前景正在恶化，管理层通过降低收益质量来增加收益，企图向外界传达比公司实际状态要好的经济状态信息。可见，收益质量分析突出了公司目前和未来的替换价值创造，因而可称之为实质性分析。

成长性分析是综合性分析，具有预测未来价值创造性的特点，因此它是实质性分析之一。根据可持续成长率＝税前边际利润率×资产周转率×杠杆系数×税后留存率×利润分配留存率，可以看出，一部分指标是和经营活动有关的比率，另一部分指标是和财务因素有关的比率。其中，经营比率指的是资产周转率和税前边际利润率。应当看到，在使用财务杠杆和税率管理活动提高杠杆系数的同时，也放大了收益波动的风险，因此，使用财务方法取得的成长不那么可取。成长性分析主要包括三个内容：① 对成长率的各个变量进行数量计量；② 说明各种成长来源，包括成长来源的数量性分析，也包括质量性分析，重点是各种来源之间的相互关系、公司经营特点和财务特点、研究会计期间的外部环境及其变化趋势；③ 预测未来的成长水平和预测分析可能的财务效率和经营成果。

第三节　谈判与签约

一、交易结构设计

私募股权基金在选取投资企业之后，便开始与被投资企业商谈投资协议，以解决三个方面的问题：融资工具设计；交易定价和股权安排；合理结构安排。统称交易结构设计。

一方面，在交易结构设计过程中，为尽可能降低投资风险并最大化可能获得理想的回报，私募股权基金通常会提出一些保护性的要求，主要包括：

（1）在既定交易的风险水平下赚取合理的回报；
（2）要求对被投资企业的发展施加足够的影响，通常要求出任风险企业的董事；
（3）要求使交易产生的现金流的纳税最小化；
（4）不管未来出现任何情况，都要求保证投资能够撤出；
（5）要求享有投票控制权，以便在企业业绩恶化的情况下能够更换管理者。

另一方面，创业企业家也希望在交易设计过程中谋求保护自己的利益，通常情况下，创业企业家的主要考虑包括：

（1）要求能够领导他所创建的企业；

(2) 从他的创新中获取合理的财务回报;
(3) 希望有尽可能多的资源供他的企业运作;
(4) 尽可能使税负最小化。

由于在交易结构设计的过程中,私募股权基金和创业企业家都寻求有利于自己的保护性条款,因此交易结构设计的最终安排将是两者反复协商的结果。

二、保护性条款

设立保护性条款目的是保护投资人小股东,防止其利益受到大股东侵害。但投资人对保护性条款的行使,会对公司的正常运营产生一定的干扰,创业者在这个条款的谈判是要考虑如何在这两者之间找到一个适当的平衡。

保护性条款(Protective Provisions),顾名思义,就是投资人为了保护自己的利益而设置的条款,这个条款要求公司在执行某些潜在可能损害投资人利益的事件之前,要获得投资人的批准。实际上就是给予投资人一个对公司某些特定事件的否决权。

也许有人会认为,私募股权基金通过派代表进入董事会,对公司就有足够的控制,保证公司不会从事任何违背其利益的事情,私募股权基金没有必要太关注保护性条款。

这种看法是不对的,因为作为董事会成员,私募股权基金代表的法律职责是为公司的利益最大化而工作。有时候,公司的利益与某特定类别股份(比如 A 类优先股)的利益是不一致的,这时就会出现这样一种情况:作为董事,他在法律上应该为了公司的整体利益同意某件事,而作为某类股份的股东,需要通过其他渠道来保护自己的利益。

A 轮融资后私募股权基金持有的优先股通常占公司股份比例为 20%～40%,如果普通股股东联合起来,他们可以控制公司的股东会和董事会,因为优先股无法影响股东投票,因为他们的股份不够;而优先股也无法影响董事会投票,因为他们的席位不够。(比如,董事会组成是 2 个普通股席位、1 个优先股席位、无独立董事席位)。另外,私募股权基金需要通过保护性条款,至少防止普通股股东(比如创始人)做以下事情:如将公司以 1 美元价格卖给创始人的亲属,将优先股扫地出门;或创始人以 1 亿美元价格将部分股份卖给公司,立刻过上优哉游哉的好日子;又或发行巨量股份给创始人,将优先股比例稀释成接近零。

(一)典型优先股保护性条款

保护性条款:只要有任何优先股仍发行在外流通,以下事件需要至少持有 50% 优先股的股东同意:

(1) 修订、改变或废除公司注册证明或公司章程中的任何条款对 A 类优先股产生不利影响;

(2) 变更法定普通股或优先股股本;

(3) 设立或批准设立任何拥有高于或等同于 A 类优先股的权利、优先权或特许权的其他股份;

(4) 批准任何合并、资产出售或其他公司重组或收购；

(5) 回购或赎回公司任何普通股（不包括董事会批准的根据股份限制协议，在顾问、董事或员工终止服务时的回购）；

(6) 宣布或支付给普通股或优先股股利；

(7) 批准公司清算或解散。

这些保护性条款的数量有多有少，少则三四条，多则 20 多条。至少以上条款是公平及标准的，而其他没有列出的条款是对投资人有利的，而且通常不是风险投资的典型条款。

(二) 谈判要点及谈判空间

跟投资意向书所有其他条款一样，保护性条款的谈判结果，也是根据被投资企业及私募股权基金双方的谈判地位决定，谁强势，谁就获得有利的条款。

保护性条款通常是投资意向书谈判的焦点，创业者当然希望保护性条款越少越好，最好没有；而私募股权基金刚好相反，希望对公司的一系列事件拥有否决权级别的控制。有没有这个权利是个问题，而行不行使是另外一个问题。

1. 保护性条款的数量

如上文罗列，私募股权基金在保护性条款中会要求对公司的一系列事件拥有批准的权利。创业者跟私募股权基金谈判的最直接目标就是减少这些事件的数量，而不是试图取消保护性条款。

因为公司的重大事项都会通过董事会来决策，董事会保障公司的利益。私募股权基金的保护性条款其实是防止发生有利公司但可能危害私募股权基金利益的事件，这类事件包括几类：

(1) 可能改变优先股权利和地位的，如上文(1)、(3)；

(2) 可能改变优先股股权比例的，如上文(2)、(5)；

(3) 可能改变优先股退出回报的，如上文(4)、(6)、(7)。

这些事件都是与私募股权基金的利益直接、紧密相关的，其他事件都是可以通过谈判，排除在保护性条款之外。通常而言，上文的 7 个条款是比较标准和容易接受的。

另外，如果私募股权基金强势，要求对更多事件拥有批准权利，创业者也有其他处理办法，如：① 要求公司运营达到阶段性里程碑之后，去除某些保护性条款；② 把私募股权基金要求的某些保护性条款变成"董事会级别"，批准权由私募股权基金的董事会代表在董事会决议时行使，而不由投资人的优先股投票。

2. 条款生效的最低股份要求

公司应该要求在外流通（outstanding）的优先股要达到一个最低数量或比例，保护性条款才能生效。是"只要有任何数量的优先股在外流通"就生效，还是"超过一定比例的 A 类优先股在外流通"才生效？很多保护性条款中要么明确，要么隐含地要求只要有"任何数量"的优先股在外流通，保护性条款都有效。这是有问题的，比如，如果因为回购或转换成普通股，优先股只有 1 股在外流通，这 1 股优先股的持有人不应该拥有阻止公司进行某些特定事项的权利。通常而言，这个生效比例越高，对创业者就越有利。现实当中比较多的是 25%～75%，50% 好像没有什么争议，双方应该都是可以接受的。

3. 投票比例下限

保护性条款实施时,"同意"票的比例通常设为"多数"或"超过50%",即公司要执行保护性条款约定的事项之前,要获得持有多数或超过50%优先股的股东同意。在很多情况下,这个比例被设置得更高,比如2/3,尤其是公司有多个投资人的时候(A轮联合投资,或公司经过多轮融资),要保证多数投资人支持公司执行的某个行为。通常而言,这个投票比例的门槛越低对创业者越有利。如果太高,创业者就要当心股份比例小的投资人(Small Investors)不适当地行使否决权。比如,条款要求90%优先股同意,而不是多数(50.1%)同意,那么一个只持有10.1%优先股的投资人就可以实际控制保护性条款了,他否决就相当于全体优先股股东否决了。

4. 不同类别的保护条款

当进行后续融资时,比如B轮,通常会讨论保护性条款如何实施。有两种情况:① B类优先股获得自己的保护性条款;② B类优先股与A类优先股拥有同一份保护性条款,并一同投票。创业者(公司)当然不希望不同类别的投资人各自拥有单独的保护性条款,而希望所有投资人采用同一份保护性条款,所有投资人一起投票(情况②)。因为A、B类优先股的保护性条款分开的话,公司做任何保护条款中的事情,需要面对两个潜在的否决表决。如果是A轮投资人继续投资B轮,那就没有什么好说的,自然是选择②。

5. 防止私募股权基金谋求自己的利益

保护性条款是防止普通股大股东损害优先股小股东,但是它不是牺牲公司利益为优先股谋求利益的工具,创始人要防止优先股股东运用保护性条款谋求自己的利益。比如,公司收到一个收购意向,创业者及管理团队认为卖掉公司对股东有利,董事会同意并批准了。但如果私募股权基金的其他投资案例都不太好,指望这个公司通过IPO(首次公开发行)或后续可能更好的并购价格让他赚得盆满钵满,私募股权基金就不愿意现在出售。于是,私募股权基金在董事会投票赞成出售,但通过行使保护性条款否决出售。

其实企业宁愿要一个"自私"的私募股权基金,他通过其董事会席位为自己谋利益,也不希望私募股权基金通过保护性条款做除了保护自己之外的任何事。至少,这个"自私"的私募股权基金作为董事会成员的能力与其董事会席位数量成比例,而保护性条款给予他一个跟他的股份比例及董事会席位安排完全无关的一个"一票否决权"。

总之,投资人以小股东的方式投资,要求保护性条款是合理的,也是非常正常的,设立保护性条款目的是保护小股东,防止其利益受到大股东侵害。但投资人对保护性条款的行使,会对公司的正常运营产生一定的干扰,创业者在这个条款的谈判是要考虑如何在这两者之间找到一个适当的平衡。

三、投资意向书

在连续数月向私募股权基金描述公司的业务后,终于得到了第一轮融资的投资意向书(Term Sheet)。投资意向书是创业者向私募股权基金融资中最关键的一个里程碑,也是个有条件的要约。虽然投资意向书并不具有法律效力,但是它却描述了这次融资中的主要条款,一旦你和私募股权基金都在投资意向书上签了字,这差不多等于你的融资有80%、甚至更高的胜算,前提是你在尽职调查中不出什么大问题。签订了投资意向书后就有了锁定独家期,一个典型的私募股权投资交易会有60天的锁定独家期。这段时间内,私募股权基金将你完全锁定,如果不是双方同时终止,锁定是不能结束的,这是有法律义务的。

(一)投资意向书的核心条款

1. 估值

投资金额和交易的总体估值。

2. 优先股

公司建立时期创始人会得到普通股,这代表着企业的所有权。它们也被称为创始人股份。私募股权基金并不想要这些股份,相反,它们想要的是优先股。在绝大多数情况下,优先股东都是公司的小股东。

但是作为小股东,要保护自己的权利,就要有一个优先股的特殊权利。优先股的特殊权利,就使得即使是大股东,有些事情也不可以做。一般来说,这些权利涉及的内容包括IPO、出售公司(Sell)、财务总监(CFO)的任命、改变公司高管的工资、增发股票、发行比现有证券持有者更优先的证券、分红、处置公司资产、设置分支机构、改变主营业务等。如果没有优先股股东的同意,以上行为是不允许的。还有就是假如公司经营不善,优先股股东则能够在普通股东之前,把投入的钱拿回来。

3. 清算优先权

私募股权基金对"清算"有着广泛的定义,它包括并购、破产及大宗公司资产的出售。多数情况下私募股权基金希望在这样的交易中收回同样的资金。顾名思义,清算优先权意思是私募股权基金从一笔交易中拿回最初的投资。

4. 利润保证

目前在中国流行称"对赌协议"。这个协议条款在中国比较多,不过在国外并不流行。因为国外的市场相对比较透明、比较成熟,买卖双方的风险是共担的。但是中国因为买卖双方的信息高度不对称,而且中国绝大多数的公司不像国外公司那么透明,所以作为买方要得到一定的安全保障,一般会要求卖方进行一定的承诺。所谓"对赌协议",实际上就是可转换债券。当私募股权基金决定了今年的投资金额后,但现在公司当年的利润还没有出来,于是就会按照上一年审计利润的N倍价格进行转化。对于私募股权基金来说,上一年已经发生了,对其是没有意义的,其更关心下一年公司能做到多少。这个转化的价格要做到一定的调整,就是公司下一年的最低利润不能少于某个指标,最低增长率要达到多少,否则转化价格就要按比例向下调整。一般往下调整会有一定的区间,调整的价格幅度不会超出10%~15%之间。无底限的"对赌"对私募股权基金和创业者都是不利的。最终的成功一定是私募股权基金的利益和创业者的利益是一致的。

现在国内企业上创业板,证监会要求同股同权,企业 IPO 的时候所有股东的权利是一致的。一般的做法是,在报证监会的时候就是同股同权,如果上不了市仍然保持这个权利,如果上市就放弃这个权利。"对赌协议"也是小股东保护自己的权利,包括否决权,特别是在公司表决,如果与大股东同股同权的话,那么小股东的利益,特别是投资溢价的利益完全得不到保障,所以小股东采取在上市之前保护自己的利益。其他条款还有不允许公司擅自借款、担保,以及进行超过一定金额的关联交易等,加起来大概有 20 条保护优先股股东权利的条文。私募股权基金由于不是大股东,其在保护自己利益的时候必须采用这一系列的条款。这么多的条款限制,创业者可能不是非常适应。本来自己的公司,想怎么干就怎么干,现在什么事都要私募股权基金批准了。但是对于私募股权基金来说,这是常规做法。

当这一切都完成,没什么大问题,然后你才会看到交易的完成。

(二) 投资意向书

例如,根据 ABC 公司提供 XYZ 投资公司的信息和预测数据,XYZ 投资公司与 ABC 公司同意 XYZ 投资公司将在完全稀释后的基础上以 800 万美元的中小企业融资后作价(或 600 万美元的中小企业融资前作价)投资 ABC 公司的 A 系列优先股票。投资条件主要包括以下几个方面。

1. 股票的购买

双方同意 XYZ 投资公司投资 200 万美元购买 ABC 公司的 A 系列优先股,此项投资将换取 ABC 公司 25% 的完全稀释后的股权("完全稀释后"的意思是已经考虑计算了员工股票期权和其他认股权等可能性之后)。

2. 四个星期的限制期

ABC 公司同意给 XYZ 投资公司四个星期的限制时间完成尽职调查,时间从本协议签字之日起计算。如果在这段时间结束时 XYZ 投资公司对尽职调查的结果感到满意并决定投资,ABC 公司将根据附件的条款清单所列条件出售 A 系列优先股给 XYZ 投资公司。本条款不限制其他投资公司在此同一期间内对 ABC 公司做尽职调查。

3. 投资前提条件

(1) 双方最后签订令 XYZ 投资公司满意的投资合同;

(2) 对 ABC 公司的法律、公司业务和财务等方面的尽职调查令 XYZ 投资公司满意;

(3) 投资方案最后得到 XYZ 投资公司投资决策委员会的批准;

(4) ABC 公司的业务没有发生本质变化;

(5) ABC 公司在香港(或英属维京群岛或开曼群岛)重新注册,本地的 ABC 公司变成一个境外公司的子公司。

4. 保密约定

在双方认可(或否决)投资许诺之前,双方有关人士及其代理人负有保密责任,不对外泄露谈判内容及进展。如果现行法律或法院认为确实有必要,披露信息的一方在此情况下需预先通知另一方,并尽可能把披露内容限制在最小范围内。

5. 免责声明

双方均放弃基于本条款清单和投资意向而向法院起诉的企图和权力。

6. 无约束力声明

本投资意向书不是XYZ投资公司的许诺书。正式的投资承诺必须在签订投资合同之后才能生效。

7. 适用法律

本投资意向书适用中华人民共和国法律。

最后,投资意向书一般需附备编者注:本协议信件所附之条款清单只作为进一步调查和谈判的基础,不是任何一方对所提及的投资交易的许诺。如果你同意以上条件及所附条款清单的投资条件,并愿意以此为基础继续往下做,那么请在下面适当的地方签字,并递交一份正式副本给XYZ投资公司。时间最迟不能超过本地时间××年×月×日,否则上述建议将自行终止。

本章小结

1. 私募股权基金的投资活动总的来说可分为项目寻找与项目评估、投资决策、投资管理和投资退出四个阶段。

2. 私募股权基金作为一种可投资的资产类别,指通过私募筹款方式对非上市企业进行权益类投资,以提升所投企业的价值,并通过上市、并购或管理层收购等方式完成投资退出。我国私募股权基金呈现中外合资私募股权基金、官办私募股权基金及民间私募股权基金三足鼎立发展现状。

3. 为了提高投资业务质量,控制资金风险,应制定投资委员会制度。股东会或董事会授权投资决策委员会行使的评审相关职能。

4. 财务报告是一个完整的报告体系,它由会计报表、会计报表附注和财务情况说明书所构成。风险投资人在选取投资企业之后,便开始与风险企业商谈投资协议,以解决融资工具设计、交易定价和股权安排、公司结构安排三个方面的问题。设立保护性条款的目的是保护投资人小股东,防止其利益受到大股东侵害。

复习思考题

1. 项目初审包括哪些内容?
2. 什么是财务分析报告?
3. 财务分析报告能告诉我们什么信息?
4. 如何保护私募股权基金作为投资方的利益?
5. 投资意向书的核心条款有哪些?

扩展阅读

夏新电子虚增利润

夏新电子是由成立于1981年8月的原厦新电子有限公司发展而来的,是厦门市第一家中外合资企业。1997年5月,由厦新电子有限公司为主要发起人发起设立厦门厦新电子股份有限公司(夏新电子股份有限公司前身)。同年6月4日,"厦新电子"股票在上海证券交易所挂牌上市(2003年8月5日起更名为"夏新电子")。

夏新电子是一家具有雄厚科技创新实力的国际化电子企业,主营消费类通讯、数字视音频及IT产品,已形成手机、视频、音频、通讯、光电、IT等六大事业部产品体系,逐渐完成从传统影音企业向3C融合的综合电子企业的转型。公司总资产31.8亿元人民币,2002年实现销售收入45亿元人民币,净利润6亿元人民币。2004年后,夏新手机开始走上下坡路。2006年年底,夏新电子被迫退出笔记本电脑的品牌市场,转向代工。目前,夏新电子已开始逐渐从液晶电视市场撤退,只有部分卖场还能看到夏新品牌的液晶电视。随着多元化发展的失利,夏新电子2005年亏损6.58亿元,2006年夏新电子对外披露的财务报表净利润为盈利2517.6万元。在厦门证监局的介入调查后,夏新电子在2007年的财务报表中对2005年、2006年的财务报表进行追溯调整。对过往的重大差错更改高达15项之多,经过这15项差错追溯调整以后,夏新电子2006年净利润数字由盈利2517.6万元变为亏损1.05亿元,2007年、2008年夏新电子财务报表净利润亏损分别为8.029亿元、7亿元。2009年5月19日,夏新电子被责令暂停上市,9月21日,夏新电子实际控制人中国电子信息产业集团在经过两年的努力后无奈放弃,宣告夏新电子破产重组。

夏新电子从名噪一时的手机巨头,沦落到破产重整,从最赚钱的上市公司到连续四年巨额亏损、被勒令退市,其间的利润造假也经历2007年8月份中国证监会厦门监管局调查;2007年夏新的电子财务报表对2005年、2006年财务报表的15处重大差错追溯调整更正;2008年2月、7月厦门监管局分别发出整改通知书和2009年11月中国证监会发出处罚决议。通过分析夏新电子利润造假案过程,让人们更加清晰地认识到上市公司会计舞弊与会计信息披露之间的关系。

夏新电子存在以下违法事实:

(1) 商业承兑汇票披露存在误导性陈述

夏新电子在2006年年度会计报表附注中披露,2006年12月31日应收票据699 833 498.04元、商业承兑汇票10 682 440.00元,合计710 515 938.04元。除上述已披露的商业承兑汇票以外,夏新电子2006年12月31日的银行承兑汇票中实际有280 878 100元为商业承兑汇票。

(2) 未如实披露销售退回

夏新电子未根据资产负债表日后调整事项的要求,将2006年度销售、2007年1—3月份退回的产品,冲减2006年度的主营业务收入31 424 138.89元和主营业务成本18 212 444.77元,导致虚增利润13 211 694.12元。其从2005年至2007年的季度主营业务收入及增长率如表5-1所示。

表 5-1 夏新电子 2005—2007 收入的变化

季度	主营业务收入(元)	季度收入(元)	增长率(%)
2005 年第一季度	121 302 729.53	1 211 302 729.53	
2005 年第二季度	2 319 084 491.04	1 107 781 761.51	－8.55
2005 年第三季度	3 353 474 826.86	1 034 390 335.82	－6.63
2005 年第四季度	4 809 283 414.06	1 455 808 587.20	40.74
2006 年第一季度	1 446 545 160.42	14 465 455 160.42	－0.64
2006 年第二季度	2 630 735 618.23	1 184 190 457.81	－18.14
2006 年第三季度	3 759 815 626.42	1 129 080 008.19	－4.65
2006 年第四季度	5 513 012 997.33	1 753 197 370.91	55.28
2007 年第一季度	892 474 413.57	892 474 413.57	49.09

(3) 未足额计提返利价保

夏新电子除 2006 年年报已预提的返利价保金额外,还存在已与客户确认、应归属于 2006 年度的部分返利价保 27 561 924.77 元未予以计提,导致虚增利润 276 124.77 元。

证监会认定夏新电子的上述行为违反了相关规定,故决定:对夏新电子给予警告,并处以 60 万元罚款;对时任董事长苏振明等 9 名责任人分别给予警告,并处以 3 万元至 10 万元不等的罚款。

此外,天健华证中洲(北京)会计师事务所(以下简称天健所)在审计夏新电子 2006 年年度报告过程中,未实施必要的审计程序和收集充分的审计证据,导致出具了具有虚假内容的审计报告。根据相关法律、法规的规定,证监会决定:没收天健所业务收入 75 万元,并处以 25 万元罚款;对相关责任人姚立中、周俊超分别给予警告并处以 5 万元罚款。

(资料来源:夏新电子习惯性财务造假四年三度遭证监局调查,网易财经——上市公司调查 http://money.163.com/special/00253UFU/xiaxindianzi.html. 2009-11-18;有删改。)

第六章 如何管理持有项目

> **学习目的**
>
> 了解对持有项目经营的持续关注；学习并熟练掌握项目管理内容；学习并熟练掌握项目管理方式；学习并掌握持有项目管理的组织形式；了解管理监督技巧；学习并熟练掌握财务管控；学习并熟练掌握战略管控；学习并熟练掌握运营管控；了解管控方法。

第一节 投后管理概述

一、对持有项目经营的持续关注

项目投资后并不意味着结束，而是价值创造之旅的起点。在做完尽职调查、签署投资协议后，投资方面临着更为严峻的考验。投资后项目公司是否能够产生良好的经营业绩，直接决定股权投资的成败。项目管理是股权实现增值的必然阶段，也是整个股权投资运作过程最为关键的环节。规范、监督、合作是投后管理中最棘手的问题，也是企业创造新的未来的基础。虽然私募股权投资方与被投资企业的目的都是为了能够改善企业经营管理，实现股东价值提升，但是，这两方利益相关者的发展目标重点是不一样的。私募股权投资方目标更为短期化，赚取利差。而被投资企业原股东的目标较长远化，希望企业能够得到持续化、平稳化的发展。因此，在企业随后的运营中，难免会出现企业控制人的行为与私募股权投资方相左。为了使得企业能够更快、更迅速地成长，投资方需要迅速介入企业运营管理，以实现企业价值迅速增值后得以成功退出的关键。从而，双方之间就企业如何运营会进行充分的沟通、协调，这就意味着私募股权投资方要花一定的精力持续关注企业的经营。

（一）关注树立正确的公司治理管理理念

规范的公司治理结构是投资的基础，投资选择从注重企业技术和市场向注重企业的管理者的能力和诚信转移，投资后的公司治理结构要求更加规范和完善，其核心是创业股东与私募股权投资方共同关注被投资企业，共同到资本市场去实现利益，而不是与创业股东相互算计。

投资后管理的理念要做到如下"五要,五不要"如表 6-1 所示。

表 6-1 投后管理理念"五要,五不要"

要	不要
积极帮助公司发展	投资后就坐等收获
帮助公司建立治理结构和管理系统	仅仅依赖少数几个人
帮助公司市场拓展、融资、寻找合作伙伴	盲目帮助,要有针对性
给经营团队自由发挥的空间	过度限制经营者,使自己成为经营者
定期召开董事会	等问题发生了才想到要去解决

(二)关注企业发展过程中常见问题

私募股权投资方往往受限于自己的专业背景,在项目管理过程中显现出一定的局限性。如具有技术背景的投资方往往对于市场营销、财务数据等环节缺少判断、分析能力,具有经济、管理学背景的投资方往往对业务相对生疏,对项目企业的分析缺乏灵活性和前瞻性。当然,上述不足是可以通过工作实践不断弥补的。为此,私募股权投资方应首先关注被投资企业经营管理中可能产生的一些问题,并做好及时的预备工作。

首先,私募股权投资方看重处于成长期企业。但往往这些企业是在缝隙中成长起来的,因此企业在经营管理中或多或少都存在问题。其特点表现为:

(1) 规模小、成长速度快;

(2) 创新能力强,有需要就有产品,嗅觉灵敏,扑捉市场能力强;

(3) 变化迅速,发展快,淘汰也快;

(4) 以技术导向或市场导向型企业为主;

(5) 人员稳定性差;

(6) 管理层一般为股东;

(7) 大多缺钱,管理存在不规范。

(三)关注经营团队的设立

我国成长型企业有着家族式管理的传统:相信血缘不相信团队;相信公关不相信程序;相信技术、市场不相信管理;相信威信不相信制度。由于企业规模扩张,管理渐渐复杂化并日益显现出其重要性。

投资就是投人,很多问题追溯到根源还是经营团队的问题。在创立期和生存期,占至关重要地位的技术创新问题已经退居第二位。此时,传统管理模式存在的一些问题日益暴露出来,并成为影响企业发展的关键因素。

(1) 经营团队的经营管理能力较低。表现为产品决策和市场决策失误率较高,以及不懂或不重视财务管理,使企业的现金流出现严重问题。

(2) 自以为无所不能的信心膨胀。盲目追求高速增长,急功近利,追求轰动效应,有暴发户倾向。盲目追求跨行业、跨地区、跨国家。抱有"只有想不到,没有做不到"的心态,结果企业两三年就销声匿迹了。

(3) 经营团队的思维僵化。如认识模式刚性化、缺乏知识创新能力、只听好消息罔顾不利消息。经营团队成员缺乏创新意识,个人权力欲强,决策风险大。

(4) 经营团队核心成员的不良个人因素。某些核心成员品德、心理素质差,任人唯亲,贪污腐败,都会严重影响企业的健康成长。

私募股权投资方在投资之前,必须商议在多大程度上参与企业的经营管理、形成什么样水平的管理团队。许多私募股权投资方都会在一定程度上积极参与企业的管理,有时通过在被投资方公司内部设立专门的部门进行监督,并协助整个企业进行管理,或者聘用专门的管理咨询人员帮助企业解决以上问题,从而使企业更加稳步、快速成长。

(四) 关注各大小会议

私募股权投资方在定期召开的股东大会、董事会上具有重大决策的参与权与否决权,讨论企业经营管理问题中的重要事项,包括经营方向、对外投资、资产重组、重大资产购置、团队选择与薪酬制度等。

在办公会上听取任何关于企业相关的重大信息,如企业管理层进行了市场研究或客户调查,市场竞争对手的重大事件,企业关键岗位员工的聘请与离职,大额的资本性支出,订单的重大变化。也可以与管理层人员单独接触,并且对每个管理层人员进行提问。

同时,私募股权投资方可以对重要投资委派财务总监或其他高管人员;每周与被投资企业联系一次;每季度提交项目跟踪管理报告及企业季度财务报表;须对被投资企业的股东会、董事会或监事会会议预案提出本人意见;(不定期)向被投资企业提供《管理建议书》;每月对企业进行一次走访,召开投资人会议:首要内容是对企业近期财务报表的讨论。管理层都应该对前期报表和未来预测进行分析和解释。如果管理层正在制订新的计划,那么对该计划应该有详细的解释和充分的论证。总体而言,整个会议应该主要以财务问题为导向,而不是以营销或生产为导向的。作为一名投资者,私募股权投资方应该特别关注财务数据,因为财务数据比文字更有说服力。企业管理层应该告知私募股权投资方目前企业的现金存量及可用的银行信用额度。在早期的投资中,被投资方也应该做一个现金对账单以说明私募股权基金投入的资金流向。

(五) 关注企业财务报表

在缺乏定期财务报表的情况下,投资者很难对企业的经营状况做出理性的判断。需要特别注意的是,被投资企业往往是成长型企业,其最主要的是盈利能力与现金流动水平。两投资者往往重资产实力而不重视盈利能力:流动性决定盈利性;重销售收入不重视现金流动:活得越久做得越大;重技术研发不重视市场开拓:卖得越多长得越快。因此,在分析其财务报表的时候要注重盈利能力、资金流动性水平,以及市场开拓水平的研究。同时,要注意很多被投资企业往往也明白私募股权投资方的分析要点,往往在年底对财务报表进行"调整",做出良好运作的效果,让私募放松警惕。所以私募股权投资方也应该关注可调整程度的范围。任何年末财务报表中出现重大调整的原因,企业都应该对私募股权投资方进行详细与合理的解释。

(六) 关注保持文书全面的记录

私募股权投资方的投资记录是把握企业和行业最新动向的信息和加深企业理解

的关键。必须保证下列信息被准确记录下来,同时做好归类入档并制定目录索引以防备日后查阅。这些档案文书若是电子版的,除了电子信息储存外,还要打印保留;若是纸质版的,要进行扫描做电子储存。

对于被投资企业的各种定期或者不定期的财务报表、审计报告等,私募股权投资方需要做好完备的保存工作。此外,还应保存有关被投资企业的真实数据以及财务部门做的相关预测分析等报告。

1. 股东大会、董事会文档

股东大会、董事会记录了企业重大事项决策的过程和内容。私募股权投资方不管是作为董事会成员还是监视人员,以及相关的管理人员,都可以获取到股东大会、董事会的相关决策信息,应该做好单独记录单独备案的工作。这将使私募股权投资方把握企业是否在向其所规划的方向发展。

2. 基础法律文件文档

法律文件是私募股权投资方的投资圣经。因此,投资方必须完善保管好记录完整的全部法律文件档案、公司章程、授权文书、转让契约、抵押文件等。

3. 与企业管理层的往来通信

私募股权投资方应该按照时间顺序保存归档专门的文档来记录与企业管理层的往来通信(包括电子邮件),并记录事件发生的时间、地点等。这些往来文书可以帮助私募股权投资方梳理、了解企业的过往状况,以便及时追踪、调阅。

二、项目管理内容

作为一种财务性投资,私募股权投资对于投资项目的管理活动主要包括战略管理、管理提升、改善治理、财务重组等内容。

(一)战略管理

私募股权基金发挥自身熟悉行业及其发展趋势的特点,帮助企业引入先进的理念,也可以利用自身在行业研究和宏观分析方面的优势,帮助被投资企业拟定企业中长期发展规划和上市计划,主要包括厘清发展战略、准确市场定位、推动品牌推广、强化市场营销等。

在条件具备时,促成被投资企业在生产和销售上与合作伙伴结成战略联盟,实施并购整合,从而达到资金共享、共同发展的效果。私募股权基金还会利用其网络和渠道帮助参股公司进入新市场、寻找战略伙伴以发挥协同效应、降低成本等方式来提高效益。

(二)管理提升

私募股权基金对于被投资企业的管理提升主要包括建设企业文化、重组运营流程、提高产品质量和服务品质、降低运营成本、资源重组、提高效率等。

1. 建设企业文化

优秀的企业文化是企业长期发展的基础,需要对员工素养、行为模式、价值观、思维习惯等取其精华、去其糟粕,进行制度建设,帮助企业取得长期发展的精神支柱。

2. 重组运营流程

重组运营流程包括对企业的生产流程、销售流程、采购流程等进行修正和优化,帮助企业降低投入,提高产出,实现产、供、销的优化组合。

3. 提高产品质量和服务品质

提高产品质量和服务品质包括产品设计、全面质量管理、ISO管理体系建设、精细管理、售后服务、客户回访、顾客满意度提升等。

4. 降低运营成本

降低运营成本包括降低管理费用、营销费用、生产费用等,主要是可以通过减少浪费、节约开支、减少辅助岗位等措施达到。

5. 资源重组

资源重组包括通过不同法人主体的法人财产权、出资人所有权、债权人债权以及企业相关资源资产,进行符合资本最大增值目的的调整、改变,对实业资本、产权资本和无形资本资源的重新组合。现代金融资本领域已进入了后资本运营时代,运用丰富的实战经验、广阔的信息资源平台、专业的企业顾问团队,将经济资源的收集、整理、加工和分配与智力资源有机整合,重新优化配置,重塑企业核心竞争能力,实现企业可持续发展。

随着经济全球化和市场竞争的日益加剧,企业仅靠内部资源的重组优化已远远不够,人们开始把目光投向企业外部资源,即整个供应链环节。基于供应链的资源重组与优化给人们提供了一个崭新的思路,通过对整个供应链中的供应商、制造商、分销商、零售商与最终用户之间的物流、信息流与资金流进行计划、协调和控制,建立起一种跨企业的协作,以此共担风险和分享利益。

6. 提高效率

私募股权基金可以帮助企业提高资产的利用效率,利用自身资源增加投资项目的设备的融资租赁、短期资金拆借与长期负债相结合,不动产综合利用、技术转让等无风险收益,从而提高企业的资产使用效率和综合效益。

(三)改善治理

私募股权基金在投后管理模式治理主要是建立符合现代企业制度的激励机制、约束机制,使投资项目的治理结构日趋完善,逐步达到上市公司的要求。

公司治理结构是公司制企业的核心,具体表现为公司的组织制度和管理制度。组织制度包括股东大会、董事会、监事会和经理层各自的分工与职责,建立各负其责协调运转、有效制衡的运行机制。管理制度包括公司基本管理制度和具体规章,是保证公司法人财产始终处于高效有序运营状况的主要手段。

(四)财务重组

为保证经营者的行为符合股东利益最大化,私募股权投资方一般在谈判过程中会要求通过派驻财务总监等方法,加强对企业的财务监管,促进其运作规范化。其可以对经营管理层的各项经营活动进行监督,并通过建立连签和审批等财务制度对企业的财务运作进行有效的监控,以防止资金运作不当,发生重大浪费和损失。同时,通过审核、查询,保证会计报表真实、可靠,为董事会进一步决策提供依据。其主要工作职责包括:

(1)对董事会批准的重大经营计划、方案的执行情况进行监督落实;

(2)检查企业财务会计活动的合法性、真实性和有效性,及时发现违反财务纪律

及不规范的财务行为;

(3) 组织实施财务预算、决算报表的编制工作,对企业投资、融资及资产债务、重组等活动提出意见和建议,并参与制订企业利润分配方案和弥补亏损方案;

(4) 根据制度规定,与企业总经理联合审批限额范围内的企业经营性支出,融资、投资、固定资产构建支出和担保贷款等事项;

(5) 拟定企业财务管理规定及其他经济管理制度并落实相关规定,监督检查企业财务运作和资金收支情况;

(6) 对财务人员有权提出任免、晋升、调动、奖惩等方案,有权根据工作需要设定财务岗位工作。

三、项目管理方式

(一) 自营

自营是由私募股权投资方的自身成员及其团队来完成上述投资项目的管理活动。

自营的好处是亲自参加项目的管理,可以及时、准确地引导企业的发展方向,为企业的平稳发展提供更加有力的保障。其弊端在于,私募股权投资方的人力资源是及其有限的,成本也是比较昂贵的,如果投资项目多,就难以保障人员安排的合理性。

(二) 外包

外包是由私募股权投资方同优秀的中介机构实行战略合作,通过它们的帮助实现其管理目的。

外包的好处是可以缓解私募股权投资方的人力资源压力,并充分利用中介机构所拥有的其他资源,同时有着更加专业的管理水平。外包的弊端是,由于增加了中间环节,造成对被投资方管理监督的放松、成本的增加、信息的滞后等。同时中介机构也有可能与被投资方串谋,存在故意导致私募股权投资方利益受损的道德风险。

私募股权投资方是采取自营还是外包的形式,需要依据其自身的人力资源状况、对被投资方的行业认知程度,以及是否有合适的中介机构可以委任等多方面因素综合考量。

第二节 持有项目管理的组织形式

一、持有项目管理的组织形式

私募股权投资方在企业上花费的时间取决于私募股权投资的额度。因此,持有项目管理的组织形式是私募股权投资方必须做出的决定。投资金额越大,私募股权投资者将给予的关注也就会越多。企业需要的帮助越多,私募股权投资方花费的时间也越多,关注形式也将越接近公司业务。如果企业拥有优秀的管理团队,他们需要的只是投资方的资金和外部渠道,而在企业内部的管理方面并不需要太多的协助,那么私募股权投资方就不需要在企业管理上花太多的时间,只需要采取"股东"的身份参与管理。反之,如果企业不仅外部渠道缺失,而且内部的管理团队涣散,那么私募股权投资方将不仅是"股东"的身份,而且还要作为"管理层"参与管理。

(一)作为股东参与企业管理

股东作为投资者享有所有者的分享收益、重大决策和选择管理者等权利。推动经济的发展效果。促进资金的横向融通和经济的横向联系,提高资源配置的总体效益。私募股权投资方同样具有如下重大权利:

1. 知情质询权

有权查阅、参照公司章程、股东会决议记录、董事会会决议、监事会会决议和财务会计报告;股份有限公司股东有权查阅公司章程、股东名册、公司债券存根、股东大会会议记录、董事会会议决议、监事会会议决议、财务会计报告,对公司的经营提出建议或者质询,董事、管层人员应当如实向监事会或者不设监事会的有限责任公司的监事提供有关情况和资料,不得妨碍监事会或者监事行使职权;有权知悉董事、监事、高级管理人员从公司获得报酬的情况;股东(大)会有权要求董事、监事、高级管理人员列席股东会议并接受股东的质询。

2. 决策表决权

股东有权参加(或委托代表参加)股东(大)会并根据出资比例或其他约定行使表决权、议事权。《中华人民共和国公司法》还赋予对违规决议的请求撤销权,规定:股东如果股东会或者股东大会、董事会的会议召集程序、表决方式违反法律、行政法规或者公司章程,或者决议内容违反公司章程的,股东可以自决议做出之日起 60 日内,请求人民法院撤销。

私募股权投资方对被投资企业的表决权不由股权的性质决定。在通常情况下,虽然私募股权投资方持有的可能是被投资企业的可转换优先股,但同样可以行使与普通股相同的表决权,即使作为长期的债权也可以在企业内拥有一定的话语权。对表决权的这种分配确保了私募股权投资方对表决权的实施,而不管私募股权资本是以何种形式进入被投资企业。

(二)作为管理层参与管理

私募股权投资方派出的外来董事相对于原管理人员来说看问题可能会更客观。而且,他们长期从事投资业务,在企业资本运营方面具备更为丰富的经验,在培育公司成长和鉴别管理层素质等方面拥有专业水平,并且有着广泛的人脉关系。私募股权投资方凭着投入到企业的资本和投资后向该企业所提供的咨询服务,而在董事会上具有很大的影响力。由于董事会要对被投资企业的经营业绩负责,有权任命或解聘企业总经理,并指导、监督项目企业的运营情况,所以私募股权投资方通常会发挥其在董事会的影响力对项目企业管理层施行监督。

公司通常会给管理层以股权和期权激励,然而股权和期权安排的不足在于,会诱发管理层在经营管理企业过程中的道德风险,即过度从事那些收益很高但风险也很大的项目或企业。从私募股权基金的角度来看,这些项目和业务不符合私募股权基金对于投资企业"持股—增值—出售"的投资目的。因此,私募股权基金需要督促企业制定相关条款以抑制管理层过于冒险的经营倾向。管理层雇佣条款一般有解雇、撤换管理层并回购其股份等形式。

私募股权基金对于企业的控制还可以通过指派项目企业财务负责人的方式。在企业中,财务负责人直接参与企业的财务管理,帮助企业在基础会计核算和财务管理工作中做出改进。财务负责人可以相对独立地整理企业的财务信息,如实汇报给董事会,并向私募股权基金反映相关信息,从而对企业的管理层进行有力的监督。私募股权基金注资企业后,往往会指派一个自己人担任该企业的财务负责人,这既可以发挥私募股权基金的财务能力优势,帮助企业改善管理,又可以使私募股权投资方获取关于企业经营的最直接信息,对企业运营管理进行监督。通常,财务负责人具有以下七大职能:对董事会批准的重大经营计划、方案的执行情况进行财务监督;拟定财务管理规定及其他经营管理制度并落实相关规定,监督检查企业财务运作和资金收支情况;组织实施财务预算,决算报表和编制工作;对企业投资、融资及资产负债、重组等活动提出意见和建议,并参与制订企业利润分配方案和弥补亏损方案;与企业总经理联合审批限额范围内的企业经营性支出、融资、投资、固定资产构建支出和担保贷款等事项;检查企业财务会计的合法性、真实性和有效性,防范违反财务记录或不规范的财务行为;对财务人员有权提出任免、晋升、调动、奖惩的方案,有权根据工作需要设定财务工作岗位。

在企业创立初期,创业团队合所有者和经营者为一体的做法,确实可以发挥相当大的作用,但随着企业的发展壮大、市场的开拓,其弊端就暴露出来了,直接导致企业经营管理问题比较突出,从而影响了企业的健康发展。美国的一项研究结果表明,在企业成立后的前20个月中,由创业家之外的职业经理人担任公司总裁的比例为10%,到了第40个月,这个比例上升为40%,到了第80个月上升到80%。董事会认为,总经理不胜任的时候,往往也就是不愿意再聘用他的时候,找到合适的人替换他这种做法固然简单,实际上还存在更为合理和艺术的做法。

(1) 如果希望被替换的总经理仍留在公司发挥专长。

发现总经理不适合所在岗位,在这个时候就可以和他谈:"你当总经理可能不太合适。你技术出身,还做技术怎么样?待遇都一样。"这个时候实际被降职的人不会觉得是在凭空撤换自己,心里不会太不服气。另外,选谁当总经理,也可以征求他的意见。这样,一方面可以使他心里好受点,另一方面当他退出的时候新履职的总经理也会得到他的支持。

(2) 如果不希望被替换的总经理继续留在公司。

首先,董事会上意见要达成一致,如总经理也是董事,则需要其他董事通过非正式沟通渠道形成共识。通常应在离职沟通前把相关工作做好,宣布后,快刀斩乱麻。特别要避免矛盾激化、公司出现权力真空,引起员工的浮动。同时董事会也需要在总经理的人选接替上做好考虑。

二、管理监督技巧

私募股权基金在资本进入目标公司后,一般通过设立项目组来完成对被投资企业的监控。自资金投入至变现退出,项目小组对项目实行从谈判、投资、管理、收益全过程的动态管理。项目小组行使该项投资全过程协调与管理职能,全方位实施项目管理。为便于开展工作,通常项目组成员会兼任被投资公司董事、监事、财务总监、副总经理等相关中高层职务。项目小组的职责有以下几点。

1. 关注经营团队的设立

私募股权投资方在投资之前,必须商议在多大程度上参与企业的经营管理,形成什么样水平的管理团队。许多私募股权投资方都会在一定程度上积极参与企业的管理,有时通过在被投资方公司内部设立专门的部门进行监督,并协助整个企业进行管理,或者聘用专门的管理咨询人员负责这项工作,以积极帮助企业成长。

(1) 帮助企业组建。

通过组建、加强董事会,强化管理团队、管理架构,确定战略方针,以实现强化公司治理结构和管理架构的目标。管理团队的建设是公司治理的关键,压缩的治理结构能够使得公司治理实现扁平化、效率化。股东、董事、经理以及私募股权基金作为公司的管理团队,要直接参与到办公会议中来,私募股权基金要获得管理层的第一手资料。

(2) 帮助企业扩张。

私募股权投资方可以定期监控公司财务报表,定期参加董事会会议,帮助公司融资,帮助拓展业务,以实现监控公司经营和财务表现、保证公司实现扩张的目标。私募股权投资方可以在定期召开的股东大会、董事会上具有重大决策的参与权与否决权,讨论企业的经营管理问题中的重要事项,包括经营方向、对外投资、资产重组、重大资产购置、团队选择与薪酬制度等。

私募股权投资方可以在办公会上听取任何关于企业相关的重大信息,如:企业管理层进行了任何市场研究或客户调查,市场竞争对手的重大事件,企业关键岗位员工的聘请与离职,大额的资本性支出,订单的重大变化。也可以与管理层人员单独接触,并且对每个管理层人员进行提问。

同时,私募股权投资方可以对重要投资委派财务总监或其他高管人员;每周与被投资企业联系一次;每季度提交项目跟踪管理报告及企业季度财务报表;须对被投资企业的股东会、董事会或监事会会议预案提出本人意见;(不定期)向被投资企业提供《管理建议书》;每月对企业进行一次走访,召开投资人会议:首要内容是对企业近期财务报表的讨论。管理层都应该对前期报表和未来预测进行分析和解释。如果管理层正在制订新的计划,那么对该计划应该有详细的解释和充分的论证。总体而言,整个会议应该主要以财务问题为导向,而不是以营销或生产为导向。作为一名投资者,私募股权基金应该特别关注财务数据,因为财务数据比文字更有说服力。企业管理层应该告知私募股权投资方目前企业的现金存量以及可用的银行信用额度。在早期的投资中,被投资方也应该做一个现金对账单以说明私募股权基金投入的资金流向。

2. 退出

私募股权基金帮助公司达到 IPO 标准,决定 IPO 的时间、地点和中介机构,以确保成功退出,以及被投资方成功 IPO、M&A 的目标。私募股权资本进入以后,需要从改善资产布局、负债结构、融资渠道、成本控制、预算管理、现金流量等方面进行优化管理。

3. 改善资产负债状况及融资渠道

资产负债表反映企业在某一特定日期的财务状况；拥有或可控制的经济资源（资产）及其结构；负债及其结构；所有者拥有的权益总额及其构成情况；为使用者提供基本的财务资料。

4. 实施预算管理和成本控制

利润表反映了在一定会计期间的经营成果，包括收益、成本费用、利润三类项目，其作用有：提供基础的企业财务成果分析资料；与资产负债表结合，可分析企业经营管理能力等；帮助预测未来收益和发展变化趋势。

5. 提高企业现金流动水平

现金流量表反映了企业财务变动情况，以现金变动为基础而编制，描述企业在一定会计期间现金和现金等价物流入和流出情况；有助于预测企业未来现金流变化情况；有助于分析企业经营收益的质量；有助于分析企业理财活动对经营成果和财务状况的影响。

第三节 持有项目管控

一般私募股权投资方根据其投资份额来决定其对被投资方的管控层次。投后管控模式可分为以下三个层次：

第一，若私募股权投资方持股10%以下或者投资金额在一定数额（如5000万元）人民币以下，可以进行财务管控，至少参与财务目标制定与跟踪；

第二，若私募股权投资方持股10%～20%或者投资金额在5000万～2亿元人民币，可以进行战略管控，成为积极的董事会成员，帮助企业提升管理水平；

第三，若私募股权投资方持股达到一定比例（如20%以上）或者投资金额达到一定数额（如2亿元人民币以上），可以进行运营管控，成为主要决策的积极参与者。

一、财务管控

根据被投资企业的特点，确立分层管理、适度集中、差异化管理的财务管理模式，即由四个不同层面上的决策主体（私募股权基金管理公司董事会—私募股权基金管理公司—被投资企业董事会—被投资企业财务部）实施财务管理，把握好"集分权"的程度，明确规定各层面的财务权限和责任，包括各自在筹资决策、投资决策、收益分配决策等各项财务活动中的权限和责任，以实现财务管理的制度化和程序化。

考虑私募股权基金的战略要求、行业、地域、投资额、股权比例、组织形式、企业所处阶段、会计制度、投资管理现状等因素，实施不同的财务管理力度。

不同类型的企业采取的管理模式如表6-2所示。

表 6-2 不同类型企业的管理模式

企业类型	财务管理模式
子公司	以集权为主、适当分权
合营企业	分权管理
联营企业	分权管理
参股企业	分权管理

(一) 整合期的财务管理

整合期的财务管理一般为 3~6 个月。按照合同章程、协议、基金管理公司的要求进行如下工作：

(1) 财务总监选派，按照财务负责人委派制度，为被投资企业选派财务总监，并确定其职责。对资产交易后续跟踪、了解资产权属变更、重大事项报告。

(2) 企业文化融合沟通，包括财务内训、人员互动、财务经验方向，政策法规知识共享。

(3) 财务管理评价，了解财务管理现状，确定提升方向，具体评价内容如下：

① 财务组织：机构与岗位设置是否合理，人员配备是否到位，岗位职责是否明确；

② 会计审核：会计政策是否符合新会计准则和公司上市的要求，会计科目设置及会计核算流程是否规范、合理，会计报表报告体系是否完善，会计信息系统能否满足会计信息准确性、及时性的要求；

③ 财务制度：是否制定了基金管理制度(如资金计划、银行账户、票据管理、印鉴管理、支付审批流程)、资产管理制度(如存货、应收款、固定资产、长期投资)、成本费用管理制度(费用标准审批权限及流程)、财务内控制度等重要制度；

④ 预算管理：是否建立了全面预算管理体系，财务预算组织、编制、审核、批准、修订是否有完善的流程，预算执行是否有效(定期的分析报告、明确的控制标准、合理的考核办法)；

⑤ 内部控制：是否建立起财务内部稽核制度，是否设置了专门内部审计岗位定期或不定期进行财务收支审计、经营业绩审计、工程项目审计、风险预警评估。

(4) 财务整合计划：包括财务组织体系设计(岗位设置、岗位职责)、会计核算体系(会计政策、核算流程、基本报表报告体系、会计信息系统评估)、财务制度体系(资金管理制度、资产管理制度、投资管理制度、成本费用管理制度、财务内控制度等重要制度需要先完善)、预算管理体系、会计信息系统、内部控制体系。根据股权比例情况和被投资企业的管理需求，编制财务管理建议书。参与制定被投资企业财务管理制度，帮助改善股东财务结构，结合生产经营特点和管理要求，完善财务管理体系，建立有利于上市的财务治理结构、财务监管体系和财务制度。

(5) 全面预算管理，包括财务预算、资本预算、资金预算等管理。

(6) 经营目标监控，包括经营目标、资本预算、风险预警等方面的监控。

(7) 财务服务支持，包括团队建设、经验共享、财务咨询服务、知识资源共享、政策与法规等。

(8) 收集企业发展规划和固定资产投资计划。

(9) 投资效益分析,具体内容可参照表 6-3 进行投资效益分析。

表 6-3 被投资企业效益分析

序号	投资项目名称	产品	年产量	基金已支付金额	基金投资完成程度	估计基金收益状况

制表: 　　　　　　　　　　　　　　　　　制表日期: 　　年　月　日

(10) 督促被投资企业向私募股权基金出具财务报告(含出资证明书)。

(11) 督促被投资企业向私募股权基金提供交易清单:无论是股权交易还是资产交易,均需附资产、负债的明细,如后期经营中发现交易前期存在虚假不实情况应及时报告被投资项目负责人;对于土地、房产、车辆、重要机器设备及无形资产应在交易完成后及时办理资产权属转移手续。

(12) 督促被投资项目负责人在私募股权基金注入完成后,将被投资企业的营业执照、企业组织机构代码证、税务登记证(国税、地税)、银行开户证明、特殊行业许可证等资料复印件送至基金管理公司相关部门备案。

(13) 督促被投资企业的股东代表、董事、监事以及外派高级管理人员及时将投资项目的年度经营目标、生产经营情况、项目建设情况以及利润分配情况反馈给基金管理公司;监督投资项目财务状况及经营情况,并定期编制投资项目经营情况分析报告或经营简报,分析、评价投资项目收益及风险。

被投资企业的外派财务总监或高管需要按照规定时间提供以下信息:

① 阅读会计报表(利润表、资产负债表、现金流量表)及报表附注;

② 阅读财务管理报表、财务分析报告;

③ 股东权益变动表、年度财务预算报告;

④ 年度财务审计报告;

⑤ 重大事项报告、风险预警报告(经营风险、税务风险、资产风险)。

被投资企业的股东代表、董事、监事需提供以下信息:外派董事、监事应在接到被投资企业董事会、监事会会议召开通知 3 日内,将被投资企业董事会、监事会提请表决事项中有关财务部分的内容、背景说明材料、个人资料等书面文件交私募股权基金管理公司财务部门并征求其意见。在被投资企业董事、监事会会议结束后 15 日内将会议材料、会计纪要、决议和相关领导批复(复印件或电子版)交私募股权基金管理公司财务部门,具体内容包括:股东会决议;董事会决议;年度财务预决算;年终利润分配方案;资本预算执行情况;固定资产投资建设进展情况;其他重要资料。

(二) 运作期的财务管理

帮助被投资企业获得财务管理协同效应,在较短的时间内改善被投资企业的收入和成本结构,提高企业的核心竞争力并最终提升被投资企业的业绩,规避或减少基金投资的风险,使私募股权基金投资得以保值、增值。

1. 主要内容(半年时间完成)

(1) 实施财务整合计划,包括财务组织体系、会计核算体系、财务制度体系、预算管理体系、会计信息系统、内部控制体系。
（2）全面预算管理，包括财务预算、资本预算、资金预算。
（3）经营目标进展跟踪，包括经营目标（产量、营业收入、净利润、现金流、毛利率）、资本预算、风险预警。
（4）财务服务支持，包括团队建设、咨询服务、知识共享、政策与法规。
（5）编制财务快报，包括财务简报和会计报表。
（6）审核基本报表、财务管理报表、财务分析报告、年度预决算报告。
（7）编制价值评估报告。

另外，对子公司需增加以下内容：
（1）预算管理制度设计（年度经营计划、财务预算、资本预算、资金预算）。
（2）内部管理报表设计（资产负债表项目、利润表项目、现金流量表项目）。
（3）经营分析报告设计（财务状况、经营成果、现金流量、风险预警）。
（4）风险预算体系设计（资产风险、经营风险、税务风险、内控风险）。
（5）税务筹划咨询服务（所得税、增值税、税务风险防范与优惠政策利用）。
（6）财务制度体系完善。

2. 财务管理要求

需要提交的财务管理要求相关的报表、报告，如表6-4所示。

表6-4 财务管理要求

名称	财务报表	财务报表分析	年度预算报告	审计报告	重大风险报告	价值评估报告
内容	利润表 资产负债表 现金流量表 股东权益变动表 经营简报	利润表分析 资产负债表分析 现金流量表分析	年度预算报告	审计报告	重大风险报告	价值评估报告

（三）财务报表分析

1. 目标

（1）股东价值最大化。
（2）股东价值反映在股权的价值中。
（3）股权估值的核心是净资产收益率—股权成本率（ROE-COE）。ROE的分析独立出来成为财务报表分析的核心，COE则为目前财务管理的核心内容。

2. 现代财务会计的核心

（1）权责发生制，主要处理收入、支出。
（2）对支出的处理成为财务会计的核心。
（3）对支出属性的判断是一种估计，可以人为地改变。对支出属性的判断，主要是判断支出的收益期，确定资产转化为成本费用损失的速度。

3. 财务报表的两种产生模式

（1）公允价值模式，全部资产采用公允价值计价，通过前后期股东权益的比较来确定损益，只有一张价值负债表的财务系统。

(2) 历史成本模式,全部资产采用原始成本计价,资产通过摊销和折旧来计算损耗,需要利润表来反映取得的收入和资产损耗之间的配比关系。

4. 财务报表的核心是资产计价

(1) 新准则下金融资产,金融资产计价的核心是公允价值;交易性金融资产采用公允价值计价,价格变动记入当期损益;可供售出金融资产采用公允价值计价,价格变动记入资本公积;持有至到期金融资产采用历史成本计价,价格变动需要披露。

(2) 新准则下经营资产,计价的核心是成本与市价孰低(Lower of Cost and Market Value,简称 LCM);当历史成本高于市场价格时取市场价格,资产必须计提减值准备;当历史成本低于市场价格时取历史成本,无须再提减值准备。

(四) 审阅财务报表应注意的事项

在对企业进行投资时,私募股权基金往往要求企业控制人提供企业的财务报表。财务信息可以披露企业的财务状况和企业现在的经营状况,一方面方便私募对企业的经营状况进行把握,另一方面对未来的再融资和预期结果进行估算。反过来说,在缺乏定期财务报表的情况下,投资者很难对企业的经验状况做出理性的判断。迟到的财务报表对于私募股权投资方来说,可能是一个即将或者已经发生问题的警告信号,如果私募股权投资方并没有收到及时的财务报表和关于企业营运的其他报告,那么私募股权投资投资方就需要去及时地与企业控制人取得联系,查明其中的缘由。这种现象通常会意味着,企业可能存在比迟到的财务报表所显示的更多的问题。财务报表不仅要及时,其准确性和真实性也很重要。出于各种动机,很多企业都会在年底对财务报表进行"调整",做出良好运作的效果,让私募股权基金放松警惕。所以私募股权投资方应该关注财务报表可调整程度的范围。企业年末财务报表出现任何重大调整,都应该对私募股权基金进行详细与合理的解释。

1. 比率分析中的预警信号

许多早期预警信号能体现在企业的关键比率分析中,包括流动比率、股权与总资产之比、流动资金周转率、负债率等。每一个比率都会告诉私募股权投资方企业的发展状况。私募股权投资方越早开始运用比率分析企业,越能及时了解企业现存的问题。

2. 拖延付款

如果企业管理层在支付可转债或银行债务时拖延付款,这显然是现金流紧张的表现。当私募股权投资方发现这些早期的预警信号时,确保能参与企业经营并解决这些潜在的问题。

3. 财务报表上显示亏损

如果财务报表上显示亏损,那么私募股权投资方必须要关注。当然,亏损可能是暂时现象,但私募股权投资方必须迅速确认该亏损是否为暂时现象。不能够轻易相信企业管理层所做的短期内扭亏为盈的承诺。确保私募股权投资方跟企业家一起深入探讨这个问题,以确定企业管理层做出短期内扭亏为盈承诺的依据。私募股权基金自己来调查这些数字,会对问题有更好的理解。

4. 财务报表报送延迟

对私募股权投资方来说,企业延迟报送财务报表以及其他材料,往往意味着企业运营状况不佳。财务报表的延迟通常是因为企业出现了坏消息。如果财务报表延迟,私募股权基金一定要联系该企业的负责人并查找原因。

5. 草率的财务报表

有时候,企业家仓促地准备了不准确的财务报表。草率的财务报表被认为是不可靠的信息。对私募股权投资方来说,这绝对是企业运营发生异常的预警信号。一个企业家递交财务报表说企业处于微利状态,这是个好消息,因为企业以前一直亏损。随后,私募股权基金发现包括租金和利息支出在内的多个项目被剔除了财务报表。更糟糕的是,当将这些项目加进去后,发现支出被低估了20%,企业家说这只是很小的错误,但是六个月不到,该企业就破产了。

6. 资产负债表的重大改变

如果企业应付账款大幅增加,私募股权投资方应该怀疑企业是否资不抵债或者资金周转出现困难。对此,私募股权投资方需要尽快查明原因。如果企业的存货很多,这可能意味着企业的销售跟不上生产,导致存货堆积。同样地,应收账款的膨胀可能意味着企业不能够实现销售收入。

7. 财务数据的重大调整

财务数据在年终的重大调整通常意味着管理层经营不善。如果企业必须要冲销大量的存货或不愿意将一些费用资本化,对损益表的影响将是非常大的。这确实说明管理层经营不善,这是一个非常严重的企业运营发生异常的预警信号。

二、战略管控

虽然企业家是最了解企业的人,但企业家难免也会出现"不识庐山真面目,只缘身在此山中"的问题。企业家通过艰苦奋斗才换来了企业的生存和发展,因此,企业家难免会有把企业当成自己孩子的倾向。所谓"世人莫见其禾之硕,莫见其子之恶",潜意识上,企业家有可能高估企业的实力,制定出一些不合理的规划来。这样就需要私募股权投资基金帮助企业构建一个更具体也更理性的经营战略规划。

(一)企业经营战略的要素

1. 需求

生产的目的最终是要用来出售,因此,企业必须理解现有市场的大小和未来发展的潜力。当一个企业家提出未来增长速度是多少的时候,他可能没估计到市场的规模是不是可以按照他所设想的那个速度扩大。企业家应认真分析需求的形成和影响需求的条件,然后考虑竞争对手和产品替代品对需求的影响,然后再考虑通过人为手段能否挖掘潜在需求,并且分析这种营销活动的成本和收益。通过这些估计,大体上估算一个产品需求的规模和增长速度,并确定一个合适的营销计划。编者认为,对产品需求的规模和增长速度的估计可以保守一些,而营销手段可以有创新,但最好还是以传统的手段为主比较好。

2. 生产的可能性

国内有一家乳制品加工企业,该企业曾经有过非常宏大的发展目标,而且周边也有巨大的市场需求,但因为没有足够的奶源而一再推迟企业的发展进度。企业在增长的过程中,很有可能遇到产品生产跟不上产品需求的情况。这可能是由于原材料供应不足,也可能是受自身生产能力的限制。为此,建立稳定的原材料供应渠道是很重要的经营规划内容。而企业生产能力的扩大也需要细致的计算,在尽量满足市场的情况下,也要避免出现生产能力的浪费。还是以那个乳制品加工企业为例,他们贷款引进了四条生产乳酸饮料的生产线,而实际的生产中,只有一条生产线发挥了不到一半的生产能力,企业为此蒙受了不少损失。

3. 内部协调

企业的内部协调就是要建立一套合理的内控体系,营造一个良好的企业文化氛围。话说起来简单,操作起来却非常困难。一家生产球墨铸件的企业的老板说,在他的企业中,虽然有一套看起来很符合现代企业规范的内控机制,但在应用的时候往往会加以变通。比如对于那些从创业开始就跟随左右的老部下,即使犯了过失,他也会多方袒护,免得老同事丢面子。不同企业有不同企业的情况,内部协调的方法也不会千篇一律。

4. 外部协调

在市场中,企业不是孤立地存在,在企业的生态圈中有着多种多样的存在。企业如何同自己的供货商、竞争对手、客户、政府、公众、媒体、银行等相关方搞好关系,也是一门很大的学问。不少企业都会把自己跟上级领导的关系作为一项谈资大加吹嘘,而忽略了维护跟其他各方的联系,结果吃了不少亏。如果对外部协调有一个明确的安排,就可以减少很多困难。因此,帮助企业制定一个良好的形象规划和公关规划也是制定企业经营战略的一个重要的内容。

但是,有些战略规划尽管看起来并不怎么实际,却奇迹般地变成了现实。有的时候作为外部人的私募股权基金,可能真的没有企业家对企业的发展了解得深刻。在这种情况下,私募股权基金还是应该尊重企业家的建议,并为其实现规划提供必要的帮助。

(二)战略管控的步骤

私募股权基金参与投资的战略管理包括战略管理内容,主要为理清发展战略、明确市场定位、推动品牌推广、强化市场营销等。

1. 理清发展战略

理清发展战略是对投资项目的战略发展进行目标设定、阶段设定、实现通路等战略规划的修订和优化。

2. 明确市场定位

明确市场定位需要对投资项目的市场需求、竞争对手、消费者特点及分布、潜在的市场需求和消费者进行深入调研和分析后,对项目产品及服务进行重新定位以及定位修正和优化。

3. 推动品牌推广

推动品牌推广是对投资项目的品牌战略、产品及服务的知名度与美誉度、市场占有率、广告策略等进行研究后的修正和优化,并且进行实际的推广和实施活动。

4. 强化市场营销

强化市场营销包括利用私募股权基金的自身资源,积极为投资项目的产品及服务打开销路、建设分销渠道、扩展市场道路、介绍大客户、打开国际市场等实务操作,促进投资项目扩大市场份额、增加市场销售总额等。

三、运营管控

私募股权投资方可以从以下几方面对企业的运营给予建议及相应的管理。

(一) 管理提升

私募股权基金对于投资项目的管理提升主要包括建设企业文化、重组运营流程、提高产品质量和服务品质、降低运营成本等。

1. 建设企业文化

优秀的企业文化是企业长期发展、高速成长的坚实基础和重要保证,建设优秀的企业文化,需要对企业员工的素养、行为模式、价值观、思维习惯等取其精华,去其糟粕,进行制度建设、统一思想,帮助企业取得长期发展的精神动力。

2. 重组运营流程

重组运营流程包括对企业的生产流程、销售流程、采购流程等进行修正和优化,帮助企业降低投入,提高产出,实现产、供、销的优化组合。

3. 提高产品质量和服务品质

提高产品质量和服务品质包括产品设计、全面质量管理、ISO 管理体系建设、精细管理、售后服务、客户回访、顾客满意度提升等。

4. 降低运营成本

降低运营成本包括降低管理费用、生产费用等,主要可以通过减少浪费、节约开支、减少辅助岗位等措施达到。

(二) 改善管理

私募股权基金参与投资项目的治理改善主要是建设符合现代化企业制度的激励机制、约束机制,使投资项目的治理结构日趋完善,逐步达到企业上市的要求。

公司治理结构是公司制企业的核心。公司治理结构具体表现为公司的组织制职责,建设各负其责、协调运转、有效制衡的运行机制。管理制度包括公司基本管理制度和具体规章,是保证公司法人财产始终处于高效、有序运营状态的主要手段。

一般来说,私募股权基金投资的项目公司的治理结构多少会存在一些问题,有些问题是制度层面的,有些问题可能和企业原有的人际关系、历史遗留问题等有关。利用私募股权投资进入良好时机,目标公司可以和私募投资的团队里应外合,建立起更加有效的治理结构。

改善目标公司治理结构时,私募股权基金属于外部力量,企业有些深层次问题正好借助外力得以根除。当然,也需要把握好度,避免引起公司所有人、管理层及私募股权团队等相互之间的冲突。

（三）资源重组

私募股权基金对投资项目的资源重组包括资源嫁接、资源重组并购、产业并购等。私募股权基金可以利用自身的人脉网络、资源优势等为投资项目进行资源嫁接，使得投资项目能获取更多的诸如原材料、新兴技术、高素质人才等优势资源，促进企业的快速发展。

资源投资项目可以对行业内及关联行业的资源、资产等实施重组并购，以扩大自身规模，实现优势互补及规模化经营，或者达到主辅分离、产业链重塑、不良资产变卖等目标。重组并购的方式可以包括剥离、分拆、纵向并购、横向整合等。

（四）提高效率

私募股权基金可以帮助企业提高资产的利用率，利用自身资源增加投资项目的设备租赁、短期资金拆借、不动产综合利用、技术转让等无风险收益，从而提高企业的资产使用效率和综合效益。

私募股权基金作为一个新的股东加入企业，要有效地利用自身资源，为提升企业的效率、效果、效益贡献力量。

四、管控方法

私募股权基金投后管控途径，要从沟通、服务、有限参与等角度配合企业，以实现共赢。

（一）持续沟通、有效协助

私募股权基金应保持持续、有效的沟通和监控，及时发现被投资企业存在的各种问题。充分利用基金及投资人资源，帮助企业改善经营管理水平，提高竞争力和盈利能力。

（二）找好定位、有限参与

私募股权基金应充分信任其原有团队，通过机制改革和考核激励提高团队的积极性。在关系到企业的发展重大决策时，要坚决维护基金及其发起人的利益。通常不参与企业的日常管理和经营。

（三）整合运作期的优化管理

私募股权基金帮助企业和团队更全面和系统地提升管理理念，以及战略管理、财务管理、物流管理和营销管理水平。借助商业网络，帮助企业扩展规模和复制核心能力，帮助企业寻找合适的并购对象，实现跨越式发展。协助企业制定发展战略，培养跟踪和调整战略的能力。借助领导地位和专业水准，帮助企业实现差异化经营和品牌提升。借助规模优势，帮助企业持续降低成本。借助基金发起人的资源，持续提升被投资企业的赢利能力和竞争力。

（四）金融服务

私募股权基金提供金融服务。运用专业的财务管理，优化被投资企业的资本结构，合理利用财务杠杆，实现股权债券融资的合理配置，提高股东的回报。帮助企业拓展融资渠道（国内、海外、信托、租赁等）。加强企业财务的透明度和规范性，提高现金流的管理水平。借助基金投资人的网络,协助企业在海内外上市,实现价值并获取较高的投资回报。在以上管理中,财务管理是核心,对不同的被投资企业采用的财务管理方法和力度也不同。

除了帮助企业重构经营战略外,私募股权基金通常还为企业提供很多其他的增值服务。最常见的增值服务就是给企业提供财务顾问的服务,帮助企业调整资产结构,优化企业财务融资结构,改善某些财务指标等。而且私募股权基金也可以帮助企业寻找新的高层管理人员以改善企业的经营水平。私募股权基金还可以利用自己的经验,帮助企业选择高质量的律师、会计师和咨询机构,为企业提供良好的服务。有条件的私募股权基金还可能在企业的产品销售、外部融资等方面助企业一臂之力。当企业的股东产生不和时,私募股权基金也可以利用其特殊的身份进行调解。

本章小结

1. 投后管理概述,包括对持有项目经营的持续关注、项目管理内容、项目管理方式;
2. 持有项目管理的组织形式,包括持有项目管理的组织形式、管理监督技巧;
3. 持有项目管控,包括财务管控、战略管控、运营管控、管控方法。

复习思考题

1. 项目管理内容是什么?
2. 持有项目管理的组织形式是怎么样的?
3. 管理监督技巧有哪些?
4. 如何进行财务管控?
5. 什么是管控方法?如何做到管控?

扩展阅读

私募股权基金参与公司的管理

材料1:

某电脑公司是一家科技应用性企业,创办一年即受到私募股权基金方的关注,得到相应的投资,基金方作为管理层参与管理。公司创办时,赵先生担任电脑服务部经理,在电脑应用及智能化工程实施方面的技术水平很高,是该领域的专家,董事会破格聘任他为公司总经理。赵先生上任三个月,工作积极、勤奋,带领员工刻苦钻研技术业务,但他不懂经营和管理,公司经营停滞不前。董事会决定将其撤换掉,但处理方法不当会挫伤他的工作积极性,并对其他各方面产生负面影响。经过权衡,基金方外派董事提出以下建议:董事长提出设总经理,由董事长兼任。设两个总经理助理,拟聘任刘先生为其中一位助理,负责公司日常的经营管理工作,赵先生亦任总经理助理并兼任技术部经理。这样对年轻优秀员工赵先生采取积极培养的方针,通过传、帮、带,使他既在业务上保持较高水平,又在经营管理方面能有所突破。通过一段时间运作,公司业绩取得快速发展。

(资料来源:刘兴业,任纪军.中国式私募股权投资——私募基金的创建与投资模式[M].北京:中信出版社,2013:77—79.)

材料2:

衡量一个CEO是否称职,唯一的标准就是看他是否能给投资者带来回报,不能带来回报的CEO就不是一个好的CEO。2001年新浪第一季度报表显示,收入大幅度下降了30%,预计在下季度还会有至少10%的下滑。在这种背景下,2001年6月新浪董事会对外宣布王志东因"个人原因"辞职,同时新浪网将裁员15%。由于当时其他股东与王志东存在较大分歧,王志东依然滞留新浪,使得新浪内部管理一度出现徘徊。许多人认为,王志东的离职是一场资本与知本的较量,实际上搞企业不是搞政治,权力之争只是表象。无论何时都要清楚一个最基本的游戏规则:衡量企业成败的第一标准就是是否盈利,烧钱的企业即使有再好的概念也是股东无法接受的。

(资料来源:李晓峰.中国私募股权投资案例教程[M].北京:清华大学出版社,2010:80—83.)

材料3:

蒙牛选择私募股权融资,私募股权投资方丰富的管理经验和专业的投资水平,在蒙牛提供自身发展所急需的资金同时,还带来了先进的管理方法。私募股权投资方引入股权激励机制,董事会结构权力有效制衡等方式,优化了公司治理。另外,私募股权投资方帮助蒙牛重组了企业法律结构与财务结构,并帮助蒙牛在财务、管理、决策过程等方面实现规范化。不可否认的是,摩根的加入提升了蒙牛的信誉以及影响力。蒙牛的成功离不开私募股权基金的助力,我们可以从以下几个方面分析私募股权基金对蒙牛的帮助。

第一,公司所有权结构合理布局

公司的股权结构是公司治理结构中重要的组成部分,应该说它是公司治理中的基本问题,对于企业的经营业绩、代理权竞争以及监督机制的建立都有非常大的影响。纵观中国的企业,其绝大多数在股权结构上都存在着很大的弊病,而蒙牛的多元股权结构有效避免了制度上的弊病。蒙牛的高管成为公司控股股东,蒙牛的兴衰与每一个蒙牛人紧密联系。新的大股东的加入发挥了监督职能,可以制约管理层的行为,防止发生侵害其他投资者利益的行为。另外三家有实力的投资者股东背景也给其他投资者带来了信心。

第二,董事会结构和其他公司治理机构更加完善

董事会结构是公司治理的重要方面。在蒙牛股份成立初期,蒙牛的董事会成员均是当初蒙牛的创业者。在三家国际投资机构投资后,虽然三家私募投资机构所拥有的股权比例不高,但都委任一名董事作为非执行董事进入了蒙牛董事会,比例占到董事人数的1/3。三家机构委任的董事均是其部门高管,有着丰富的管理经验。

第三,治理结构要求专业化的技巧

这些技巧必须通过董事会各层次的委员会得到最佳执行。摩根等金融机构进入

蒙牛后,立刻成立或完善了企业的薪酬委员会(5名)、审核委员会(3人)、提名委员会,这些委员会的成员主要由非执行董事和独立董事组成,把国际上对企业的风险管理机制、财务监控机制、对人力资源的激励机制引进蒙牛内部,帮助蒙牛建立领先的企业治理机制。

第四,蒙牛激励管理水平的提升

摩根在两次投资时都采取了有效的激励机制,强化牛根生的权力来控制"蒙牛"的管理团队,从而确保原发起人和溢价股东的投资收益。

首先,首轮投资的一部分,三家私募股权投资机构为了激励管理层股东改善蒙牛集团的表现,设定了表现目标,若管理层股东能够达到有关表现目标,便有权转换其所持A类股份成为B类股份,实现控股权和收益权的一致;若蒙牛没有完成目标,外资系将以极大的股权比例获得收益权。

其次,私募股权投资方和蒙牛管理层签订"对赌协议"。使用这样的"对赌协议"是私募股权基金比较常用的一个手段。当双方对出资价格本身达不成完全一致时,那么价格就一定要跟公司未来的增长挂起钩来。如果公司要求投资人给出较高的价格,那么就会对公司的增长率提出相应的要求,以保证现在付出的这个价格是合理的;如果公司没有达到这个增长率,投资人就会多占一些股份。

再次,摩根为了激励蒙牛帮助蒙牛设计了"权益计划"和"牛氏信托"。"权益计划"几乎为蒙牛的老股东提供了8倍的升值空间,激励力度相当大。牛根生通过"牛氏信托"掌握了这些权益计划的绝对控制权,以此作为建立激励机制的资源,同时也强化了他在企业内部最高管理者的地位。

最后,三家私募股权投资机构为了肯定牛根生以往对蒙牛业务的贡献,以及日后对本集团业务的重要性,分别赠与牛根生5816股、1864股和1054股开曼群岛公司的股票。这激励了牛根生,从而无形中激励管理者努力工作。

(资料来源:李昕.私募股权投资基金理论与操作[M].北京:中国发展出版社,2008:25—28.)

第七章　私募股权基金投资的风险控制

> **学习目的**
>
> 通过本章的学习,掌握私募股权基金投资的风险:经济风险、项目违约风险,以及政策、法律风险等;掌握私募股权投资的项目风险控制的目的、方法和措施;掌握财务危机预警体系的内涵,并能够运用这些理论对现实生活中的私募股权投资风险控制与管理问题提出比较合理的建议。

第一节　私募股权基金风险

一、经济风险

经济风险是指因经济前景的不确定性,私募股权基金投资者在从事正常的投资活动时,蒙受经济损失的可能性。一般来说,它是市场经济发展过程中的必然现象,也是一种正常现象。①

在经济全球化、一体化的今天,经济发展存在周期性变动,全球各个国家的经济早已千丝万缕地联系在一起,大多数经济体都会随着全球经济的变化而变化。特别是在全球经济也可能出现衰退的时候,投资者就会因此而面对投资遭受损失的风险。尽管私募股权基金可能通过全球性的资源配置资产来分散风险,防范区域性的经济形势变化,但却无法避免全球经济整体发生逆转变化的风险。私募股权基金所从事的是金融业务服务,而金融风险是系统性风险,所以,资本市场发生动荡对私募股权基金收益的影响也将会是非常巨大的。总体来说,即使是全球配置资产,私募股权基金也不可避免地要面对来自资本市场动荡的风险。一般而论,全球范围内的经济波动对私募股权基金的收益的影响主要有以下三个方面:

首先,私募股权基金本身也需要融资,在资本市场情况不好的时候,私募股权基金低成本进行融资的难度通常就会相应地增加,也就相应地提高了私募股权基金的融资

---

① 隋平,董梅.私募股权投资基金——操作细节与核心[M].北京:中国经济出版社,2012:164—165.

成本。

其次,私募股权基金经常需通过资本市场退出。资本市场低迷情况下,即使是优质的项目也可能难以卖出好价钱甚至无法出手,或者被投资企业上市市盈率差强人意。

最后,私募股权基金本身也是一种投资工具。因此,私募股权基金和市场上的其他投资工具之间存在着替代关系。在牛市,很多投资者都把资金和精力投入到火热的股票中去,这会在某种程度上分散投资者对私募股权基金的投资热情。但是,也有人认为,若大家都关注股票,反而有利于私募股权基金在一个相对缺乏竞争的环境中去寻找最佳的投资机会,也不至于产生全民做私募股权投资的结果。[①]

当然,私募股权基金的经济风险毕竟是一种十分复杂的风险。为了准确而全面地阐述这一概念,加深对这一风险的理解,下面从三个角度或层次来说明。

(一) 宏观经济风险

从宏观上来考查,这实际上也是一个基本面的分析。我们只有首先对与私募股权相关的总体趋势或因素或指标进行分析,才能最终准确地把握与衡量私募股权基金所面临的经济风险及其大小。

比如 2013 年上半年,亚洲私募股权基金募资金额出现大幅度下滑,仅为 150 亿美元。当时,影响投资者选择亚洲私募股权基金的重要因素在于,投资者担心中国经济减速及首次公开募股市场的大面积冻结。尽管宏观经济状况不佳,但 KKR 亚洲二期基金依然"非常成功"地募集了 60 亿美元,成为"亚洲有史以来最大的基金"。

据道琼斯公司旗下数据库 LP Source 的数据,2013 年上半年,亚洲私募股权基金募资金额为 150 亿美元,相较于 2012 年的 530 亿美元、2011 年的 640 亿美元,2013 年上半年的数据并不乐观。

与亚洲数据相比,2013 年上半年美国私募股权基金募资 1040 亿美元,欧洲私募股权基金约 420 亿美元,均较 2012 年上半年的金额有所增长。

根据 CV Source 投中数据终端统计,2013 年全年国内共披露私募股权投资案例 325 起,投资总额 215.9 亿美元,同比 2012 年全年(296 起案例、投资总额 224.01 亿美元)案例数量上升 9.8%,投资规模下降 3.6%,单笔投资金额同比下滑 12.2%。

中国私募股权投资市场活跃度自 2011 年后开始呈现下滑态势,2012—2013 年私募股权投资市场投资规模一直保持较低水平,虽然 2013 年的投资案例数量出现小幅度上升,但总的投资规模和单笔投资规模都出现不同程度的下滑,未来投资形势依旧严峻。

根据 CV Source 投中数据终端统计,2013 年 12 月份披露私募股权投资案例 11 起,投资总额 6.83 亿美元,投资数量和投资金额环比双双下降。

所以,综合国内、外的宏观行情来看,目前我国的私募股权投资可能在一个相对特定的历史时期内将缓慢上升或偶有下降,这说明,该行业发展过快或是已经基本接近饱和状态。

---

① 李昕旸、杨文海. 私募股权投资基金理论与操作[M]. 中国发展出版社,2008:112—115.

所以,从宏观分析角度来看,由于世界私募股权投资市场的疲软,我国私募股权投资在总体规模和个体投资金额上都呈现出下降的趋势。这实际上也说明,在一定程度上,当前我国私募股权投资发生经济风险的可能性是存在,也是不可忽视的。因此,这也就需要相关监管机构合理引导,投资者理性决策。

(二)行业风险

从行业上来考查,这实际上也是一个比较具体的分析层次。只有对与私募股权相关的整个行业发展现状进行分析,才能最终准确地把握这个行业在可预见的将来的发展前景,进而也能在一定程度去洞悉经济风险发生的可能性。

目前,从私募股权投资整体行业分布来看,2013年全年私募股权投资涉及20个行业。其中,制造业投资最为活跃,披露案例55起,占比17%;其次分别是IT行业、房地产行业和医疗健康行业,分别披露案例36起、30起和30起;能源及矿业和互联网行业分别披露案例26起和20起,其他行业披露案例均在20起以下,电信及增值、农林牧渔、文化传媒、连锁经营等行业投资均较为活跃。

从各行业投资规模来看,能源及矿业行业披露投资总额50.17亿美元,居各行业之首,其主要的案例是中国石油天然气股份有限公司与泰康资产及国联基金共同设立中石油管道联合有限公司。文化传媒行业以33.84亿美元投资总额据第二位,其主要案例即为分众传媒联合光大控股、方源资本、凯雷集团、中信资本、鼎晖投资五家投资机构完成对分众传媒的私有化收购。上述两行业均因特殊案例而位列行业投资规模前两位,而融资案例数量分别为26起和13起。

从整体行业上来看,2013年全年私募股权投资的行业主要分布在制造业、IT、交通运输、互联网等传统行业,而且依然是投资重点领域。值得注意的是,医疗健康行业投资有所增长,这也显示出目前宏观经济表现低迷的状态下,抗周期性行业投资价值的凸显。

从地区分布来看,2013年全年私募股权投资案例分布最多的三个地区是北京、广东(含深圳)和上海,分别披露案例74起、40起和38起,江苏披露案例20起,而其他地区披露案例均在20起以下,香港地区披露案例10起,台湾披露案例1起。北上广地区历年来风险投资及私募股权投资均保持活跃,中西部地区方面,湖北、四川、云南、安徽等地均表现活跃,在这些地区,能源资源、农林牧渔、食品饮料、制造等领域,依然存在较多投资机会。

从投资类型来看,成长型(Growth)投资依然是私募股权投资的主要类型,2013年全年披露179起案例,投资总额达94.34亿美元,分别占比55.1%和43.7%。PIPE投资共披露案例120起,投资总额90亿美元,分别占比36.9%和41.7%。并购(Buyout)投资共披露26起案例,投资总额31.52亿美元,占私募股权投资总量比例为14%左右。[①]

传统产业组织理论以产业集中度作为反映市场竞争程度高低的最重要的指标,它

---

① 资料参考"2013年上半年亚洲私募股权基金运行情况分析",http://www.askci.com/news/201308/14/141741596524.shtml.

的基本逻辑是：较高的集中度表明更多的销售额或其他经济活动被很少一部分企业所控制，从而这一小部分企业拥有相当大的市场支配力，特别是价格支配力，使市场的竞争性较低。但非传统的产业组织理论对这一逻辑提出了质疑。该理论认为，市场的竞争性不仅与单个企业的市场份额有关，还与市场进入障碍等其他因素有关。正如保罗·萨缪尔森所指出的那样，一个由单个企业构成的产业的集中度可能为100%，但是如果潜在的供给弹性足够大的话，该厂商的垄断势力可以为零。如果存在着一种能带来垄断利润的价格，那么现有的垄断就会受到新进入者或该产业中原有边际厂商扩张引起的冲击。也就是说，在特定的市场条件下（如潜在的供给弹性足够大），集中度高并不意味着市场的竞争性弱，高集中度可能与激烈的竞争并存，尤其是在当今国际竞争的大环境下。①

综合以上的行业角度分析，可以得出以下的结论：当前我国在私募股权投资上的趋势是，制造业投资活跃度居首，抗周期性行业受关注；最多的三个地区是北京、广东（含深圳）和上海；成长型（Growth）投资依然是私募股权投资的主要类型。这说明，该行业无论是在投资类型上，还是在投资区域上，都表现出高度的集中性。从行业集中度的理论出发，可以说，私募股权投资在我国的这种发展模式是极为不平衡的；投资领域和地域分布非常不合理。也正是这种高度集中性，恰恰说明私募股权投资的潜在风险是存在的。所以，依据行业集中度的相关理论，分散投资领域、分散投资区域、分散投资基金类型可能是我国在今后的一个相当长的时期中所面临的艰难选择。②

（三）公司经营风险

从公司的角度来考查，这实际上也是一个更加具体的分析层次。只有对与私募股权相关的公司或公司类型或公司成长历程等方面进行分析，才能最终准确地把握这个行业的发展现状，进而也能在一定程度去预测该行业发展的远景并洞悉经济风险发生的可能性。

近年来，私募股权投资机构正在中国悄然兴起一场旋风，如今人们耳熟能详的阿里巴巴、蒙牛乳业、盛大网络、携程网等诸多知名企业的背后都有私募股权投资人的身影，这些企业成功上市后都给投资机构带来了几十倍甚至近百倍的投资回报的神话也在不断上演，这使得人们不得不对私募股权投资机构"点石成金"的魔力刮目相看。在全球经济中的影响力如日中天的私募股权投资机构正带着各自的投资风格不断前行，尤其是近年来以中国等为代表的亚洲国家的飞速发展，吸引了私募股权投资机构蜂拥而至，各大国际著名投资机构纷纷设立了专注投资亚洲或中国的私募股权投资机构。与此同时，国内也掀起了私募股权投资机构的发展浪潮，涌现出了一批又一批在投资

---

① 资料来源：http://wiki.mbalib.com/wiki/%E4%BA%A7%E4%B8%9A%E9%9B%86%E4%B8%AD%E5%BA%A6，[2014-03]。产业集中度是指市场上的某种行业内少数企业的生产量、销售量、资产总额等方面对某一行业的支配程度，它一般是用这几家企业的某一指标（大多数情况下用销售额指标）占该行业总量的百分比来表示。一个企业的市场集中度如何，表明它在市场上的地位高低和对市场支配能力的强弱，是企业形象的重要标志。

② 资料参考"2013年上半年亚洲私募股权基金运行情况分析"，http://www.askci.com/news/201308/14/141741596524.shtml。

界颇有影响力的本土私募股权投资机构,如中科招商投资管理集团有限公司(简称中科招商)和深圳市创新投资集用有限公司(简称深创投)等,它们实践着中国本土私募股权投资的发展使命,用自己的独特资本运作方式和一个个成功的案例,向世界宣告中国本土私募股权基金的壮大。

根据清科集团等相关研究机构的数据资料,可以按照资金来源把国内活跃的私募股权投资机构划分为以下三类:

(1)海外资金为主的投资机构。这类基金是国内私募股权投资机构的主角,不同于国有资本和民间资本为主的基金,在国内它们大都只是成立管理公司进行运作,但是基金都在海外,在海外筹集资本,以美元作为主要的投资币种,基金旗下的资金远远大于国内同类机构的资金。同时,他们有限合伙制的基金组织形式,在基金管理上更加灵活,对于基金管理人的激励也更加到位,加之基金管理人普遍具有国内和国外双重背景,熟知国内资本市场,并拥有实际运作经验,近几年来,外资的私募股权基金凭借其上述优势迅速占领了大部分的中国股权投资市场。其典型代表如凯雷和红杉资本等。

(2)国有资金主导成立的投资机构。即由政府主导的创业风险投资和产业投资公司,中外合资且具有政府背景的私募股权投资机构。例如,众多政府主办的国有风险投资公司,其特点是资金规模大,组织结构和投资决策程序复杂,多专注于基础设施和大型水电工程等重大项目。其典型代表有中科招商和深创投等机构。

(3)民营私募股权投资机构。中国当前的民营私募股权基金无论从背景、规模,还是从运作水平等方面来看,都显得参差不齐,但却是最有发展潜力的一支队伍。一些早期由政府出资设立的创业风险投资公司,逐步进行股权改制,蜕变成民营投资公司,如上海联创,其资本金中的政府资金已经全部退出。另外,民营企业也纷纷出资组成私募股权基金,尝试直接投资,比如联想集团下的联想投资等等。

此外,无论是以上哪种类型的私募股权投资公司,在私募投资基金决定投资后,它也可能会因为其内部经营管理问题、控制权的争夺导致运营失败,这将直接给私募股权基金带来损失。尽管私募股权基金也能为公司带来一些有价值的帮助,例如先进的管理经验与人才,但这并不能确保公司就能经营成功。此外,私募股权基金善于投资并不代表其善于经营,即使是最好的私募股权基金,也不过如此。更何况,有些私募股权基金通常离现实较远,公司内部的关系有时也会因为利益争夺而变得复杂,这是诸多私募股权基金失败的原因。当然,公司经营成果的好坏取决于企业管理层的努力,所以,私募才会更加倾向于投入的"品质"。

根据以上来自公司角度的事实与分析,可以得出这样的结论:当前我国私募股权投资机构的类型比较繁多,每一种类型的投资机构的经营与管理方案也不尽相同,风险程度也自然相异。所以,在保持这种多样性的同时,机构今后的内部经营管理、权利控制等自身建设或内涵式建设等问题可能成为每一个私募股权投资机构所要首先解决的中心问题之一。只有制定出符合自身特点的经营与管理方案,才能在竞争中立于不败之地,并在某种程度上最大可能地规避由公司经营所引致的经济风险。①

二、项目公司违约风险

项目公司的违约风险,一般是指私募股权投资方与融资方在达成投资协议后,项目公司未能完全履行事先达成的协议或在经营项目时未能达到预期的经营效果等方面所产生的不确定性。

从项目管理的角度来看,私募股权投资就是投资人、基金经理、被投资企业投入相关资源,在一定的时间限度内,运用系统的管理方法来计划、组织和实现各自项目目标的一个过程。

根据运作流程,私募股权投资项目可以划分为私募股权成立、通过项目筛选购买公司股权、管理投资企业、退出投资企业等四个子项目。在实际项目运作中,第一阶段和第二阶段的阶段划分并不明显,也有可能先有目标项目再进行私募筹资,而且各子项目有可能由同一项目团队管理,也有可能根据阶段由不同的项目团队负责。

由于私募股权投资有自身的特点,项目公司的违约风险不时不在,无处不有。因此,其项目管理也有自己的特色:

(1) 周期长、流动性差。由于是非上市企业的股权投资,因此从项目筛选、资金募集到投资、退出通常要经历3年以上一个较长的时间周期;

(2) 风险高、收益高。风险高体现在两方面:一方面,投资项目在产业发展、企业运作等方面的本身高风险;另一方面,私募股权投资项目流程长、环节多,存在多重委托代理关系;

(3) 专业性强,分工明确。私募股权投资充分发挥了金融领域的专业分工,通过专业化中介进行投资。

正是由于私募股权投资项目管理的上述特点,其运作风险也较高。Can Kut 等人将私募股权投资过程中可能遇到的风险分为五种,即投资前评估风险、委托—代理风险、被投资企业内部风险、投资组合风险、宏观风险。Gompers 认为三种机制可以有效降低委—托代理风险:一是融资契约,二是辛迪加投资,三是分阶段融资。这三种方式实际上是针对私募股权投资运作过程的前三个阶段私募股权成立、通过项目筛选购买公司股权、管理控制投资企业而相应的应对策略。②

实际上,自2012年开始,我国私募股权基金的项目违约事件就已进入了密集爆发期。当年年底,由一家全国性股份制银行代销的一款私募理财产品在第一期产品到期兑付后,后两期均被告知暂时难以兑付;2013年5月份,北京大观言投资基金管理有限公司管理的一款有限合伙基金产品到期后,本金和利息均出现延期兑付;10月份,北京融典投资管理有限公司也出现基金产品到期不能兑付的情况,其中一只确定违约,已进入担保公司代偿程序,目前的还款情况仍不乐观。

---

① 李晓峰.中国私募股权投资——案例教程 [M].北京:清华大学出版社,2010:31—32.
② Can Kut,Bengt Pramborg and Jan Smolarski. Managing financial risk and uncertainty:the case of venture capital and buy-out funds . Global business and organizational excellence,2007,Gompers, P. Optimal investment.

如此密集爆发的项目违约风险也让人们不得不重新审视私募股权基金的相关风险因素。而事实上,市场的逆向选择使得私募股权基金的风险原本就很大。一般来说,能找银行贷款的,不会找信托贷款;能找信托融资的,不会找其他渠道融资。从行业角度来看,融资方一步步退到需要使用有限合伙企业进行融资时,项目资质本身就存在隐忧。从这个角度来说,这类产品的整体兑付风险天然要高于信托产品。

以房地产私募股权基金为例,大型的房地产企业能够通过银行和信托来融资,但大部分的中小房地产企业却不行,而这也是私募股权基金有限合伙产品的生存空间所在。中融信托一位项目经理曾表示,房地产信托发行有明确的资质条件,而大部分房地产企业都"卡"在房地产开发二级以上资质这一条件上,只能通过私募股权基金来融资。

逆向选择的结果是融资成本的提升。可能的情况是,房地产企业通过私募股权基金融资成本通常都超过20%;而通过信托的融资财务成本通常在13%～18%,超过20%的并不多。

那么,私募股权基金项目违约风险为什么会发生呢?

(1) 除了项目本身的特有风险之外,监管的空白则让私募股权基金的项目违约风险进一步加大。一般地说,私募股权基金有限合伙产品的融资确实已经有了一定规模,但是风险还是较信托会大很多。另外,信托归属于银监会监管,在产品的发售上有固定的模式和条件,能够在一定程度上把控风险;但私募股权基金有限合伙产品的监管还存在一些监管触及不到的地方,仅仅只是在工商局备案,约束力很弱,这就会存在一些隐患。

但是,目前仅有《合伙企业法》对有限合伙理财产品的组织形式、权利关系、法律责任等进行约束;在监管机构方面,也仅是2012年底发改委下文要求股权投资企业在完成工商登记后的1个月内,要申请到相应管理部门备案。新《基金法》已将私募纳入监管范围,但尚未出台管理细则。根据编者对新规定的理解,未来私募基金若要发行资管类产品,要去证监会报案,但目前少有产品走这样的发行流程。

一般情况下,有限合伙基金只需通过工商注册后,就可以开展募资活动。本来法律规定此类公司严禁从事贷款业务,但有限合伙企业募集资金往往用"明投暗贷"、假股权基金的形式从事高风险贷款业务。由于监管上的空白,私募有限合伙基金的执行事务合伙人可以轻易地改变资金用途,甚至伪造项目进行募资。

(2) 在基金的组织设计上也往往大有"猫腻"。从法律上说,一个有限合伙制基金至少需要两个合伙人,其中一个必须是普通合伙人。普通合伙人对于合伙企业的债务承担无限连带责任,一般合伙人则以其出资额对合伙企业债务承担有限责任。

但事实上,为了规避风险,几乎全部有限合伙制基金都采取有限责任企业担任普通合伙人这一做法。理论上需要承担无限责任的普通合伙人,其实质是仅以出资额承担有限责任,连带担保能力非常弱。

目前很多能看到的针对普通投资者的产品,其普通合伙人几乎都是全新注册的公司,缺乏历史业绩的支撑,让投资者无法判断风险,而且抽逃注册资本的问题也时有发生。

普通合伙人"坐庄"坑害投资者的案例同样屡见不鲜。比如,在上海市闵行区动迁安置房项目中,乾灏基金的普通合伙人是一个房地产公司,募集的资金投向的正是此房地产公司旗下的项目。所以,这相当于自己给自己募集资金,自己为自己担保,风险显然被放大了很多。

(3) 尽管私募股权基金产品问题重重,但却鲜有投资者能经得住"高收益"糖衣炮弹的诱惑。目前市场上私募股权基金有限合伙产品收益率几乎很少低于10%,最高收益则可达18%。与此形成对比的是,市场上信托产品的收益率要明显低很多,即使是房地产信托,其收益率也仅在8%~11%,平均收益率不到9%。

事实上,有限合伙基金在其兴起之初,针对的大多只是拥有着较高风险承受和判断能力的高净值资产专业投资者,相应的投资门槛也较高。但近年来,有限合伙基金向普通投资者延伸的趋势十分明显,投资门槛一再下降。据了解,目前被曝光的该类型产品基本都是针对普通投资者而设计的,出资门槛最低只有10万元。

(4) 销售人员的行为也同样布满了"地雷"。有限合伙基金给的收益率一般是18%,第三方机构会将11%~14%的收益给投资者。这样一来,销售机构能拿到的佣金有时会超过5%。由此也就极易产生道德风险,导致销售人员误导销售,将风险产品说成是"保本产品"的案例时有发生。

所以,人的因素也是私募股权投资成功与否的关键性因素。对于私募股权基金而言,"人祸"比"天灾"更难以对付。就内部而言,私募股权基金应该特别关注企业的管理团队,特别是其中的销售人员是否具有足够高的专业素质和职业道德。私募股权基金需要谨慎地通过其中的销售人员来选择投资合作伙伴,把资金投资给那些诚实而且能干的人。

尽管表面上光鲜的收益率对于私募股权基金来说充满了诱惑,但所谓的固定收益,也只是预期收益,具有不确定性;如果未来发生争议,很可能被法院认定为企业资金借贷,约定的收益率在法律上也将无效。

综合以上的分析可知,这些都就足说明这样一个无可争辩的事实:私募股权投资项目违约风险在所难免。①

三、政策、法律的风险

(一) 政策风险

政策风险是指政府有关私募股权投资的政策发生重大变化或是有重要的举措、法规出台,引起私募股权投资市场的波动,从而给投资者带来的风险。

由于金融体系具有系统性风险,对于那些影响全球的投资风险,投资者无论身处何地,都难以避免其投资不受这种风险的影响。相对来说,政策风险主要的影响范围是某一国家或地区。又由于国家政策风险发生的时间具有不确定性,其产生的影响通常也是多方面的,所以,在不同国家经营私募股权基金,投资者也应该多关注该国政府政策的更新和改变。特别是在西方国家,政府或政党在执政特定周期后都会易人,而

---

① 迟晓燕. 议私募股权投资项目风险管理[J]. 现代经济, 2011(5): 142-144.

不同的政党或政治领导人上台后,改变其前任政策的可能性都比较大。所以,在这里,笔者对政策风险不做一般性的讨论。

(二) 法律风险

私募股权投资的法律风险,通常是指私募股权投资违反有关法律、法规、合同违约、侵权、怠于行使公司的法律权利等情况。

其具体内容有:债务拖欠,合同诈骗,盲目担保,公司治理结构软化监督能力,投资不做法律可行性论证,项目运作缺少法定决策程序,企业决策人治化,轻易挪用资金,难以认识保险单、票据,信用证诈骗,国际货物运输中诈骗风险,国际投资与国际合作中引发的反垄断反倾销诉讼,重复引进技术,项目开发不做商标专利检索,项目合作涉及房地产业务中不审查土地合法性,不正当竞争给企业带来身败名裂,等等。潜在的法律风险和经济损失不计其数,基金管理人应该特别关注和管理这种风险。

1. 法律合同风险

私募股权基金与投资者之间签订的管理合同或其他类似的投资协议,往往存在保证本地安全、保证收益率等不受法律保护的条款。此外,私募股权基金投资协议缔约不能、缔约不当与商业秘密保护也可能带来合同法律风险。私募股权基金与被投资企业谈判的核心成果是投资协议的订立,这是确定双方权利、义务的基本法律文件。在此过程中可能涉及三方面的风险:一是缔约不能的法律风险;二是谈判过程中所涉及的技术成果与商业秘密保护的法律风险;三是缔约不当的法律风险。这些风险严格而言不属于合同法律风险,而是附加义务引起的法律风险。[①]

2. 私募股权基金的操作合规风险

我国现有法律框架下的私募股权基金主要有三种形式:一是国家发改委特批的公司型私募股权基金;二是以有限合伙形式组建的私募股权基金,三是通过信托计划成立的信托型私募股权基金。除这三种类型外,还有各类以投资公司名义出现的、与私募股权基金运作方式相同的投资机构,而这种私募股权基金却处于监管法律缺失的状态。虽然我国私募股权基金的运作与现有的法律并不冲突,但在实施的过程中又缺乏具体法律和规章,导致监管层与投资者缺乏统一的观点和做法,另外部分不良私募股权基金或基金经理暗箱操作、过度交易、对倒操作等侵权、违约或者违背善良管理人义务的行为,都将严重侵害投资者的利益。

3. 知识产权风险

私募股权基金选择的投资项目如果看中的是被投资企业的核心技术,则应该注意此核心技术的知识产权是否存在法律风险。有关知识产权方面的法律风险可能存在如下方面:

(1) 所有由被投资公司和其附属机构所有或使用的商标、服务标识、著作权、专利和其他知识产权;

(2) 涉及特殊技术开发的作者、提供者、独立承包商、雇员和名单清单的有关雇佣

[①] 私募基金危机频现、兑付违约进入密集爆发期, http://money.163.com/13/1210/10/9FNQQEC700253B0H.html, 2014 年 3 月.

开发协议文件;

(3) 为了保证专有性秘密而不申请专利的非专利保护的专有产品;

(4) 公司知识产权的注册证明文件,包括知识产权的国内注册证明、省级注册证明、国外注册证明;

(5) 正在向有关知识产权注册机关申请注册的商标、服务标识、著作权、专利的文件;

(6) 正处于知识产权注册管理机关反对或撤销程序中的知识产权的文件;

(7) 需要向申请知识产权注册管理机关申请延期的知识产权的文件;

(8) 申请撤销、反对、重新审查已注册的商标、服务标识、著作权、专利等知识产权的文件;

(9) 国内或国外拒绝注册的商标、服务标识权利主张,包括法律诉讼的情况;

(10) 其他影响被投资企业或其附属机构的商标、服务标识、著作权、专利、专有技术或其他知识产权的协议;

(11) 所有涉及商业秘密、专有技术秘密、雇佣发明转让或其他被投资企业或其附属机构作为当事人并对其有约束力的协议,以及与被投资企业或其附属机构或第三者的知识产权有关的协议。

此外,创业者与原单位的劳动关系问题、原单位的专有技术和商业秘密的保密问题以及遵守同业竞争禁止的约定等,都有可能引发知识产权的纠纷。

4. 律师调查失误风险

私募股权基金一旦确定被投资企业后,就应该聘请专业人士对目标企业进行专门法律调查。在投资过程中,法律调查的主要作用在于,使私募股权投资方在投资开始前核实目标企业说明的各方面信息的情况,包括有关被投资企业的股份或资产在法律性质方面的全部情况,以及确认他们已经掌握的重要资料是否准确地反映被投资企业的资产负债情况,以避免因信息不对称而引起的投资决策失误。私募股权投资的被投资企业通常是信息披露程度非常低的非上市企业,私募股权基金方如想要掌握被投资企业的详细资料就必须进行全面的法律调查,来平衡双方在信息掌握程度上的不平等,明确该项投资决策存在哪些风险和法律问题。这样,双方就可以对相关风险和估值问题进行谈判,尽职调查的结果也是进行谈判的重要筹码。私募股权投资中因律师调查失误引起的法律风险,需要作为中介的律师事务所等机构与私募股权投资方及被投资企业共同面对。尽职调查不实,中介机构将承担相应的法律责任,投资机构可能蒙受损失,而项目企业可能因不实陈述而承担相应的法律责任。

5. 被投资企业管理中的风险

(1) 日常经营运作中的风险:合同风险、合规风险、债权失效风险、损失诉讼风险;

(2) 管理引起的法律风险:治理结构缺陷带来的决策风险、员工意外伤害风险、规章制度不健全导致员工道德风险、公司印章管理不严带来的债务风险;

(3) 资金运用引起的法律风险:投资合作风险、分支机构风险、借贷风险、担保风险。

6. 退出机制中的法律风险

目标企业股票发行上市通常是私募股权基金进行投资所追求的最高目标。股票上市以后,私募股权基金作为发起人在经过一段锁定期之后即可售出其持有的企业股票或者按照比例逐步售出其所持有的股票,从而获得巨额增殖,实现成功退出。可能选择的上市方式主要有两种:一种是直接在交易所上市,另一种是借壳上市。对企业而言,直接上市的标准相对过高,因此,我国企业上市一般都热衷于借壳上市这种方式。从表面上看,借壳上市可以不必经过一般申请改制上市的程序,而在较短的时间内实现上市融资的目标,甚至在一定程度上可以避免财务公开和补交欠税等监管。但从实际情况来看,目前我国上市公司"壳"的资料大多数"不干净",债务或担保陷阱多,职工安置包袱重,如果私募股权基金没有对"壳"公司历史进行充分的了解,没有对债权人索债请求、偿还日期和上市公司对外担保而产生的一些债务问题进行充分调查,就会存在债权人通过法律的手段来取得上市公司资产或分割私募股权基金已经取得的股权的风险,甚至导致私募股权基金失去对企业的控制权。

回购退出方式主要是指原股东回购或管理层回购私募股权基金持有的股份,是股权转让的一种特殊方式,即股票的受让方是被投资企业的原股东或管理层。所谓"管理层回购",则是由企业管理层来受让投资方的股权。这种以原股东或管理层回购方式退出,对私募股权基金来说是一种投资保障,也使得私募股权基金投资在股权投资的同时也融合了债权投资的特点,即投资方投资后对企业享有股份,同时在原股东或管理层方面获得其实现债权的保障。回购风险也是私募股权基金退出的主要风险。其主要表现为:私募股权基金进入时的投资协议中的回购条款设计和操作不合法。

如果私募股权基金的投资项目失败了,那么清算是其退出的唯一途径,及早进行清算有助于投资方收回更多的投资资金。但是,在破产清算程序中还存在许多法律风险,其中就有资产申报、审查不实、优先权、别除权、连带债权债务等。[①]

第二节 项目风险控制

一、风险管理的目的

风险管理的目的在于"找好项目、投好项目、管好项目、退好项目",其中心任务便是实现"发现价值、价值增值、价值实现"这样的一个目标。当然,不做或少做不创造价值的事,以下两点值得考虑:

(1) 风险管理要坚持长期的价值投资理念,既要关注市场(资本市场、行业)和企业的历史现状,又应该考虑到3年、5年或者更长时期的变化情况;

(2) 风险管理还要重视长期的整个投资过程中的管理控制,尤其是风险控制,以保证投资的良性循环。

---

① 随平,董梅.私募股权投资基金——操作细节与核心范[M].北京:中国经济出版社,2012:164-172.

二、风险管理的方法

(一)建立完善的评估和管理体系(如表7-1所示)

表7-1　建立完善的评估和管理体系的内容

组建专业团队	基金专业团队从专业上吸收多方面的人才,采纳多个领域的经验帮助基金降低行业、市场风险
严格投前尽调	严格执行投资前的尽职调查与分析,聘请外部专业的法律/审计人员全程参与投资过程,杜绝财务风险、经营风险、法律风险等
决策简洁、有效	建立简捷、有效的项目决策流程,减少因为内部决策拖延导致项目流失或者被提价的风险
风险利益分担	在平衡风险与收益的前提下,对某些项目可适当地引入其他投资机构、当地合资方或者政府机构,实现风险分担与信用捆绑
加强投后管理	加强投资后的管理与控制,帮助企业解决运营与财务风险,同时防止大股东或管理层的恶意隐瞒或欺骗

(二)制定完善的应对措施(如表7-2所示)

表7-2　潜在风险与应对措施

风险因素		解释说明	应对措施
投资风险	投资地域集中	投资集中在中国境内,相对于更加多元化的国际投资组合而言,基金可能更容易受到国内政治、经济大政策、大环境或经济发展的影响	投资任何一家企业不超过承诺资本的20%
	投资机会的竞争	中国私募投资基金迅速发展,社会资本充足,面临在目标投资区域内争取投资机会的竞争	发展发起方的优势去寻找、运作项目,在行业中产生影响力
管理风险	缺少运营历史	新募集成立的基金,没有任何以往的可供投资人做出投资价值评估的历史,尽管发起方具有相关行业及投资运作的良好历史,但任何关联基金和管理的团队的以往业绩并不能保证基金投资未来的收益结果	本着"诚实、审慎"的原则,按照科学合理的方法进行有效率的投资,充分发挥基金团队中部分成员的丰富投资管理经验
	对投资组合公司管理团队的依赖	管理团队的离开,会对投资组合企业的日常运作产生负面影响	从薪酬激励制度和企业文化出发留住人才
操作风险	长期投资	为促成投资组合企业的阶段性飞跃,与所投资企业实现共赢,一般会较长期待有投资组合企业的股权	派人员进入董事会,甚至进入高管层,通过管理机制促进股息的分派和企业赢利的实际提高,在投资协议中增加保障条款

三、应对风险措施

当私募股权基金在面对诸多不确定性的风险时,首先确定一些相关的实施准则、操作策略、应用技巧等来应对潜在的事件。

当然,对于具体的私募股权基金风险的控制,将从两个大的方面来展开:

(一)一般的风险控制

私募股权基金在投资时的风险及风险控制大体上可以从以下几个方面来分析。

1. 项目选择的风险及其控制

项目选择是项目投资的基础与前提,只有获得了优质的项目,后续的投资管理过程才有意义。项目选择对于项目投资至关重要,这就要求项目选择中必须严格把关,按照投资的行业标准、区域标准、项目标准进行项目筛选,对于不符合要求的项目必须坚决否决。

(1)行业选择。

一般认为,高回报的行业当属垄断型、资源型和能源型的项目,产品具有稀缺性和垄断性,这些行业中的优质项目的年回报率一般都在40%以上。从目前私募股权投资的实践来看,行业分布呈多元化趋势,传统行业仍然是较受青睐的行业,但新消费品、新能源和新媒体等行业也应该受到高度关注。

(2)区域选择。

项目投资选择总是发生在特定的空间环境地域,因此,投资环境的优劣对投资结果必然产生不同的影响。因为,优越的投资环境会减少项目运作成本,从而增加企业的效益;相反,低劣的投资环境会影响项目的正常运作,降低投资收益甚至导致投资失败。

(3)合规选择。

即项目具有合法性、可行性和规模性的问题。首先,不具有合法性和可行性的投资项目肯定会被否决。其次,项目的投资规模过小,不但形成不了规模经济的效益,还会分散项目管理人员的时间与精力。

(4)信息不对称风险。

私募投资方需要审慎地审查项目方有关的情况,进行成功的尽职调查,最大限度地降低项目的信息不对称风险。

此外,还可以考虑信息不对称风险的惩罚性条款,一旦发现项目方事前存在弄虚作假行为,则其必须承担相应的法律责任。

2. 项目管理的风险及其控制

(1)项目组合投资。

如果私募股权资金的规模较大,为避免可能造成的单个项目投资彻底失败,一般情况下都要把资金投放到不同的项目中去,由此形成一个项目投资组合。

可以从行业组合、区域组合、项目阶段组合三个层面来考虑,分解和降低整个私募股权基金的风险。

(2)分期控制。

事前审查,就是对项目实施小组提交的投资方案、投资协议等进行严格的审查,报经投资委员会批准后实施。

事中控制,指私募股权基金对被投资企业实施非现场监控和参与重大决策等,督促被投资企业及时报告相关事项,掌握企业状况,定期制作、披露相关财务及市场信息,并保管相关的原始凭证与资料等,发现异常情况后,参与处置等。

(二) 单个投资项目的风险控制

对于单个投资项目的风险控制,可以从以下几个方面来进行。

1. 分段投资

投资资金划拨按照项目进程分阶段进行,而不要一步到位。只有当前阶段的项目运作良好,达到预期目标后,后续资金才可以适时跟进,后续工程才可以上马。

如果前期资金投入后发现了问题,后期资金就必须立即停止按计划划拨,要找到前期项目动作失误的原因后,再进行判断。

2. 股份比例调整

在项目投资中,私募权投资基金运用复合型的融资工具,如可转换债券、认股权证或其组合等,进行投资中的股份比例调整,降低自己的风险等。

特别是可转换优先股的运用,通过优先股和普通股之间的转换比例或转换的调整而相应地来调整私募股权基金和被投资公司之间的股权比例,以满足私募股权基金和项目公司双方不同的目标与需求,既能保护投资人的利益,又能分享企业的成长。

3. 合同制约

通过肯定性和否定性条款来规定企业必须做哪些事情、不能做哪些事情,通过对违约行为制定惩罚措施,如解聘管理层、调整董事会席位和表决投票权,可以制止和防止企业做出不利于私募股权投资人的行为。

投资合同还可以设置条款来保障投资者变现投资权利与方式,追加投资的优先权,防止股份稀释等。

4. 违约补救

一般来说,在项目投资初期,私募股权基金可以接受少数股权的地位,而项目公司管理层控制大多数股权,但投资方可以与被投资公司签订一份投票权协议,以保持在一些重大问题上的特别票权。当被投资公司管理层不能按照业务分划的各种目标经营企业时,例如发现管理层违反协议、提供信息明显错误或发现大量负债等被投资公司要承担责任。

在此情况下,私募股权基金对被投资公司提出严厉要求,通常的惩罚或补救措施有:调整优先股比例;提高投资者的股份;减少被投资公司或管理层个人的股份;投票权和董事会席位转移到股权基金手中;解雇管理层等。

5. 对管理层的股权激励和对赌协议

为了激励被投资公司的管理层,私募股权基金往往设立一些条款,当公司的经营业绩达到一定的目标,可以依据这些条款对管理层进行股权奖励或惩处。

对管理层实行股权激励最常见的是对赌协议的约定与操作。对赌协议,也称估值协议,是指投资方与融资方在达成投资协议时,对于未来不确定的情况进行一种补充的约定。如果约定的条件出现,投资与融资方则行使一种权利或义务;如果约定的条件不出现,投资与融资方则行使另一种权利或义务。对赌协议也是投资、融资双方进行股份比例调整的一种特殊的方式,是一种没有金融工具参与的直接的股份比例调整形式。

通过条款设计,对赌协议可以有效地保护投资者的利益,由于多方面的原因,对赌协议在我国资本市场还没有成为一种制度设置,也没有被经常采用,但在国际企业对国内企业的投资中,对赌协议已经被广泛应用。在创业型企业投资、成熟型企业投资中,都有对赌协议成功应用的案例,最终企业也取得了不错的业绩。研究国际企业这些对赌协议成功的案例,对于我国上市公司的质量,将有极为重要的理论与现实意义。[①]

第三节 私募股权基金财务风险预警指标体系

财务危机预警体系由财务(预警)指标和非财务(预警)指标组成。相关的财务指标可量化,但非财务指标则难以量化。[②] 对财务指标可确定各项财务指标的下限及权重。一旦企业的某项财务指标出现问题时或面临财务危机时,可结合非财务指标进行相关分析,寻找出其中的原因。以下介绍私募股权基金财务危机的预警体系。

一、反映项目偿债能力的指标

企业的偿债能力一般包括稳定能力和活动能力两个方面。

(一)反映稳定能力的指标

稳定能力是企业生存、发展的基础,企业的偿付债能力和资本结构反映了企业的稳定性。企业的资本结构合理,其偿债能力强,企业的经营与发展就处于稳定状态,财务处于良好的状态;反之,则可能发生财务危机。反映这种偿债能力(稳定能力)的指标主要有以下几种。

1. 流动比率

$$流动比率 = \frac{流动资产}{流动负债} \times 100\% \tag{7.1}$$

一般而论,国际上公认的流动比率的标准值为 200%,而中国较好的比率在 150% 左右。

此指标过高,表明企业的资金利用率比较低。一般而言,行业的生产周期较长,则此指标较高;反之,则较低。在实际操作时,应该将该指标与行业内部的平均水平进行相对比较与分析。

2. 速动比率

$$速动比率 = \frac{速动资产}{速动负债} \times 100\% \tag{7.2}$$

[①] 刘兴业,任纪军.中国式私募股权投资[M].北京:中信出版社,2013:238-239.
[②] 潘启龙.私募股权投资实务与案例[M].北京:经济科学出版社,2011:152-159.

这里的速动资产是指流动资产与存货之差。

一般而论,国际上公认的速动比率的标准值为100%,而中国较好的比率在90%左右。

不同行业因其存货量不同,其相应的速动比率也自然不同,速动比率的标准值不能一概而论,其应该根据相关企业的实际经营情况来确定。

流动比率与速动比率反映企业短期偿债能力,若这两个指标过高,说明企业的资金利用率过低,资金周转慢;若这两个指标过低,说明企业流动负债的保障程度低,偿债能力差,短期支付能力被弱化,这也是形成企业财务危机的根源。

3. 资产负债率

$$资产负债率 = \frac{负债}{资产} \times 100\% \qquad (7.3)$$

一般而论,国际上公认资产负债率为60%是比较好的情况。不同行业的资产周转率和偿债能力不同,故其资产负债率也有所不同。其中,交通、运输、电力等基础行业的资产负债率一般在50%左右,而加工业在65%左右,商贸业在80%左右。

在实际分析时,应该结合整个国家的经济状况、行业发展趋势、企业所处的竞争环境等因素进行综合且客观的评判。过高的资产负债率会让企业背上沉重的利息负担,弱化其资本结构,恶化其长期支付能力,最终为其财务危机埋下种子。

4. 现金到期债务比

$$现金到期债务比 = \frac{营业现金净流量}{本期到期的债务} \qquad (7.4)$$

现金到期债务比是企业经营现金净流入与本期到期的当期债务和应付票据总额的比率。它反映了企业可用现金流量偿付到期债务的能力。本期到期的债务等于本期到期长期负债加上本期应付票据。通常作为企业到期的长期负债和本期应付票据是不能延期的,到期必须如数偿还,企业设置的标准值为1.5。该比率越高,企业资金流动性越好,企业到期偿还债务的能力就越强。

5. 已获利息倍数

$$已获利息倍数 = \frac{息税前利润}{利息支出} \qquad (7.5)$$

国际上公认的标准值为3。国外一般选择计算企业5年的已获利息倍数,以充分反映企业稳定偿付利息的能力。但企业所处的属性不同,已获利息倍数这一指标也有不同的标准界限。

若已获利息倍数下降或过低,说明企业的长期偿债能力低下,支付能力不佳,负债缺乏应有的保障。若此情形不加改进,该企业的财务危机将难以避免。

资产负债率、产权比率和已获利息倍数三个指标均反映企业长期偿债能力。

(二) 反映活动能力的指标

活动能力是指企业各项资产的新陈代谢的程度。若这种程度过快,则企业的资金周转快,资产运营状况好,企业经营效率高。反映企业这种能力的指标主要有以下几种。

1. 应收账款周转率

$$应收账款周转率 = \frac{销售收入净额}{平均应收账款余额} \times 100\% \quad (7.6)$$

应收账款周转率反映了账款的流动速度,即本年度内应收账款转为现金的平均天数。一般来说,此指标越大越好。

但是,由于季节性经营、大量采用分期收款或现金方式结算等原因,这一指标也会失真。所以,在综合评价相关企业时,应该结合企业前后各期和行业的平均水平进行分析。一般而论,应收账款周转率高,应收账款转化为现金的时间短,应收账款富有活力,则企业不容易发生财务危机。

2. 存货周转率

$$存货周转率 = \frac{销售成本}{平均存货} \times 100\% \quad (7.7)$$

存货周转率反映了存货的周转速度、存货占用水平和销售实现的快慢等指标。一般来说,此指标越大越好。

在运用这一指标时,还应该综合考虑到进货批量、生产销售的季节性变动及存货结构等因素。一般而论,存货周转率高,存货销售畅通,存货充满生机,存货资金周转快,则企业不会发生财务危机。

3. 总资产周转率

$$总资产周转率 = \frac{销售收入}{平均资产总额} \times 100\% \quad (7.8)$$

总资产周转率反映了全部资产的经营质量和利用效率。

该指标的对比与分析,不仅可以反映出企业年度及以前年度总资产的运营效率与能力,而且也可以发现企业与同类企业在资产利用上存在的差距。从而,这种方法能促使企业挖掘其潜力,积极创造收益,提高其产品的市场占有率,提高其资产的使用效率。一般情况下,该指标数值越高,总资产周转的速度越快,企业的销售能力越好,其资产利用效率就越高。所以,企业的资产活动能力增强,企业能够不断创造新价值,其财务风险就会很小。

4. 不良资产比率

$$不良资产比率 = \frac{年末不良资产总额}{年末资产总额} \times 100\% \quad (7.9)$$

不良资产主要指三年以上应收款、积压商品物质和不良投资等。

该指标越低越好,0 是其最佳水平。该指标反映企业资产的质量,提示企业在资产管理和使用上存在的问题。一般情况下,该指标越高,表明企业的沉淀资金越多,资产缺乏活力,企业易陷入财务危机。

二、反映项目获利能力的指标

分析企业的获利能力,不仅要看到其利润的绝对量、相对量相应的构成,还要分析其利润的质量。由于社会上各种经济业务的确认采用权责发生制,有利润的年份不一定有现金流入,而利润的质量是指获取利润的同时伴随现金流入,现金流入越多,企业利润的质量就越高。一般地说,反映企业获利能力的指标主要有以下几种。

1. 销售利润率

$$销售利润率 = \frac{利润总额}{营业收入} \times 100\% \tag{7.10}$$

销售利润率表明单位销售收入创造的销售价值利润,反映企业主营业务的获利能力,也是评价企业获利能力的基本指标。此指标越高,说明企业的产品定价科学,产品的附加值高,其营销策略也得当,主营业务竞争能力强,发展潜力大,获利水平高,从而,企业也不易发生财务危机。

2. 成本费用利润率

$$成本费用利润率 = \frac{利润总额}{成本费用总额} \times 100\% \tag{7.11}$$

成本费用利润率表示企业为获取利润而付出的代价,从企业支出方面来评价企业的获利能力,有利于促进企业内部加强管理,节约支出,提高其经济效益。该指标越高,说明企业的投入-产出比就越高,单位成本费用创造的利润就越大,企业的财务状况就良好。

3. 净资产收益率

$$净资产收益率 = \frac{净利润}{平均资产} \times 100\% \tag{7.12}$$

净资产收益率反映投资与报酬之间的关系,是评价企业获利能力的核心指标。该指标的通用性强,适应范围广,不受行业局限。该指标越高,表明单位资产创造的利润越大,说明资产增值能力强,企业充满活力和生机,企业的财务状况比较可观。

4. 每股收益

$$每股收益 = \frac{本年盈余}{流通股数} \tag{7.13}$$

每股收益反映普通股的投资收益水平。该指标越高,则企业的投资收益越好,股东对企业充满信心,企业的财务也相对安全。

5. 扣除非经常性损益后的净利润

$$非经常性损益 = 土地转让收益 + 财政补贴 + 债务重组收益$$
$$+ 资产重组收益 + 汇总收益 + 会计变更影响 \tag{7.14}$$

$$扣除非经常性损益后的净利润 = 净利润 - 非经常性损益 \tag{7.15}$$

非经常性损益是偶然的、不稳定的,不能为企业提供稳定、可靠的利润来源,在分析时,应从净利润中扣除。所以,有人形象地将这种方法称之为"缩水"处理。该指标越大,表明利润的质量高、较稳定、持续性强,企业不易陷入财务危机。

6. 主业鲜明率

$$主业鲜明率 = \frac{主营业务利润}{利润总额} \times 100\% \tag{7.16}$$

该指标越大,说明主业鲜明,企业的核心竞争力强,财务稳健;反之,则主业模糊,企业核心竞争力脆弱,财务不安全。

7. 每股经营活动产生的现金净流量

$$每股经营活动产生的现金净流量 = \frac{经营活动所产生的现金净流量}{年末普通股股数} \quad (7.17)$$

每股经营活动产生的现金净流量反映每股经营活动所产生的现金净流量。每股经营活动产生的现金净流量大,说明企业的现金偿还能力强,企业不至于发生支付困难或财务危机。

8. 利润质量

$$利润质量 = \frac{经营活动产生的现金流量}{营业利润} \quad (7.18)$$

由于会计上各种经济业务的确认采用权责发生制,有利润不一定伴有现金流入,利润只是"纸上的东西",或者说是"潜在的货币",而现金流量是"现实的货币",现金流量与利润比越大,反映利润的质量越高,债务就有丰厚的现金做后盾,从而,企业就不会产生现金支付的危机。

三、反映项目成长潜力的指标

反映成长潜力(成长能力)的指标,主要是用来反映企业的股权扩张和利润增长的能力,主要有以下指标:

1. 3年资本平均增长率

$$3年资本平均增长率 = \left(\sqrt[3]{\frac{年末所有者权益}{3年前年末所有者权益}} - 1\right) \times 100\% \quad (7.19)$$

该指标反映企业3年资本的平均增长率。该指标越大,说明企业的融资能力越强,企业的资本不断充实和壮大,负债权益比就会大大改善。由于资本不需返还,3年资本平均增长率越高,企业面临的支付压力就越小,财务危机就不易发生。

2. 3年利润平均增长率

$$3年利润平均增长率 = \left(\sqrt[3]{\frac{年末利润总额}{3年前年末利润总额}} - 1\right) \times 100\% \quad (7.20)$$

该指标反映企业3年利润的平均增长率。该指标越高,说明企业的积累越多,企业的可持续发展的能力强,发展潜力越大,不会发生支付困难。而过低的企业3年资本平均增长率和3年利润平均增长率,则反映企业的成长能力不高或日益萎缩,财务危机就易发生。

四、非财务预警指标

一些难以量化的非财务因素也可能酿成企业的财务危机。因此,需要检测这些非财务因素并进行定性分析。这些因素一般有以下几种

(一)领导班子的基本素质

领导班子的基本素质是指企业的责任领导班子的智力素质、品质素质和能力素质等,具体包括相关知识结构、道德品质、敬业精神、开拓创新能力、团结协作能力、组织能力和科学判断决策能力。

若企业领导班子的素质高、责任心强、判断准确、决策正确,就能引导企业健康发

展,并使企业的财务活动良性循环;反之,若企业领导班子的素质低、责任心差、判断失误、决策错误,就使企业发展缓慢或停滞,并使企业的财务活动陷入危机四伏的境地。

(二) 基础管理水平

基础管理水平反映企业按照国际规范做法和国家政策、法规的规定,在生产经营活动中形成的维系企业正常运转及生存和发展的企业组织结构、内部经营管理的模式的状况,以及各项基础管理制度、激励与约束机制的建立与执行情况。

基础管理水平较高的企业,企业组织结构、内部经营管理模式合理,各项制度健全,系统功能得到充分发挥,激励士气,形成独特的企业文化,生产经营健康发展,财力状况良好,财务危机发生的可能性就不大。

(三) 在岗员工素质

在岗员工素质是指企业普通员工的文化水平、道德水准、技术能力、组织纪律性、参与企业管理的积极性及爱岗敬业精神等综合状况。企业普通员工的素质高,企业的综合实力就强。市场经济下的竞争实质上就是人才竞争,有了高素质的人才,企业的产品和服务质量就会提高,产品、服务的市场占有率就会强,竞争力因此也会得到增强,企业发生财务危机的可能性也就会很小。

(四) 技术装备更新水平

技术装备更新水平反映企业主要生产设备的先进程度和使用性、开工及闲置状况,以及企业新产品的研究和开发能力、技术投入水平等状况。

企业技术设备先进,开发新产品的能力就强,产品更新周期短,产品的成长速度快,企业的竞争能力就强,可持续发展的能力也就会强。因此,企业的收益就能稳定增加,财务危机发生的可能性也不会大。

(五) 企业的经营发展策略

企业的经营发展策略反映企业所采用的包括增加科技投入、建立新的营销网络、实施新项目、兼并重组等各种中短期和长期经营发展战略。

若企业的经营发展策略制定合适,营销网络广泛严密,产品升级换代快,产品科技含量和附加值高,企业的财务危机就很难发生。

(六) 长期发展能力

长期发展能力是从企业的资本积累状况、利润增长情况、资产周转速度、财务安全程度、科技投入和创新能力、环境保护等方面综合预测的企业未来的发展前景与潜力。对于一个科技投入高、创新能力强、发展前景良好的企业来说,其发生财务危机的可能性将会非常小。

(七) 企业文化

企业文化是指企业在长期生产经营过程中逐步形成的独特的企业价值观、企业精神,以及以此为中心而形成的行为规范、道德准则、生活理念、企业习俗以及经营理念等。健康、团结、进取、向上的企业文化是企业逐步发展壮大的基石。若企业的文化健康,企业的凝聚力就超强,充满进取精神的企业发生财力危机的可能性也就会很小。

(八) 银企关系

若企业的信誉好,融资渠道畅通,即使发生暂时的困难,企业也可能争取到银行的支持。这样,只要企业与银行的关系较好,二者携手就能帮助企业渡过难关。但是,若企业的信誉差,融资渠道不畅,资金周转困难发生时,企业将很容易陷入无限的财务危机中。

五、财务危机临界点及预警指标的确定

财务危机临界点是指预警系统所选用的每一项指标的下限。当某项指标低于下限时,说明该指标有问题。在一定时期内,达到下限的指标越多,说明企业发生财务危机的概率就越大。各项预警指标的下限可以根据同行业的正常水平或企业集团的历史经验来确定。

预警指标权重的确定,可选用某一国家或地区的同行业若干公司某一时期相关财务指标的数据来测算。[1]

本章小结

1. 私募股权投资的风险有经济风险、项目违约风险,及政策、法律风险等。
2. 项目公司的违约风险,一般是指私募权投资基金的投资方与融资方在达成投资协议后,项目公司未能完全履行事先达成的合约或在经营项目时未能达到预期的效果等方面的产生的不确定性。由于项目管理有着与众不同的特点,项目公司违约的风险也就难以避免。
3. 政策风险主要的影响范围是某一国家或地区。又由于国家政策风险发生的时间具有不确定性,其产生的影响通常也是多方面的。
4. 法律风险的原因通常包括违反有关法律与法规、合同违约、侵权、怠于行使公司的法律权利等。
5. 私募股权投资的项目风险控制包括风险管理的目的、风险管理的方法和风险管理的措施三大方面。

复习思考题

1. 私募股权投资的风险一般有哪些?这些风险在现实中的私募股权投资事件中是怎么体现出来的?
2. 应该采取什么措施,才能最大化地规避项目违约风险?请结合新近的案例来论述你的观点。
3. 政策、法律风险可能因国家或地区的不同而有所差异。假设:一个中国人去美国做私募股权投资,或者一个美国人来中国做私募股权投资。你认为,他们各自应该怎么做,才能最大限度地规避这种风险。
4. 私募股权投资的项目风险控制的主要内容是什么?
5. 私募股权投资财务风险预警指标体系是什么?

---

[1] 刘兴业,任纪军.中国式私募股权投资[M].北京:中信出版社,2013:269-275.

扩展阅读

永乐宿命:大摩操控国美永乐并购案

作为第一家受外资投行对赌协议及操作手法推动而被并购的中国公司,永乐给中国企业界上了生动的一课。它彻底打破了长期以来扎根于企业决策者们脑海中的关于"财务投资者不会干涉企业运营和战略"的观念。

1. 对赌协议的实质:保证大摩收益水平

2005年1月,大摩投资永乐之时双方签订的对赌协议核心内容是:永乐在2007年(如遇不可抗力,可延至2008年或2009年)扣除非核心业务(如房地产)利润后盈利如果高于7.5亿元(人民币,下同),投资人向管理层割让4697万股;利润介于6.75亿元和7.5亿元之间不需进行估值调整;利润介于6亿元和6.75亿元之间,管理层向投资人割让4697万股;利润低于6亿元,则管理层割让的股份达到9395万股,占到永乐上市后总股本(不计行使超额配股权)的约4.1%。

假定大摩在投资永乐以后到2007年对赌协议终止期间,除了因"对赌协议"使大摩持有永乐股份发生变化外,大摩没有在二级市场增持或抛售永乐股份的行为。每股股价=市盈率×每股盈利,其中市盈率按照5只在港上市的内地经营的零售企业2006年全年市盈率平均值(可近似看作行业平均市盈率)来算,每股盈利=假设2007年永乐净利润/已发行总股数,假设2007年永乐净利润有三个临界点,分别是6亿元、6.75亿元和7.5亿元。

当大摩赌赢时:若每股股价$P=6.75$,其理论账面投资回报率最高可达639%,若$P=6$,则理论账面投资回报率可达623%;当大摩赌输时,即$P=7.5$,其理论账面投资回报率可达557%。也就是说,无论大摩赌赢还是赌输,其投资回报率都能达到6倍左右,而赌赢比赌输时投资回报至少会高出10%(以2006年9月22日汇率1美元=7.926元计算)。

可以从粗略的估算中看出,名为"对赌",实际上大摩稳赚不赔,而对于永乐管理层来说,"对赌协议"对其压力要沉重得多。赢了"对赌",永乐管理层自然可松一口气,输了"对赌",就至少要割让总股本的4.1%给大摩,致使管理层控制的股权比例将低于50%,失去对公司的绝对控股权。没有任何一家接受投资的企业会为了输掉股份而签署对赌协议,相信永乐管理层在与大摩达成协议时,是权衡过赢得"对赌协议"的可能性的。

2. "对赌"成为永乐经营决策的决定性因素

事实上,在大摩投资永乐之前,从2003年到2005年,永乐的净利润年增长率逐年下滑,从2003年的423%下降到了2005年的36%。显然,在公司实体不发生重大改变的前提下,永乐即使想保证在2007年净利润达到不向大摩送股的6亿元,其可能性也都相当微小。

统计数据显示,2005年上半年,国美毛利率为8.63%,其中其他业务所产生利润占利润总额的比例为71%;苏宁的毛利率为8.74%,其他业务利润占利润总额172%;永乐这两个数据分别为6.96%和112%。与之相对的,中国家电连锁业的佼佼者们争相踏上了疯狂扩张的超常发展道路,而谁的扩张速度快,谁就占得先机。截至2006年6月30日,国美、苏宁(002024.SZ)、永乐门店数分别达到334家、286家、225家。可见,与大摩所签的对赌协议,成为左右永乐经营决策方向的主导力量。在资本意志的驱动下,永乐2005年以后的并购步伐可谓迅猛,先后并购了广东东泽、四川成百、厦门灿坤等等,把被并购企业的盈利注入到永乐利润表中,以期达到对赌协议的净利润要求。但事与愿违,急剧的扩张显然超出了长期以来擅长于"慢工出细活"的永乐管理层的能力范围。永乐在2005年将其门店数从2004年的92家增加至193家,开店的城市从34个扩张到72个。但付出的代价是:2005年永乐每平方米收入从2004年的40 472元下降至25 482元,下降幅度高达37%;毛利率方面,永乐也下降了0.6%。而同时,2005年永乐的销售额为180亿元,门店数为193家,与国美2005年销售额498亿元,门店数570余家,苏宁2005年400亿元的销售额和360余家门店数相比,规模上仍然无法与之抗衡(这里统计口径中,国美、苏宁部分门店是加盟店)。

3. 大摩"增持减持"游戏手法

永乐在2006年4月21日公告并购大中,无疑向外界传递出管理层做大规模、提高盈利水平的信号。联系到此时大摩第一批股份的禁售期即将到期,永乐此举可谓意味深长。然而就在此合作公告后永乐复牌的第一个交易日,即2006年4月24日,大摩突然发布报告称:"由于成本升速超过预期,预计永乐当年收益将下降25%~27%",同时将永乐评级由"增持"降至"与大市同步",目标价由4.20港元下调至3.95港元。摩根大通也将永乐的评级由"增持"调低至"减持",目标价下调28%至3.40港元。大摩处心积虑,技高一筹。

4. 大摩回报率大幅提升

值得一提的是,按照对赌协议,大摩原始持股中另一半的禁售期结束时间是4月25日后的90天——约7月25日。从时间上来看,国美宣布收购永乐的消息的时间也非常有利于大摩对这部分股份的处置。就在市场仍对永乐与大中合作而议论纷纷时,大摩已经开始增持国美。某证券媒体8月3日有文章指出大摩在国美成功收购永乐前已三次增持股票。而据香港联交所消息,大摩8月18日以每股6.363港元的价格,增持国美电器121万股。今年以来,大摩已连续多次增持国美,其持有的国美股份比例基本上保持在7%以上。而在8月15日永乐股价跌幅过大,导致市场一度认为国美并购永乐折价过大可能影响并购时,大摩更通过公开资料直接表示,"永乐盈利表现疲弱更能令股东支持国美的收购方案,因为两者潜在带来协同效益,相信国美收购建议接获永乐90%股东接纳的机会提升"[①]。

---

① 永乐宿命:大摩操控国美永乐并购案,http://www.docin.com/p-59836442.html[2014-03]

第八章 私募股权基金如何获利

> **学习目的**
>
> 私募股权投资是价值增值的过程,本章将介绍私募股权投资的盈利模式及收益的影响因素等内容。要求了解私募股权基金收益特征及盈利模式;理解私募股权基金影响因素并能结合实际案例进行分析;掌握私募股权投资不同退出方式的优缺点。

第一节 私募股权基金收益特征及影响因素

私募股权基金主要是通过专业的方法把客户闲散的资金通过定向私募的方式聚集起来,投资到未上市的,具有高成长、高回报的企业当中去,通过一系列的增值服务,促使企业快速成长,做大做强,和资本市场对接,主要通过资本市场退出得到较高的收益。

一般而言,私募股权基金的盈利分为五个阶段:一是价值发现阶段,即通过项目寻求,发现具有投资价值的优质项目,并且能够与项目方达成投资合作共识。二是价值持有阶段,基金管理人在完成对项目的尽职调查后,基金完成对企业的投资,成为被投资企业的股东,持有被投资企业的价值。三是价值提升阶段,基金管理人依托自身的资本聚合优势和资源整合优势,对被投资企业的战略、管理、市场和财务进行全面的提升,使企业的基本面得到改善优化,企业的内在价值得到有效提升。四是价值放大阶段,基金所投资项目,经过价值提升,培育2~3年后,通过在资本市场公开发行股票,或者溢价出售给产业集团、上市公司,实现价值的放大。五是价值兑现阶段,基金所投资项目在资本市场上市后,基金管理人要选择合适的时机和合理价格,在资本市场抛售被投资企业的股票,实现价值的最终兑现。

一、私募股权基金的盈利模式

私募股权基金的盈利模式,可以从两个方面进行理解:一是"基金"本身如何盈利,二是"基金管理人"如何盈利。

(一)私募股权基金盈利模式

私募股权基金的运作方式是股权投资,即通过增资扩股或股份转让的方式,获得非上市公司股份,并通过股份增值转让获利。私募股权投资基金盈利模式和证券基金一样,低买高卖,为卖而买,获取长期资本增值收益。[①]

从理论上来说,私募股权基金任何投资的盈利模式都会通过两种渠道,即"资本利得"和"资本评价"。所谓资本利得,就是资本本身获得的收益减去支出后获得的利润。而资本评价,就是股票市场等资本市场对资本价值的评价。如果资本市场对资本的评价价值高于资本的实有价值,那么这高出的部分就是资本的评价增值。对于私募股权基金的盈利来说,其盈利主要来自资本的评价增值。市场对资本的评价是以"货币"做为尺度的。资本利得可能会在资本市场上进一步转化为资本评价。所以,"资本增值"可以分成"利得增值"和"评价增值"两个方面。此外,"资本增值"还可以分为"内源增值"和"外源增值"。其中,资本利得属于资本的内源增值,而资本评价则属于外源增值。对于私募股权基金来说,更为看重的是资本评价增值这样的外源增值。当然,因为资本评价的唯一标准是资本的盈利能力,资本利得是资本评价的基础。所以,如果资本利得不好,市场对资本的评价也就不好。

(二)私募股权基金管理人的盈利模式

基金管理人的收入来源包括对基金的"管理费"和基金运营的"收益奖励"两部分。基金管理人每年按照基金资产净值提取一定比例的管理费,以作为基金管理人日常运营费用和人员支出费用,通常为基金数额的1%~2.5%。如果基金的净资产收益率和现金分红回报率超过一个约定标准的时候,从基金现金分红总额中提取一定比例,奖励给基金管理人。通常的私募投资基金是约定某一数额后,按20%和80%的比例进行分配,这样更有利于激励基金管理人进行业务创收。

二、私募股权基金的收益特征

任何投资的收益从本质上来说都是现金流出、现金流入和时间这三个变量的函数。传统的股票和债券投资时的现金流出数量都是确定的,且股票和债券市场的流动性高,投资较为容易变现,投资的退出时间和现金流入也是投资人可以预期和把握的;而私募股权基金虽然在本质上是一种权益投资,但现金流出、流入的数量和时间对于投资人来说都是不确定的,这一特征导致基金投资的收益与传统股票和债券投资的收益相比,具有鲜明的行业特征。

(一)私募股权基金投资的收益高

与债权投资获得投入资本若干百分点的利息收益不同,股权投资以出资比例获取公司收益的分红和股权增值,若被投资企业成功上市,私募股权基金的获利可能是几倍或几十倍甚至更高。股权投资不像证券投资可以直接在二级市场上买卖,其退出渠道有限,而有限的几种退出渠道在特定地域或特定时间也不一定很畅通。一般而言,私募股权基金成功退出一个被投资企业后,其获利可能是3~5倍,而在我国,这个数

[①] 隋平,董梅.私募股权投资基金:操作细节与核心范本[M].中国经济出版社,2012年,第32—33页。

字可能是 20~30 倍。高额的回报,诱使巨额资本源源不断地涌入私募股权投资市场。

(二) 私募股权基金收益伴随着高风险

私募股权投资的风险,首先源于其相对较长的投资周期。因此,私募股权基金想要获利,必须付出一定的努力,不仅要满足企业的融资需求,还要为企业带来利益,这注定是个长期的过程。再者,私募股权投资成本较高,这一点也加大了私募股权投资的风险。此外,私募股权基金投资风险大,还与股权投资的流通性较差有关。

(三) 投资早期往往发生费用而没有收益

投资早期,往往会发生项目的初始投资金额以及费用而没有收益。在创业投资的生命周期内,有两种类型的现金流量:一是现金流量与投资项目的初始投资额以及管理费、成本有关,费用包括管理费以及基金运作而发生的成本。这种现金流会减少合伙人投入基金的资金额;二是现金流量与私募股权基金分配给投资者的红利以及收益有关。第一种形式的现金流在私募股权基金成立早期占主导地位,第二种形式的现金流在私募股权基金后期占主导地位。在任何基金存续的早期,此时只有资金的投入,即便是仅仅通过管理费用也会有显著的现金流出,而没有任何投资的分红产生,因此私募股权基金投资早期的收益均为负值。

(四) 私募股权基金收益的后验性

由于私募股权基金投资的现金流出、流入的时间和数量具有不确定性,只有在最后一笔现金流产生之后才能得知投资收益情况,即越在基金存续的后期,对基金收益的估算就越精确,因此基金投资的收益是后验性的。即使通过估值技术评估组合公司的投资价值,估值也是趋于保守的,很多项目的最终收益要远远大于估值的结果。

(五) 私募股权基金的收益指的是持有期年收益率

基金投资的投资收益率不是计算单个年份的年收益,而是综合计算多年收益得出的,而且其收益率是基于持有期限的标准来衡量,即从基金创立之日到某个特定日期,因此基金投资的收益率也是持有期年收益率。私募股权基金收益来源于投资项目的一系列现金流量,债券等其他资产也有这样的特点,但和私募股权基金相比,两者之间有明显的区别。买进债券,意味着只有购买时点上的一笔现金流出,其余时点都属于现金流入(债券的利息以及债券的票面金额),并且可以准确预计现金流入和流出的日期以及金额,由于不存在不确定性,债券投资可以准确计算收益率。一些基础设施建设项目符合这项条件,这些投资项目和债券投资类似,现金流在一定程度上可以稳定地预计,例如桥梁建设,总支出的金额和时期在工程初始就已经确定。而对于一项私募股权投资项目而言,现金流量则要复杂得多。为了控制风险,基金经理会采用阶段投资的方法,被投资企业只有达到前期设定的业绩要求,才会追加后期的投资,追加投资的时点和金额是不可预计的,追加投资的次数也不能提前确定;此外,私募股权基金无法准确估计退出的时点和金额,意味着私募股权基金无法估计现金流入的时点及数量。

三、私募股权基金收益的影响因素

私募股权基金收益的高低取决于被投资企业的市场价值。很多案例都表明同样的企业在不同的时间有着不同的市场价值。因此,私募股权基金退出时机的选择非常关键。

(一)宏观及行业因素

理论上讲,可以将私募股权投资退出运作的起点作为退出时机的确定。并且,在确定私募股权投资退出时机时,不仅要充分考虑和分析被投资企业的资金运行状况和收益水平趋势,而且还要分析企业乃至整体社会经济发展的宏观环境是否适合退出。在研究分析宏观经济对被投资企业和私募股权投资退出决策的影响时,应充分重视研究被投资企业所面临的投资环境、生产环境和销售环境,深入分析各种经济要素和环境因素对被投资企业的影响,为科学、合理地制定投资退出决策提供可靠依据。

根据我国私募股权投资的实际情况,主要从宏观经济周期、资本市场环境、融资企业产业特征、融资企业经营绩效等因素分析对退出方式的影响。

1. 宏观经济周期

私募股权基金作为经济个体不可能脱离宏观经济周期而独立存在。从全球发展经验和趋势来看,私募股权基金发展变化与宏观经济周期密切相关,在经济高涨或扩张时期,私募股权基金通常会发展迅速,在经济萧条或者衰退时期,私募股权基金的发展会受到明显的抑制。经济周期是指宏观经济活动的扩张与收缩的交替过程和周期性的波动,是经济活动总体性、全体性的波动。一个完整的周期由繁荣、衰退、萧条和复苏四个阶段组成。经济周期是由于经济产业结构发展过程中产业结构处于平稳发展阶段与处于转换阶段交互更替而形成的。在此过程中,被投资企业因受产业结构等因素的影响,导致其估值变化较大,从而显著地影响了私募股权基金退出决策的选择。私募股权基金无力决定它的外部环境,但可以通过内部流程的改善,选择积极、有效的退出方式来适应外部环境的变化。因此私募股权基金要对经济周期波动了解和把握,并能制定相应的对策来适应经济周期的波动,否则将在经济周期波动中丧失退出良机。[1]

(1)经济繁荣期。

繁荣期,即经济活动扩张或向上的阶段,此期间宏观经济形势较好,资本市场交易活跃,市场需求旺盛,企业发展环境优越,上市公司的良好业绩吸引更多的股市投资者,资本市场的投资资金浑厚,投资者的预期较高,往往会高估企业估值,私募股权基金市场退出更加有力,首次公开募股更加容易,通过公开上市退出的机率较大。

(2)经济衰退期。

衰退期,即由繁荣转向萧条的过渡阶段,此期间宏观经济形势转差,资本市场疲软,市场需求萎缩,企业发展困难,现金流极易发生断裂,投资者往往会持观望态度,私募股权基金难以从投资企业退出,股份回购机会渺茫,此阶段破产清算的可能性加大。

(3)经济萧条期。

萧条期,即经济活动收缩或向下的阶段,当经济周期进入萧条期,实体经济、股票市场、融资市场非常萎靡,一般此经济状况下,为促进需求,利率会全面下调至低点,企

---

[1] 金兆根.私募股权投资的收益分析及启示[N].中国保险报,2011-01(7).

业融资成本降低,由于企业价值严重低估,此时股份回购的机会概率会变大。

(4) 经济复苏期。

复苏期,即由萧条转向繁荣的过渡阶段,经济形势逐渐好转,投资企业的市场环境、融资环境逐渐改善,有远见的投资者开始研究投资目标,良好的预期使得市场兼并收购的机会更多。

如图 8-1 所示,经济周期通过通货膨胀和经济政策,影响市场利率水平,进而改变企业投资环境;经济周期影响失业率,进而改变劳动工资等要素价格,使得企业的生产环境改变;经济周期通过失业率和经济政策的改变,影响消费者的消费水平,进而改变企业的销售环境。企业投资环境、生产环境、销售环境的改变,最终带来企业利润的改变,也使得私募股权基金收益发生改变。

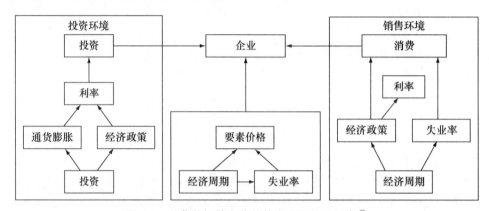

图 8-1 私募股权基金收益的宏观和行业因素①

2. 被投资企业特征

(1) 行业特征。

被投资企业未来的增长前景对退出方式有影响。在高新技术行业,拥有较高盈利比例和更高增长前景的企业更可能选择上市,被投资企业的创新程度和市场地位决定了企业未来的前景,进而影响了退出方式;对于创新程度低的被投资企业来说,市场竞争较为激烈,因此潜在的买者愿意出比 IPO 低的价格购买,因此这种企业一般会选择股权交易的形式退出;对于创新程度高的被投资企业,其市场竞争能力增强,企业更可能通过 IPO 使自身的价值得到更高的认可;提高 IPO 的可能性。私募股权基金退出方式不仅取决于企业的质量,还取决于资产的特征和投资的持续时间。根据投资中国(China Vetnre)数据库研究在我国 2003—2010 年私募股权基金退出的方式选择的资料显示:各个产业的私募股权基金退出方式差别非常显著,IPO 的退出方式中制造业占比最高,兼并收购的退出方式 IT 行业占比最高,破产清算的退出方式中互联网占比最高。

(2) 接受投资时所处的发展阶段。

由于初次接受投资时被投资企业所处的发展阶段不同,而在不同的发展阶段,

---

① 李昕,杨文海.私募股权投资基金理论与操作[M].北京:中国发展出版,2008:222.

企业的风险大有不同。如在企业的创立早期风险较大,投资风险较高,这就会增大以破产清算退出的可能性;而企业的成熟期风险小,因而私募股权基金成功退出企业的概率就比较大。

(3) 资金需求量。

被投资企业的资金量越大,能够更好地满足IPO的资金要求,因此私募股权基金以IPO方式退出的概率就越大。

(4) 财务状况。

退出方式与企业的财务状况息息相关。产品市场的产出决定了收益及红利,从而决定了退出方式。对于业绩较好的企业来说,IPO是更适合的退出方式,而对于业绩相对较差的企业来说,股权交易则是更好的退出方式。被投资企业选择IPO的概率与企业利润率是正相关的。利润相对较高的企业会采用IPO,利润相对较低的企业一般采用股权交易,而对于盈利水平很差甚至负利润的企业来说,采用清算的方式能够避免更大的损失。

(二) 其他因素

1. 资本市场环境

资本市场环境主要是指多层次资本市场体系的建立、法律及法规的建设、政府宏观指导政策方面,完善的资本市场环境可以有效降低私募股权基金退出的系统风险,保障私募股权基金的良性发展,提供更加可行的退出方式。多层次资本市场体系是指针对质量、规模、风险程度不同的企业,为满足多样化市场主体的资本要求而建立起分层次的市场体系,包括主板市场、二板市场、三板市场、债权市场等。它为企业的发展提供一个公平竞争、促进创新的市场环境,使不适合市场发展的企业难以在资本市场上生存,不断提高资本市场的投资价值,实现资本资源的优化配置,降低IPO退出难度,为兼并收购提供场所,为股份回购提供便利条件,为破产清算提供法律通道。

2. 交易成本的高低

交易成本是影响私募股权基金投资回报率的重要因素,而投资回报率是影响私募股权基金退出方式选择的相关因子,故交易成本的高低对于私募股权基金退出方式的选择具有一定的影响。交易成本主要有两方面:一是显性成本,如交易双方买卖过程中发生的费用、交易双方谈判过程中发生的费用、交易后涉及控制权归属及管理层激励等公司治理结构调整的费用。二是隐性成本,如信息不对称成本、流动性成本等。[①]

(1) 显性成本。

IPO是私募股权基金最理想的退出。但对于IPO,各国政府的监管机构都有严格的要求,企业为此需支付给会计师事务所、律师事务所、承销商等中介机构昂贵的费用,上市后必须按照监管部门要求设定相关部门及岗位,诸如监事会、独立董事等。相比较而言,兼并收购和股份回购就会省去为了满足监管部门的要求而产生的大量费用,此外破产清算所产生的成本是少之又少,但却是私募股权基金最不想看到的结果。

---

① 张超.私募股权投资基金退出方式及案例分析[D]华东理工大学硕士学位论文,2013:35-40.

总之,从显性成本角度考虑,IPO退出的成本明显高于其他退出方式,兼并收购和股份回购更有优势。

(2) 隐性成本。

相对于显性成本,隐性成本在交易成本中也占有一定地位,其主要体现在信息不对称成本和流动性成本。信息不对称成本是指私募股权基金退出时买卖双方对于交易企业的经营、市场情况存在着严重的信息不对称,不同的私募股权基金退出方式解决信息不对称的模式差异较大,会降低买卖双方的成交价格,从而使私募股权基金退出成本提高,影响私募股权基金的投资收益。所以,私募股权基金退出会倾向于选择更好的解决信息不对称问题的退出方式,从而使交易成本降低。企业IPO后股权较为分散,中小股东对于上市企业的信息处理分析上处于劣势,很难对上市企业进行合理的估值;兼并收购以战略投资者居多,他们往往处于并购企业上下游产业链中,能够很好地掌握和分析企业的市场前景和财务数据,但相对于战略投资者而言缺乏战略眼光和商业运营意识,对于企业估值存在不足。

3. 流动性

流动性会对资产的定价产生很大影响,资产股权流动性越强,成交的价格越高,私募股权基金投资收益就更高。IPO的流动性最高,企业上市后,私募股权基金可以在一定期限内全部抛售股权实现资产;兼并收购的方式为股权、现金或二者混合的方式购并,流动性上相比IPO略显不足;股份回购是企业与私募股权基金的发行承诺不能兑现时,将私募股权基金的股权重新购回,此时企业发展一般不理想,往往通过债权换股权的方式操作,这种方式比兼并收购的流动性更差。

4. 私募股权投资机构的成立时间

成立时间较短的私募股权投资机构,为了尽快树立起自己的形象以便未来更好地发展,通常情况下更乐于选择更能提高声誉的退出方式,如IPO退出,然而在某些情况下,IPO退出并不会使得私募股权基金总收益最优。对于成立时间较长并已经建立良好声誉的私募股权投资机构,其基金存续期也会较长,因而会更有耐心等待最优退出时机的到来,并选择最佳退出方式。

5. 投资期

投资期影响着退出方式,从而也影响了投资收益。美国和加拿大246项创业投资退出研究中发现,投资期越长,越容易采用IPO的方式退出。接受风险投资的企业很多属于创新型的高科技企业。创新性是企业具有长期竞争力的关键条件,然而,高收益必然伴随着高风险,创新的事物较难预期,需要有等待的耐心,因此私募股权投资的失败容忍度这一特性对被投资公司有着深刻的影响。私募股权基金的失败容忍度越高,其所投资的IPO企业创新性越强;对于那些更富有创新性的企业来说,私募股权基金的失败容忍度越低,以失败的方式退出的概率越大。

6. 联合投资

联合投资有助于结合各种私募股权基金的力量,对项目进行更好的尽职调查,有助于降低逆向选择和道德风险,并能够在项目进行中提供更好的管理咨询服务,因此,联合投资能够增大项目成功的概率。

7. 法律政策

不同国家的法律环境和结构也影响退出模式,如果法律环境的综合指数比较高,IPO 退出的被投资企业数目就比较多,因为对 IPO 的严格要求会对公众投资者起到保护作用;如果法律环境的综合指数比较低,则股权交易退出的可能性比较大。

第二节 私募股权基金退出机制设计

私募股权基金的运作可分为募资、投资、投后管理和退出四个阶段(如图 8-2 所示)。募资是私募股权基金运作的起点,投资与投资后管理是私募股权基金运行周期的核心,而退出是其关键环节。私募股权基金的核心是通过成功的项目退出来实现收益,因此退出机制是至关重要的一环:一方面,通过资金收回保证了后续私募投资的持续进行;另一方面,也使得具体投资项目得以量化评估。基金管理人在做出投资决策的同时就必须有退出策略的规划,包括退出的时间、渠道以及预期的收益等因素。

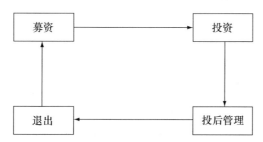

图 8-2 私募股权基金的运作周期

图 8-3 说明了私募股权投资退出的流程。首先,要选择恰当的退出时机,评估公开上市、非公开上市等不同退出渠道的收益,进而设计退出过程和奖惩机制;其次,要进行退出开始前的准备;再次,启动退出程序,与投标人谈判、监控退出过程;最后进行交易结算并评估审查。

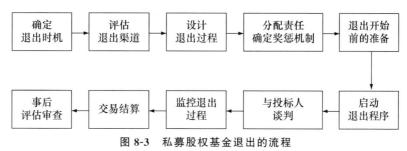

图 8-3 私募股权基金退出的流程

一、私募股权基金退出机制的内容

私募股权基金退出是指在其所投资的企业发展到一定成熟的阶段之后,私募股权投资机构将它持有的权益资本在市场上出售,以收回投资成本并实现投资回报的行为,私募股权投资的根本目的并不是掌握公司控制权或长期经营权,而是在恰当的时机退出企业来获取高额收益。一般而言,私募股权投资具有循环投资的特点,即"投资—管理—退出—再投资"的循环过程。退出是私募股权投资循环的最后一个环节,也是核心环节,它实现了资本循环流动的活力性特点,对项目成败影响最大。所以,只有建立畅通的退出机制,才能为私募股权投资基金提供持续的流通性和发展性。

私募股权基金的退出机制关系到双方主体:对私募股权投资的投资者而言,退出机制与投资收回以及投资收益的实现密切相关,投资收益的多少、投资回报率的高低都取决于能否顺利地退出以及以何种方式退出;对被投资企业而言,退出机制意味着与私募股权基金合作关系以及利益共同性和利益差别性关系的终结。

二、私募股权基金退出机制的意义

私募股权基金的目标不同于企业家,他们的目标是出售企业、收回投资、获取利润并进入下一个投资周期。因此,对于私募股权基金而言,退出是关键环节,这直接关系到他们的生存和发展。私募股权基金退出的意义在于,实现投资收益和投资价值,同时保持资本的流动性,促进资金的循环,并对企业家有激励作用。对于私募股权基金而言,在整个投资的过程中,退出方式和退出时间的选择是关键的一步,资金能否实现增值并顺利退出是衡量投资是否成功的首要标准,对其今后的发展将起到举足轻重的作用。

具体而言表现在以下几个方面。

(1) 评价投资活动,体现投资价值。私募股权基金投资的方向一般是趋向于具有发展前景的新兴企业、新思想、新技术。新产品和新市场是这类企业的显著特点。通过常规的财务核算方式,其价值难以确定,发现和实现创业企业的价值只有通过市场评价,而评价其投资价值最好的标尺就是看投资退出时资产的增值幅度,而且这种评价也适合企业创新的激励。高新技术企业更容易得到私募股权基金的青睐,如果企业中承诺给优秀人才的股权能及时兑现,更能激发他们的敬业精神和创新思想。因此,私募股权投资的退出为投资过程提供了一种较为客观的评价方法,投资价值的高低和效率最终体现在退出时资本的增值大小。私募股权基金的投资者通常还会以项目投资效益和退出状况作为对基金管理者日常经营业绩能力的评价依据,以及是否追加或撤销投入资本的承诺的重要决策参考。而私募股权投资的退出可以将投资项目的收益风险情况与投资种类进行比较,为基金管理者确定未来投资方向,做出投资种类选择决策,以及提高投资效益和经营业绩起到十分有价值的参考作用。

(2) 实现投资收益,补偿投资者风险。私募股权投资与一般投资活动相比,投入周期长、资金量大,并且投资风险相对较高。这种资本运作的特殊性,决定了其更注重风险的分散和分配,以及对资本增值的更高要求。私募股权基金投资目标企业的根本目的并不是控制企业的经营和管理权,而是通过对目标企业的股权投资获取高额收益。私募股权基金投资收益并不能简单依靠控股或长期不断获得股息和红利来实现,而是要等待投资对象市场价值达到较高水平时,通过转让或出售股权实现套现退出,从而一次性获得尽可能大的投资回报增值。拥有成功的退出机制,才能获得预期的投资收益,因此,退出是变现投资价值的最终途径。

(3) 吸引社会资本,促进投资有效循环。私募股权基金在被投资企业需要资金的时候进入,不但满足了被投资企业的资金需求,而且帮助被投资企业完善管理、财务等各个方面,随着被投资企业逐步壮大,私募在其中的作用就会不可避免地降低。私募股权基金对被投资企业进行投资的目的不在于控制和经营企业,而在于将持有的目标企业股权在适当时机套现转让出售,以收回前期投资并获取相应利润,并为进入下一个投资周期提供必要的资金支持。如果没有安全、可靠的退出机制,除了会使私募股权基金的合理高收益难以变现外,还会使投资活动的链条中断,导致私募股权资本无法实现投资增值和良性的投资循环。此外,私募股权基金的适时、成功退出,还将为其树立并保持良好的投资形象,从而吸引更多的社会资本加入到私募股权投资的行列。私募股权基金的运作是一个从投资到退出到再投资的循环过程,退出渠道不畅通、退出机制不完善,将直接导致私募股权基金的整体运行受阻,资本增值缓慢,从而影响投资者的投资热情,投资的循环过程也难以继续。只有健全、完善的退出机制,方能确保投资者的投资不是"只进不出",确保私募股权基金的资本顺利退出,实现投资获利,顺利进行再投资。

(4) 激励和约束私募股权基金的有效手段。选择何种方式退出,不但与被投资企业的发展情况有关,而且与私募股权基金的能力和勤奋也有直接的关系。目前来说,私募股权基金都希望自己所投资的企业能够通过公开上市的方式退出,因为这样能给私募带来巨额的利润。清算等方式的退出则会损害私募股权基金的声誉,有学者认为,如果选择清算方式,说明投资活动的"彻底"失败。因此,退出方式可以对私募股权基金产生激励和约束效应。

私募股权基金的退出机制是投资资本的加速器和放大器,为私募股权投资提供必要的流动性、连续性和稳定性。没有安全、可靠的退出机制,私募股权投资就难以发展。因此,退出策略是私募股权基金运作过程的最后也是至关重要的环节,私募股权投资的成功与否在很大程度上决定于退出的有效和成功与否。因此,退出机制对于私募股权投资的健康发展具有重要意义。

第三节 私募股权投资的退出渠道

退出方式的正确选择有助于提高私募股权退出的效率,有效促进私募股权投资的循环发展。由于被投资企业内部成长过程和结果的多样性,以及所依赖外部环境与条件的差异性,私募股权投资的退出路径也呈现出多样化的特点(见图8-4)。一般而言,传统的私募股权投资退出主要包括首次公开募股(IPO)、并购(M&A)、股份回购和清算退出(Write-off)四种方式,融资型反向收购(APO)则成为近年来私募股权投资退出的一种新模式。一定程度上,以何种方式退出将成为私募股权投资成功与否的重要标志。在做出投资决策之前,基金管理人就应当制定出具体的退出策略。对于私募股权投资而言,退出决策就是利润分配决策,以什么方式在什么时间退出可以使投资收益最大化则成为最佳退出决策的选择。

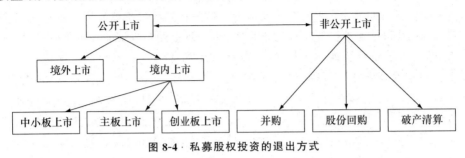

图 8-4 私募股权投资的退出方式

一、公开上市与股权转让

（一）公开上市

首次公开发行是私募股权投资最喜欢的退出方式。这种退出方式代表了资本市场对该公司业绩的一种认可，可以让私募股权基金在退出时获得大量的现金。对企业的管理层而言，企业上市意味着企业在保留了企业的独立性的前提下，还获得了从资本市场持续融资的途径。

1. 含义

公开上市是指在主板市场或二板市场上市。主板市场是一个国家或地区证券发行流通的主要场所，其门槛较高，条件严格；二板市场也被称为创业板市场，主要是中小型成长较快、具有高新技术的企业的证券融资市场，其关注的重点是企业未来的发展潜力，同时对公司的监管与主板市场相比较为严格。在我国，这两种市场分别对应着 A 股市场和创业板市场。从发行地点来看，公开上市可分为境内上市和境外上市；从具体操作方式来看，公开上市又分为首次公开募股（IPO）、买壳或借壳上市。

IPO 是私募股权投资双方最喜欢的退出方式之一，这种退出方式一般是在被投资企业经营状况达到预期时进行的，代表资本市场对公司的认可。IPO 是指将被投资企业改组为上市公司，私募股权投资的股份通过资本市场第一次向公众发行，从而实现投资回收和资本增值。IPO 的实质是将被投资企业从私人持股公司变成公众持股公司，实现股权流通，以便投资机构向公众出售所持股份，最终实现资本增值。对于被投资企业和投资机构来说，IPO 是实现利益最大化的最好途径。在买壳或借壳上市方式中，壳公司一般处于不景气行业之中，具有收购成本低、股本扩张能力强等特点，通常有配股资格。投资方将壳公司买下后，主要通过配股融资来获得收益，或者通过二级市场炒作获益。

2. 优势

① IPO 可以为私募股权基金投资带来巨额收益。IPO 是金融投资市场对于投资企业价值评估的回归和投资的价值凸显，资本市场的放大效应，促使私募股权基金退出获得高额的回报。② IPO 可以为私募股权基金带来品牌知名度。投资企业的成功上市在自身扩展品牌的同时，也为私募股权基金提高了社会影响力和信用度，打造私募股权基金的品牌优势，扩展公众知名度。③ IPO 可以为私募股权基金下轮的投、融

资奠定基础。IPO在打造私募股权基金品牌知名度的同时,也是在为私募股权基金的下轮投、融资造势。资金的良性循环对于私募股权基金的成功运作非常重要,良好的业绩和社会效应为私募股权基金今后的发展奠定良好的信誉基础。

3. 劣势

IPO的不足主要表现在以下三个方面:① IPO程序复杂、门槛高。IPO并不是一件轻而易举的事,从发行人上市交易的要求来看,国家法律和规章制度的条条框框复杂而严谨,不但要符合上市的种种高标准,而且上市过程还要担负高额的成本,例如,支付给主承销的佣金、会计师费用、律师费用、审核费用等约占发行额的15%。② IPO机会成本高,私募股权基金投资的周期较长,一般为5~7年,从机会成本考虑,在等待IPO退出的过程中市场上一定存在很多投资机遇,可能会因此而错失更好的投资项目。IPO需要雇佣大量会计师、投行、律师等进行准备工作,这一费用会占到筹集资金总额的10%甚至以上。③ IPO失败对私募股权基金和企业的双重打击。IPO的过程是一个复杂而严格的过程,企业经营的重要指标必须全部曝光,市场形势瞬息万变,一旦上市失败,对于企业和私募股权基金的市场声誉及今后的投资活动都会产生严重的影响。

(二)股权转让

1. 含义

股权转让是指"有限责任公司的股东依照法律或公司章程的规定将自己蕴涵股权、股东地位或资格的股份移转给他人的民事行为,股权转让后,股东基于股东地位对公司所取得的全部自益权与共益权一并转让给受让人;受让人因此成为公司新的股东或者是改变了自己的股权"。① 在私募股权投资的退出机制中,股权转让是指私募股权投资机构可以将其股份转让或出售其股份,并按照合同获取现金。该方法可分为两大类:股票收购和出售给第三方。股票回购是企业按照由私募股权投资机构既定的程序和价格回购其持有的股份;出售给第三方意味着私募股权投资机构向除了被投资企业之外的第三方出售股份,然后获取利润。

2. 优势

股权转让优势主要有:① 出售的费用成本低,面临的对象少;② 法律约束较少,适用于各类公司,简便快捷。②

3. 劣势

股权转让的劣势:可能会受到管理层的反对,同时由于信息不对称,难以找到合适的买家。

二、并购与破产清算

(一)并购

1. 含义

并购是私募股权投资资本退出较为常用的方式,是私募股权基金在时机成熟时,

---

① 赵旭东.现行公司法疑难释解[M].北京:法律出版社,2006:133.
② 塞非易.私募股权投资IPO退出的影响因素[D].上海交通大学硕士论文.

通过并购方式将自己在被投资企业中的股权卖出，从而实现投资资本的退出和资本增值。并购实际上是一种产权交易，需要依赖发达的产权交易市场。并购包括兼并与收购两个行为。狭义的兼并是指企业通过产权交易获得被兼并企业的产权，但被兼并企业的法人主体资格并不会因此而丧失的行为。广义的兼并是指企业通过产权交易获得被兼并企业的产权，同时被兼并企业的法人主体资格也因此丧失的行为。收购是指为获得某企业全部或部分资产或经营管理控制权而以现金或有价证券购买该企业的资产或股票的行为。

2. 优势

并购因其独特的优势已成为私募股权基金最为活跃、最有发展潜力的退出方式。① 机制灵活，可控性强。并购在项目企业的各个阶段都可以实现，对项目企业自身的类型、市场规模、资产规模、经营年限、连续盈利等没有特定的法律规定约束，IPO 程序操作更为简单便宜，不确定因素更小。因此，并购退出在创业企业的任何发展阶段都可以实现且机制灵活，可控性较强。② 操作简单，费用较低。相对于 IPO 方式，并购的费用成本也相对较低，不需要高额的保荐、调查、承销等费用，只要股权转让双方达成协议，基本程序操作简单。③ 退出时间成本低，受市场周期影响小。并购可以使私募股权基金实现全面、快速的退出，收回现金资本，尤其在宏观经济形势不确定的情况下，IPO 退出通道受市场经济周期影响较大，相比较而言并购更为理想。

3. 劣势

并购退出也具有很大的风险。并购往往意味着私募股权基金对被投资企业控制权的丧失或削弱。私募股权基金可能会愿意用丧失控制权的代价来换取丰厚的投资收益，但企业家能否接受则很难确定。因此，当私募股权基金选择是否以并购方式退出时需要充分考虑。

并购退出并不是私募股权的主流方式，也不是投资者的首选，而是在 IPO 退出难以实现或有其他考虑时所采取的次要方法，因为并非所有企业都能符合上市的条件，更多企业则是通过其他渠道实现价值回报。伴随全球经济环境的持续低迷，机构的 IPO 退出渠道不断受阻，许多私募股权基金就会采用并购的方式退出投资项目。虽然并购的收益不及公开上市，但是私募股权基金能够很快从所投资的企业中退出，进入下一轮投、融资。

（二）破产清算

1. 含义

破产清算是私募股权投资迫不得已选择的一种退出路径。由于私募股权投资是一种高收益、高风险的投资方式，部分或完全失败是很普遍的。破产清算是指投资企业在市场环境中经营不善，不再拥有持续发展的可能性，私募股权基金通过启动清算或者破产程序，通过司法程序将投资企业全部资产列为清算资产，获得财产清偿从而收回部分或全部投资的退出方式。破产清算属于司法强制解散，需使用诉讼程序。一般来说，选择破产清算的退出方式就意味着私募股权基金此次投资的失败。私募股权基金投资是高风险和高收益的投资模式，在获得巨额收益的同时必须做好承担巨额风险的预期，破产清算退出既是私募股权基金明智的选择，又是无奈的选择。

2. 优势

破产清算的优势主要表现在以下两个方面：

（1）最低限度减少损失。私募股权基金投资的风险从市场角度衡量是无法预计的，项目投资的失败不可避免，一旦投资企业的财务严重恶化，无法通过努力改变经营困境，破产清算是减少损失的无奈之举。

（2）控制风险的最后选择。与其使资本在失败项目中苦苦挣扎，不如早日忍痛割爱。控制风险，及时推出，撤退投资，终止继续损失的可能，以进入到更有前途的投资项目中，这符合优胜劣汰的市场规律。在市场环境中剔除劣质的投资项目，为优质的投资项目清除障碍，对于整个市场环境的良性发展具有积极的推进作用。

3. 劣势

破产清算的不足主要表现在以下三个方面：① 破产清算的法律程序烦琐。在我国，破产清算一般要符合公司法、破产法、民事诉讼法的有关规定，同时目前实行的破产法并不利于私募股权基金的顺利退出。② 私募股权的市场品牌影响较大。破产清算退出就意味着此项投资的彻底失败，不但要承担很大的资产损失，在投资市场上更会对其今后投资的品牌发展非常不利。③ 法律实施不同，容易错过合适的退出时机。不同国家或地区的公司法的相关规定对于不同的破产清算实施的方式不同，从而可能会导致错过最合适的退出时机，放大风险投资者的损失。

三、管理层回购和对赌协议

股份转让退出与 IPO 退出相比，虽然回报率较低，但是股份转让能够在较短的时间内收回投资，同时实现较为满意的回报。以股份出售对象划分，股份转让分为三类：二次出售（TS）、管理层回购（MBO）和企业并购（M&A）。

二次出售是指被投资企业发展到一定阶段后，原私募股权投资者因为某些原因需要变现收益，将其股份转让给另一个投资者，从而退出投资。从私募股权者的角度来看，二次出售的优势主要体现在：① 变现迅速，可以较快拿到现金或可流通证券，并能够从被投资企业一次性完全退出，同时风险很小；② 出售的费用成本低，其对象只是少数个体而非整个市场，所受法律约束较少，并且适用于各种类型和规模的公司，简便快捷。二次出售的劣势为：① 可能会受到管理层的反对，因为新的投资者进入又需要新的磨合期，而且可能影响公司原有规划，削弱管理层对企业的控制力；② 由于信息不对称，找到合适的买家并不容易。

股份回购是指企业或其管理层或其员工通过一定的方式购回私募股权基金在创投企业所持股份的行为。对于私募股权基金来说，选择以股份回购的方式退出也不失为一种良策：① 在被投资企业出现投资协议中约定的情形时，私募股权基金可以按照投资协议中所明确的价格和方式要求企业回购其所持股份；② 如果企业家在不能接受私募股权基金以某种价格将企业出售以退出资本时，被投资企业为避免被并购也可以选择主动回购私募股权投资基金所持有的公司股份。

股份回购包括公司回购、股东回购、管理层回购和员工回购。由于股份回购涉及的权利主体少，法律关系和产权关系清晰，程序简单，被投资企业也可因此将外部股权全部转化为内部股权获得真正的独立,其预期利益非常可观,因此,股份回购成为私募股权投资基金越来越偏爱的退出方式。

(一)管理层回购

1. 含义

管理层回购(MBO)主要是指被投资企业管理层利用借贷所融资本或股权交易收购本公司的一种行为,通过收购使企业的管理层变成了企业所有者。

管理层回购是指把私募股权投资基者的股权出售给被投企业管理层,从而使投资资本顺利退出的行为。这种退出方式较为保守,由于私募股权投资者担心在被投公司业绩不佳时难以退出,而公司管理层担心私募投资者为实现退出而出卖公司和管理层的利益,越来越多的私募股权投资合同中加入了回购条款。管理层回购分为两种:积极的管理层回购和消极的管理层回购。积极的管理层回购一般发生在企业发展情况良好时,当私募股权投资者有退出之意时,企业管理层考虑到第三方购买股权会产生的磨合期以及控制权变动等问题,从而会根据合同回购企业股份。消极的管理层回购一般发生在当企业发展不甚明朗时,私募股权投资者可根据合同要求企业管理层回购股份,以达到退出目的。

2. 优点

① 产权交易过程简单。当事人的主体较少,权利和责任主体一般都非常清晰明确。产权交易的过程和程序相对简单。② 私募股权投资机构保障自己退出的手段。私募股权投资机构最终一定要实现对投资企业的退出,并尽可能多地获得理想的资本增值,以便能给予投资人更好的利益回报。如果企业发展波澜不惊,投资企业在投资期间价值不能凸显,私募股权投资机构只能通过股份回购这一条有保障的方式退出。③ 私募股权投资机构可以较小的风险顺利、便捷退出。在投资企业难有大作为的情况下,股份回购如果顺利进行,私募股权投资机构能够成功退出投资企业,其能将获得的资产增值投入到市场上更有价值的项目中,这未尝不是一件好事。

3. 劣势

① 错失未来潜在的投资机遇,私募股权投资的企业多为新技术、新模式、新机遇的成长类型。在市场发展环境下往往不确定因素很多,如果私募股权投资的退出正好在被投资企业市场机遇爆发的前期,往往错失了投资企业的大好投资机会。② 股份回购变现风险较大。股份回购的退出意味着企业经营并不是非常理想,故一般采用长期应付票据等非现金的结算模式,在此期间就很有可能会存在变现的风险问题。③ 股份回购法律障碍较多。股份回购存在诸多法律障碍,回购交易必须符合我国《公司法》第149条和第180条的相关规定,同时也必须符合公司法有关股权结构、股份减持及资产权益的相关规定。

(二)对赌协议

近几年来,私募股权投资一直是投资界的热门话题。作为风险投资的主要形式之一,私募股权投资主要投资于成长期或扩张期及拟上市企业,在被投资企业上市后通过二级市场退出或未上市前并购转让退出,从而实现股权的增值收益。一般来说,私募股权投资机构在与被投资方(或控股股东)的投资协议(或股权转让协议)中会有对赌协议条款。对赌协议是随着经济尤其是金融产品的发展而产生的,它一方面可以保障投入大量资金的私募股权基金的利益,另一方面也可以激励进行融资的企业家,从而最大化双方的权益。

1. 含义与特征

所谓对赌协议,国外称之为估值调整机制(Valuation Adjustment Mechanism),简言之,就是投资方与被投资方(或控股股东)在协议中为了更好地保护自己的利益而对未来不可预料的经济境况进行法律层面上约定的一种合议机制。如果约定的条件实现,投资方可以行使某种权利;如果约定的条件不实现,则被投资方(或控股股东)可以行使某种权利。[①] 实际上,"对赌协议"是投行在投资或并购项目时常用的一种金融工具和约定的条款,可以看成期权的一种形式。私募股权投资的对赌协议通常涉及下面几方面内容。①财务业绩,如销售额、总利润或税前利润、净利润或利润率,等等。如果企业符合年增长率不低于50%,则投资人把相应股份奖励给企业管理层;如果低于50%,则管理层需要把相应股份让与投资人;如果某年度企业净利润在人民币5亿元以上,则投资人需要进行第二轮注资等。②企业上市,如果企业在某约定时间不能成功上市,则投资人需要增加相应股权或所有权将企业出售;如果企业在某约定时间成功上市,则投资人给予管理层股权奖励。③赎回补偿,如果在某种情况下企业无法回购投资人股份,则投资人有权再委派若干董事或者把累计股息提高等,当然,投融资双方可以在法律的框架下约定其他事项。

对赌协议除了给融资方提供了资金抑或平台的同时,也会给公司带来难以预料的未来。而我国目前对对赌协议的法律定性没有明确规定,对其所产生的法律纠纷也没有统一的解决路径。

对赌协议名称中的"赌"字,常会让人联想到我国法律明令禁止的赌博,然而对赌协议并非赌博,对赌协议是一种"零和"博弈,是一种解决信息不对称、实现合作双方共赢的有效手段。

由于目前对赌协议主要存在于私募股权投资的活动中,所以下面结合当前国内资本市场上已有的案例对对赌协议的法律特征进行分析:

(1) 对赌协议的主体有两个:投资方和融资方。其中,投资方主体大多为机构投资,尤其是具有外资背景的国际风投机构,如已与我国本土企业合作过的知名美国风投机构高盛、摩根士丹利,等等。他们资金实力雄厚、业务经验丰富,在获得理想的投资回报之后通常会选择不再观望,直接退出。而融资方的主体希望企业取得卓然发展后管理层能继续控股企业。梳理对赌协议的发展,可以发现,除了早期在对创业之初企业的投资中会发现对赌身影。例如,蒙牛乳业2003年成立之初,在全国乳业企业排名中居于800位之后,而在获得了摩根士丹利等机构投资者的丰厚资金支持后,企业飞速发展,曾达到过平均每天超越一个对手的速度。成熟企业的投资活动中也有对赌协议。例如,太子奶和英联、摩根和高盛三家投资机构签订的对赌协议,甚至在徐工和凯雷合作的案例中,也会看到企业并购中也有对赌协议的存在。

[①] 张波,费一文,黄培清."对赌协议"的经济学研究[J].上海管理科学,2009(2):7.

(2) 对赌协议的内容主要有五个板块，分别为财务绩效、管理层走向、股票发行、赎回补偿企业行为、非财务绩效。其中，财务绩效(例如，以某一时段的盈利、销售额、净利润或者复合增长率)多被当作对赌标准的主要指标，用来确定对赌双方的权利和责任。

(3) 对赌协议的投资工具常表现为可转换优先股或可转换债。投资方在合同订立的初始阶段，对企业多以可转换优先股或可转换债的形式进行首次投资。私募股权基金本身并不干涉企业的日常管理，企业家拥有被投资企业日常经营的控制权。如果企业家的能力通过未来业绩体现出来，他将继续拥有控制权，投资方也会以继续投资或出让股权的形式来分享收益回馈管理层；但如果企业经营不善时，私募股权基金此时将不再进行亏本投资，会按照协议约定，运用清算权介入，或介入管理和日常经营，或更换职业经理人，甚至在获得企业绝对股权后把企业直接转让出去，从而保护自身利益。

(4) 对赌协议的实施主体多设为离岸公司。离岸公司是指在离岸区域内设立的公司，离岸公司通常具有高度的保密性、税务负担轻、无外汇管制三大特点。[①] 其中离岸区域的意思是指在特定的国家及地区，如维尔京群岛、开曼群岛、中国香港等，以特别宽松的经济政策吸引非本国的自然人和法人到其区域内设立公司，并在其辖区外经营运作。

对赌协议是存在于企业海外融资的整个资本运作中，所以它的设制可以尽可能地选择有利的融资平台。以离岸公司为平台实施对赌协议主要可分为以下四步：注册离岸公司、风险投资公司投入资本、投融资双方业绩对赌、海外上市和外资退出。对赌协议作为英美法系下的产物，其实施是要与特定的法律制度联系在一起的。比如优先股的发行、股份回购的约定、股权转让等。面对对赌协议这一较新生的事物，我国的法律在此方面的相关规定多有欠缺不说，甚至有些时候条款的设计也会有与法规相冲突的地方，以至于在对赌协议的实务操作方面，目前大多数合作者都选择以离岸公司为实施平台，离岸法域以相对宽松的法律制度、较低的企业上市要求为实施对赌协议提供独特的价值。

2. 对赌协议的成因与分类

对赌协议在私募股权投资中的存在是有原因的。① 可以解决新进投资方与被投资方以及控股股东之间的信息不对称问题。投资企业的过程本就存在不能完全预知的风险，双方对于未来的盈利都只是基于目前的经营业绩以及对未来业绩的预测，私募股权基金和融资方都会站在不同的立场看待被投资企业，这必定对企业的估值产生分歧。为了消除这两者之间的分歧，促进投资的发生，那么将事后的估值调整机制以契约的形式来规定责、权、利则是双方都可以接受的方式。② 为了保证其投资物有所值，也为了更好地保障退出机制通畅，同时为了解决双方企业信息不对称的问题，也为了解决投资人作为小股东无法参与实际管理的问题，私募投资人要求企业进行一定的业绩承诺，以此来作为投资估价的调整。③ 防止被投资方管理层的道德风险。对赌协议能够极度激发企业管理层的热情，提升企业价值。如蒙牛实现复合年增长率不低于50%的目标，管理层厥功至伟，从另一个角度来说，对赌协议起到的促进作用也功

---

① 张萌.论私募股权投资中的对赌协议[D].西南交通大学硕士学位论文,2011:5.

不可没。④ 在中小企业融资难这个难题未解决的情况下,私募股权投资对中小企业来说是重要的融资渠道,而私募投资人对风险的防范必将导致对赌协议的盛行。只要企业管理层的风险控制得当,对赌协议是一种能够有效保护投资者权益和激励管理层最优的制度安排。

对赌协议的简要分类:① 以是否争夺被投资方控股权为目的,对赌协议分为恶意对赌与善意对赌。恶意对赌以苛刻的业绩设定为限,并从控股股东手中夺取控股权为最终目标,一般可在强势外资私募股权投资机构制定的条款中得以体现,典型案例如湖南太子奶集团董事长和高盛、英联以及摩根士丹利之间签署的对赌协议最终导致了太子奶集团控股权易位。善意对赌则以提升被投资方综合能力使业绩达标从而达到双赢为目的,即使业绩不达标也是大多以私募股权投资机构的妥协退让为结局,目前内资私募股权投资机构较多采用的是善意对赌条款。② 按照对赌协议订立双方所处的主体地位来分,可以分为:新进投资方与被投资方之间的对赌协议,新进投资方与控股股东之间的对赌协议。③ 按照对赌协议内容的经济性质来分,对赌协议分为现金对赌和股权对赌,即业绩未达标时被投资方以现金弥补新进投资方,或者控股股东是以现金弥补或将部分股权划归新进投资方。当然,由于被投资方的情况千差万别,以及对衍生金融工具的熟练运用程度的不同,中外私募股股权投资机构在设计对赌协议的内容与种类上莫不匠心独运,穷尽智慧。

3. 签订对赌协议的注意事项

对赌协议是对未来的不确定的调整,在宏观经济环境下行的情况下,其高风险更是让人对其产生几分畏惧,因而需要在签订的时候充分考虑以下几个方面。

(1) 投、融资双方要充分考虑宏观经济环境、整个行业趋势。

(2) 融资企业要认清自己的行业地位,对企业的团队协作、人才储备、市场占有率、资金到位、竞争对手、管理能力等方面作全面自查,使制度合乎企业自身的发展目标;另外结合融资环境的情况为企业定出合理的价格,避免漫天要价,不至于引发投资方对未来盈利提出苛刻的要求。

(3) 合理商定未来某一时间点企业经营业绩上下浮动的弹性标准:约定标准到达时,投资人对融资人的奖励方式和数额;未达到业绩标准时,投资人获得的补偿方式和额度。这是对赌协议的核心部分,对于如何判定业绩的完成情况,投、融资双方应事先作好详尽约定,比如双方认可的计算方式、中立的审计单位、股权调整幅度等。

(4) 融资方应在协议中锁定风险,保证其对企业的必要控股地位,尽量避免发生丧失企业控制权的情况。投资方则可以约定企业回购、强制卖出权等多种退出方法来保证其资金的安全。

(5) 对赌协议中的有些条款是国际大型投资银行或私募股权基金作为投资的附加条件,硬性施加给企业的。有的企业在履行对赌协议时,为了达到协议约定的业绩指标,重业绩轻治理,重发展轻规范,结果导致对赌失败;或者虽然对赌成功,但企业缺乏后劲,影响了企业的长远发展。对赌的投资方多为国际财务投资者,他们为企业提供资金,帮助企业上市,然后通过出售股权的方式套现,退出企业。因此,更长的路需要企业自己走,即使企业在对赌期间也要加强内部机制的调控,增强企业抵御风险的能力,不断增强核心竞争力。

本章小结

1. 从理论上说,私募股权基金任何投资的盈利模式都会通过两种渠道,即"资本利得"和"资本评价"。

2. 宏观经济周期、被投资公司所处的行业特征、交易成本、投资时长、资本市场的发达程度等因素都将影响被投资企业的价值估值,从而影响私募股权基金选择退出的时机。

3. 在私募股权基金的退出渠道中,IPO是常见的方式,除此之外,兼并收购、破产清算和管理层收购都因各自的优缺点在不同的情况下被私募股权基金作为退出的选择。

复习思考题

1. 请思考私募股权投资基金的收益特征和债权投资基金的收益差异。
2. 结合实际分析私募股权投资退出机制的内涵和意义。
3. 请结合某一个具体的案例说明宏观经济周期和行业因素如何影响私募股权投资的退出方式。
4. 试比较IPO、并购和管理层回购的优缺点。
5. 谈谈私募股权基金如何利用对赌协议回避风险。

扩展阅读

案例一 私募股权基金退出方式比较

清科研究中心最新发布的年度调查显示,私募股权基金在中国获利丰厚,RBSChina、亚洲金融私人有限公司、瑞士银行以及亚洲开发银行四家投资机构,在中行上市后平均获利大约2.6倍。2006年,中国银行相继在香港主板和上海证券交易所上市。中行上市前,引入了四家私募股权投资机构:RBS China、亚洲金融私人有限公司、瑞士银行以及亚洲开发银行,分别投入30.48亿美元、15.24亿美元、4.92亿美元和7374万美元。中行上市后,按A股发行价计算,这四家投资机构大约获得2.6倍的投资回报。良好的投资回报和中国退出环境的逐渐改善将加强私募股权基金的投资信心。

2011年中国私募股权市场中的投资活动异常火爆,全年共发生695起投资交易,其中披露金额643起案例,共计投资275.97亿美元,投资数量和金额同比分别增长91.5%和165.9%。从总体规模来看,2011年投资案例金额较2010年增长显著,其中,IPO129.97亿美元,为2010年总投资额的3.21倍,超过2亿美元的大金额案例共有22起,比2010年增长83.3%,同时,单笔交易投资规模也较2010年小额回升。

2012年共有177笔退出案例,共涉及企业126家。从退出方式分析,177笔退出中包括IPO方式退出124笔,涉及企业73家,股权转让退出30笔,并购退出9笔,管理层收购退出 8 笔,股东回购退出 6 笔。177 笔退出案例行业分布在 19 个一级行业中。其中,机械制造行业以 28 笔退出排在第一位,共涉及 19 家企业,其中有 16 家企业以 IPO 方式退出。电子及光电设备、清洁技术行业各以 18 笔退出并列第二位,分别涉及 11 家及 9 家企业。值得注意的是,房地产行业以 13 笔退出位居第四,由于房地产行业的特殊性,其使用 IPO 方式退出较为困难,期间内的 12 笔退出全部为非 IPO 方式,包括 6 笔股权转让退出,2 笔管理层收购退出以及 4 笔股东回购退出。其他非 IPO 退出方式占比较多的行业还有化工原料及加工、金融、连锁及零售、生物技术及医疗健康等。从 IPO 退出的市场分布来看,深圳创业板以 48 笔退出,平均退出回报 4.31 倍位居榜首,深圳中小企业板以 34 笔退出、3.53 倍的平均退出回报位居第二。境外退出情况依旧不乐观,虽然 YY 语音成功赴美上市打破数月来寒冰,但其退出基金的平均回报仅为 0.54。而境外退出市场 IPO 最多的香港主板的平均回报也仅为 1.13,徘徊在保本水平。此外,香港创业板退出 1 笔,回报倍数 1.71,法兰克福交易所有 3 笔退出。从投资收益角度来看。IPO 不容置疑收益最高,兼并收购和股份回购次之,破产清算最低。根据相关研究人员对加拿大 PE 投资退出收益的调查研究,IPO 退出的收益率为 43%,兼并收购退出年化收益率为 36%,股权回购退出年化收益率为 2%,破产清算则是亏损状态。

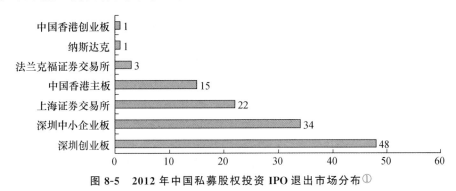

图 8-5 2012 年中国私募股权投资 IPO 退出市场分布①

表 8-1 美国私募股权退出方式收益比较②

退出方式	平均持有期(年)	平均投入(千美元)	平均收入(千美元)	平均倍数
IPO	4.2	814	5840	7.1
兼并收购	3.7	988	1699	1.7
股份回购	4.7	595	1268	1.2
破产清算	4.1	1030	26	0.2

从退出方式比例占比角度来看,在目前我国资本市场上,IPO 退出仍然是公认的最佳退出方式,如图 8-6 所示,根据清科集团 2009—2011 年中国私募股权投资年度报告整理可以看出,IPO 以绝对优势成为主导,并购退出作为发展的趋势居位次之,回购退出列居并购退出之后。

---

① 资料来源:清科研究中心,www.ZDBchina.com,2013 年 2 月。
② 资料来源:张超,私募股权投资基金退出方式及案例分析,华东理工大学硕士学位论文,2013 年,第 18 页。

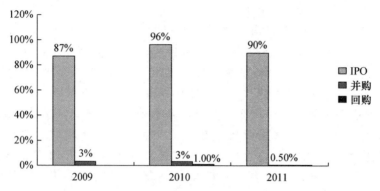

图 8-6　2009—2011 年私募股权投资退出方式占比①

（资料来源：编者根据清科研究中心发布的相关数据及其他若干文献资料整理而成的。）

案例二　海富投资与甘肃世恒对赌协议被判无效

海富投资成立于 2007 年 9 月，注册资本和实收资本均为 5000 万元。2007 年 10 月，海富投资决定投资甘肃世恒（当时名为"甘肃众星锌业有限公司"），并与甘肃世恒、香港迪亚有限公司（甘肃世恒为其全资子公司，下称"香港迪亚"）及陆波（甘肃世恒法定代表人兼总经理，同时也是香港迪亚的总经理）签订了《甘肃众星锌业有限公司增资协议书》（下称"增资协议"）。该协议主要条款包括"海富投资现金出资 2000 万元投资甘肃世恒，占甘肃世恒增资后注册资本的 3.85%"，同时，其中的"对赌协议"即"业绩目标"约定：甘肃世恒 2008 年净利润不低于 3000 万元人民币，否则，海富投资有权要求甘肃世恒予以补偿，如果甘肃世恒未履行补偿，海富投资有权要求香港迪亚履行补偿义务。如果截止到 2010 年 10 月 20 日，由于甘肃世恒自身原因无法上市，则海富投资有权要求香港迪亚回购海富投资持有之甘肃世恒全部股权。之后，海富投资于 2007 年 11 月 2 日依约向甘肃世恒缴存了出资款 2000 万元人民币，其中 114 万余元认缴新增注册资本，1885 万余元计入资本公积金。2008 年 2 月 29 日，甘肃省商务厅批准了增资协议、合营合同和公司章程。随后，甘肃世恒办理了相应的工商变更登记。

随后，海富投资将甘肃世恒告上法庭，申请法院能够判甘肃世恒进行补偿。当时的甘肃省兰州市中级人民法院民事判决书中显示，被告甘肃世恒称：与海富投资订立的有关对赌条款属于海富投资滥用股东地位，损害甘肃世恒、香港迪亚合法权益的条款，违反了《中外合资经营企业法》关于合资企业以及合资企业利润分配的强制性规定，应确认无效。最终，甘肃省兰州市中级人民法院认为"海富公司有权要求世恒公司补偿的约定不符合《中外合资经营企业法》第八条关于企业净利润根据合营各方注册资本的比例进行分配的规定"，判定增资协议中的对赌条款无效，并且驳回海富投资的所有请求，并要求海富投资承担所有诉讼费用。海富投资随即上诉到了甘肃省高级人民法院。甘肃省高院认为，双方签订的增资协议系双方真实意思，但增资协议提到的

---

① 资料来源：清科数据库，www.ZDBchina.com[2012-01]

"甘肃世恒2008年实际净利润完不成3000万元,海富公司有权要求甘肃世恒补偿的约定",不符合《中外合资经营企业法》第八条关于企业净利润根据合营各方注册资本的比例进行分配的规定;同时,该条规定与《公司章程》的有关条款不一致,也损害了公司利益及公司债权人的利益,不符合《中华人民共和国公司法》第20条第1款的规定。

二审判决中,甘肃省高院参照《最高人民法院关于审理联营合同纠纷案件若干问题的解答》第4条第2项,判定海富投资的2000万元中,除已计入甘肃世恒注册资本的115万元外,其余1885万元资金性质应属名为投资,实为借贷。并要求甘肃世恒返还这部分资金和利息。不过,甘肃世恒对此结果并不满意,随即将案件上诉到了最高人民法院。甘肃世恒认为,甘肃省高院对海富投资缴付并计入公司资本公积金的1885万元,偷换了概念,属于偷梁换柱,认定为"名为投资,实为借贷"严重违背事实。

(资料来源:刘永刚,李小晓.海富投资与甘肃世恒对赌协议被判无效——中国PE界首例.中国经济周刊,2012年07月17日。)

第九章　私募股权基金对公司的影响

> **学习目的**

　　被投资企业接受私募股权基金的投资后,不仅会得到急需的资金,在公司管理、品牌价值等方面也会得到提升。本章主要从公司管理与效率、公司治理、公司品牌三个角度来分析私募股权投资对被投资企业的影响,被投资企业应抓住机遇,充分利用私募股权基金的各种资源,提升企业价值。

　　私募股权基金对于被投资公司来说带来的不仅仅是资金,尤其对于成长中的被投资公司来说,私募股权基金的价值更多的是"雪中送炭"而不"锦上添花"。私募股权投资方以其特有的投资经验和行业知识,吸引优秀人才,提升被投资公司人力资本素质,完善管理团队,参与被投资公司的管理,帮助被投资公司完善治理结构,吸引潜在的战略投资者,建立激励机制,拓展潜在业务,提升被投资公司美誉度,扩大消费者群体,增加被投资公司品牌价值,提高股东价值并为最终实现股东价值创造条件。

　　不同公司资金来源不同,对公司的影响不同,如表9-1所示。

表9-1　不同融资渠道对公司的影响

项　　目	股市融资	银行贷款	私募股权融资
主要融资人	(待)上市公司	所有公司	中小公司
一次融资平均规模	较大	较小	较小
对公司的资格限制	较高	较低	最低
表面会计成本	最低	最高	较低
实际经济成本	较高	较低	最高
投资人承担风险	较高	较低	最高
投资人是否分担公司最终风险	平等分担	不分担	部分分担
投资人是否分享公司最终利益	分享	不分享	部分分享
融资对公司治理的影响	较强	较弱	最强

第一节　对被投资公司管理与效率的影响

当前,我国经济正处于高速发展阶段,经济产业结构面临调整和转型,各地方各行业均有大量具有发展潜力的公司急需资本投入和管理优化,而作为连接产业市场与金融市场的桥梁,融合产业资本与金融资本平台的私募股权基金由于其得天独厚的优势,利用其优质的增值服务以及价值创造以满足公司融资的需要。

私募股权基金在提供货币资本的同时也参与公司的管理,包括:加入所投入公司的董事会,参加重大战略决策,改善公司治理;充当被投资公司的财务顾问,完善其财务、会计制度和流程,协助其进行后续融资或为将来上市作技术性安排;挑选管理人员和参加人事管理;为被投资公司引入技术、管理合作伙伴,等等。尤其是处于初创期或成长期的投入公司,其管理层多为技术专家,缺乏公司管理和资本运作经验,因此,私募股权基金提供的管理和金融服务正是被投资公司发展所需要的。私募股权投资基金通过提供增值服务以控制投入公司的发展方向,正是私募股权基金与其他金融投资载体在功能与行为上的关键区别所在,也是私募股权基金的核心价值体现。

一、提高公司管理水平增值服务

2007年年中开始的信贷危机从本质上减缓了私募股权投资的收购势头。在债务融资渠道受限之后,私募股权投资市场被迫作出调整,进行去杠杆化。但随之而来的是越来越多的人开始审视和质疑:私募股权投资模式能否可以在没有"金融工程"支撑的情况下持续创造价值。

对于这个问题,世界经济论坛《2009年私募股权投资经济影响报告》指出:有私募股权投资的公司(私募股权所有公司)的管理通常优于其他企业形式,包括国有企业、家庭企业、私人企业,即使在考虑国家、行业、规模和员工技能等特征后也是如此。这是因为,私募股权投资基金控制的公司很少有管理水平差的,然而其他形式的公司经常会被一些管理不善的形式拖后腿。[①]

尽管私募股权所有公司与股权分散公司在管理水平上的比较在统计上并不显著,但私募股权所有公司管理实务的得分仍较高。私募股权所有公司的管理层采用以业绩为导向的雇佣、裁员、薪酬及激励政策。这些公司拥有一套严格的、兼顾短期及长期经营目标的业绩考核标准。此类标准易于被员工理解,且与公司的业绩紧密联系。私募股权所有公司同时善于运营管理,如采用精准管理、关注公司的持续改善和综合执行能力提升。

世界经济论坛发表的报告指出,私募股权所有公司相比其他所有权结构的公司效率更高。一项重要发现是:私募股权所有结构对就业的影响十分有限。尽管在收购完

---

① 资料来源:"The Globalization of Alternative Investments Working Papers Volume2:The Global Economic Impact of Private Equity Report 2009."World Economic Forum Jan2009。

成后,公司往往会大幅裁员,但在随后的3年里公司会重新提供许多工作机会。此外,在工作效率和员工薪酬方面,私募股权所有公司也优于其他所有权形式的公司。

来自世界经济论坛报告显示,制造业的被投资公司经历了自身业务创新能力的急剧下降。在私募股权投资交易完成后,被投资公司在招聘和裁员、机构设立与退出、公司收购及剥离(涉及控制权)等方面得到了增强。总的来说,相同的模式适用于私募股权投资的目标公司。

报告还指出,从私募股权进入被投资公司到交易完成后的两年内,被投资公司的效率平均提高了两个百分点,效率要比同行高。

无论是被投资公司还是其他公司,都不太可能关闭高效率的业务部门,但是私募股权所有公司的相关性更强。换句话说,私募股权投资方更愿意关闭其组合公司的低效业务部门(以劳动生产率为衡量标准)。

虽然投入公司与其他公司都倾向于以提高工资的形式和与员工分享因效率提高所带来的收益,但投入公司的效率提高与工资增长之间的相关性更强,效率增长越快,员工工资增长越高于平均增长率。

报告显示,在AAA级和BB级债券之间的利率、利差非常高的时期,投入公司在资金压力下有更高的效率增长,其主要表现为投入公司各项业务与资源在高效部门与低效部门间的重新配置程度更高,以及关闭低效部门的比例更高。

私募股权基金不仅仅熟悉一个或几个行业的市场信息和技术发展,也熟悉这些行业的创业者或经理人才,和他们保持密切关系,甚至平时选聘这些人为候选的被投资公司管理层,当私募股权基金投资某个新企业时,往往选聘这些专业人才与新公司的创业者一起组建一个强有力的管理层,使之至少具有四个方面的专业人才:技术开发、生产、营销和财务管理。当公司进展与计划相差太远时,私募股权基金会从各方面找原因,包括人事问题,在必要时更换管理层,尤其是更换CEO。这是由于私募股权投资机构在董事会有足够的权力来实施他们的意志,保护投资者利益。一般来说,私募股权基金解雇管理层主要有三个原因:战略分歧、能力不足和代理问题。

而且,随着公司的发展,创业者在管理方面的经验显得不够,无法把握迅速发展的公司,许多创业者转为副总裁或部门总裁,由私募股权基金任命新的经理人当新总裁。即使有的创业者退出公司,他还持有公司相当一部分的股份。如果新的管理层能带来公司更好的发展,对于创业者也有利。据统计,在美国,私募股权基金投资公司后的前20个月中,由创业者之外的人担任公司总裁的比例为10%,到了第40个月,这个比例上升为40%,到了第80个月,所有统计的公司有80%的公司CEO已不是当初的创业者。

二、规范公司财务制度增值服务

私募股权基金一般对被投资公司采取分段投资的策略,避免被投资公司浪费资金,对投资进度进行分段控制,以有效控制风险,只提供确保公司发展到下一阶段所必需的资金,并保留、放弃追加投资的权利和优先购买被投资公司追加融资时发行股票的权利。如果被投资公司未能达到预期的盈利水平,下一阶段投资比例就会被调整,这是监督被投资公司经营和降低经营风险的一种方式。在追加投资不可避免时,私募股权基金根据被投资公司不同阶段的实际资金需要,策划不同的融资方式,因为资金的来源也不同,融资成本和投资附加条件也不同。为了让私募股权基金和被投资公司在利益、风险分配上达到平衡,使双方满意,私募股权投资基金往往利用其具有财务管理方面的专长,对被投资公司财务上进行一系列的安排,提供增值服务帮助被投资公司克服不同阶段的困难而顺利发展。

私募股权基金对于被投资公司的控制还可以通过指派财务负责人的方式。财务负责人直接参与被投资公司的财务管理,帮助被投资公司在基础会计核算和财务管理工作上进行改善。财务负责人可以相对独立地整理被投资公司的财务信息,如实汇报给董事会和向私募股权基金方反映相关信息,从而对被投资公司的管理层进行有力的监督。这既可以发挥私募股权投资基金方的财务能力优势,帮助投入公司改善管理,又可以使私募股权基金方获取关于被投资公司经营的最直接信息。[①] 私募股权基金方对被投资公司财务上的帮助主要有:

(一) 更周密的财务预算

作为管理控制的一种手段,私募股权基金为被投资公司制订周密的财务预算(计划),根据不同的阶段安排相应的资金,几乎所有的私募股权基金都十分重视被投资公司的财务预算。[②]

财务预算是使被投资公司的资源获得最佳生产率和获利的一种方法。将被投资公司的经营方针、经营目标转化为详细的经营计划和财务计划,以量化形式加以表达,通过预算进行事前筹划,谨慎评估可能产生的财务风险,私募股权基金根据既定的分段投资策略结合被投资公司未来资产、损益及现金收支的可能状况,以月、季、半年、一年为期,建立滚动预算。长期预算可根据中长期经营目标,建立2~3年乃至更长期限内的未来资产、损益及现金流量预算,并采取相应的风险策略,控制、缓解和解决风险,以实现私募股权基金的目标与被投资公司发展的目标相一致。

(二) 财务报表深度挖掘

私募股权基金对被投资公司报表的审核十分严格和频繁。通常要求被投资公司提供财务月报,强调财务报表制作的精确性、规范性和时效性,不允许拖延财务报表。如此私募股权投资机构便能掌握被投资公司最新的情况,及时、准确地作出判断分析。

私募股权基金对被投资公司财务事项进行审慎调查,重点调查财务管理制度的覆盖面及执行效果,实时掌握投入公司运营情况和业绩。[③] 根据被投资公司的财务信息与外部信息,利用各种财务分析方法进行综合分析,深度挖掘,以推动被投资公司财务管理走向纵深,解读绩效办法和寻求被投资公司主要的业绩增长点,建议管理层短期及长远业绩改善的目标和途径;并根据市场行情变化作出相应的趋势分析,提出前瞻性问题,提示被投资公司发展中的公司定位以及面临的新挑战和新机遇,并提出解决问题的可行性方法和建议供决策层参考决策使用。

---

① 徐冰.私募股权投资基金财务管理与风险控制[J].现代会计,2010(1):12.
② 贾敬斋.私募股权投资参与中小企业公司治理的研究[M].天津:南开大学出版社,2009:37-42.
③ 隋平,董梅.私募股权投资基金:操作细节与核心范本[M].北京:中国经济出版社,2012:141.

(三) 更健全的财务内部控制制度

私募股权基金帮助制定和监督被投资公司实行财务内部控制制度。如逐级付款审批制度、票据管理制度、账物分管制度,等等。私募股权基金通过网上银行查询或资金划拨权限、建立三方共管账户、限制开户等方式控制投入公司资金划拨。要求被投资公司实行的《财务管理制度》《会计核算方法》、年度预算报告、《财务内部控制制度》等制度都在私募股权基金备案,同时应及时上报私募股权基金财务报表、资金周报、银行余额调节表等财务信息。

私募股权基金要求被投资公司建立健全财务内部控制制度并严格实行,这与私募股权基金中的分段投资策略是相符的。健全的财务内部控制制度将降低投入公司财务风险,进而降低未来可能的融资成本,符合投融资双方共同的利益。

三、提升公司人力资本素质

没有一个公司能够保持在一个人的管理下可持续发展,公司的良好运营往往需要一个优秀的管理团队。公司的规模比较小时,许多公司的管理者可以很好地管理他的团队,但当公司规模扩大时,他们就会感到管理方面力不从心(彼得原理:"在一个等级制度中,每个雇员都倾向于上升到不能称职的地位")。这时候,对该公司运营就不能依靠他一个人的力量,而是需要建立一支优秀的管理团队。

创业伊始,公司管理人通常习惯于应对没有定位的岗位职责,但随着公司的壮大发展,专业化变得尤为明显和重要。一部分工作需被分离,明确定位其权、责、利才可以聘请到合适的人员。作为公司的重要投资者,私募股权基金方必须确保投入公司管理人员对公司的职位有清晰、合理的分工和定位。但即使职位确定下来,也可能会出现的问题是,公司管理人可能会采取不合理的选拔手段,经常是按私人关系而不是按业务能力来选拔合适的人选。这种任人唯亲的方式显然很难产生一个强大的管理团队,所以私募股权基金方在对待投入公司人力资源方面,才会采用一定的激励和约束机制,给予公司相关人员一定的压力和动力,实现多方共赢。具体可采用以下几项措施。

(一) 激励机制

对于被投资公司中那些创业团队中的人员来说,他们会有很高的工作热情,因为他们在公司中拥有很大份额的股份,公司的兴衰与他们的利益休戚相关,他们当然会有动力投身于这个公司并希望成功。而公司其他中层管理人员不会有一样的回报,为了激励他们,高级管理层必须考虑各种传统的针对优秀中层管理人才的薪酬计划,包括股票期权、基于销售或完成计划的分红等。公司如果没有建立其合适的激励机制,就很难激励他们努力为公司工作。

私募股权基金能帮助其建立起合适的激励机制,对于公司中层管理人员,他们需要通过传统的评估程序来确认他们的工作绩效。好的评估程序会预先提示私募股权基金中层经理存在的问题,也会给私募股权基金更多的解决这些问题的机会。私募股权基金利用与公司激励系统一致的评估系统,建立一套通畅的晋升系统和健全的培训制度。

通常在私募股权基金进入被投资公司初期,私募股权基金拥有较多的剩余索取权和控制权。这种安排方式确保了私募股权基金较大的投资积极性和对公司的控制,并让公司创业团队者承担相当部分风险以促使其努力经营,有利于公司的发展。这种机制又会促使创业团队不断提高自身素质,从而进一步提高被投资公司的整体人力资源素质。

（二）约束机制

与激励机制不同,约束机制则是要通过对被投资企业经营管理的监督控制来"迫使"管理层尽力去增进公司和股东价值,从而使私募股权基金的期望收益得以实现。[①]私募股权基金通常运用董事会席位、表决权分配、控制追加投资和管理层雇佣条款等办法来构筑针对投入公司管理层的约束机制。私募股权基金在被投资企业的董事会中占有一个或一个以上席位。私募股权基金方具备丰富的经验,拥有在培育公司成长和鉴别管理层素质等方面的专业素养,并有着极为广泛的外部联系和影响力,私募股权基金方凭着投入到公司的资本和投资后向被投资公司所提供的咨询服务而在董事会中占据主导地位。由于董事会要对被投资公司的经营业绩负责,并有权任命或解聘公司总经理,指导、监督公司的运营情况,私募股权基金可以利用其在董监事会的有利位置对管理层实行有效监督。

四、引入中介机构

私募股权基金作为重要的金融资本之一可以发挥自己在资本市场的渠道与网络,有目的的为被投资公司引入会计师事务所、律师事务所以及相关咨询机构,形成为被投资公司服务的专业网络。这一方面有利于被投资公司更加规范的运作;另一方面也为了保护自身的利益。

由于IPO是被投资公司获得发展所需要的有效途径,也是私募股权基金实现股权退出的首选渠道,因此,在投入公司可能IPO的情况下,私募股权基金能够发挥其熟悉资本市场的特长,引入证券公司作为被投资公司的保荐人,并依照有关规定进行上市前的辅导。一旦时机成熟,私募股权基金投资方能积极推动被投资公司驶上申请上市的轨道。

第二节 对公司治理的影响

一、改变资本结构

（一）资本结构

按筹资来源划分,资本可以分为权益资本和债务资本。使用资本都是有其社会成本的:所有者所要求的报酬率是权益资本的成本,它是一种机会成本;债权人所要求的报酬率是债务资本的成本,它的表现形式是债务的利息。

---

① 隋平,董梅.私募股权投资基金:操作细节与核心范本[M].北京:中国经济出版社,2012:123.

现代财务理论中,资本结构是一个非常重要的概念,它决定了公司价值最大化和公司治理结构这两个关于公司的最本质的问题。资本结构是由公司采用各种筹资方式而形成的,筹资方式的组合不同决定公司资本结构的构成及比例关系不同。

从狭义上看,公司资本结构就是公司资产负债表右边各项间的比例关系和由这种比例关系所反映出的权利、义务结构;从广义上看,公司资本结构还包括公司各类资本之间的比例关系,如公司财务资本、人力资本等。对于公司资本结构还有一种解释是:资本结构是全部资本的来源构成,是指公司各种资本的构成及其比例关系,不仅包括长期资本,也包括短期资本(主要是指短期债务)。

现实中,通常所说的公司资本结构就是公司的融资结构。根据资金的来源不同可以把融资方式分为内部融资和外部融资。内部融资是指公司通过运营获得的资金,来源可能是留存的收益、累计未付的工资或应付账款等。外部融资是指公司通过外部的经济主体筹集资金的方式,它又包括从银行信贷获得资金的间接融资以及从股票市场、公司债券市场获得资本的直接融资方式。从银行借款和发行公司债券的融资方式称债务融资,从股票市场获取资金的形式又称股权融资,私募股权融资就是其中重要的一种。

(二) 资本结构与公司价值

资本成本的不同导致资本结构和公司价值的不同[1],债权资本与股权资本比例的差异导致资本结构的不同,他们直接影响到公司的资本成本,从而影响公司价值。由于公司的债务利息总可以在计算应交所得税时进行扣除,而且债务利息率通常低于股票利息率,公司的债权资本成本通常低于股权资本成本。所以,公司在一定的合理范围内提高资产负债率可以降低公司的资本成本,提高公司的筹资效益,进而增加公司价值。

(三) 财务杠杆效应影响资本成本和公司价值

债务融资可以产生税收利益优惠,所以公司在一定的范围内合理提高债务资本的比例可以获得杠杆利益,增加公司价值。债务利息通常是不变的,公司每提高一元的税前利润,其所负担的固定利息就会降低,可分配给股东的税后利润就会增加。所以,公司在一定的范围内合理利用债权资本发挥财务杠杆作用,可以给股东带来财务杠杆利益。但是,债务资本所占比例不宜过大,因为当公司的资产负债率较低时,公司的财务困境成本、破产成本和代理成本并不明显,但当其超过某一比例时,他们会以递增的速度上升,增加公司经营风险,降低公司经营绩效,进而降低公司价值。

一般来说,公司价值等于公司债权资本的市场价值和股权资本的市场价值之和,如下列公式表示:

$$V = D + S \tag{9.1}$$

其中,V——公司总价值;

D——公司债权资本的市场价值;

---

[1] 戴维·斯托厄尔,黄嵩(译者),赵鹏(译者). 投资银行、对冲基金和私募股权投资[M]. 机械工业出版社,2013年,第303页。

S——公司股权资本的市场价值。

　　从上式可以看出,公司价值与公司的资本结构紧密相连,公司资本结构的改变对公司债权资本和股权资本的市场价值都有影响,进而影响公司总的价值。所以,公司应选择使综合资本成本最低的资本结构,使公司价值达到最大。

　　（四）私募股权基金投资方对投入公司资本结构的考量

　　私募股权投资基金进入被投资公司后常会考虑采用通过增加投入公司资产负债表中的债务,以减少整体的资本成本,提高权益收益的策略。然而,提高杠杆增加了被投资公司运营的风险并降低了被投资公司的信用评级,提高了被投资公司的债务成本并降低了犯错误的容忍率。尽管一些高管可以在高杠杆情况下很好地经营被投资公司,但是没有这方面经验的人会因管理不善而使被投资公司蒙受损失从而减低股东价值。因此,私募股权基金进入被投资公司一般从以下几方面考量投入公司的资本结构。

　　(1) 被投资公司保持合理的资本结构是否有利于提高被投资公司的价值。债务融资能够给被投资公司带来财务杠杆收益和节税收益,当总资产息税前利润率大于债务成本率时,被投资公司进行债务融资,可以获得财务杠杆收益,提高被投资公司价值。但随着债务融资的增长,被投资公司面临的财务风险就会增大,进而使被投资公司陷入财务危机及破产。

　　(2) 通过影响投资者对被投资公司经营状况的判断以及投资决策来影响投入公司价值,资本结构向外部投资者传递了有关被投资公司价值的信息,影响外部投资决策,从而影响被投资公司价值。管理者持股和主动回购股权被投资者看作被投资公司前景良好的一个信号,这是因为管理者承担了风险。

　　(3) 通过影响被投资公司治理结构来影响投入公司价值。债务融资能够促使被投资公司经营者努力工作,选择正确的行为,向市场传递投入公司经营业绩信号,有助于外部投资者对被投资公司未来经营状态作出正确判断。

二、改变股权结构

　　（一）股权结构

　　股权结构是股份制公司中一切契约关系的基础,是指股份制公司中不同性质股权的数量、所占股份比例及相互关系,包括股东属性、控股权归属、股权的比例分布、股权流动性状况及股东之间的关系等方面的内容。股东的属性从股东身份来看,有个人股东、家族股东、法人股东、机构投资者（私募股权）和国家股东之分；从股东地位来看,有控股大股东和小股东以及内部股东和外部股东之分。不同类型的股东其持股动机、行为方式、拥有资源和能力及对公司的影响力大不相同。股东的相对持股比例高则该股东实际掌握公司的控制权,对公司的经营管理、重大决策起决定性作用。股权结构对公司产权性质、产权效率、治理结构、公司行为、公司绩效及资本市场都有着较大影响。

　　（二）股权结构的类型

　　按照股权集中度的不同,股权结构可分为高度集中型、过度分散型和适度分散型。

1. 高度集中型股权结构

此结构表现为大股东持股数很大,基本处于绝对控股地位,其他股东持股数极小。这种类型的股权结构下,极高的持股比重使得控股股东行使权力的积极性很高,会积极参与公司的治理,对经营者进行有效的监督,因而使经营者的行为取向与股东的利益高度一致。另外,小股东因为持股份额过小相对没有能力,同时也缺乏动力行使其权力,从而导致大股东失去了来自其他股东的有力约束和制衡,使其可以对公司经营和经营者进行高度干预,造成"内部人"控制问题,甚至迫使经营者与之合谋侵占小股东的利益,从而影响公司价值。

2. 过度分散型股权结构

此公司类型又称"管理者控制"型公司,公司拥有大量股东,股份分散,股东持股比例很低,持股数量相近,单个股东的作用有限,不存在大股东。此结构既可以避免高度集中型结构下股东行为的两极分化,又可避免个别大股东"一股独大"而造成的对小股东权益的侵占。但过度分散的股权使股东们行使股东权利的积极性普遍受到抑制,产生"搭便车"行为,以致公司的控制权实际掌握在经理手中,造成更为严重的代理问题,以致影响公司的价值。

3. 适度分散型股权结构

此类型公司结构是指公司拥有若干个持股比例相近的大股东,其他股份由众多的小股东分散持有。这种结构在股东之间形成了一种有效的相互制衡机制,较好地解决了股东的激励和约束问题,使各股东都能适度参与公司的经营管理,避免了前两种结构下股东行为的非理性,从而大幅度降低了"委托代理"关系下的效率损失,有利于公司价值提高。

按照公司控股主体的不同,股权结构分为国家控股型、法人控股型、家族和个人控股型。

(1) 国家控股型。国家控股是指由国家或代表国家持股的机构持有公司多数股份而居于控股地位的股权结构。一方面,国家控股使公司受到国家的多元化利益目标的影响或会偏离利润最大化目标,同时易因国家的干预造成"政企不分";另一方面,这类公司往往受到政府的各种保护和优惠政策,虽然减弱了公司的竞争压力,但也抑制了公司的进取心,从而影响公司价值,而且还破坏了市场公平。

(2) 法人控股型。法人控股是指由公司法人、银行法人以及机构持股者(私募股权)拥有公司控股权的股权结构。法人持股数量自 21 世纪以来大规模增长,尤其是机构持股者的地位不断得到提升,而法人持股已成为当前股权结构发展的趋势。

(3) 家族和个人控股型。家族和个人控股型是由家族和个人实际掌握公司控股权的股权结构。股份公司兴起之时普遍存在着家族和个人控股公司,随着股份制的发展和公司规模的不断壮大,家族或个人控股公司虽然大量减少,但目前在很多国家还存在众多这种类型的公司。

还有一些特殊的股权结构类型,如"金字塔"式股权结构、相互持股的股权结构。

(1) "金字塔"式股权结构。指控股公司的垂直和层级持股关系,即母公司通过参与层次控制子公司和孙公司,形成一个包含许多关系公司在内的"金字塔"式的股权结构。

（2）相互持股。相互持股是指公司法人股东相互持有对方的股份，主要有放射型持股和环型持股。其中，放射型持股如 A 公司和 B、C、D 等公司相互持股，而 B、C 和 D 公司之间不存在股权关系；环型持股是指 A、B、C、D 公司之间均相互持股，彼此成为对方的大股东，从而形成错综复杂的股权关系。

（三）私募股权投资对被投资公司股权结构的影响——制衡型股权结构

一般认为，公司价值是公司股权结构的函数，之所以会形成这种函数关系，是因为公司股权结构与能促进公司较好经营运作的诸多治理机制相关，并对这些治理机制发挥作用具有正面或负面的影响。这些治理机制包括激励、收购兼并、代理权争夺以及监督等。

私募股权基金一般情况下占有被投资公司不超过 30% 的股份，他们往往只需要在董事会占有一席，但是要求拥有一票否决权，寻求与控股股东形成制衡型股权结构。股权制衡程度越高，外部股东相对于控股股东的势力就越强，相应地外部股东监督的动机和能力也就越强，控股股东侵害的能力越弱。这样，股权制衡对维护公司价值的积极作用的效果就越好，股权制衡公司的公司价值显著高于联盟型公司和其他公司。大部分私募股权基金虽然不想参与被投资公司的日常经营，但是希望严格控制投入公司的发展方向。从这点来看，私募股权投资对公司治理及管理渗透程度的影响要比股市融资和银行贷款强。

通常，控股股东与中小股权目标都是追求公司价值最大化[①]，但是股权的性质和背景决定了其追求的短期目标和长期目标的差异。公司股权结构的变动直接对公司价值产生影响。

私募股权基金使被投资公司的股权进一步分散，其目标是通过参与公司的经营管理，最终以退出实现资本增值的资本运作过程。私募股权投资的目的决定了其一般不要求有绝对的控股权而只要求有相对的控股权，相对的控股权有利于对公司进行实质上的监督管理。所以，有私募股权基金入驻的公司一般都具有 2~3 个有相对控制权的股东，这样就会形成一种制衡机制，形成制衡股权结构（如图 9-1 所示）。制衡型股权结构（股权相对集中，公司拥有几个相对控股股东）可以提高公司价值，促进公司资源的有效配置，实现公司持续、稳定成长，是相对较为理想的股权治理，既避免了无人管也避免了大股东谋取私利的现象，具有以下几个优点。

（1）制衡型股权结构可以降低代理成本。制衡型股权结构决定了被投资公司中可并存几个大股东，他们拥有对公司经营管理层进行监督和约束的能力和动机。当公司的经营偏离公司的目标时，大股东们往往是相互牵制和协调，以期获得利益最大化。在这种制衡型股权结构的情况下，管理层的经营战略必须以股东利益最大化为目标。

（2）私募股权基金进入被投资公司后，形成了相对控股股东，其经营目标就是完善公司治理结构，扩大公司规模，让公司快速成长，在有私募股权基金入驻的公司形成制衡股权结构，控股股东和公司中小股东的矛盾就比较缓和，利益基本一致。控股股东和公司中小股东之间的利益冲突可以通过制衡型股权结构得到缓解，控股股东侵占

[①] 隋平，董梅.私募股权投资基金：操作细节与核心范本[M].北京：中国经济出版社，2012：141-143.

公司中小股东的利益的现象在某种程度得以克服,减少管理中的监督成本,促进企业快速成长,提高公司价值。

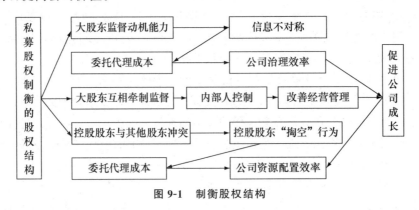

图 9-1 制衡股权结构

三、提升治理水平

(一)私募股权基金参与公司治理的理论分析

1. 产权理论

产权结构是公司治理的基础。1937 年,科斯发表了《企业的性质》,提出了交易成本的概念,为产权理论奠定了坚实的基础;1960 年,科斯又发表了《社会成本问题》,从而把产权正式纳入了经济学研究的体系。科斯认为,广义的交易成本包括经济活动中的所有成本,不仅包括签约和谈判成本,还包括度量和界定产权的成本、用契约约束权利斗争的成本、监督绩效的成本和进行组织活动的成本。

产权理论观点认为,商品与生产要素的交易是权利的交换,产权制度是经济运行的根本基础,产权制度决定了组织的类型和形式,也决定了经济效率的高低。产权制度对经济增长特别是技术进步产生重要的影响,而后者也是影响产权制度变迁的基本原因。私有产权和政府控制都是可供选择的产权制度,选择的标准取决于能否使交易的成本达到最低。通过产权交易,一个私有产权制度会产生非常复杂、合作效率极高的组织,所以,私有产权的明确界定为有效地寻找最优体制奠定了制度基础。

为了维护自己的产权(如所有权、使用权、收益权以及处置权),私募股权基金会积极参与公司治理,他们投资规模较大,持股比例较高,具有丰富的投资经验与专业知识,使得他们也有能力来参与公司治理。虽然私募股权基金方参与被投资公司治理需要付出监督成本,但是他们参与被投资公司治理的监督成本要远远小于他们的收益。私募股权基金的存在有利于形成制衡的股权结构,遏制大股东对其他中小股东利益的侵占,从而提高公司治理水平,提升公司价值。

2. 委托代理理论

所有权与控制权分离已成为现代公司的主要特征。股东作为公司的所有者,他们在很多时候不会直接参与公司的生产经营决策,他们会聘请具有专业知识和丰富经验的职业经理人来管理公司,此时股东与管理层之间形成了一种委托代理关系。

从本质上看,委托代理关系①实质上是一种契约关系。由于经理层与股东利益目标并不完全一致,经理层与股东之间存在信息不对称,他们之间经常存在利益冲突,不可避免地产生道德风险和逆向选择。他们往往会选择牺牲股东的利益来追求个人利益,会选择某些行为如通过多元化经营建立自己控制的公司王国以巩固自己的地位,投资对自身有利但不利于股东的项目及过度消费,等等。这样就产生了高额的代理成本,委托人为了减少信息不对称而带来的逆向选择和道德风险而对代理人进行识别并监督,由此产生了识别和监督的费用。降低代理成本,必须要设计一套激励约束机制,在该机制下,股东和经理层的效应无限接近帕累托最优,双方都无法通过单独改变自己的决策和行为而提高自己的效应,达到纳什均衡。

委托代理问题不仅存在于股东与经理层之间,还存在于大股东与其他中小股东之间。其中,"一股独大"的股权结构使得大股东与中小股东之间的利益冲突显得尤为突出,大股东往往通过资金占用、关联交易等手段肆意侵占中小股东的利益。为了缓解大股东与中小股东之间的委托代理问题,同样需要建立一套监督激励机制。②

私募股权基金这种股东的存在有利于上述激励约束机制和监督激励机制的建立,他们以雄厚的背景和实力对公司控制权的争夺可以对大股东形成威慑。出于自身利益考虑,他们能积极参与公司治理,有助于减少大股东控制权的私人收益,减少大股东对中小股东的利益侵占,形成制衡的股权结构,改善公司治理状况,提高公司治理水平,从而最终提升公司价值。

3. 利益相关者理论

利益相关者理论指出,公司本质上是一种受多种实体影响的实体,而不应该是由股东主导的公司组织制度,考虑到债权人、管理层和员工等众多为公司贡献出特殊资源的参与者,股东并不是公司唯一的所有者。利益相关者理论认为,公司不仅要向公司所有者——股东负责,更应该为广泛的其他利益相关者服务,公司不应该简单的追求股东财富最大化,还应将社会财富最大化作为公司治理的目标。

利益相关者理论的核心思想认为:公司是其利益相关者相互关系的联结,通过各种显性契约和隐性契约来规范其利益相关者的责任和义务,将剩余索取权与剩余控制权在公司物质资本所有者和人力资本所有者之间进行分配,进而为其利益相关者和社会有效地创造财富。

为了实现利益相关者利益的最大化,各利益相关者主体必须积极有效的参与公司治理,而公司治理水平的提高同样也需要利益相关者的积极参与。然而利益相关者参与公司治理的能力是存在显著差异的。作为股东之一,特别是私募股权基金不同于其他一般股东,因为私募股权基金自有资金相对较少,他们投资的资金主要来自资本市场筹措的资金,私募股权基金的出资人同样也是投入公司的利益相关者。作为出资人的代理人,私募股权投资方要向出资人负责,要接受出资人的监督,私募股权投资方不

---

① 程文红.信息不对称与风险投资的契约设计[D].复旦大学中国经济研究中心博士论文,2003:29-33.
② 蒋悦炜.私募股权基金与中国中小企业公司治理研究[D].上海交通大学博士论文,2012:26-37.

仅要维护自身利益,还要维护其背后出资人的利益,出资人的压力使得私募股权投资方不得不慎重选择投资。为了维护出资人的权益他们不得不参与公司治理,同时作为专门的投资机构,私募股权投资方也有能力参与公司治理,私募股权投资方的存在有助于缓解两类委托代理问题,减少代理成本,最终提高公司治理水平与公司价值。

4. 成本收益分析理论

作为理性的"经济人",在追求利益的同时,"经济人"也会关注追求经济利益所带来的成本。成本收益分析理论认为,在资源稀缺的情况下,"经济人"追求的是利润最大化,这就要求以最小的成本获得最大的收益。收益大于成本的预期是"经济人"行为的出发点,私募股权基金作为理性"经济人",他们在是否参与公司治理问题上必然会考虑成本与收益,只有当收益超过成本时他们才会主动地参与公司治理。

私募股权基金的公司治理成本[①]是指他们有效地参与公司治理所必须支付的最小成本,包括收集信息成本、参与决策成本、制约大股东成本、控制管理层成本、承担风险成本以及私募股权基金参与公司治理其他机会成本。有效地参与公司治理需要拥有大量的信息,相对于一般投资者,私募股权基金持股比例较高,他们在公司治理中拥有较大的话语权,可以获得更多有用的信息,在某种程度上解决了信息不对称问题。同时,作为专门的投资机构,他们具有丰富的投资经验和专业知识,他们可以有效地监督大股东与管理层,影响被投资公司的生产经营决策,相对于其他中小投资者,其参与投入公司治理的成本相对较低。

私募股权基金的收益是指其参与公司治理带来的各项收入,具体包括私募股权投资方自身产权的保值增值、投入公司业绩的提高、股价的上升、两类代理成本的降低等。其中,代理成本跟与私募股权基金在被投资公司中的持股比例之间存在显著负相关关系,如图9-2所示:

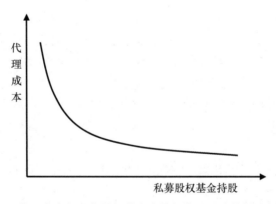

图9-2　代理成本与私募股权基金在被投资公司中持股比例关系

虽然"监督"很有可能变成了公共产品,即"监督"的成本由私募股权基金来承担,"监督"的收益却由全体股东来分享,然而当私募股权基金参与公司治理的收益超过成本时,他们还是会积极地参与公司治理。

---

① 德珍.中国非公募资产(基金)营运和管理研究[M].上海:复旦大学出版社,2004:42-46.

通过产权理论、委托代理理论、利益相关者理论和成本收益分析等理论,可以看出私募股权基金参与公司治理的必然性。那么私募股权基金会以什么样的方式参与公司治理?私募股权投资方参与公司治理又会对公司产生怎样的影响?

(二)私募股权基金参与公司治理的具体机制

私募股权基金能够通过多种方式参与公司治理[①],主要治理机制有以下几种。

1. 股东大会机制

股东大会是公司的最高权力机构,公司经营的重大事项由它决定,它决定公司的经营方针和投资计划、选举和更换董监事、审议和批准董监事会的报告、审议和批准年度财务预决算方案、审议和批准利润分配方案等职权。在股东大会上股东按出资比例行使表决权,当私募股权投资方因为其持股比例足够高时,他们在股东大会上能够拥有较大的"话语权"。

国内常见的"一股独大"的股权结构使得股东大会往往被大股东所操控,另外其他中小股东权利意识比较淡薄,加上行使权利的成本过高,中小股东普遍存在"搭便车"的意识。法律规定股东可以委托代理人出席股东大会,因此私募股权基金可以征集中小股东的投票权,代表中小股东在股东大会上行使权利,这既能够对大股东形成有效制衡,又可以在一定程度上避免"搭便车"问题。

私募股权基金参与股东大会时可以行使法律赋予股东的各项权力,他们可以对投入公司的运作进行评论,他们拥有知情权,可以查阅股东大会的记录、投入公司的财务会计报告和会计账簿等,并可以对公司的经营管理质询,他们还可以请求分红等。私募股权投资方的存在提高股东大会的运作效率,削弱大股东和经理层对公司的控制。如有需要私募股权基金还可以对被投资公司的经营方针、董事和经理任免等单独或联合提出各种议案,提案的建议一经股东大会做出决议,便对被投资公司产生法律效力,董事会必须按之执行。因此,私募股权基金拥有影响股东会的能力,使得他们有机会将其意见和建议传达给大股东和管理层,使得大股东和管理层在拟定投入公司的各项方针、政策时更加慎重,从而可以减少大股东和管理层对其他股东利益的侵占,有效缓解两类委托代理问题。

2. 董事会机制

董事会由股东大会产生并对其负责,董事会职权有:召集股东大会并向股东大会报告工作;执行股东大会的决议;决定公司的经营计划和投资方案;制订公司年度的财务预决算方案;制订公司的利润分配和弥补亏损方案;决定聘任或解聘公司经理及其报酬事项;制定公司基本制度;等等。

董事会理应维护全体股东的利益,向全体股东负责,可事实并非如此。"一股独大"的股权结构使得股东大会实际由大股东操控,董事成了大股东的代理人,此时董事会维护的是大股东的利益,制定的决策可能以牺牲中小股东的利益为代价。此外,还可能存在严重的信息不对称问题,董事在制定决策时可能不是从股东利益出发,而是为其自身谋福利,表现为各种机会主义行为。

---

① 贾敬峦.私募股权投资参与中小企业公司治理的研究[M].天津:南开大学出版社,2009:33-36.

私募股权基金的存在可以有效缓解上述问题,提高董事会的运作效率,机构投资者本身持股比例较高,能够突破大股东对股东大会的控制。不仅能打破大股东对董事人选提名权的垄断,还可以提名董事的候选人。这一方面使得股东大会选举出来的董事具有广泛的代表性,而且更中立;另一方面对独立董事(独董)人选的提名,使得独董能够真正"独立",从而保证了董事会的独立性。这样,在董事会运行的过程中,私募股权基金所提名的董事成为监督大股东的代理人,维护私募股权基金以及其他股东的利益,使得董事会的决策不再是仅仅考虑大股东的利益。作为积极的投资者,为了维护自身利益,私募股权基金积极参与公司治理,他们履行股东权力对董事进行监督,他们可以通过"私下协商"等形式与董事们进行沟通。当私募股权投资方发现董事的行为和决策危害自身或其他股东利益时,可以提议更换董事或者以其他方式惩罚董事,私募股权投资方的监督使得董事选择机会主义行为的成本越来越大,这就在某种程度上缓解了"内部人控制"问题,减少了代理成本。

3. 监事会机制

监事会是公司内部治理的重要组成部分。作为监督机构,监事会由公司股东大会选举产生,行使监督权,对董事和经理的行为进行监督。他们有权检查公司财务,纠正董事和经理损害公司利益的行为,向股东大会提出议案和对董事或经理提起诉讼等。另外,监事还可以列席董事会会议,对董事会决议事项提出质疑和建议,并且当他们发现公司生产经营出现异常情况时,可以进行相关调查,必要时可聘请会计师事务所等协助其工作,费用由被监督公司承担。

大部分被投资公司在私募股权投资方进入之前,公司治理不完善,监事会形同虚设,很难真正发挥作用。高度集中的股权结构中大股东对监事人选具有完全的决定权,从而监事会变成了大股东的代理人,他们很难行使监督权,即使他们发现了董事、经理的行为损害了其他股东的利益,他们也没有办法制止这种行为。由于缺乏完善的激励约束机制,出于追求自身利益的考虑,监事在一些时候甚至会和董事、经理共谋私利。

私募股权基金因股份较多以及在被投资公司中及相关行业的影响力,他们可以提名自己人或社会专业人士担任监事,从源头上避免监事沦为大股东的代理人,对监事会工作进行监督,对监事薪酬激励机制产生重要影响,从而给予监事工作压力和动力。这些做法使得监事会更加勤恳地履行职责,维护其利益,防止了董事和经理的机会主义行为,缓解了董事、经理和股东之间存在的利益冲突,提高了监事会的工作效率,真正发挥了监督作用。

4. 经理层机制

经理是股东大会决议和董事会决策的实际执行者,他们对董事会负责,他们负责公司生产经营的管理工作,拟订经营计划与落实投资方案,制定公司基本制度和具体规章等。然而,经理与股东、董事的利益并不完全一致,当利益存在冲突的时候,在缺乏监管和制约的情况下,作为理性经济人的经理会追求自身经济利益最大化;在面临道德风险和逆向选择问题时,他们往往会牺牲股东及其他利益相关者的利益。

私募股权基金在经理人选、薪酬等方面能够产生重要影响,他们提高了不称职经理被更换的可能性,增强了经理薪酬与被投资公司绩效的敏感度。私募股权投资方的存在,一方面完善了经理的薪酬激励机制;另一方面为了维护自身利益会对经理实行更加严格的监管,从而健全了监督机制,完善了激励制度,避免了经理与股东之间的利益冲突,使得经理与股东的利益更加趋于一致。

私募股权基金可以与经理层进行沟通,对被投资公司生产经营和公司治理等方面提出自己的意见和建议,因其本身在投入公司中及相关行业的影响力,经理层不得不慎重考虑私募股权基金的意见和建议,并对之做出积极的回应。

5. 接管机制

现代公司理论认为,良好的公司治理取决于一系列竞争性市场的外部监控。当私募股权基金对其通过上述其他各种方式参与投入公司治理的效果不满意的时候,他们还能争夺被投资公司的控制权,接管被投资公司,直接采取措施完善公司治理。接管被视作约束和控制被投资公司最后的手段(如新浪创始人王志东被"扫地出门",成为互联网业界影响最大的、第一个被投资方驱逐的创始人)。

私募股权基金规模较大、实力雄厚,他们可以运用接管机制更换不称职的董监事和经理,以改善投入公司的生产经营。特别是在投入公司内部治理机制缺损的情况下,接管机制的存在能够对董监事和经理等高级管理人员产生外部约束,当高级管理人员不称职时,他们被更换的概率大大增加了,这对他们形成了潜在的压力。接管机制的存在一定程度上削弱了高级管理人员对于大股东的依附,保证了独立董监事的独立性,使得他们的活动不再是仅仅维护大股东的利益而是维护全体股东的利益。接管机制通过争夺控制权对公司内部治理结构进行改造和重塑,有利于完善公司治理结构,有利于解决委托代理问题,有利于提高被投资公司的经营管理水平,有利于提高公司价值。

(三)私募股权基金参与公司治理的影响

私募股权基金通过上述治理机制参与被投资公司治理[①],可以健全投入公司治理结构,提高公司治理水平,提高公司绩效和价值,具体包括以下几方面。

1. 股权制衡

"一股独大"的股权结构是国内资本市场的一个显著特征,大股东持股比例偏高,他们在投入公司中处于相对甚至绝对控股地位(有些大股东还是投入公司创始人,在投入公司有很高的威望和影响力),这种股权结构容易诱发大股东侵占、损害其他投资方的利益。

私募股权基金进入被投资公司及投资性质的变化,给被投资公司管理带来了深刻的变革。私募股权基金本身持股比例较高,作为专业的投资机构,他们具有丰富的投资经验与专业知识,参与公司治理的成本比较低。出于自身利益考虑,他们会积极参与公司治理,他们还可以通过争夺控制权等杀手锏形式(如UT斯达康创始人吴鹰2007年被"赶出"了自己一手创建起来的公司),提高他们在公司治理中的话语权,有效地表达他们的意见。私募股权基金存在有利于改善"一股独大"的股权结构所带来

---

① 锥柞芳.私募股权投资对公司治理的影响研究[D].天津财经大学硕士论文,2011:23-34.

的负面影响,能够打破大股东对股东大会、董监事会和经理层等的垄断,解决委托代理问题,有利于把"一股独大"的垄断式股权结构变为竞争式股权结构,形成制衡的股权结构,对大股东形成有效的监督和约束,从而从股权结构层面改善公司治理,提升被投资公司的价值。

2. 缓解"内部人控制"问题

我国百年公司没几个,当前私募股权基金投资的公司大部分是非"上市"公司,私募股权基金介入使其再次往公众公司蜕变,被投资公司的大股东或创始人一般处于控股地位,与被投资公司的董监事和高管往往存在很多裙带关系。作为理性经济人,他们在自身利益与股东利益存在冲突的时候,往往会选择牺牲其他中小股东利益,存在严重的"内部人控制"问题。

私募股权基金的出现,可以有效地解决"内部人"控制问题。在董监事和经理等的人选问题上,私募股权基金拥有较大的发言权,可以在董监事会和经理层安排广大中小股东的代理人,从源头上保证了董监事会的独立性。参与公司治理的巨大收益使得私募股权基金对被投资公司管理层进行积极监管。在机构投资者的压力下不称职董监事和经理等被更换的可能性大大增加,遏制了管理层种种机会主义,高管薪酬的绝对水平被降低,薪酬与业绩的敏感性被提高,管理层的效率也获得了提高,董监事和经理等与股东的利益冲突在某种程度上得到了缓解,私募股权基金的存在有利于解决被投资公司管理层与股东之间的委托代理问题,减少被投资公司管理层等内部控制人对股东利益的侵占。

3. 提高公司运营效率与业绩

私募股权基金的加入能够有效缓解投入公司两类委托代理问题,减少代理成本,从股权结构和管理层等方面完善公司治理结构;公司治理水平的提高对公司生产经营活动产生正面影响,进而可以提升公司业绩和价值。

尽管私募股权基金不一定谋求对投入公司的控股权,更不会以长期控制和经营该公司为目的,但同样会在投入公司的董事会占有一个或数个席位。而且在很多情况下,相对于原管理人员来说,私募股权基金派出的外来董事看待问题可能会更客观。而且,外来董事长期从事投资业务,在公司资本运营方面具备更为丰富的经验,在培育投入公司成长和鉴别管理层素质等方面拥有专业水平,以及广泛的人脉关系。私募股权投资方凭着投入到公司的资本和投资后向该公司所提供的咨询服务,给予被投资公司很大的帮助。

被投资公司通常会给管理层以股权和期权激励,然而股权和期权安排的不足在于,其会诱发管理层在经营管理公司过程中的道德风险,即过度从事那些收益很高但风险也很大的项目或业务。从私募股权基金的角度来看,这些项目和业务不符合私募股权基金对于被投资公司"持股—增值—出售"的投资目的(如图9-3所示)。

因此,私募股权基金需要督促被投资公司制定管理层雇佣条款来监督和惩罚那些经营业绩差的管理者,以及限制管理层过于冒险的经营倾向。管理层雇佣条款一般有解雇、撤换管理层并回购其股份等形式。

总之,私募股权基金进入投入公司后,不会放任被投资公司自己发展。私募股权基金给予被投资公司的不仅是其发展所需资金,他们还会充分发挥自身的专业化优势,对公司的组织架构、经营管理、法律框架和财务流程等各个方面进行重组,通过改善公司的股权结构、董事会结构和公司治理机制,重新塑造被投资公司品牌,整合行业资源,拓展被投资公司国际化道路,从而进一步提高被投资公司业绩以实现自己的利益。私募股权基金参与公司治理能够形成制衡的股权结构,有效地缓解股东与管理层,以及大股东、创始人与其他中小股东之间存在的两类委托代理问题,降低代理成本,完善公司治理结构,提高公司治理水平,提升被投资公司运营效率,最终提高被投资公司的市场表现与公司价值。

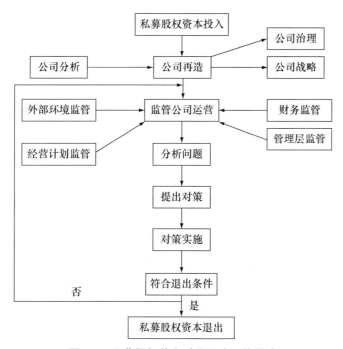

图 9-3 私募股权基金对公司治理的影响

第三节 对公司品牌的影响

一、公司品牌

公司品牌一般是以公司名称为品牌名称的品牌。品牌传达的是公司的经营理念、文化、价值观念及对消费者的态度等,能有效突破地域之间的壁垒,进行跨区域经营活动,抑或为各个差异性很大的楼盘之间提供了一个统一的形象、统一的承诺,使不同的产品之间形成关联,统合了产品品牌的资源。公司品牌的内涵至少应包含商品品牌和服务品牌,并在两者基础上衍生出公司品牌。只有提供与公司的商品品牌相匹配的超值服务,也就是公司建立有别于竞争对手的富有公司文化内涵的、独特的服务品牌,才能不断提升商品品牌的价值含量和提高公司的美誉度;否则,公司品牌的内涵就要大打折扣。正是有形的商品品牌和无形的服务品牌相互结合，成就了公司核心竞争力，一个优秀的品牌就可以成就一个优势的公司。

公司品牌的确认是在公司成立初期进行设定的，通常公司品牌都同它所提供的特定的产品与服务相联系，在随后的经营过程中，不会轻易进行调整。公司品牌应当确定与其专属领域的位置，便于客户形成清晰的认知。丰富、凸现公司品牌的内涵是一个长期过程，它需要其他的品牌予以相应的支撑。①

（一）品牌价值的来源

品牌对公司有重要的价值，这一点毋庸置疑。可口可乐公司声称，假如有一天，可口可乐公司在世界各地的工厂都毁于一旦，但只要它想东山再起，那么用不了多长时间，就能恢复到原来的规模，原因很简单，它有生产秘方。更重要的是，可口可乐公司有为世人所信赖的商标（2012年可口可乐的商标价值达到778.4亿美元）。普华永道对德国市场的研究表明，平均来看，各公司的品牌价值已占公司全部价值的56%，在快速消费品行业，这一数字更高达62%。一般认为，品牌价值源于品牌的资产价值或财务价值，即给公司带来超出无品牌产品销售的溢价收益，它的变化将直接增加或减少公司的货币价值，这一价值最终无疑是生产者的特殊劳动创造的。品牌知名度是品牌的认知度及回忆度。品牌知名度能使目标品牌在众多同类商品品牌中独树一帜，让购买者对目标品牌耳熟能详，并且能在众多品牌中迅速辨认出目标品牌。公司应树立独特的品牌名称，并且要在媒体宣传中不断重复，让品牌标识明显。公司通过各种传播途径引起目标消费者注意，让品牌深入人心，不断强化品牌认知度。品牌知名度越高，品牌资产的价值就越高。例如，王老吉"怕上火"广告至2014年3月累计投入超过58亿人民币，王老吉价值估值逾千亿元，成为中国草本饮品第一品牌。②

（二）品牌的基本功能

纵观品牌对公司的作用轨迹，不难发现品牌具备如下几种基本功能③：

1. 识别功能

品牌是一种无形的识别器，是产品和公司的"整体"概念。品牌经过国家有关部门登记注册后，成为公司的代号，代表着公司的经营特色、质量管理要求、产品的形象等。如果品牌在消费者心口中已形成良好的印象，消费者在购买具有某种使用价值的商品时，面对琳琅满目的商品，就能很快做出选择，从而缩短消费者在选购商品时所花费的时间和精力。

2. 保护功能

品牌通过登记注册后，就受到法律、法规的保护，禁止他人非法利用。良好的品牌所代表的产品一般都是由著名公司所生产的，这些公司一般都拥有雄厚的资金和技术实力以及健全的营销网络，他们视公司的声誉为生命，生产的产品一般都具有优异的质量、良好的信誉。但任何产品的高品质承诺都不是百分之百能保证的。如果某品牌产品产生了质量问题，消费者可以根据其品牌与生产公司进行交涉，依法向其索赔，维

---

① 王成荣. 品牌价值的评价与管理研究[D]. 华东科技大学硕论文, 2005:23,52.
② 中商情报网, http://www.askci.com/news/2014 03/29/291516567997.shtml[2014-03]
③ 田晓. 企业并购后品牌生态战略构建及其整合系统研究[D]. 天津大学博士论文, 2008:42.

护自身的正当权益。

3. 促销功能

促销功能主要表现在两个方面。一是由于品牌是产品品质、特色、档次的标志,易引起消费者的注意,满足他们的欲求,因此易赢得消费者的选择和厚爱,实现扩大产品销售的目的。二是由于消费者往往依照品牌选择产品,甚至指牌购买,这就促使生产经营管理者更加关心品牌的形象,不断开发新产品,推陈出新,加强质量和服务管理,提高其品牌知名度、美誉度,使品牌走上良性循环的轨道。

4. 旗帜功能

品牌是公司进军市场的旗帜,是公司进入市场的通行证。公司的各种行为都凝练于品牌中,品牌有利于公司的追求、公司的精神、公司的文化、公司的商誉和社会形象以及公司的产品与服务的质量。

5. 增值功能

品牌是一种无形资产,它本身可以作为商品被买卖,为公司带来巨大的经济效益。随着品牌知名度、美誉度的提高,品牌本身的价值也在连年攀升。与其说是产品给生产经营者带来了财富,倒不如说是品牌给他们带来了财富。

6. 形象塑造功能

品牌代表着公司形象。消费者在心目中总是把品牌实力与公司的形象联系在一起。品牌有利于塑造公司的形象,提高公司的知名度、信赖度,为公司多元化及品牌延伸打下坚实、有力的基础

(三) 品牌价值的管理

管理是指如何充分利用各种资源,使管理对象发挥最大效用,主要包括组织、协调、领导、控制与决策等行为。品牌的发展离不开管理,品牌价值的增长也是杰出管理的结果。利用管理合理、科学地开展广告、公关等营销推广活动,控制成本,提升效用;利用管理加强服务,处理危机;利用管理不断创新产品,使品牌长久不衰;利用管理开发品牌资源。比如,可口可乐被誉为世界第一品牌,在其100多年的发展历史上,它一直被小心谨慎地管理着,这种管理使其保持了可观的品牌价值,并为其创造了不断提升的巨大空间,成为强势品牌管理中的榜样。同样,麦当劳从创立到发展至今天的规模无不透射着科学管理的气息。人们一提到"麦当劳"就想起它的管理带来的标准化的服务——快捷、卫生、方便,全世界同样的快餐食品、全世界同样的快餐文化。麦当劳管理的特许经营方式不仅在美国,而且在全世界取得了巨大成功,并被越来越多的快餐业所效仿。

二、提升公司知名度,吸引潜在战略投资者

能够吸引潜在战略投资者进行投资的公司都具有一些共同的特点,归纳如下:

(1) 公司的财务状况。能吸引战略投资者的公司多数拥有良好的财务状况,主要表现在资产良好,拥有较强的偿债能力、营运能力和盈利能力,并且不存在大的财务风险。战略投资者对公司进行投资的根本目的是为了获得利益,资产不良、债台高筑、运营不佳、盈利不足、风险较大的公司,往往会让战略投资者望而却步。

（2）公司的主营业务。能吸引战略投资者的公司主营业务所在的行业多数是前景光明、市场广阔的行业，具有较高的盈利水平。公司主营业务和战略投资者经营业务能够形成业务互补，或者在战略投资者业务布局之内，也是战略投资者进行投资的重要之处。无论是行业内、行业上下游，还是金融类战略投资者，对投入公司的主营业务都是非常看重的。

（3）公司的市场范围。能吸引战略投资者的公司多数在市场区域、市场网络、市场规模等方面拥有较强的优势，如在某区域内具有强大的分销体系和业务规模。战略投资者对于在区域内或者行业内领先的公司总是最先关注的，这一类公司往往能够在区域市场内做到领先。

（4）公司的技术水平。能吸引战略投资者的公司多数在产品技术的研发上拥有较强的实力，拥有某项技术专利或者拳头产品，能在市场上技压群雄。公司高科技含量的研发项目、全新的高品质产品等对于战略投资者来说吸引力都是非常大的。对于非技术型公司来讲，创新的商业模式便成了吸引战略投资者的重要砝码。

（5）公司的品牌形象。能够吸引战略投资者的公司多数在市场上拥有良好的品牌形象，在目标市场上有较强的客户影响力。战略投资者之所以关注公司的品牌形象，原因就在于良好的品牌形象有利于公司的市场开拓和战略合作，因而对于战略投资者来讲，知名公司更能够吸引他们的眼光。

（6）公司的商业信誉。能够吸引战略投资者的公司多数在市场运作上能够规范运行、诚信交易，无不良记录。做公司就像做人，必须坐得稳、行得正、站得直。战略投资者不会考虑那些在市场不守法经营、进行不正当竞争的公司，因为这类公司只能辉煌一时，不能辉煌一世，投资商业信誉不良的公司会带来很大的风险。

（7）公司的发展战略。能够吸引战略投资者的公司多数拥有较清晰的发展战略和经营思路，并且和战略投资者的战略拥有相似性。一般来讲，战略投资者对目标公司进行战略投资之后，会在战略方向和经营思路上进行指导和提升。但是，对于战略投资者来讲，本身就有清晰、合理的战略方向，并且还拥有可以有效落实的战略保障体系的公司更加具有吸引力。

（8）公司的内部文化。能够吸引战略投资者的公司多数拥有优秀的公司文化，能够和战略投资者的公司文化相融合，如积极、上进、创新、和谐、诚信等。文化的融合意义重大，很多兼并重组的公司之所以效果不好，很大程度上在于公司文化和内部管理机制的不兼容。一个公司的内部文化，就像一个人的精神面貌，只有拥有积极向上的精神面貌，做起事情来才能够像模像样。

（9）公司的内部管理。能够吸引战略投资者的公司多数在管理决策上能够科学化、制度化、合理化、效率化。良好的内部管理体现在公司对人力资源管理、物流管理、财务管理、客户管理、质量管理等方面。管理要靠良好的制度来开展，同时拥有优秀的管理者，往往能够给公司带来更多的效率和效益。

私募股权基金不仅拥有投资专长、监督经验，部分甚至还有着良好的国际声望、信誉以及关系网络。这种私募股权基金的投入引起深远的品牌效应，在对外界释放一个对投入公司予以肯定的信号的同时，无疑提升了被投资公司的知名度，使投入公司可以利用投资者提供的大量优质人才信息,寻觅和引进更多高水平的经营管理人才和技术人才,从而提升公司在运营、财务等方面的管理能力和水平,解决公司在高速发展过程中可能遇到的人才瓶颈。

另外,私募股权基金的品牌效应同样是对资本市场上公众投资者的一种强有力的号召,使得被投资公司上市时更易找到有声誉的、业内优秀的承销商,并为被投资公司上市后不断拓宽影响力,进而站在更为广阔的世界舞台建立客户网络、市场渠道,拓展战略资源,发挥协同效应,加速发展,为提高收购兼并能力打下夯实的基础,为投入公司后续发展赢得更多进入新市场的机会。

除以上所述,被投资公司还可以获得来自私募股权基金在争取优惠政策、收集有价值市场信息、制定中长期发展战略等方面的协助,以及更有利于公司上市的资源重组整合。

三、提升公司美誉度,扩大消费者群体

一个公司无论是生产产品还是提供服务,如果他是一个好的公司,只要一提到这个公司,就能使大众联想到与之相关的好的质量、好的服务等,这就是所谓的品牌美誉度。它是市场中人们对某一品牌的好感和信任程度,它本身就是一种价值非常高的无形资产。品牌知名度可以通过广告宣传等途径来实现;而美誉度反映的则是消费者在综合自己的使用经验和所接触到的多种品牌信息后对品牌价值认定的程度,它不能靠广告宣传来实现,往往是消费者的心理感受,是形成消费者忠诚度的重要因素。因此,品牌美誉度指标是从公司的可持续性的角度来反映公司的价值的。但是消费者的忠诚度一般难以衡量,品牌美誉度可能体现在对后续投资者的吸引力、对合作伙伴的吸引力等方面。

私募股权基金通过改变被投资公司的负债比率、持股比例以及是否发行股票等向外部投资者传递信息,公司的价值是高估还是低估。私募股权基金对投入公司品牌美誉度在此可理解为其对被投资公司的所有行为所传递出来的信息的综合体,即以怎样的价格投资该公司就是其反映之一。私募股权基金一般在业界有一定的知名度,他们的投资本身对被投资公司知名度就有一定的提升作用。再加上私募股权投资方对公司治理的改善、对经营理念的提升以及对生产和服务的规范化运作等,都对提高产品和服务质量有所帮助。私募股权基金还可以利用广泛的人际网络,在后续投资者的选择以及合作伙伴的选择等方面提供毫无保留的帮助。种种这些因素相互作用,对提高被投资公司的品牌美誉度大有裨益。

四、增加公司品牌资产价值

说到一个公司,消费者自然而然地就会想到公司品牌质量。[①] 公司的品牌价值已经成为公司相当重要的无形资产,如果私募股权基金看中了一个公司的成长并且敢于在公司发展过程中注资,那么私募股权基金的专业化水平就会使被投资公司的投资方

---

① 凯文·莱恩·凯勒著.战略品牌管理[M].李乃和,李凌,等译.北京:中国人民大学出版社,2003:569.

和消费者更加追捧该公司。因为私募股权基金投资本身对被投资公司的品牌价值会有很大的提升,私募股权基金可以利用自己独特的信息和管理上的优势为投入公司设置一个具有光明前景的商业模式,使其具有更加国际化的视野。私募股权投资方在更多地参与被投资公司治理后,通过包装等各种途径积极促成投入公司上市,对被投资公司品牌价值提升具有很大的促进作用,增加被投资公司的品牌价值,主要体现在:

(一) 重视与利益相关者长期关系的建立和发展

要实现公司价值最大化和增强公司竞争力就必须处理好各方利益,其中,产品市场上顾客关系管理、资本市场上的投资者关系管理和公司内部的人力资源关系管理成为公司最为重要的管理内容。从广义上看,顾客、投资方、员工都是公司的"投资者":顾客是以购买产品的方式向公司进行间接的投资并成为股东价值的源泉;资本市场的投资者是公司经营资本的最直接提供者;职工是以其"专用性"对公司进行投资,是公司价值的创造者。三者的协调、配合是公司成功的关键。

资本社会信息披露过程的管理将帮助公司与利益相关者之间创造长期的关系。随着资本市场的不断发展和完善,公司面临着顾客、投资者更加苛刻和严格的信息需求挑战。此时,面向投资者的有效的营销和沟通成为决定公司在市场中成败的关键,投资者关系的战略功能得到越来越多的重视。实践结果显示,有私募股权投资背景的被投资公司与投资者之间会有更有效的信息沟通效果,从而降低投入公司与资本市场之间的信息不对称水平,更受投资者的青睐。

(二) 关系资本整合增加品牌价值

公司的关系资本是指公司与所有发生联系的外部组织之间建立的关系网络及其带来的资源和信息优势,反映了公司与外部环境中的利益相关者的关系,体现了公司对外部环境关系的掌握和控制能力。从公司与外部环境的利益相关者之间关系来分析,一般可以分为三种关系:

1. 公司纵向价值链延伸——供应链伙伴关系

包括公司的供应商和客户两大类型的合作伙伴,它们与公司之间是价值链的上下游关系,共同组成一条完整的供应链。

2. 公司横向价值链延伸——合作竞争伙伴关系

包括与公司属于同一行业和不同行业的相关合作伙伴,如行业的竞争对手、潜在的加入者、替代品生产者、互补品生产者、战略联盟者等。

3. 公司社会价值链延伸——社会价值网络关系

包括公司所处的社区、行业和政府管理部门的关系等,他们与公司之间属于间接价值关系。

私募股权基金与被投资公司双方关系资本的整合主要包括:一是私募股权基金与被投资公司双方横向伙伴关系资本的整合;二是私募股权基金与被投资公司双方公司纵向关系资本的整合;三是私募股权基金与被投资公司双方公司的其他关系资本的整合。

私募股权基金与被投资公司双方知识、信息的共享与整合,有助于建立基于互惠协议的信任关系。当建立在信任关系基础上的信息与知识共享机制为关系伙伴带来良好的绩效时,信任与共享机制之间就形成一个良性循环,不断地促进关系资本的形成,进一步提升公司品牌价值。

（三）提高信誉度及信任度增加品牌价值

在被投资公司未来要上市时,拥有良好声誉的私募股权基金能够促进投入公司在上市时获得高水平承销商的加入,从而有助于降低发行费用;同时,拥有良好声誉的私募股权基金所投入公司如果选择并购方式退出,也容易吸引优秀的投资机构;私募股权基金优良声誉能够提高被投资公司的相对市场地位,有利于在和供应商的交易中获得较低的价格和更宽的付款期限,因为被投资公司获得私募股权基金的投资表示该公司具有良好的发展前景,能够获得相关交易者的信任;良好声誉对人才具有吸引力,有利于被投资公司的人力资源管理和持续发展。

本章小结

1. 对于被投资公司来说,私募股权基金带来的不仅仅是资金,还以其特有的投资经验和行业知识,吸引优秀人才,提升被投资公司人力资本素质,完善管理团队,参与被投资公司的管理;

2. 私募股权基金还可以帮助被投资公司完善治理结构,吸引潜在的战略投资者,建立激励机制,拓展潜在业务,提升被投资公司美誉度,扩大消费者群体;

3. 私募股权基金可以增加被投资公司品牌价值,提高股东价值并为最终实现股东价值创造条件。

复习思考题

1. 列举私募股权基金对被投资公司提供哪些可衡量的好处。
2. 高杠杆如何影响公司与同行业公司的竞争能力?
3. 陈述私募股权基金能为被投资公司带来的增值服务。
4. 私募股权基金和战略投资者各自的优势是什么?
5. 陈述私募股权基金如何影响被投资公司的股权结构。

扩展阅读

案例一　私募股权所有制成为公司治理新模式

两种传统的公司所有制:上市公司,股权分散;家族所有制或家族控股企业。私募股权所有制是上述两种所有制方式的混合体。

上市公司的主要优势包括:公司,特别是处于发展阶段的公司,可以最大限度向公众募集资金,并且对于供应商和客户来说更值得信赖。上市公司的主要缺点是:需接受监管机构和媒体的严格监督,成本较大(挂牌、法律《萨班斯-奥克斯利法案》以及其他监管成本),股东特别关注企业的短期财务情况(很多股东无法被充分告知信息)。因为股权分散,大多数公众投资者无法影响公司的决策。所以当公司业绩不佳时,公众投资者更倾向于出售股票而不是尝试更换管理层,因为他们基本没有机会可以参与公司的重大决策。没有股东的约束力,公司管理层的行为有可能会损害股东利益。

家族所有或控股企业可以避免监管机构以及公众的监督。实际控制人对公司的治理有直接的发言权,可以减少管理层和所有者之间的利益冲突。然而,对私人企业而言,融资渠道被局限在银行贷款和其他私募债务融资。家族企业通过私募来筹集权益资本总是很困难的,且结果很少令人满意。

对于那些既不适合家族也不适合上市的企业,私募股权投资机构提供了一种具有更多优势的混合模式(见表9-2)。私募股权所有公司避免了监管机构的监管,而且不需要每季度公布财报。因为私募股权投资基金的投资期限比共同基金和其他投资者长,所以组合公司可以更专注企业长期的重构与投资。私募股权投资机构会任命其合伙人在公司董事会中任非执行董事,有时会引入自己的管理团队负责公司的运营,因此,私募股权基金对公司的关键管理决策有很强的控制权。由此,私募股权投资机构可以采取有效的财务激励以最大化股东价值。由于组合公司的管理层也要求同私募股权投资机构一道分享公司的权益,他们拥有相同的强烈动机来为股东创造长期价值。然而,私募股权投资机构组合公司资本结构带给了管理层在经营上不能犯错误的压力。如果市场发生突然的、不可预知的变化,私募股权所有公司较上市公司和家族企业等低负债公司更容易破产。

表9-2 三种公司所有制的区别①

	家族所有或控股企业	私募股权所有制	上市公司
所有权结构	个人或家族	私募股权投资基金,以及目标一致的其他私募投资者	众多分散的股东,包括机构投资者和个人投资者
公司治理	有创始人/所有者控制和领导。可能聘请外部董事或职业经理人	来自私募股权投资基金的董事会代表有提高股东价值的强烈财务动机	股东较弱的财务激励和通常较弱的管理上的发言权
资本结构	债务承受度取决所有者,通常较低	高资产负债率	低资产负债率
融资渠道	私募债务和银行贷款	私募投资者、公募债务和银行贷款	公募债务、权益市场和银行贷款

(资料来源:戴维.斯托厄尔.投资银行、对冲基金和私募股权投资[M].黄嵩,赵鹏译.北京:机械工业出版社,2013:305—306.)

案例二 经验之谈:上市公司与私募股权公司之对比

曾在私募股权公司和上市公司这两类企业的董事会中供职的董事寥寥无几。在本文中,这些董事们就哪种模式最为有效表达了自己的看法。

私募股权模式的倡导者一直都认为,私募股权公司的表现要优于上市公司。这些

---

① 资料来源:Farrell,Diana,et al. "The New Power Brokers:How Oil,Aissa,Hedge Funds and Private Equity Are Shaping the Global Capita Markets." MeKinsey Global Institute Oct. 2007.

私募股权倡导者表示,这种优势不仅来源于金融工程,而且来源于更强劲的运营业绩。

在私募股权公司和上市公司的董事会中都曾供职的董事们对此表示同意,并补充说,在推动企业取得出色的运营业绩方面,董事会的行为方式是一个关键因素。作为在英国的一项研究的一部分,我们最近对20位董事长或首席执行官进行了采访,他们中的大多数人都表示,与上市公司的董事会相比,私募股权公司的董事会明显更为有效。这些调查结果并不全面,也确实不能充分反映上市公司与私募股权公司董事会广泛的多样性。然而,我们获得的一些结论对上市公司的董事会及其董事长提出了一些至关重要的问题。

当要求受访者对私募股权公司与上市公司董事会总的有效性进行比较时,在20位受访者中,有15位表示,私募股权公司的董事会明显创造了更多的价值,没有一位受访者表示,上市公司的董事会表现更好。这种观点反映在受访者为两种类型董事会打出的分数上,按5分制计(1分表示差,5分表示世界级水平),私募股权公司董事会的平均得分为4.6,上市公司董事会的平均得分为3.5。

显然,上市公司的董事会不可能(也不应该)试图复制私募股权模式的所有要素:上市公司一方在获取资金和流动性方面具有更大的优势,但作为交换条件,要求它们采取更广泛、更透明的企业治理方式,以及对各利益相关方的利益进行更明确的平衡。不过,我们的调查还是对这两种所有制模式,以及如何最好地提高董事会的有效性提出了许多问题。例如,上市公司的董事会应采用何种组织结构,才能使董事会成员可以将更多时间用于战略管理和绩效管理?此外,上市公司董事会成员的利益能够(而且应该)与公司高管的利益更好地保持一致吗?还有,两种模式如何增加价值?

受访者表示,上市公司与私募股权公司的董事会在运作方式——以及人们预期的运作方式——上的差异来源于所有制结构和公司治理预期上的差异。由于上市公司需要保护公平交易股东的利益,并要确保向资本市场提供准确和公平的信息流,因此,在上市公司董事会成员的头脑中,各种公司治理问题(如审计、合规性、薪酬和风险管理)不可避免地(而且合乎情理地)成为迫在眉睫的头等大事。事实上,我们的研究的确表明,上市公司董事会在公司治理和发展管理上得分更高。不过,受访者认为,私募股权公司董事会总体上更为有效,因为它们的战略领导力更强、对绩效的监督以及对关键利益相关方的管理也更为有效。

(资料来源:Viral Acharya、Conor Kehoe 和 Michael Reyner 合写的"经验之谈:上市公司与私募股权公司之对比",《麦肯锡季刊》中文网[2009-05].)

第十章　公司私募股权融资

> **学习目的**

不同类型的企业、同一企业在不同的发展阶段需要的融资方式也不尽相同，选择适合自己的融资方式不仅能够满足企业的资金需求，还可以优化企业财务治理、公司管理等，促进企业的长远发展。因此，本章旨在从企业的角度出发，探讨什么样的企业适合通过私募股权进行融资，在融资过程中会遇到哪些收益与风险，需要做好哪些工作，以及如何规避风险。

第一节　你的公司需要私募股权投资吗

根据生命周期理论可以将企业的发展划分以下几个阶段：种子期、初创期、成长期（或扩张期）、成熟期和衰退期。无论什么行业和类型的企业，基本上都要经历这样的发展历程。企业在发展的不同时期具有不同的特征，除衰退期没有融资需求外，在其他几个阶段对融资方式的选择上也存在较大差异。一般大型企业较易通过多样化的方式来满足其融资需求，但是，对于中小企业尤其是处在初创期及成长期的企业而言，由于自身发展的诸多问题，在运用金融工具进行融资时往往会受到限制。随着我国市场经济的不断发展与完善，中小企业在经济舞台上扮演着越来越重要的角色。但由于中小企业自身存在经营不完善、运营管理不成熟、财务不透明也不规范、抵抗系统及行业风险能力差等特点，中小企业在发展的过程中需要直接或间接渠道进行融资时，往往会因为信息不对称等原因而难以满足融资需求。资金的限制严重阻碍了我国中小企业的发展，因此，本章研究的主要对象就是中小企业。

一、企业在不同阶段的融资策略和方式

企业的生命周期具有一定规律，企业在各成长阶段有其自身的内在特点和融资活动特征，各类投资者的投资风格和风险偏好也各有不同，因此不同发展阶段的企业会使用不同的融资方式。因为企业在不同发展阶段具有不同的规模、成长性和风险，只有当企业的风险与收益正好适合某种资本的风险偏好和收益要求时，企业才能成功地进行

融资。

（一）种子期

种子期是指技术的酝酿与新产品、新工艺的早期试验开发阶段，该阶段的成果是样品和完整的生产方案。在这一时期，一般企业规模很小，资产有限，创业者的经营能力即使很强，也难以证实，而且缺乏信用记录，风险很高，资金主要用于研发和项目的前期启动。该阶段存在较大的风险：一方面是项目尤其是高新技术项目研发失败的风险；另一方面是产品没有销路的市场风险。因此，这个阶段很少有投资者介入，一般只有靠创业者自身以及朋友、亲属提供资金，但也有极少部分获得风险投资支持的。

（二）初创期

初创期是产品开发成功、着手成立企业、开始试生产，进入技术创新后的产品试销阶段。初创的企业在市场竞争中站稳脚跟后，就开始寻求扩张，对资金的需求很强，但企业的发展前景依然充满不确定性，风险高，一些发展前景好的企业可能获得偏好早期投资的风险投资支持。这时企业经营了一段时间，在商品交易中建立了信用之后，也可以获得短期商业信用。

（三）成长期（或扩张期）

成长期（或扩张期）是指企业挺过了创业阶段后，已经具有一定规模，企业产品已经销售成功，达到批量生产，也有了一定的市场基础，但是需要扩大生产规模、开发更具有竞争力的产品、增加营销投入以扩大市场占有率。虽然企业在发展过程中积累了一些资产，但企业经营仍然不够稳定，风险大，企业的资金需求主要靠内源融资来满足，外源融资仍然主要依靠起步阶段风险投资机构的增资和投资成长期的风险投资机构进入，同时，战略投资者随着企业成长（或扩张）会以私募股权基金方式择机进入。少数经营状况和信用好或者有资产抵押的企业可以从银行获得贷款以提供项目融资或生产流动性资金。另外，产品销售利润也可以提供一部分扩大再生产的资金。

处在成长期或扩张期的企业主要风险已经不是技术风险，市场风险和管理风险才是防范重点，此时竞争者开始效仿，会夺走一部分市场份额。

战略投资者和风险投资机构在加盟后会积极参与风险评估，派专人进入董事会参与重大事件的决策，选聘更换管理人员等，使企业股权结构和公司治理结构发生明显变化，内部管理逐渐规范、信息透明度显著提高，并通过这些手段规避或者分散风险。处在成长或扩张期的企业风险相比前两个阶段大大减少，利润率也达到相当的水平，私募股权基金或风险投资机构在帮助增加企业价值的同时，也开始准备择机退出。

（四）成熟期

成熟期是指技术成熟、市场稳定、经营良好、产品进入大工业化生产阶段。企业继续经营，就发展为中型甚至大型企业，经营比较稳定，发展前景也比较明朗，风险减小，信用基础也比较好。这个阶段企业发展对资金的需求很大，风险投资机构或私募股权基金的资金量已经不足以保证需求，不再增加投资了。这时企业已经具有一定的内源融资能力，并且有足够的资信能力去吸引银行贷款，或投资银行的介入来吸引资本实力更为强大的战略投资者，也可以在资本市场上发行股票或债券、商业票据，总之此时企业可选择的融资方式比较多。

在此阶段,随着各种风险的大幅降低,投资收益率逐渐趋向平稳,已不再具有第一阶段诱人的高额资本增值,不再具有足够的吸引力,私募股权基金和风险投资机构在这一阶段之后将逐步退出。因为在这一阶段私募股权基金和风险投资机构能够以较高的价格将股权转让给投资银行或公众股东,将企业的资本接力棒传递给其他投资者。私募股权基金和风险投资机构在与企业家经过同甘共苦后,可以拿到丰厚的资本回报了。当企业经历了成熟期并具备各种条件后,可以通过首次公开发行股票成为上市公司,标志着企业已经完成从私募股权资本市场向公开资本市场的历史性跨越,企业进入一个全新的发展时期,并不断利用资本市场的融资功能(如通过投资建设、收购兼并等方式)继续实现业务的发展和规模扩张。企业的融资活动、股权结构、公司治理以及经营管理都会在更为公开、透明、规范和接受各方监督的环境下进行。

图 10-1 标明了不同发展阶段的企业融资方式的选择,其中私募股权投资、风险投资和股票融资是股权融资,属于具有剩余索取权的权益资本,其他都是债务融资,具有固定求偿权。在这些融资方式中,相对比较主要的是风险投资、私募股权投资、股票融资、银行贷款和债券融资,另外,政府扶持、典当、租赁融资、商业担保、贸易占款等也可以为企业提供资金上的支持。

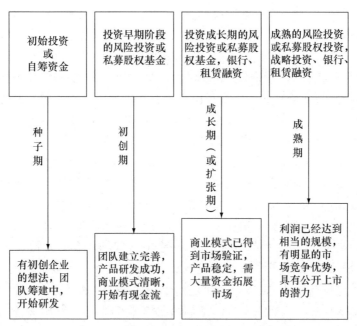

图 10-1　不同发展阶段企业的融资特征与渠道

从上面的分析可以看出,当企业处在成长期或者扩张期的时候,比较适合通过引入私募股权的方式进行融资。此时,由于企业经营逐步走上正轨,经营风险也较初创期减少了许多,但是未来的不确定性还很大,通过银行等金融机构融资还比较困难,因此,最适合选择私募股权的方式满足融资需求。同时,私募股权基金对这个阶段的企业也最为青睐。一旦企业上市成功,则主要通过公众及证券基金融资,风险投资及私募股权基金将逐渐退出,企业将进入一个新的发展时期。

二、企业引入战略性私募融资的意义

不同的融资渠道实质上是实体资产与货币资产实现多次转化的手段与方式,连接了不同类型的市场与投融资主体。私募股权投资是一种股权融资工具,可以满足投资、融资双方资金供求的需要。较之传统的股权融资、债券融资以及混合型融资,私募股权投资的优势在于,可以像金融机构一样为企业提供需要的资金、管理和各种战略资源。在满足企业必要的资金需求的同时,更能够利用普通合伙人(General Parter)在资本市场和实体产业积累的经验为企业提供各类资源和服务,与企业内部团队实现良性互补,帮助企业尤其是中小型企业实现快速成长与扩张,提高市场份额与营业收入,实现利润的增长。对于企业而言,为了满足融资需求,可以选择各种各样的融资方式与金融工具,私募股权投资只是供其选择的一种方式而已。但是,根据企业不同生命周期的特点和融资需求,广义的私募股权投资可以做到在企业不同阶段提供不同的投资方式,这种全面性是一般金融工具所无法实现的,因而融资的效率更高。

但是,任何事物都有两面性,私募股权投资作为一种新兴的融资手段无疑也是一把"双刃剑"。企业在引入私募股权投资的同时,虽然能够享受其所能实现的各种功能及提供的战略资源,但是也要为这种资本提供的同时所附加的许多"增值服务"付出高于一般融资行为更多的成本。企业家把企业做大、做强的前提条件是对于公司控股权的掌控,而私募股权基金在投资的同时也投入了大量的人力资本,迫切地需要从投资中得到更多的资本增值。因此,双方的合作必将引发私募股权基金与企业家们在利益与控制权之间的博弈。双方在股权和资金的讨价还价过程中,不可避免地产生各种博弈。企业家希望借助私募股权基金之力做大、做强企业,私募股权基金希望在帮助企业的同时获得尽可能多的资本增值。企业如果未能选择到合适的私募股权基金,或在股权份额让渡、法律契约等方面未做好长期规划,非但不能利用私募股权投资这种融资工具,甚至可能会在博弈的过程中丧失自己的合法权益而得不偿失。因此,本节主要讨论企业吸引私募股权融资到底能带来哪些收益与风险,如何更好地权衡利弊,利用好私募股权投资这把"双刃剑"。

(一)企业引入私募股权投资的收益

国内外对私募股权投资价值与收益的研究成果很多,本书前面章节也做了比较详细的介绍,这里将企业引入私募股权投资的主要作用可以简单归纳为以下几个方面:一是为企业提供必要的资金,解决企业在发展过程中面临的财务困境,满足企业不同阶段的融资需求;二是对企业财务状况进行审查和监督,优化资本结构,监管财务业绩;三是利用自身的专业优势对企业的生产、经营与战略管理提供有效的咨询意见;四是依靠投资基金的业务背景和商业网络为企业提供更多的业务和服务资源,扩大市场份额,增强企业资源整合能力;五是优化企业股权结构,健全公司法人治理,提升企业的质量管理;六是通过对公司派驻董事、监事、财务官等职位,更加全面地掌握企业发展面临的难题,并通过制定相应的策略或采取必要的手段帮助企业渡过难关;七是加快实现资本市场上市融资进程。

同时,近年来对私募股权基金价值的研究更注重并购基金的价值,其主要观点认为私募股权基金可以做到：

（1）减少交易成本。交易成本的降低就意味着收益的增加。私募股权交易可以通过避免一系列高昂的成本来降低交易费用，提升交易收益。

（2）防止恶意收购。上市公司在证券市场进行公开的股权买卖，很容易遭到恶意收购。因此，如果公司实行私募股权基金融资，就可以防御恶意收购。

（3）优化公司治理并减少代理成本。国外学者认为私募股权基金的介入可以督促管理人员将更多的精力致力于更加有效的经营，从而形成强烈的避免破产的激励意识来降低管理者对自身自由现金流的滥用。并且杠杆收购（LBO）会引起管理激励办法产生强有力的调整，进而使得执行者们将奖励更多地放在企业的业绩预价值，从而大大降低企业成本。同时杠杆收购还会使公司股价更为敏感地反映公司的业绩，进而激励管理者上进，降低成本。此外，私募股权基金的引入将强化对董事们的激励和内部报告制度，从而加强董事会对管理层的监督，减少代理成本，并且私募股权基金还可以通过更有才能的执行者代理低效率的高管，更进一步降低代理成本。

（二）企业引入私募股权投资的风险

企业基于自身的需求引入私募股权基金作为战略投资者，希望其在满足企业资金需求的基础上，通过选派董事、监事等职位对企业的公司治理结构进行改善，从而优化企业资本结构及财务状况，提高企业的管理水平，并利用私募股权基金专业的优势为企业制定更为合理、长远的发展规划，促进企业的稳健发展。但正如前述所提到的，私募股权投资是一把"双刃剑"，其本身对于企业而言就是一种强约束、高成本的融资方式。因此，在促进企业发展的同时，也会不可避免地带来一些风险，主要表现在以下几个方面：

（1）引发利益与控制权的博弈。私募股权基金进入企业目的就是短期获得暴利，需要通过权益投资来换取企业的股权，并获得一部分管理权和经营权，这必将牵涉到PE和企业家们对剩余控制权和剩余索取权的博弈。一般来说，股权投资基金更倾向于牺牲一部分剩余控制权来争取更多的剩余索取权，这就有可能使企业家在原有协议的基础上又流失一部分利益。企业在引入私募股权基金的过程中，除了股东或者持有股份的管理人员将与私募股权基金展开股权的博弈外，没有股份但是希望借私募股权基金来获得公司股份的高层管理人员与股东之间也将引发复杂的委托代理问题。此外，如果被投资企业与私募基金签订对赌协议，假如企业未能在规定的时间达到对赌协议规定的业绩标准，将导致企业的股份根据对赌协议规定价格被投行出卖给私募股权基金，企业将进一步丧失控制权。因此，企业如果未能选择到合适的私募股权基金，或在股权份额让渡、法律契约等方面未做好长期规划，非但不能利用私募股权投资这种融资工具，甚至可能会在博弈的过程中丧失自己的合法权益而得不偿失。

（2）企业估值风险。在私募股权基金进行股权投资谈判的过程中，对被投资企业的价值评估是极其重要的环节。估值的多少是对企业未来持续经营好坏和盈利能力的预测，将直接影响到企业尤其是中小企业的股权数量、控制权大小和分红规模。但在目前我国的私募股权投资市场中，由于信息不对称等原因，对企业尤其是民营的中小企业的估值问题存在很多障碍，很可能会危害到被投企业的利益。以永乐电器引入私募股权投资为例,估值结果是"低估了永乐自己,估出了摩根高收益"。摩根与鼎辉2005年1月投入5000万美元到永乐电器,每股作价0.92港元,占公司总股本27.36%。按照公平原则,永乐电器当时的估值就是1元人民币,1倍的市净率,极大地贬低了永乐管理层的盈利能力和永乐品牌的无形资产价值。永乐2005年10月上市,每股发行价2.25港元,摩根与鼎辉又仅以每股1.38港元购得1279万股股份,使摩根等私募股权基金们在永乐上市后获得了巨额的资本增值。目前我国很多中小企业都普遍存在缺乏信息透明度、财务数据不规范、偷税与漏税等现象,这就导致私募股权投资者们较难通过财务报表、企业发展的市场前景等投资估值方法确定一个获得双方或外界都认可的企业价值。从私募股权基金投资者的角度来说,为了避免企业财务数据不规范等问题造成高估的风险,他们将尽可能地贬低企业价值。因此,企业在引入私募股权基金做战略性投资的时候很容易产生企业价值低估的风险。

(3) 不利于企业自主决策能力和管理能力的培养。私募股权投资不仅会满足企业的资本需求,还将给企业带来新的管理理念,还有可能根据企业发展的潜力及行业前景为企业投入更多战略性的资源。由于私募股权基金在投资的同时将获得企业部分的股权、经营权和管理权,因此,在企业的战略发展上具有一定的话语权和决策权。这就会造成一些企业在管理运营上对私募股权基金产生过分的依赖,各主要负责人没有获得足够的培育和有效的衔接,削弱了企业自主决策能力和管理能力的培养。私募股权基金的介入对于企业来说毕竟是短期的,对私募股权基金的过分依赖将导致企业在私募股权基金撤出后相当长一段时期无法进行良好的发展,也不利于后续融资行为的开展。

(4) 可能会导致公司发展目标出现偏离。一方面,由于信息的不对称等原因,当企业选择的私募股权基金与企业自身所处的阶段和性质不相适应的时候,就有可能产生一些矛盾。比如企业引入私募股权基金投资一段时间后,发现企业的发展方向与私募股权基金投资的性质不符。私募股权基金希望所投资企业在经过几年的价值提升后能够达到公开上市的目的,从而获得高额的回报进而退出,但是企业可能希望在私募股权基金投资的资金充足的情况下更多地加强公司治理和财务的稳健性,并利用自有资金谨慎地选择扩大再生产的项目,而不急于在证券市场上融资。这时利益取向上的矛盾将会引发企业与私募股权基金的冲突,但由于私募股权基金在一定程度上掌握公司的股权、经营权及控制权,因此,最终的结果可能会使企业偏离原来的战略目标。另一方面,如果企业引入多家私募股权基金的话,在不同的经营理念和管理理念的差异下,企业的发展战略可能会面临难以统一的局面,由此引发的各种权利斗争将极大地消耗企业发展的核心能力和向心力,从而阻碍企业的发展。

在我国中小企业的融资过程中,对赌协议和私募股权基金引入几乎"形影不离"。虽然对赌协议中的某些条款可以给企业雪中送炭,但是诱惑容易让人失去判断、误入歧途。因此,如果被投资企业还与私募股权基金签订对赌协议的话,很有可能在对赌协议的驱动下诱发公司"激进式"的战略目标规划。本来设置对赌协议的条款是为了激励企业的发展,但是过分的激励也可能会让企业变得非理性甚至走入歧途。对赌的结果是私募股权基金总是赢家,"受伤"的总是中小企业。蒙牛与摩根的对赌协议是国内经常讨论的一个案例。摩根虽然输给了蒙牛管理层几千万股权,但是最终的实际结果是摩根获利水平依然大大超过牛根生这批管理层的收益水平。对赌协议的本质并不是私募股权基金对公司商业盈利的分红期盼,而是以此鞭策公司管理层在短期内以最少的资本获得最大的营业收入和盈利,然后给资本市场以"极具增长性"的积极信号,以提升股价,从而确保私募基金以高价位实现资本退出。蒙牛的成功大家津津乐道,但是更多中国企业在对赌协议中是以失败而告终的。永乐、太子奶正是被对赌协议这副"金手铐"所困,使得公司在战略上走上激进发展的快车道。公司管理层对企业增长速度、发展规模和对利润指标的过度追求,忘记了稳健经营战略和可持续增长安排才是中小企业经营规划的基本定位。因此私募股权投资的引入及对赌协议的签订将可能使公司在发展战略上偏离原来的初衷。

同时,目前我国企业引入的大多是外资私募股权基金,而外资私募股权基金投资我国中小企业的目的是为了获取高昂的投资回报。一般外资私募股权基金原始投资高倍增值的主要退出路径即企业上市或上市后转让股份,这些方式都将发生在管制宽松的离岸。从中小板的上市公司情况来看,为了避免市场要求的锁定期要求,很多企业高管都是在公司上市当天辞职,进而获得大量的套利资金。这实际上破坏了证券市场作为融资平台的作用和意义,既会对公司目前的经营发展产生非常负面的影响,也不利于企业今后的再融资。

此外,在我国大量尚未上市的成长企业都蕴藏着巨大的商业价值,通过红筹上市,外资私募股权基金实现所持股份的全流通,在离岸注册地简便地办理有关股权转让推出。对于我国的中小企业来说,由于股权为海外公司所控制成为法律意义上的外商投资企业,红筹上市绕开了国内严格的资本与外汇管制。在这个过程中,我国中小企业常用账面价值法评估净资产,操作中存在资产流失的疑虑不可避免。此外,外资私募股权基金虽然填补了国内私募股权基金不足的空白,但外资通过私募股权投资的大规模收购可能导致市场的垄断,加剧我国资本市场的风险。

(三)适合引入私募股权投资的企业

在对企业引入私募股权投资的收益与风险进行讨论之后,到底什么样的企业才适合引入私募股权投资是需要研究的一个重要问题。从企业生命周期的角度来看,不同阶段的企业都可能会遇到诸如资金、财务、公司治理等问题,在缺乏必要的战略资源时都会对引入战略投资者产生需求。其实,如果从广义的私募股权投资基金的角度来看,存在着从种子期到成熟期对应的不同形式和性质的投资基金,为优秀的企业提供服务,并获得丰厚的报酬。因此,从广义私募股权投资的层面来说,可是实现企业在不同生命周期阶段资本需求的全覆盖,即从某种意义上讲,企业在不同的生命周期阶段都可以通过引入不同类型的私募股权投资来满足其融资需求。[①] 如图10-2所示。

表10-1给出了企业处在不同生命周期阶段的特征以及应该选择什么样类型的私募股权投资与之相匹配。

---

① 窦尔翔,等.私募股权投资基金教程[M].北京:经济科学出版社,2011:188-189,203-204.

图 10-2 企业不同生命周期阶段对应的私募股权投资类型

表 10-1 企业不同发展阶段与其匹配的私募股权投资类型

企业阶段	企业特征	私募股权投资类型	私募股权投资特征
种子期	企业组建之初,产品研发及服务的起步阶段,几乎没有管理团队及市场收入	天使投资	投资金额较小,投资多基于投资者的偏好。投资人不仅可以带来资金,还可能带来各种渠道与网络
初创期	拥有即将投入生产的技术与产品,管理团队已经建立但还不完整,几乎没有客户与市场收入	创业投资	长期投资,资本流动性小。不要求控股但是希望得到少量股权,通过资金投入促企业资本增值。一般投资对象为高科技且创新性强的企业
成长期(或扩张期)	技术研发基本完成,产品与服务基本定型,盈利模式逐渐稳定,客户数量逐步增加,生产、销售和服务体系逐步完善,开始考虑上市计划	发展资本、并购基金	投资于具有一定规模并且有增长潜力的发展中企业或者能够显著扩大市场份额的公司。持有时间的长短与企业发展规模和状况有密切的对应关系。投资的行业性比较明显,投资过程多需要银行参与借贷
成熟期	实现自身力量的增长,多种成熟定型产品。大规模生产、销售,拥有稳定的市场占有率和客户群体,盈利稳定	夹层资本/Pre-IPO资本	投资于短期内有意向而且有潜力上市的企业,帮助其规范财务,规范公司治理结构,对公司按照上市标准进行包装
Pre-IPO阶段	完成首轮上市公开融资,盈利前景较好,需进一步扩大生产规模,拓展市场	Post-IPO资本	投资于快速成长的中型上市公司,希望减少时间和精力以及应对传统股权融资的复杂程序,融资成本较低,效率较高
Post-IPO阶段	某些市场的二板相对于企业的融资需求来说太小以至于无法继续其融资功能,在市场不景气的时候更是如此	上市企业私有化	举债投资于在某些证券市场丧失融资能力的企业,帮助其退市,借款给企业家回购股份或者与其合作一起收购公司

不过,虽然广义上的私募股权投资可以实现企业各个生命周期阶段的融资需求全覆盖,但能够成功吸引私募股权投资参与的企业多是处在成长期和扩张期的企业,有着稳定的现金流来源,具有良好的增长潜力和发展前景。清科研究中心 2015 年 3 月公布的私募股权统计数据显示,2014 年中国私募股权投资市场新募集的 448 支基金

中,成长型资本依然是最主要的类型,共计235支,披露募集金额的216支基金,共计募集386.17亿美元。其具体数据如表10-2所示：

表10-2　2014年新募集的私募股权基金类型分布①

投资类型	案例数量	披露募集金额(百万美元)	募集金额所占比重(%)
成长基金	235	38 617.04	61.2
房地产基金	126	10 439.17	16.5
并购基金	68	6 650.46	10.5
基础设施基金	10	5 026.97	8.0
其他	9	2 395.61	3.8
合计	448	63132.95	100

处在此发展阶段的企业如果想要进一步壮大,通常需要增加对企业的资本、人力、技术、市场和研发等方面的投入,这就产生了融资需求,这种类型的企业是最需要也最适合引入私募股权基金的,这也是成长类基金占私募股权基金总数高的一个原因。一般来说,适合通过私募股权基金融资的企业具有的这样的共性：

(1)市场空间巨大,未来发展前景良好。私募股权基金在选择投资企业的时候,并不仅仅看企业目前的发展状况和经营业绩,更重要的是考量其未来的发展空间。未来的发展空间大,前景良好,私募股权基金介入后才能获得更高的资本回报,因此市场空间大的企业适合也容易引入私募股权基金。

(2)行业竞争激烈。为了在激烈的行业竞争中生存下来并脱颖而出,企业不仅需要强大的资金支持未来的发展,更需要先进的管理经验等战略资源为企业的长远发展铺路,私募股权基金无疑是最好的选择。当然,除此之外,企业是否引入私募股权基金作为战略性投资者,也需要从长远角度考虑诸如股权稀释、组织架构改变、控制权和剩余索取权减少等问题,这些问题都考虑清楚了,在适当的条件下引入与之匹配的私募股权基金类型才能实现双赢。

三、企业吸引私募股权投资的方法

如果企业在权衡利弊之后,决定确实需要引入私募股权基金作为战略投资者,那么需要采取哪些方法来吸引私募们的目光呢？要想成功吸引私募股权基金的投资,必须要知道私募股权投资者们最关心的问题是什么,投其所好才能成功融资。

(1)行业前景。企业应向私募股权投资者展示其产成品或服务在未来具有巨大的有效需求,具有巨大的市场潜力,并且这种潜力规模大,持续时间长,行业前景广阔。企业应通过周密的调查分析报告及调查程序说明展示给私募股权投资者。

(2)行业中的地位。企业需要向私募股权基金展示企业目前在行业中的领先地位,并分析市场目前潜在的竞争对手所处的状态,总结他们的优势和劣势,并强调自己

---

① 资料来源:清科研究中心;2014年中国私募股权投资年度研究报告,http://www.pedata.cn/report_do/to Detail/1427177395 353033

的优势和潜力所在。私募股权基金一般会依据投资项目所在行业的现状和发展趋势进行判断，因此企业需要将行业数据来源及分析方法展示给私募股权基金。

（3）盈利能力。私募股权投资者最关心拟投资企业未来的盈利潜力，以及未来利润分配方式。需要融资的企业需要将自己的项目完整地展示给私募股权基金，使私募股权基金相信，虽然任何投资项目都是机会与风险并存，但是你的项目最具有潜力，机会大而风险小。

（4）团队。企业应该让私募股权基金感到新注入的投资将会增加企业未来的价值，因此，企业需要将强有力的营销计划、组织及管理团队计划展示给私募股权基金。清晰的股权、完善的治理结构、健全的职业经理人团队等规范的治理状况对私募股权投资者具有强有力的吸引力。

同时，企业还应展示给私募股权投资者开放的心态，让私募股权基金意识到企业具有共赢的意识，并且善于倾听，双方可以开诚布公地就合作事宜进行谈判，这也是私募股权基金非常看重的方面。

第二节 如何走好私募股权融资之路

在企业决定确实需要私募股权投资之后，下一步将要考虑的就是如何选择合适的私募股权基金作为战略投资者。这里比较重要的问题是：企业对自身发展有一个清晰的定位，对私募股权基金性质和投资风格有一定的了解，并有较强的风险规避意识，在不同阶段采取不同的措施，以达到将私募股权基金这种金融工具为我所用的程度，而不是成为私募股权投资的试验品或者投机的目标。

一、私募股权融资前期的准备工作

在企业决定采用私募股权融资并与私募股权基金合作之前，企业经营管理层应该深入了解这种融资方式的前提基础和后果。采取私募股权融资将给企业带来质的变化，因此企业管理层一定要深思熟虑，并做好准备工作。准备阶段从预审计开始，直到企业与第一批签字投资人建立联系为止。根据公司的具体情况（一般包括企业历史数据准备、上市计划、作为监督工具的目标计划等），准备阶段大约持续1~3个月。

（一）确立目标

对于企业而言，决定采用私募股权融资可能会出于很多原因和不同的融资目的。例如，股东的退出、企业因扩张需要追加资本投资、企业管理层更迭、通过出售一部分业务使企业能够专注某一核心业务等。但是融资的基本出发点永远是一个：企业需要创新。寻找私募股权融资的企业应该很清晰地认识到，投资人是希望企业在可预知的期限内升值，投资可以获得相应的资本增值。因此，自有资本或者夹层资本的投入是非常有必要与提高企业价值的战略同步而行的。这样的战略与增长、革新、市场与竞争地位的提高等因素密切相关。无论如何，这种战略是进攻性的扩展战略，伴随着较高的风险，同时也使企业有更多获得成功的机会。私募股权基金可以为实现这个目标提供资金和必要的战略资源。

（二）预审计

如果企业已经基本确定采用私募股权融资了，那么马上需要明确的问题是：利用私募股权交易进行融资是否确实可行。如果涉及规模较大的交易，那么就要在预审计阶段与专家或者银行取得联系，以便就私募股权融资和企业交易等问题进行协商；如果涉及的交易量较少，那么企业内部专家就足够了。

这里涉及两项最基础的准备工作：一是目标企业历史数据的整理；二是对目标企业未来潜在发展前景的描述。私募股权基金在投资之前都会对企业做尽职调查（Due Diligence，简称DD）的预审查，对企业做出适当的审查评鉴。这促使企业对将来的经营和财务发展做出预先评估，并确定资本需求以及融资可能性；此外，也能对企业自身价值做一个较为准确的评估，避免在和私募股权基金合作的过程中被低估价值。企业在与私募股权交易中非常重要的一点是要尽早做出融资方案，并将这个融资方案带进与投资人的谈判中。进行这些准备时，也应该尽早了解有关私募股权的法律、法规和纳税规定。

（三）商业计划书

商业计划书也称信息备忘录。对于私募股权投资方来说，企业所制作的商业计划书是投资人决定是否出资的第一个选择依据。详细的商业计划书不仅构成获得外部投资人的基础，而且也可用于企业内部规划、纳税、对企业行政事务的自我监督。对于股权投资方而言，商业计划书还是一种监督工具。

商业计划书是企业的名片。私募股权投资方根据商业计划书决定是否值得向这家企业投资。因此，商业计划书应该简明扼要地向投资方解释为什么从投资方的角度来看值得向这家企业投资。企业在准备商业计划书时要注意，一定要基于企业实际，尤其是财务预测一定要建立在真实数据的基础上。从某种意义上讲，商业计划书实际上与有价证券上市说明书具有相同的功能，即在正式向公众发放有价证券时，要向潜在的投资人提供企业最重要的财务数据、法律数据和执行管理数据，以便投资方能够对企业有一个尽可能详细的了解。商业计划书对企业吸引私募股权投资方非常重要，本节的第二部分将对其进行更为详细的介绍。

（四）对私募股权投资方的选择

当企业已经确定采用私募股权融资，并做好前面几点准备工作之后，下一步就可以寻找合适的投资方了。对于企业而言，私募股权基金没有好坏之分，只有是否合适之说。因此选择合适的私募股权投资方至关重要。这个过程大致可以分为两个阶段：

第一阶段，应较为全面、系统地了解金融市场上的私募股权基金概况，了解私募股权基金的分类及性质。只有明确不同类型私募股权基金的性质和目的，才能选择到合适的合作伙伴。从学术研究和实践操作来看，私募股权基金有多重分类方法。

(1) 按照组织形式可以分为合伙制、信托制、公司制。

(2) 按照基金投资的不同项目阶段可以分为风险投资基金、成长型基金和收购基金等。一般风险投资基金侧重于投资初创期或成长期的中小企业，尤其是高新技术中小企业的股权；成长型基金侧重投资处于扩张阶段或者快速成长阶段企业的股权，投资的目的就是希望被投资企业能够上市或者被更大型的机构收购或兼并,从而实现资本的增值退出,一般不以控制为目标;收购基金主要投资于处于成熟期企业的股权,意在获得目标企业的控制权,目的是整合企业资源,提升企业股权价值,然后选择合适的价格套现退出。

(3) 按照投资目的不同可以分为财务投资者和战略投资者。财务投资者的投资目的是为了卖而买,持有期限不超过5年。他们一般不从事相关行业的经营,也不参与企业的日常经营管理,但有行业经验和资源,并对管理团队要求较高,仅参与董事会层面的企业重大战略的制定和决策。财务投资者通常通过买卖差价而不是协同效应来获取收益,上市是其主要的退出机制,这类投资者以获取投资回报为主要投资目的,在战略规划、企业管理、资本运作方面经验丰富,能够有效弥补企业的不足。战略投资者的投资目的是通过行业整合提高自身的竞争力,是为了持有而买,以产业整合为主要投资目的。战略投资者一般与被投资企业处于同一行业或者相关行业,他们关注企业的行业地位和市场份额,对财务和利润指标要求较低,注重产业资源上与企业的互补性。他们对公司的控制和在董事会比例上的要求会更符合企业要求,能较深入地介入企业管理。一般战略投资者都是长期持有目标公司股权,要求在被投资企业中拥有控制权,并要求企业发展服从其产业战略布局。

第二阶段,在搞清楚企业需要何种类型及性质的私募股权基金后,根据企业实际情况,选择具体的一家或几家私募股权基金。正如前述中提到的那样,对于企业来说没有最好的私募股权基金,只有最合适的私募股权基金。因此,在企业有融资需求而需要引入一家或几家私募股权基金作为战略投资者时,必须明确具体什么样的私募股权基金对于企业是适宜的。在具体实践过程中,判断私募股权基金是否适合企业大致有这样几条标准。

(1) 要对本企业所处的生命周期的发展阶段有一个清晰的认识。上节中分析了不同阶段企业需要的私募股权基金类型,因此在选择私募股权基金的时候,第一步就是要认清企业所处的发展阶段,是否需要更多的资金投资额度等问题。

(2) 明确私募股权基金关注的主要投资阶段。不同的私募股权基金关注的企业阶段发展不同。有些基金只投较成熟的比如Pre-IPO阶段的企业,然后以上市为明确的退出目的;而天使基金只投资于种子期的初创企业;并购基金一般只关注成长期的企业,投资能够通过并购整合产生协同效应或者规模效应的交易。因此,企业必须将自身的发展阶段与私募股权基金专注的投资阶段相匹配,才能高效地选择到合适的投资基金。

(3) 需要正确地评估所需要的融资额。私募股权基金基本投资额通常是跟基金规模成正比的。如果需要筹集的资金额度远小于基本投资额,也会导致投资交易的失败。所以融资额较大的企业要更多考虑在基金行业内有雄厚实力的资产规模较大的私募股权基金,才能保证双方合作的正常进行。

(4) 要了解清楚持股比例。持股比例涉及对企业控制权和剩余索取权的分配问题。有的基金可能会通过减少索取权来相应提高控制权,如安插董事会席位、派驻财务官等方式来谋取对企业更大的控制权。因此,在引入私募股权基金之前企业应该考虑清楚按照企业的中期发展计划,应该融入多少资金、让渡多少股份给私募股权基金。对于企业而言,每次融资的金额也不是越多越好,应该与企业的资产负债情况和业务增长情况相适应、相匹配,防止出现过度融资的情况。大家熟知的百度在引入私募股权基金的过程中,就是因为在转让股权份额上没有控制好,导致包括李彦宏等创始人没有能够进入董事会,反而由三大创投基金的代表进入董事会,以致创业公司的高管在公司重大决策中的话语权大大减弱。

（5）事前要对私募股权基金退出方式达成一致意见或者基本的共识。有的私募股权基金选择公司的最终目标就是上市,并且会在相关的投资条件中写明上市的期限限制。如果合作一段时候后发现企业依然没办法上市,就有可能通过股权回购或者其他股权转让方案退出,这将有可能损害投资者的利益,因此退出方式的讨论非常重要。

（6）当有多家私募股权基金供选择的时候,可以准备两套协议条款,因为总是有更好的、对企业发展更有利或者融资成本更低的合同条款供选择。当有好的项目或质优的公司时,众多嗅觉敏锐的私募股权基金都会一拥而上,希望能够进行股权投资,这时企业就可以处在主动的地位上为自己争取更多的权益,选择让渡更低的股权或者更高的价格,保障企业家的利益,这对日后进行再融资对股东股权的稀释问题也能起到很好的效果。

总的来看,想找到合适的私募股权基金,企业要先了解清楚市场上各私募股权基金的投资条件、投资性质及特点,并对各私募股权基金进行比较。在选择时,重要的一点是要了解他们所要求的投资额度、行业、地区、融资原因和投资期限（基金期限及额度）。此外,私募股权投资人的管理质量也是选择的重要标准之一。除了管理团队的经验和声望之外,私募股权基金与被投资企业的管理团队之间是否存在默契,在公司经营及战略目标规划上是否存在重大分歧,这也是双方合作成功的重要基础。根据公司的具体情况,在选择私募股权基金时,还要考虑到他们是否能够提供除了必要的资金之外,诸如咨询、指导业务等其他的战略性资源,力争为企业找到最合适的战略性投资人。

（五）与私募股权投资人建立联系

选择好私募股权基金后,企业就可以将自己的商业计划书交给私募股权投资方,开始双方的首次接触,也可以通过专门的私募股权投资顾问机构或者投资银行建立联系。还有一种可能,在商业计划书制订的过程中,即在预先准备期间,就可以将一份"预热性融资广告"寄给私募股权投资方以投石问路。这一工作的目的是确定潜在的投资人,在基础商业计划书之前就已经将一些潜在的投资者做一个汇总。这样一来,只有那些对被投资企业感兴趣的投资公司才会有所反应,那么就可以在商业计划书制订完毕后寄给他们了。在涉及大笔投资项目时,除了采取以上方法投石问路外,还可以通过预营销与投资方交流。一旦中间涉及企业比较敏感的信息,则要求谈话双方签署保密协议。

在双方接触结束之后,就可以开始后续的投资过程。据统计,一般只有2%—4%的投资需求询盘最终能够获得私募股权投资,因此,企业一定要做好前期的准备工作以吸引投资方的目光。具体的私募股权投资流程在本书前面的章节已经做过介绍,这里就不再赘述。在私募股权投资过程中有两个环节对于企业来说非常关键:商业计划书和尽职调查。因此,下面的内容主要从企业的角度出发,研究企业如何编制商业计划以及应对私募股权基金的尽职调查。

二、企业如何写好商业计划书

商业计划书,也称信息备忘录,是一份全面介绍企业信息的文件。一般情况下,商业计划书应该包含以下内容:企业介绍、管理团队、产品与服务介绍、研究与开发、行业概况、市场分析、营销策略、营运计划、融资计划、财务预测与风险控制等。后面还应附上参考文献,比如审计报告、生产销售许可证、发起人建立、专利技术的证明文件等。

虽然私募股权基金对新兴企业的投资标准和要求会随着市场环境、行业特点及投资机构本身的规定而变化,但至少有以下几点是共同的:一是被投资企业有绝好的商业机会和广阔的市场前景,二是被投资企业的管理层有良好的经营管理能力,三是被投资企业已经有一个严密的切实可行的投资方案(包括详细的财务评价数据资料),四是投资计划中必须安排资金未来退出的通道。因此,如何让私募股权基金相信你的企业就是他要找的高成长、高回报的质优企业,第一步也是非常关键的一步就是撰写商业计划书。这里主要介绍商业计划书的具体编制内容、编制要点和编制技巧。[1]

(一)商业计划书摘要

商业计划书的开头是整个计划书的摘要,正文内容一般包括 11 个部分,另附相关资料、支撑文件及验证文件。

商业计划书摘要的内容包括公司的基本情况、主要管理者情况、产品与服务描述、研究与开发、目标市场、营销策略、产品制造、关键技术和管理模式、融资要求、投资回报、风险分析。

摘要是整个商业计划书的总体纲要或概况说明,应当控制在两页内完成。摘要要能激起投资者的兴趣,尽量在摘要的第 1 页后半部分概况中提出筹资需要,总体纲要应尽可能确保投资者在 10 分钟之内浏览完毕并能完全理解。

(二)商业计划书的编制内容、撰写要点与技巧

1. 公司概况

公司基本情况:公司名称、成立时间、注册资本、实际到位资本(其中现金和无形资产各占股份比例)、注册地点、主营业务、企业性质。

公司沿革:说明自公司成立以来的主营业务、股权、注册资本等公司基本情况的变动,并说明变动的原因。

目前公司主要股东情况:股东名称、出资额、出资形势、股份比例、联系人、联系电话(表格形式)。

---

[1] 该部分参考李昕旸,杨文海.私募股权投资基金理论与操作[M].北京:中国发展出版社,2008:139-145;王楠.私募股权投资基金实务详解与政策优惠[M].北京:北京大学出版社,2013:96-100.

本公司的独资、控股、参股的公司以及非法人机构的情况:公司下属独资公司、公司下属控股公司及控股比例、公司参股的公司及参股比例。

职工情况:按照学历和技术职称划分出人数及比例(表格形式)。

公司经营财务历史:本年度及以往3年的销售收入、销售成本、毛利润、纯利润、总资产、总负债、净资产。

公司外部公共关系:包括战略支持、合作伙伴等。

公司近期及未来3—5年的发展方向、发展战略和要实现的目标:公司的关键成功因素是什么?公司融资后首先要达到什么目标?拟通过哪些措施来达到这样的目标?

撰写摘要需要注意的要点和技巧:概述公司的背景和立足点。要精炼浓缩、描述生动,描绘远景和目标重于阐述历史,简要说明市场潜力,叙述扩展业务的机会。

2. 管理团队

董事会成员名单:在董事会的职务、姓名、工作单位、联系电话(表格形式)。

管理团队名单及简介:管理团队每个人的姓名、性别、年龄、学历、所学专业、职称、毕业院校、联系电话和主要经历和业绩。其中董事长和总经理主要经历和业绩着重描述在本行业内的技术、管理经验和成功事例,技术负责研发人主要着重描述在本行业内的技术水平、经验和成功事例,产品生产负责人着重描述在本行业内的产品生产制造经验的成功事例,市场营销负责人着重描述在本行业内的营销经验、市场开拓的成功事例,财务负责人着重描述在财务、金融、筹资、投资方面的背景、经验和业绩,其他重要人员根据专长描述其背景、经验和业绩。

外部支持(中介机构及顾问):律师事务所、会计师事务所、投资咨询机构、法律顾问(简介)、投资顾问(简介)、财务顾问(简介)。

该部分撰写要点和技巧:向投资方展示企业的管理人才和有效的组织机构。① 描述管理团队的结构是否合理、核心管理人员在公司主营行业是否有成功的从业经验,有什么值得重点说明的成功经验、核心管理人员之间是否存在互补价值。② 描述管理资源情况和现行组织结构,以及融资后组织结构将如何进行调整、是否具备中介机构的管理资源支持、中介机构的价值是否体现在公司的经营管理中。③ 强调管理团队的实践经验而不是他们的学历,让投资者相信现有的管理团队有能力使公司得到更大的发展;同时,向投资者展示优势的外部资源支持,让投资者相信公司具有较高的管理水平。

私募股权投资者通常青睐这样的管理团队:在公司所处行业中具有成功的从业经历和良好口碑,具有开阔的国际化视野和良好的社会关系,具有接受新的管理理念和管理创新的积极性。

3. 产品、服务

产品的背景、产品所处发展阶段、产品与行业同类产品比较的优势、产品获奖情况、产品专利和注册商标情况、产品的开发保障。

撰写要点和技巧:重点介绍产品系列和核心产品性能、产品和服务能为客户提供的价值、与竞争的同类产品相比的额外价值、产品的优势与劣势、产品和服务与竞争对手相比所具备的差异性、竞争产品的开发情况、有哪些产品的专利及其保护状况、产品的开发技术保障和资金保障。要将自己置于客户的位置,集中于最重要的产品,同时设计其他产品,避免过多的技术细节,力求简单,可引用产品和服务已试点成功的例子,例如谁是公司的目标客户、目标客户的需求集中体现在哪些方面、公司的产品将如何满足他们的需要等。

4. 研究与开发

公司近年来的研究成果及技术先进性(包括获奖情况),公司参与制定产品或技术的行业标准和质量检测标准情况,掌握产品的核心技术与其他竞争对手相比的领先程度,公司现有技术储备情况,公司寻求外部技术开发支持依托(如大学、研究所等)情况及合作方式,公司对关键技术人员和技术队伍的激励措施,公司未来的开发方向、开发重点和正在开发的技术和产品。

公司未来3~5年的研发资金投入和人员投入计划,包括每年资金投入、占销售收入的比例(分年列表)。

本部分撰写要求和技巧:列举成功案例,描述研发人员的研究能力多于描述技术本身,避免过多的技术细节。应描述现有技术状况如何,目前创新正处于哪一阶段,是否已获专利和技术转让,计划中的开发步骤有哪些,开发的中期目标是什么,产品与竞争对手相比的优、劣势,进一步开发所需要的时间和资源投入,每一种产品对销售收入的贡献及其比例等。对引入风险投资的创业资金需求,要有一个明确的技术构想、研发计划、研究成果转化为生产能力的详细方案,说明产品试生产情况、样品性能状况和产品试销情况,对投资项目要进行可行性研究。

5. 行业及市场

行业情况:如行业发展历史及趋势,哪些行业的变化对产品利润与利润率影响较大,进入该行业的技术壁垒、贸易壁垒、政策限制等。

市场潜力:如市场规模、市场前景及增长趋势分析。公司的收入模式等。

过去3~5年各年销售总额比较:全行业产量、销售收入、全行业销售增长率、本公司销售收入、本公司销售增长率。

公司未来3~5年的销售收入预测(融资不成功情况下):产量、销售收入、市场份额。

公司未来3~5年的销售收入预测(融资成功情况下):产量、销售收入、市场份额。

行业竞争分析:① 本公司与行业内主要竞争对手的比较:主要竞争对手的产量、市场份额、销售收入、税后净利润与本公司市场份额、销售收入、税后净利润(列表比较);② 本公司产品/服务的竞争优势(包括性能、价格、服务等方面)。

主要客户分析:过去3年的前十大客户(或占销售收入70%的客户)的销售量、销售额、占本公司总产量比重及市场份额。

本部分撰写要求和技巧:主要对企业所处的竞争和发展环境进行分析,该部分一般需要列表完成,销售收入的财务信息可以按照年度列表,客户可以按每个客户列表。

行业方面描述企业所在行业概览、对行业发展方向的预测、技术创新起到怎样的推动作用、宏观经济环境产业技术经济政策以及地方政府政策对行业的发展影响、如何跨越壁垒。

目标市场方面细分市场规模和增长速度有多大,结合营销策略和竞争情况对目标市场做出预测,目标客户群有哪些,市场份额能达到多少。

竞争情况:有哪些竞争对手在提供同类产品、有哪些开发创新的可能,主要竞争对手的目标市场是什么、他们的盈利能力现状和潜力,本企业相对于他们的竞争力,是否具有跟踪竞争情况的管理系统。

应注重了解国际私募股权投资者青睐的行业和企业以及国家鼓励外商投资的产业:① 高新技术产业,如环保、节能、新能源、新材料、信息技术等行业;② 资源类行业,如国家允许外资进入的能源行业、矿产资源行业及相关行业等;③ 基础产业建设行业,如收费路桥建设、电力建设、城市公共设施建设等;④ 对外资逐步放开的行业,如钢铁、水泥、医药、机械、汽车、零售、银行等行业。

本部分的写作要点:行业分析固然重要,但并不是私募股权基金决定是否投资的唯一考量因素。企业自己写商业计划书的最大问题是把各方面都描画得十分美好,完美到了足以引起投资者警惕的程度。其实,如果投资方不考虑进入某些行业时,企业的项目即使再好,也会在第一轮被淘汰。当行业不是很重要的因素时,私募股权基金需要通过行业分析来获得对企业所处的环境和未来发展趋势的直接素材。商业计划书无法代替私募股权基金之后进行的尽职调查和独立研究,在行业分析上兜圈子是不明智的做法。

商业计划书中最常见的兜圈子做法是,企业总是"无意"中犯了用大的行业来代替细分行业,或者用其他地区代替本地区等假借概念的错误。比如,用整个游戏软件行业的分析代替手机游戏行业,用服装制衣行业的分析代替制服行业,用一线城市房地产数据代替本地房地产发展分析等。之所以这样做,除了有细分行业数据不容易收集的原因外,显而易见,整体行业或者发达地区的规模数据要比子行业或其他地区大很多,也好看得多。但这种处理手法相当拙劣,给私募股权投资方的印象很不好,而且这部分内容一般是放在计划书比较靠前的位置,投资人在无法找到自己所需要的可信行业分析数据时,很可能因为手中项目太多而放弃继续读下去。

6. 营销策略

产品所针对的目标市场、产品的售后服务、产品的定价策略、广告宣传攻势。

产品的销售计划:① 在建立销售网路、销售渠道以及设立代理商、分销商方面的策略;② 在广告、促销方面的策略;③ 对销售队伍采取什么样的激励机制。

本部分撰写要求:销售的过程设计、营销队伍的组织、促销所要达成的效果、适合于具体产品类型的促销手段。例如,在营销策划中如何推出产品、何时推出,对零售价格的估计,预计将达到多大的销量,典型的销售过程是怎样的,将采用什么销售渠道,各渠道的目标消费者是什么,零售价格确定的依据是什么,需要多少营销人员,他们应具有什么技能,每个销售渠道的利润率大概是多少,每个销售渠道对销售和利润的贡献多大,要达到多大的市场份额。在促销方案中考虑如何使目标客户对产品有何认知、将使用什么广告方式、配套服务的重要性如何、如何组织这些服务、产品引入及此后的促销费用是多少、在每个目标市场和销售渠道上的价格是多少、采用何种付款(收款)方式。

7. 产品制造

产品生产制造方式(公司是自建厂生产产品还是委托生产,或其他方式)。

公司自建厂情况下，购买厂房还是租用厂房、厂房面积是多少、生产面积是多少、厂房地点在哪里以及交通、运输、通信是否方便。

现有生产设备情况（专用设备还是通用设备，先进程度如何、价值是多少、是否投保、最大生产能力是多少，能否满足公司产品销售增长的要求）。

如何保证主要原材料、元器件、配件以及关键零部件等生产必需品的进货渠道的稳定性、可靠性、质量及进货周期，列出 3~5 家主要供应商名单。

正常生产状态下，成品率、返修率、废品率控制在怎样的范围内，简要描述生产过程中产品的质量保证体系以及关键质量检测设备。

产品成本和生产成本如何控制，有怎样的具体措施。

简述产品的生产制造过程、工艺流程（流程图）。

本部分撰写要求：生产是企业实现价值的保障，要集中于最重要产品的生产描述，用简练的语言和明细的图示准确地描述生产工艺流程，还要补充说明存货如何管理，产品的单位成本结构明细表。

8. 公司管理

图示公司组织结构、员工持股及高管人员期权、管理层关键人员采取怎样的激励措施、为员工购买保险险种、签订劳动用工合同情况、与相关人员签订技术秘密和商业秘密的保密合同情况；公司是否与掌握公司关键技术及掌握重要信息的人员签订竞业尽职协议，若有，说明协议主要内容；对知识产权、技术秘密和商业秘密的保护措施；是否通过国内外管理体系认证；公司董事和主要管理人员之间有无亲属关系；公司是否存在关联经营和家族管理问题；公司董事、管理者与关键雇员之间是否有实际存在或潜在利益冲突。

撰写要求：简要阐述公司治理、经营管理及内部控制情况、公司重大事项的决策程序，描述公司成长发展中将会面临的重要问题以及供解决问题的可选择方案，使企业防患于未然。对于刚创建公司来说也应深思熟虑，有整体的公司管理架构并明确阐述。

9. 融资计划

测算股权融资的金额，准备出让的股权比例及数额；投入资金的用途和使用计划；投资方可享用哪些监督和管理权力；如果公司没有实现项目发展计划目标，公司管理层在未达到承诺的投资回报率时应向投资方承担哪些责任；投资方收回投资的具体方式和执行时间安排；需要对投资方说明的其他情况。

本部分撰写要求：确立投资需求及其必要性，明确对资金的需求及其计算依据，并对风险因素、投资回报及投资退出方式进行描述。需在技术分析与财务预测基础上由专业设计研究机构编制可进行性研究报告作为商业计划书的支撑文件。更要对不同的资金来源进行详细说明，使投资者了解到公司的资金结构（战略投资者、投资公司、金融机构、政府机构、个人）。

这里需要特别指出的是，对于私募股权基金而言，其投资的目的是在某个时间段内要保本并达到期望的盈利水平。私募股权基金并不会永远与企业捆绑在一起，甚至从本质上讲，投资就是为了成功地退出，而且退出越快越可以提高资金使用效率，产生更大的增值。国内企业往往没有这个习惯，很少考虑投资者资金退出的方式，这与改革前国有企业预算软约束和法制不健全有关；只要能找来投资，能不能按时还钱，能不能给投资人带来好处，似乎和自己没有太大关系。这种态度对于国外投资人是根本行不通的，没有提出明确的投资退出方式和期限的项目计划书，被认为是不完整的，就像一篇文章少了结尾，是不合格的。

一般来说，为了使被投资公司值得信赖，争取到私募股权基金的资金支持，要在可靠的市场增长预测数的基础上，估算出企业在若干年后的价值，并选择对投资人最有利而各利益相关方都能够接受的方式，如上市、回购、再出售等让投资人获利后退出本金。甚至在最保守的情况下，还要考虑公司清盘时给投资人带来的可能损失和补救办法。

10. 财务计划

具体对融资后5年内的财务展望进行预测：制作未来3~5年的盈亏平衡表、资产负债表、损益表、现金流量表、产品成本表和单位成本表。

财务预测编制要求：财务计划是对企业的未来财务状况和价值进行量化，要求依据标准会计行事和原则，且年份越近的预测表越具体，年份越远的越粗略。例如，第一年每个月计算现金流量，共12个月；第二年每个季度计算现金流量，共四个季度；第三、第四、第五年每年计算现金流量，共3年；产品形成规模销售的毛利润率为纯利润率，并说明预测依据，预计未来3~5年年均净资产回报率、净利润增长率，并说明预测依据；每年的筹资安排和现金储备余额。

11. 风险控制

说明企业和拟投资项目实施工程中可能遇到的风险及其应对措施，包括技术风险及措施、市场风险及措施、生产风险及措施、财务风险及措施、管理风险及措施、政策风险及措施。

本部分风险控制的撰写要点：说明风险识别和风险控制框架，划分风险的层次，确定主要风险和次要风险，通过敏感性分析确认风险大小。措施中应有具体的组织保障和资金成本保障，以使企业对未来的预测更加客观。

总之，企业要了解境外投资机构阅读商业计划书的习惯，更准确、更专业地表达企业的融资需求和企业状况，同时由翻译将商业计划书译成英文，做好高质量的英文计划书。商业计划书是企业与私募股权基金开展业务的前提，它不仅仅是一个过场，而是私募股权基金与企业一起理顺整个交易是否可行的过程。在很多财务顾问业务中都会包括制作商业计划书。有些财务顾问和企业错误地认为专业商业计划书仅仅是为了吸引战略性投资者的注意力，以便获取投资。甚至在一些教授如何写商业计划书的著作里，作者还试图教会读者如何通过巧妙的包装，并且故意掩盖一些信息来获取融资。事实上，很多问题并不会因为融资的完成而消失，在商业计划书中被掩盖的问题会在企业与私募股权基金合作的不断深化过程中逐渐暴露出来，甚至会引起双方的摩擦，损害企业家的利益。可见，商业计划书不单纯是企业吸引投资者目光的企业信息介绍书，更是联系企业和投资者的纽带。

三、企业如何应对尽职调查

企业进入尽职调查阶段就意味着企业已经赢得了私募股权基金的兴趣和投资意向。尽职调查是指购并方对目标公司的背景、财务、营业等进行细致的调查,并以书面或口头形式报告调查结果。尽职调查是一个非常广泛的概念,包括财务尽职调查、法律尽职调查、技术尽职调查、业务尽职调查等。不同的尽职调查各有侧重,本节主要讨论企业如何应对私募股权基金财务方面的尽职调查。财务尽职调查的功能主要在于,使购并方确定目标企业所提供会计报表的真实性,在一些易被忽视的方面如担保责任、应收账款质量、法律诉讼等获取重要信息,避免由于信息失真造成决策失误,同时通过各种财务数据和比率了解被并购后企业的收益情况,做出正确判断。关于尽职调查的相关知识在本书第四章已经进行了阐述,这里主要讨论企业在确定私募股权投资人后,需要做好哪些准备工作来应对私募股权基金的尽职调查。

在中国,对于大部分企业来说,尽职调查可能是一个让其神经高度绷紧的过程,因为大部分企业暂时尚不够规范,而且尽职调查也给企业带来一定的泄密风险。但是,尽职调查是引进投资者的必经之路。投资者是企业未来长期的合作伙伴,并非一次性的交易,在合作之前相互增进了解是必须的。在尽职调查过程中,企业除了积极面对、配合好尽职调查团队以外,还可以充分利用尽职调查进行企业上市前的规范化。尽职调查除了帮助投资者发现企业的投资价值,更重要的是帮助企业发现在财务、法务、业务、市场、人力资源甚至技术方面的问题。企业在应对私募股权基金的财务方面尽职调查时应注意以下几个方面。

(一)财务与业务的一致性

财务报表是各项业务运行的记录,因此财务报表反映出的事项应与业务进行一致,包括生产规模、工艺流程、主要供应商市场销售情况等。尽量避免私募股权基金在进行业务调查与财务尽职调查时所得出的结论差异巨大或自相矛盾。

(二)财务管理制度规范化

私募股权基金在进行财务尽职调查时,企业往往更重视众多财务数据的提供,而忽略了财务等管理制度的规范化。如果企业有一个很好的财务数据呈现而缺乏一个与之配套并行之有效的财务管理制度,那么财务报表的可信性就会大打折扣。因此,在应对私募股权基金尽职调查时,财务管理制度的合理确立也是非常重要的。

(三)财务模型的建立应科学、合理

能够吸引私募股权基金进入尽职调查阶段,说明企业的未来前景是比较光明的,因此,对于过去与现在不可以进行夸张的包装。私募股权基金作为投资者主要着眼于企业未来的发展,财务模型建立时过度夸大,超越了业务进行的可行性,即使暂时蒙蔽私募股权基金将其引入,也会对企业的后续发展带来诸多不利,严重的还会引起法律方面的纠纷,产生企业控制权的危机。

(四)正视现实

没有一个企业是完美无缺的,私募股权基金在进行财务尽职调查时发现或指出企业不足时,应坦然面对,尤其是企业在经营过程中存在的税务问题,现金流量问题。企业呈现给私募股权基金的是一个前景,但同时也存在一些不足,这样会更可信。企业应对尽职调查时要做到适当地避实就虚,企业已有的有形的项目价值或经营成果,并不是私募股权基金特别看重的,在与私募股权基金沟通交流时一定要尽可能地彰显企业的无形资产价值、市场价值,以收取强大的团队价值,这些看是无形,但恰是私募股权基金所特别看重的。同时,要多听取专家的意见,无论是否有私募股权基金进入,对提升企业的管理水平都是很有帮助的。

(五)注意保护信息安全

私募股权基金在进行财务尽职调查时,并不能确定合作是否成功,因此对企业的技术、信息等保密是非常有必要的。为了减少不必要的风险,首要原则是在没有正式签署投资框架协议书(Term Sheet)之前切勿向投资人透露任何机密信息。企业应当在主动配合尽职调查的同时设立抗风险防线,智慧地应对投资方的各种调查诉求。比如,企业可以考虑在尽职调查开始之前预先收集、整理好相关的文件或材料,按内容和机密等级分门别类,然后根据尽职调查的清单和进展程度,视具体情形分批释放,切忌全盘托出;越机密的信息越应该尽量选择在尽职调查的后段披露,甚至可以在尽职调查结束且投资到位后再披露。同时,企业还必须做好投资者中途放弃尽职调查的两手准备。任何时候企业的安全运行总是摆在第一位的。因此,既要保证信息安全,又要不影响财务尽职调查的顺利进行,须在实践中适时、适度地把握。

(六)做好各项前期准备工作

私募股权基金在财务尽职调查前,企业要做充分的准备工作。在提供相关资料时,一定征询企业多方意见,如企业人事、生产、销售、采购部门,尤其要多多征询企业财务部门的意见,因为随着企业与私募股权基金合作的不断深入,私募股权基金对企业提供的材料要多方、多环节检验的。同时,如有必要还可聘请专业顾问机构(如会计师事务所)进行事前、事中、事后协助,不仅能充分保障各方利益,更能保障企业引进私募股权基金的整个过程万无一失,做到成果最大化。

与其说尽职调查是一个死板的被动程序,不如说它是一个投资人与企业之间的攻防之战。一般来说,尽职调查是针对企业方而言的,反过来,企业也可以采取主动,对投资者进行一个简单的反向尽职调查,充分了解企业未来的合作伙伴。尽职调查的过程是长期合作关系的基石,因此双方需要同样的安心和信任。此外,庆幸的是,企业并非孤军作战,在整个尽职调查过程中,一直都有投资银行、律师和会计师组成的专业化部队和智囊团在其背后支撑。为了积极、有效地应对尽职调查,最大程度地保护企业利益,企业应该在他们的建议、协助和指导下完成整个过程。

第三节 企业选择私募股权融资的风险规避策略

在企业决定确实需要私募股权融资之后,下一步将要考虑的就是如何选择合适的私募股权基金作为战略投资者。私募股权基金的介入和退出都会对企业产生重大的影响,这里比较重要的问题是:企业对自身发展要有一个清晰的定位,对私募股权基金的性质和投资风格有一定的了解,并且有较强的风险规避意识,在不同阶段采取不同的措施,以达到将私募股权投资这种金融工具为我所用的程度,而不是成为私募股权基金投资的试验品或者投机的目标。

一、企业在选择私募股权基金阶段的风险控制

企业在不同阶段需要引入的私募股权基金类型是不一样的,同时不同性质和类型的私募股权基金投资的目的也不尽相同。因此,在选择私募股权基金融资时企业首先要很清晰地认识到自身的需求,是单纯为了融资、套现部分股权、引入战略合作伙伴,亦或是为了上市;其次一定要搞清楚拟引入的私募股权投资方的投资目的,不能为了融资跟风操作,盲目地引入私募股权基金,使企业在未来的发展道路上出现偏离,始终处在被动的地位。在选择私募股权基金过程中,企业需要注意以下几个方面从而降低融资风险。

(1) 对融资风险要有合理的预测。中小民营企业规模小,抗风险能力弱,一旦风险演变成损失,将给企业经营带来巨大的不利影响。因此,中小民营企业利用私募股权融资不能只关注企业最终的融资总收益,而忽视企业所要承担的融资风险。企业在既定的总收益下,还要合理预测可能发生的风险、风险可能造成的损失及自身的风险承受能力,即私募股权融资收益应与融资风险相匹配。

(2) 明确融资规模。在私募股权融资过程中,合理确定融资规模和融资期限对控制融资风险非常重要。融资过多可能造成资金闲置,增加融资成本,加大企业财务风险;融资不足又会影响企业投资计划和正常经营活动的开展。因此,企业应综合考虑自身条件以及融资成本等因素,确定合理的融资规模。在实际操作中,企业可采用经验法和财务分析法确定融资规模。

(3) 选对融资时机。融资时机是指有利于企业开展融资活动的一系列因素构成的融资环境。中小民营企业选择最佳融资时机的过程,就是寻求最能与企业内部环境相适应的外部环境的过程。从企业内部来看,过早融资会造成资金闲置和浪费,过晚融资又有可能使企业丧失投资机会。从企业外部来看,由于经济形势瞬息万变,这些变化将直接影响企业的融资难度和融资成本。企业私募股权融资时,若能把握住企业内、外部变化提供的最佳时机,将会有效降低企业融资成本。

(4) 要注意维护企业权益,保持企业控制权。私募股权融资会使企业的控制权发生改变,不仅可能影响企业生产经营的独立性和自主性,而且可能引起企业利润分流,甚至损害原有股东利益,影响到企业的长远发展。企业选择私募股权融资时,一定要全盘考虑企业控制权问题,既不能过度关注控制权,也不能忽视控制权对企业发展的影响。[①]

此外,私募股权融资专业性较强,中小民营企业未必真正了解融资的所有技术。为防范私募股权融资风险,中小民营企业需聘请经验丰富的财务顾问公司担任融资顾问,为企业管理者融资决策提供专业建议,以降低私募股权融资风险。但是,企业

---

① 私募股权融资服务协议范例见书后附录一。

在通过财务顾问公司来寻找并圈定合适私募股权基金的过程中,需要为此支付给财务顾问公司一笔不菲的顾问费。下面将讨论一下企业从成本控制的角度出发在签订融资财务顾问协议时的风险规避问题。企业需要从以下几个方面进行风险控制,以保障自身的权益。

(1) 一般情况下,企业引入战略投资者的融资金额都比较大,因此促成融资的财务顾问收取的顾问费用也比较高。这笔顾问费用对于企业来说是笔不小的负担。因此,在融资顾问协议中该费用的支付条件、支付方式、支付时间、支付比例都是协议的核心条款。在实际操作中,顾问费一般按照融资额的一定比例来收取(例如融资2000万美元的财务顾问费用为2%);融资额与顾问费比例是反比关系,融资额越高,顾问费提取比例越低。

(2) 融资成功与否最好以企业实际收到的投资人的投资为准,而不是以投资人与企业签订投资协议之时作为支付顾问费的条件。如果投资人分期注入资金,顾问费的支付也应该相应分期支付。另外需要注意的一个细节是,站在企业的立场,给顾问费最好是税前而非税后,这需要在协议中事先说明。

(3) 为了更快融到资金,企业希望委托更多的而非一家财务顾问公司去寻找最合适的投资人;财务顾问公司则希望企业把融资中介事务独占地委托给自己。因此需要在协议中约定是否属于独占性的委托。在某些特殊情况下,鉴于不同的顾问公司在业绩、业务上各有侧重,企业可以委托多家顾问公司分别在不同地域为企业提供融资服务。

(4) 为了减少企业不必要的开支,降低融资风险,在融资成功之前的费用承担上,为了保护企业利益,企业可以要求约定无论投资事宜是否发生,企业与顾问双方各自负担其费用,包括但不限于聘请律师、会计师、各自的税费和其他专业顾问的费用支付。

二、企业在与私募股权投资方谈判阶段的风险控制

(一) 企业与私募股权投资方谈判的关键问题

公司引入股权投资基金作为战略合作伙伴,不同于银行借款或发行债券等债券性质的单纯融资方式,也不同于首次公开发行这种权益性质的融资方式。私募股权投资本身是一种股权属性的参与形式,私募股权基金资金投入使得负债权益比例发生了变化,调整了公司的资本结构,最终影响到公司的治理结构和治理制度,这种变化必定会对公司的利润和长期发展等方面产生重要的影响。因此,企业在与私募股权基金谈判时,最关键的就是双方关于股权份额的分配,即关于公司治理结构的均衡问题。除此之外,投资方式、股权价格等问题也是企业与私募股权基金谈判的关键。

1. 公司治理结构问题

随着公司制企业的发展,公司的股权结构出现分散化的趋势。随着公司规模的扩大和生产的增长,从少数股东持股到私募股权基金参与持股,一直到后来可能出现公众和机构投资者持股的情况,很多公司的股权票都分散到社会公众手中。与此相伴相生的问题就是财产所有权与控制权的分离,通常情况下,所有者的期望收益和目标与管理者是不同的,这就产生了两个利益主体之间的利益分割和公司行为目标的冲突。

经营管理者因为只拥有小部分公司的股权,但是可以调动所有公司的资源和资产,因此可以在不承担全部风险的情况下,享受公司资源带来的各种收益,主要包括过度投资和在职消费等问题。这些问题在已有的文献中已经获得充分的研究。当股东利益目标和经营管理者的利益目标发生偏离甚至冲突时,股东利益就会遭到损害。为解决这种委托代理问题,减少代理成本,现有的研究框架是建立在契约理论基础之上的。在完全契约理论中,因为信息不对称的存在,而不完全契约理论中,通过将控制权在两个主体之间分配而产生的三种可能情况,从而将剩余控制权和索取权统一起来。

但是私募股权基金的存在和发展在一定程度上解决了股东和经营者之间的委托代理问题。私募股权基金在筛选企业并进入之时,并不只是进行资本和股权的投资,更多的是要利用基金自身的优势和资源为企业的发展创造条件。这些价值创造环节主要体现在广泛的关系网络、无形的人力资本、有形的资本投入、丰富的实际管理和操作经验等。实际上,引入私募股权基金在一定程度上减少了股东对经营管理者的监督成本,并且私募股权基金经理也会充当一部分经营管理者的角色。这样,在股东同时承担管理者角色的时候,委托代理问题就会相应减少。

除此之外,企业有融资的需求,寻找合适的私募股权基金作为战略投资者,双方按照投资额商定受让股份协议,私募股权基金带来了资金、管理、财务支持和其他战略资源支持,在协议之后的几年中企业的价值可能得到显著的增加,从而企业所占股份价值也迅速提升。那么,如果企业在当初商定的转给私募股权基金的股份基础上再增加一定的比例,足够可以使得公司的价值获得更大的增值。这样一来,尽管企业持有的份额有一定的下降,但是获得的价值增值会不会更大呢?什么样的股权份额的受让对企业来讲是一种最佳的均衡呢?下面就通过一个简单的模型对这一问题进行分析。

假设企业的价值为 V_0,企业需要的融资额为 I,预计私募股权基金在 5 年后退出,届时企业的价值为 V_1,风险报酬率为 r,这样得到的一个基本公式为:

$$V_0 + I = \frac{V_1}{(1+r)^5} \tag{10.1}$$

设私募股权基金投资额所获得的股份为 f,则

$$f = \frac{I(1+r)^5}{V_1} \tag{10.2}$$

现在需要讨论的是,如果在这个私募股权基金的持股比例的基础上分配给投资者更多一些股份,是否有可能让企业在损失一部分股权的基础上仍然能够增大自身的价值。假设私募股权基金增加的股份为 a,5 年后企业价值增加为 b。这里 b 可以大于 0,也可以小于 0。按照双方股权份额和股权价值的对应关系,可以得到如表 10-3 所示:

表 10-3 企业家与私募股权基金股权比例分配

	企业家	私募股权基金	企业
股权比例	$1-f_1(1+a)$	$f_1(1+a)$	1
股权价值	$\frac{V_1(1+b)}{(1+r)^5}(1-f_1(1+a))$	$\frac{V_1(1+b)}{(1+r)^5}f_1(1+a)$	$\frac{V_1(1+b)}{(1+r)^5}$

根据表 10-3 所示,这里需要对企业家获得的价值最大化,也即

$$\text{Max} \frac{I}{f_1}(1+b)[1-f_1(1+a)] \tag{10.3}$$

在 f_1 给定的情况下,如果假定 b 是 a 的增函数,不失一般性的,假设 b 是 a 的线性增函数,即

$$b = \frac{a}{n} \tag{10.4}$$

其中 n 是大于 1 的正数。则(10.3)式可以写成相当于

$$\text{Max}\left[\left(1+\frac{a}{n}\right) - f_1(1+a)\left(1+\frac{a}{n}\right)\right] \tag{10.5}$$

设 $\left(1+\frac{a}{n}\right) - f_1(1+a)\left(1+\frac{a}{n}\right) = Q$

$$\frac{\partial Q}{\partial a} = \frac{1}{n} - \frac{f_1}{n} - f_1 - \frac{2af_1}{n} = 0 \tag{10.6}$$

根据上式可以得到

$$a = \frac{1-f_1-nf_1}{2f_1} \tag{10.7}$$

因此,在已经商议的受让给私募股权基金的股权比例达到 f_1 时,只要再增加一个如 10.7 式所得到的比例 a,就可以使得企业家的剩余股权价值高于 $a=0$ 的情况,但是不可忽视的是,这里假定 b 是 a 的一个单调线性增函数。如果 b 是 a 的减函数,则显然不能采取额外股份分配的方式,否则就会损害企业家的剩余价值。达到这样的 a,也可以说企业家和私募股权基金在股东权益分配上达到了一个均衡比例。①

2. 投资方式

私募股权投资的投资方一般都不会将所有的资金一次到位,往往选择分段投资,即只提供公司发展到下一阶段的资金,进行严格预算管理,一直关注公司的经营状况和潜力,保留放弃追加投资的权力,也保留优先购买公司融资时发行股票的权力,以便有效控制风险。再就是投资商一般不会选择普通股或债务,而会选择可转换债券、可转换优先股等灵活的投资方式。这一方面在企业经营不良时可以通过企业回购股票和优先股的清算优先来确保投资获得一定的红利受益;另一方面在企业经营出色时,通过转换成普通股并上市来获得丰厚的投资回报。

3. 股权价格

通常情况下,企业的价值是下一年的盈利预测乘上一定的市盈率倍数。通常,投资方不会完全采纳商业计划书上的盈利预测,而会根据对企业的尽职调查的情况和投资经验,对企业提出一个保守得多的盈利预测。当双方就盈利预测的高低僵持不下时,通常会约定"估值调整"条款,即公司届时的经营业绩低于预测的业绩时,投资方会要求公司给其更多的股票,以补偿其因公司实际价值降低而受到的损失。

---

① 该模型参考马提亚斯·君德尔,布庸·卡佐克.私募股权融资工具与投资方式[M].北京:中信出版社2011:113-116.

4. 违约责任

任何一项协议中的"违约条款"都是重中之重,私募股权融资协议也不例外。谈判时一定要把"丑话说在前头",把没有按期出资、业绩没有达标、未能如期上市、上市价格低于预期等各种情况是否属于违约,如果违约应承担什么样的违约责任都在谈判时明确下来。需要特别指出的是:投资方一般会要求企业做上市保证,如果企业在期限内无法上市,企业应以一个约定的价格买回投资方所持有的全部或部分股权。

所以,上市保证是投资方给被投资方公司带上的一个"紧箍咒",没有这个"紧箍咒",企业宏大的发展目标和上市计划很可能会流于空谈,投资方也无法得到相应的回报。因此,企业应根据自己的能力,与投资方订立恰当的保证,切忌盲目自大。

5. 优先股条款

优先股条款是指持有该种股票股东的权益要受一定的限制。优先股股票的发行一般是股份公司出于某种特定的目的和需要,且在票面上要注明"优先股"字样。优先股股东的特别权力就是可优先于普通股股东以固定的股息分取公司收益并在公司破产清算时优先分取剩余资产,但一般不能参与公司的经营活动,其具体的优先条件必须由公司章程加以明确。

优先股的优先权特点如下。

(1) 在分配公司利润时可先于普通股且以约定的比率进行分配。

(2) 当股份有限公司因解散、破产等原因进行清算时,优先股股东可优于普通股股东分取公司的剩余资产。

(3) 优先股股东一般不享有公司经营参与权,即优先股股票不包含表决权,优先股股东无权过问公司的经营管理,但在涉及优先股股票所保障的股东权益时,优先股股东可发表意见并享有相应的表决权。

(4) 优先股股票可由公司赎回。由于股份有限公司需要向优先股股东支付固定的股息,优先股股票实际上是股份有限公司的一种举债集资的形式,但优先股股票又不同于公司债券和银行贷款,这是因为优先股股东分取收益和公司资产的权力只能在公司满足了债权人的要求之后才能行使。

优先股是投资条款清单中的主要条款,它是投资相对于普通股而言的,主要指在利润分红及剩余财产分配的权力方面,优先于普通股。

6. 对赌协议

前述中曾经提到,企业在引入私募股权基金时经常与其签订对赌协议(估值调整协议)。对赌的核心是股权出让方和收购方对企业未来的不同预期,具体情况不同,对赌双方所关心的内容也不尽相同,双方根据各自的预期对协议条款进行设计。如果约定的条件出现,投资方可以行使一种估值调整协议权利;如果约定的条件不出现,融资方则实行一种权利。所以,对赌协议实际上就是期权的一种形式,对于企业来说,实际上就是签订了一份风险和收益都很大的期权。可以说,对赌协议对于企业来说是把不折不扣的双刃剑。企业家只有对企业有足够的信心,付出充分的努力,并且对行业的发展有清晰的认识,才能将这一金融合约变成一种有利于企业自身的金融工具。

目前我国有越来越多的创业企业与风投或私募基金签订各种不同类型的对赌协

议。但是需要注意的是,私募股权基金在这方面通常对企业的发展有更为准确的预期,而从目前已有的案例来看,对赌协议的结果大多是企业输,因此在条款类型上要尽可能减少风险性较大的条约,同时注意私募股权基金在剩余控制权和管理层席位上的越位。

私募股权基金与企业签订对赌协议比较常见的一个原因是,国内拟引入私募股权基金的企业的财务状况和公司治理结构的规范性都比较差,而且信息不对称的情况也比较严重;所以私募股权基金为了保护自身经济利益不受到损害,通常会使用对赌协议来对企业发展没有达到预期水平时进行补偿,一般选择获得更多的转让股权的方式。而对企业而言,如果发展满足约定条件,那么就可以从私募股权基金那边获取更多的股权,加上自身的股权价值的增值,收益会更大;而如果没有满足要求,则会使得拥有的股份减少,剩余的份额价值也会缩水。对赌协议的实质是为了解决私募股权基金相对于企业来说处在信息不对称的劣势地位而对私募股权基金的一种补偿机制,企业在签订合约时应充分考虑目标的合理性和可实现性;否则,一旦失败,不仅会失去相应的股份和控制权,也有可能使企业的发展方向偏离企业家最初的设想。

(二)企业与私募股权投资者谈判的财务要点

1. 私募股权融资时的估值

在私募股权融资过程中,对融资企业的估值是双方谈判的财务要点。投、融资双方经常采用市盈率和市净率的估值方法,具体而言,投资条款清单中通常使用"投资前估值"(Pre-Money Valuation)。

"投资前估值"是私募股权投资和风险投资领域的一个特定概念,是指某个企业或某项资产在实际获得投资机构的资金前,经投资机构及原始股东等各方认可的该企业或资产的价值,即由投资机构认可的一个企业的实际价值。这一价值不仅包含净资产、有形资产和无形资产,还可能包含了被投资企业的一些独特资源,例如经营某特定产业的资格。这类独特资源不属于有形资产,也不属于知识产权和商誉等可以被评估的无形资产,但却实实在在可以为企业创造营利。如果完全不加考虑,显然很不公平。国际私募股权投资实践中,原始股东有时会聘请专门的投资顾问,对企业的"投资前价值"进行不同角度的衡量与测算,这些专业的投资顾问经常会挖掘出一些原始股东忽略了的独特资源,并帮助他们以合理的价格引进资本。

相应地,"投资后估值"(Post-Money Valuation)则是指在私募股权投资和风险投资领域,某个企业或某项资产在实际获得投资机构的资金后,经投资机构和原始股东等各方认可的该企业或资产的价值。"投资后估值"等于"投资前估值"加上新增投资额。无论是"投资前估值",还是"投资后估值",都是在完全稀释的基础上做的测算。换句话说,要想算出"投资前估值",必须在完全稀释的基础上先算出"投资后估值",然后减去投资额,从而得出"投资前估值"。

2. 企业在估值谈判上应注意的要点

如何对融资企业估值是投、融资双方谈判的重中之重。投、融资双方在估值问题上容易产生较大的差异,这是十分正常的。因为采取的估值方法不同,评估出来的企业价值可能差异较大;即使采用同一种评估方法,由于参数选取的不同,得出的结果也会有不小的差异。造成估值差异较大的更重要的原因是由投、融资双方所处的立场不同所决定的。投资商为了降低投资的风险,加大自己投资的安全性,自然希望融资企业的估值尽量低一些;而融资企业为多融资,同时避免自身的权益被太多稀释,自然会坚持对自身的估值尽量高一些。

许多投、融资项目在谈判时难以进行下去,首先是在这一环节卡了壳。要想在这一环节取得突破,双方可以从以下两方面进行努力。

(1) 对使用的估值方法和估值依据进行讨论。前面讲过,使用不同估值方法、不同估值依据,在计算结果上可能会大相径庭。因此,双方应该就各自使用的方法和依据进行公开交流,互相从对方的估值过程中寻找合理的因素,并就认为不合理的地方表达出自己的看法。专业、理性的沟通有助于双方找到解决估值难题的途径。

(2) 调整心态,合作共赢。无论什么估值方法和手段都不是完美的,都会存在一些难以完全客观的因素,都难免留下一些人为调控的痕迹。因此,企业估值问题的解决,最终取决于投、融资双方在合作心态上的调整。所谓公平的价格,实际上是买卖双方形成的一种对未来预期的心里均衡。如果投、融资双方不是过分对眼前的利益斤斤计较,而是以着眼未来、追求中长期利益最大化的心态进行谈判,双方达成一个"公平"的估值是完全有可能的。

(三) 企业与私募股权投资者谈判时如何保护商业秘密——保密协议书

为了保障自身利益,企业一般都会与私募股权投资者签订保密协议。① 一般情况下,保密协议和商业计划一起送达私募股权基金。如果私募股权基金对商业计划有兴趣,就应该和企业签订保密协议。毕竟,在市场上获胜的原因就是几个小窍门,如果企业把这个窍门告诉了私募股权基金,私募股权基金又告诉了别人,这对于企业的发展是很不利的。有些主要做创业投资业务的私募股权基金,往往非常自负地拒绝和企业签订保密协议。一个基金管理人员曾经对这种现象做过解释:他们很忙,没时间和企业签订保密协议;而且他们接触的企业大同小异,如果签订保密协议,难免以后会有麻烦。这种解释其实并不成立。对于一个投资者而言,所有的企业都是可以挑选的资产;而对于一个企业家而言,他的企业就是他的全部。因此,出于对企业家的尊重,投资者也应该与其签订保密协议。

保密协议通常不需要很复杂,能够规定对投资者形成限制就足够了。简单的保密协议就需要一页纸而已,复杂的话可以写上十几页。理论上,还可以根据情况在保密协议里加入目标企业不得把交易细节透露给第三方,或者不许目标企业在与私募股权基金商谈期间与第三方开展类似商谈的条款。但是现实中几乎没有看到过保密协议里有这样的条款。实际上,企业寻找投资者就像许多人找工作一样,企业家很可能同时与几个投资者联系。②

(四) 投资协议签订应注意的问题

投资协议的签订,是投、融资双方合作关系正式建立的标志性产物。投资协议是

---

① 保密协议范例见书后附录二。
② 肖翔.企业融资学[M].北京:清华大学出版社,2011:68-70.

一份对于投、融资双方都具有法律约束力的正式文件,它是维护双方利益关系的法律保障,也是明确双方责任、权利和义务的基石。投资协议一旦签订,投、融资双方都应该严肃对待、克己遵守,在没有与对方协商一致的情况下,对协议的任何单方改变都是不允许的。

在正式投资协议签订前,按照惯例,投、融资双方在正式谈判之前,投资商都会先向融资企业提交一份条款清单。一份规范的条款清单所涉及的事项范围之广、内容之具体、思路之严密、要求之严肃,都大大超过了我们在国内看到的一些所谓正式投资协议能够达到的水平。

一般意义上讲,条款清单不是一份正式的投资协议,也不具有严格的法律效力。经过谈判,投、融资双方签署了条款清单,条款清单中的主要条款将构成投、融资双方下一步签订投资协议的框架性内容。可以说,一份高水平的条款清单是投、融资双方达成一份高水平投资协议的基础。

当然,条款清单并非都是没有法律效力的文件。在私募股权投资业最为发达的美国,关于投资协议的签订,东海岸、西海岸的投资机构的处理方法就不尽相同:在美国西海岸,条款清单便是一个较为完整的契约文件;而在东海岸,即使有条款清单,还要进行更为正规的投资协议签订程序。由此可以看出,条款清单有无法律效力并不是绝对的,而是受到投、融行业惯例的影响,也取决于投、融资双方在条款清单中如何就其法律效力问题所做的约定。

相对于条款清单谈判的万事开头难,投资协议大多是在条款清单内容基础上进行的补充与完善,双方在谈判中产生较大分歧的情况应该不会太多。一旦投资协议形成文字稿,融资企业应该对投资协议的各个条款逐条斟酌,保证文件上的内容与谈判所取得的意见完全一致、措辞上准确无误。如果签字前对投资协议还有疑虑之处,融资企业最好能请律师帮助审阅相关文件并在取得其终稿后再签字。

由海外投资机构主导的股权投资项目,投资协议的内容往往十分具体、详尽,篇幅能达到几十页、上百页之多,国内企业可能对此很不习惯。其实,这和海外投资机构对投资协议的作用定位有关。他们希望通过投资协议的签订,能够将投资协议中可能出现的99%的问题都能预先明确,即使由于种种客观原因产生了1%的遗漏,也希望这些遗漏事项能够隐含在协议的其他条款中,在遇到问题时仍有章可循。海外投资机构多年的实践经验留给我们一个启示,即在投资协议中将投资交易中可能出现的问题反映得越充分,投资风险就越可能在事前得到有效的防范和规避,投资取得成功的可能性就越大。

三、企业在私募股权基金退出阶段的风险控制

私募股权基金最终是要退出企业,私募股权基金在完成对非上市企业进行的权益性投资,在所投资企业发展相对成熟之后,就要考虑将来的退出机制,即主要通过首次公开上市、股权转让(并购或管理层回购)和资产清算三种方式,将所持有的权益资本在一级市场上出售以回收投资并实现投资收益。

私募股权基金的退出关系到投、融资双方主体。对于股权投资基金来说,退出机

制与其投资的收回以及投资收益密切相关,投资收益的多少、投资回报率的高低都取决于能否顺利地退出以及以何种方式退出。这部分会在其他章节进行详细的讨论。此外,对于被投资企业来说,退出机制意味着与股权投资基金的合作关系与利益关系的终止。因此,在进行私募股权融资时,一定要根据企业自身的情况选择对企业最有利的退出方式。常见的私募股权基金退出方式主要有以下几种。

(1) 首次公开上市是被投资企业发展到一定程度,通过一级市场的股票发行将私人权益变成公共股权,私募股权基金通过二级市场的权利流通实现资本回收和增值服务。

站在企业的角度来看,企业是否愿意选择公开上市这条路,取决于企业家对从本市场获得资金的需求和意愿。一般来讲,企业希望通过上市来获得必要的资本,扩大生产规模,扩展市场份额,实行兼并重组的计划。但是也有企业没有急切的资金需求,通过往年的利润留存可以实现企业的发展战略目标,而且他们也不想在上市之后遵守严格透明的信息披露机制,受到市场波动影响等外在因素的影响。而绝大多数私募股权基金在投资时的目标就是通过企业IPO之后获得资本增值进而退出的。这时候双方就会产生一定的博弈,所以,为了避免在将来发生这样的矛盾,企业最好在当初签订协议的时候就对此做出较为明确的规定或者签订附加条款。

根据清科研究中心2014年中国私募股权投资年度研究报告,2014年全年,退出市场共计实现386笔退出,退出方式更为多元化,IPO作为主要退出渠道,占42.7%。共有165笔案例通过IPO实现退出,其次为股权转让、并购等。在统计的8类退出方式中,IPO的平均回报水平依然最高。从企业家的角度来看,公开发行上市的方式可以让企业家获得全部的控制权,这会减少投资者和企业家之间的委托代理管理,以及随之产生的道德风险和代理成本。企业家也会投入自己的全部精力到公司的经营管理中,因此内部激励效应最优。

但是,IPO也有其缺点,就是上市前准备工作和手续比较繁冗,尤其是选择在国内主板上市的企业,收到的硬性约束条件就更多了,加上证监会要求的核准制原则,市场容量有限,经常出现等待时间过长的问题。

(2) 股权转让可以分为管理层收购(MBO)、企业并购(M&A)和二级出售三种形式。从私募股权基金的角度来看,管理层收购是指被投资企业的管理层或者其他合伙人利用借贷资本或股权交换及其他产权交易手段向私募股权投资基金回购企业股份,从而使投资资本顺利退出的行为。从企业的角度来看,管理层收购方式给企业家提供了一个收回企业部分控制权的途径。一般来讲,企业家对于企业的经营管理有非常清晰的和深刻的认识,如果他们认为公司的发展潜力巨大,则会通过管理层收购的方式将股权投资者手中的股份买过来,提高股权集中度,增加对企业的控制权。当企业发展到一定程度,资产规模、产品及市场、财务状况都比较好,但尚未达到公开上市的要求,创业企业的管理者会相信企业未来发展有巨大潜在股比例和在企业中的话语权。通常来说,管理层收购都是通过企业管理层向银行贷款的方式来获得资金的。而这种借贷行为不可避免地会提高企业的杠杆,增加公司的负债比率。国外的企业管理层收购案例中,多数企业的经营盈利状况会得到改善,但是目前在国内来看,这种业绩的改善并不明显。

企业并购是指第三方企业通过购买目标公司的股份或者购买目标公司的产权从而达到控制目标公司的行为。对于企业家来讲,在并购中企业有可能失去独立性,在股权激励效应上不如IPO方式,而且会受到企业家个人的排斥。从企业家的角度来讲,如果公司只是被私募股权基金当作资本运作、实现资本快速增值的一种方式和手段而被不同文化和背景的公司进行吸收合并,则目标企业管理层就会产生对并购交易的逆反情绪。因此,在企业家引入战略投资者时,需要对基金公司的投资类型和管理文化作一番尽职调查,看其管理方式和退出案例是否适合本公司的发展;否则,在私募股权基金退出时双方因为观点不同而产生的博弈过程中,企业家往往因为持有的股权比例较少而处于劣势。

二级出售是指初期战略投资者帮助企业发展到一定程度后,如果股权投资存续期满,或由于某种原因要使收益变现,私募股权基金就将持有股份转让给另一家私募股权基金,将风险投资退出企业。从企业的角度来看,如果仅仅如此的投资者保持了原有私募股权基金的风格、管理理念,并且在业务和管理网络上有较强的能力的话,这种无形资产会给企业带来后续的发展动力。但是如果私募股权基金的差距较大,那么对企业来讲就会造成负面效果。因此,在企业选择私募股权基金、签订协议时,可以考虑添加一些补充条款,比如在出现二级出售类型的股权转让时,如果企业按照期望在盈利能力、发展水平、市场与渠道方面都达到预先要求的话,原私募股权基金须按照约定的条款遴选与企业发展具有相匹配能力的其他股权投资基金进行权益的接替,以最大限度减少因为外部股东更换对企业发展的不利影响。

产权出售的优点是变现时间短,操作简单,退出成本低。对于私募股权基金而言,这种方式的缺点是在国内投资回报率低,根据投中集团2015年1月发布的报告显示,2014年私募股权基金通过并购方式退出的平均投资回报率为2.5倍,但通过IPO方式退出的平均投资回报率为7.8倍。虽然在2013年并购方式的平均回报率首超IPO方式,但总体上来看,仍远低于IPO退出方式。

(3) 资产清算是股权投资双方都不愿意采取的一种投资方式。当投资企业成长缓慢或者市场出现较大波动,使得项目成果的因素不再成立时,破产清算可以保证收回一定比例的投资额,减少继续经营的损失。另外,破产清算耗时较长,需要走的法律程序也非常复杂,退出成本较高。而且对企业家来说,这种方式标志着创业的失败。在股权投资基金中,公司清算的平均比例通常都比较低。

本章小结

1. 企业引入私募股权投资是为了获得必要的投资资金,并通过专业的基金经理提供的经验和基金的关系网络等帮助企业更快、更好地发展。但是,私募股权投资作为一种新兴的融资手段无疑也是一把"双刃剑",企业引入私募股权投资的过程,也是双方进行双向选择和相互博弈的过程。

2. 企业与私募股权基金从最初的谈判到后续的合作过程、再到私募股权基金资金的退出,尽量规避私募股权融资的风险。从企业的角度来看,私募股权基金仅是一种金融工具,是服务于企业的,而不是相反,更不能签订不利于企业将来发展的条款而让企业陷入困境,也不能因此而丧失股东的所有权和管理层的控制权。

3. 对于企业而言,没有最好的私募股权基金,只有最合适自己的私募股权基金,唯有此,才能将企业家的个人意愿与基金经理的投资预期相匹配,在私募股权基金退出的方式中达到双赢的效果。

复习思考题

1. 企业需要融资时,有哪些融资工具可供企业选择?不同的融资工具的特点是什么?
2. 企业类型与私募股权投资类型如何进行匹配?
3. 什么样的企业适合引入私募股权投资?
4. 企业如何规避私募股权融资风险?
5. 保密协议的作用和意义有哪些?

扩展阅读

俏江南的资本噩梦

2015年5月,俏江南创始人张兰遭公司投资方欧洲最大私募股权基金公司Capital Partners(CVC)起诉,因涉嫌转移公司资产而被香港法院查封个人财产。消息一出,立即引起普遍关注。紧接着又传出张兰的董事长职位可能不保的消息,一波三折,墙倒众人推的遭遇,不禁令人感慨。

24年前,张兰怀揣2万美元从加拿大回国,从一家小餐馆做起,经过十多年的打拼,终于在强手如林的餐饮界打出了一片天地。可以说是白手起家、独立创业,和很多或是继承或是遗孀或是和丈夫共同创业、拥有丈夫部分资产的女富豪相比,她的故事更充满汗水与血泪。

然而获得成功的张兰从2008年与私募股权基金"触电"起,开始了与私募股权投资之间一系列恩怨是非。2008年,为了支持门店扩张计划,张兰引入了国内知名投资方鼎晖投资,当时俏江南被估值约20亿元,鼎晖以2亿的价格换取了俏江南10.527%股权,并与张兰签署了对赌协议,如果俏江南不能在2012年实现上市,张兰则需要花高价从鼎晖投资手中回购股份。

2011年3月,俏江南向中国证监会递交A股上市申请,而后在证监会披露的终止审查企业名单中,俏江南赫然在列。在折戟A股之后,2012年4月,俏江南谋划在香港上市,预计融资规模为3~4亿美元。为筹集资金,当年5月,俏江南将集团旗下的"兰会所"出售。但此后香港上市便再无消息,前途一片迷茫。俏江南上市受挫后,鼎晖投资要求张兰按对赌协议高价回购股份,双方发生激烈矛盾冲突,张兰甚至向媒体坦言"最大错误是引入鼎晖投资"。此时的张兰已经被外界解读出了焦头烂额的状况。2012年前员工因离职纠纷,一纸诉状将张兰诉至法院,彼时,更爆出身为政协委员、多次表白自己不会更改国籍的张兰,已更换为加勒比岛国国籍,此事被媒体曝光后又引起一阵舆论波动。

在多年IPO未果之后,急需资金的张兰最终还是出售了俏江南的控股权。欧洲最大私募股权基金公司CVC在2013年获得相关监管部门批准,完成对俏江南控股权的收购。CVC在2013年的公告中没有披露持股数量和作价。直到2014年10月,路透社报道称CVC出价3亿美元(约18.6亿元人民币)购入俏江南82.7%股权,以此计算,俏江南的整体估值约为27亿元人民币。数位私募投资界人士表示,俏江南此前的投资人鼎晖已经在此轮注资中实现退出,鼎晖方面对此不予置评。俏江南跟鼎晖的对赌失败,被认为是这次俏江南被卖的主因。

交易完成后,张兰将继续担任俏江南董事长一职,仍是股东之一,她负责公司策略性的发展,集团总裁安勇负责日常营运安排。张兰表示,"CVC在俏江南品牌定位、未来增长以及企业文化及价值方面的视角与我们高度一致,更重要的是,CVC的投资有助俏江南提升经济规模和运营效率。""作为品牌创始人,我与俏江南有着很深的感情,但是我真诚相信这一合伙关系将在后面的日子,带给俏江南一个光明的未来。"她说。

谁知交易完成后不到一年时间,张兰与CVC公司之间的矛盾突然爆发,这次不止于口水战,而是更加硝烟弥漫、措施强硬的法庭诉讼和资产查封。张兰的所有困境来自通过私募股权融资。通过私募股权融资的目的是为了发展,但融资所带来的对赌则像一把枷锁,让张兰陷入疲于奔命的境地。对赌协议已经在投资界大行其道,创业者从最初的抗拒、谈判,到如今不得不接受市场上已经将对赌条款作为投资协议的必备条款这一约定俗成的事实。每一个想要引入战略投资的创业者都面临两难选择:要么全赢,要么全输。因此大多数创业者一旦与投资方合作破裂,大都难以冷静。例如,当当网就曾多次公开指责摩根士丹利当初为了拿到当当股票的承销生意,曾经给出当当网10~60亿美元的估值,但在写招股说明书时,却突出强调朝韩冲突的负面影响,只给出了7~8亿美元的估值,造成当当股权价值严重低估。

出于对投资者的保护,投资方在合理范围内的对赌要求,理当得到支持;但如果对赌演变成了投资方的旱涝保收,甚至高息贷款,则违背了投资风险自担的基本市场规律,不应得到支持。从司法实践看,我国法院既有承认对赌协议的判例,也有否定对赌协议的判例。毋庸讳言的是,对赌协议是否有效,对于投资者和创业者来说都是有风险的。这大概也是为什么大多数失败投资的对赌协议最终都没有付诸法律的原因。

事实是,大多数创业者无法抵挡引入投资、迅速上市、一步登天的诱惑,他们大多怀着对市场前景和自身能力的信心,还带着对投资方资源运作能力的憧憬,侥幸认为最坏的情况不会发生,往往会签下含有对赌条款的投资协议。张兰就曾经坦言:"创业就是不给自己留一点退路,才能做到第一。"但是,黑天鹅事件总是出现,企业运营失败或者虽然没有失败但由于种种原因无法实现设定目标,不但创业者已经取得的成功和辉煌成为明日黄花,往往连自己的家中余粮以及家人生活都受到实质性的影响。

(资料来源:网易财经,http://money.163.com/15/0519/08/APVDNNUD00253G87.html[2015-5-19].)

第十一章　中国企业境内上市流程

> **学习目的**
>
> 本章将介绍中国企业国内的上市流程。要求：掌握中国企业资本市场的结构，掌握主板市场、中小板市场、创业板市场以及新三板市场的含义，掌握企业在各层次资本市场的上市条件以及各市场的对比，了解企业从决定上市开始之后的一系列具体流程以及中国证监会发行股票审核工作流程。

第一节　中国企业境内上市

一、各市场简介

企业上市应符合有关法规的相关规定，主要包括《证券法》《首次公开发行并上市管理办法》以及证监会规定的合规性要求。

（一）主板市场

主板市场也称一板市场，是指传统意义上的证券市场（通常指股票市场），是一个国家或地区证券发行、上市及交易的主要场所。主板市场对发行人的营业期限、股本大小、盈利水平、最低市值等方面的要求标准较高，上市企业多为大型成熟企业，具有较大的资本规模以及稳定的盈利能力。中国境内主板市场的公司在上海证券交易所和深圳证券交易所两个市场上市。主板市场是资本市场中最重要的组成部分，很大程度上能够反映经济发展状况，有"国民经济晴雨表"之称。

（二）中小板市场

2004年5月，经国务院批准，中国证监会批复同意深圳证券交易所在主板市场内设立中小企业板块。中小板块是流通盘1亿以下的创业板块，中小企业板的建立是构筑多层次资本市场的重要举措，也是创业板的前奏。有些企业的条件达不到主板市场的要求，所以只能在中小板市场上市，中小板市场是创业板的一种过渡。自从2004年首支中小板股票发行以来，截止到2015年6月10日，已有769支股票在中小板上市。

（三）创业板市场

2009年10月23日，被业界称为中国"纳斯达克"的创业板在深圳举行开板仪式。

创业板市场是指专门协助高成长的新兴创新公司特别是高科技公司筹资并进行资本运作的市场,有的也称二板市场、另类股票市场、增长型股票市场等。创业板的启动,有利于发挥资本市场的资源配置功能,引导社会经济资源向具有竞争力的创新型企业、新兴行业聚集;有利于改善这些企业的发展环境,一大批高成长、高科技的自主创新型企业的成长,可以加快国家自主创新战略的实施,推动经济增长方式的转变。

表 11-1 主板、中小板与创业板上市条件对照

条件	主板、中小板	创业板
主体资格	依法设立且合法存续的股份有限公司	依法设立且持续经营 3 年以上的股份有限公司
经营年限	持续经营时间应当在 3 年以上(有限公司按原账面净资产值折股整体变更为股份公司可连续计算)	持续经营时间应当在 3 年以上(有限公司按原账面净资产值折股整体变更为股份公司可连续计算)
盈利要求	① 最近 3 个会计年度净利润均为正数且累计超过人民币 3000 万元,净利润以扣除非经常性损益前后较低者为计算依据	最近 2 年连续盈利,最近 2 年净利润累计不少于 1000 万元,且持续增长
	② 最近 3 个会计年度经营活动产生的现金流量净额累计超过人民币 5000 万元,或者最近 3 个会计年度营业收入累计超过人民币 3 亿元	或者最近 1 年盈利,且净利润不少于 500 万元,最近 1 年营业收入不少于 5000 万元,最近 2 年营业收入增长率均不低于 30%
	③ 最近一期不存在未弥补亏损	净利润以扣除非经常性损益前后孰低者为计算依据(注:上述要求为选择性标准,符合其中一条即可)
资产要求	最近一期无形资产(扣除土地使用权、水面养殖权和采矿权等后)占净资产的比例不高于 20%	最近一期末净资产不少于 2000 万元
股本要求	发行前股本总额不少于人民币 3000 万元	企业发行后的股本总额不少于 3000 万元
主营业务要求	最近 3 年内主营业务没有发生重大变化	发行人应当主营业务突出,同时,要求募集资金只能用于发展主营业务
董事及管理层	最近 3 年内没有发生重大变化	最近 2 年内未发生重大变化
实际控制人	最近 3 年内实际控制人未发生变更	最近 2 年内实际控制人未发生变更
同业竞争	发行人的业务与控股股东、实际控制人及其控制的其他企业间不得有同业竞争	发行人与控股股东、实际控制人及其控制的其他企业间不存在同业竞争
关联交易	不得有显失公平的关联交易,关联交易价格公允,不存在通过关联交易操纵利润的情形	不得有严重影响公司独立性或者显失公允的关联交易

(续表)

条件	主板、中小板	创业板
成长性与创新能力	无	发行人具有较高的成长性，具有一定的自主创新能力，在科技创新、制度创新、管理创新等方面具有较强的竞争优势，符合"两高五新"标准，即： ① 高科技：企业拥有自主知识产权的； ② 高增长：企业增长高于国家经济增长，高于行业经济增长； ③ 新经济：互联网与传统经济的结合，移动通信，生物医药； ④ 新服务：新的经营模式； ⑤ 新能源：可再生能源的开发利用，资源的综合利用； ⑥ 新材料：提高资源利用效率的材料；节约资源的材料； ⑦ 新农业：具有农业产业化；提高农民就业、收入的
募集资金用途	应当有明确的使用方向，原则上用于主营业务	应当具有明确的用途，且只能用于主营业务
限制行为	① 发行人的经营模式、产品或服务的品种结构已经或者将发生重大变化，并对发行人的持续盈利能力构成重大不利影响 ② 发行人的行业地位或发行人所处行业的经营环境已经或者将发生重大变化，并对发行人的持续盈利能力构成重大不利影响 ③ 发行人最近一个会计年度的营业收入或净利润对关联方或者存在重大不确定性的客户存在重大依赖 ④ 发行人最近一个会计年度的净利润主要来自合并财务报表范围以外的投资收益 ⑤ 发行人在用的商标、专利、专有技术以及特许经营权等重要资产或技术的取得或者使用存在重大不利变化的风险 ⑥ 其他可能对发行人持续盈利能力构成重大不利影响的情形	① 发行人的经营模式、产品或服务的品种结构已经或者将发生重大变化，并对发行人的持续盈利能力构成重大不利影响 ② 发行人的行业地位或发行人所处行业的经营环境已经或者将发生重大变化，并对发行人的持续盈利能力构成重大不利影响 ③ 发行人在用的商标、专利、专有技术以及特许经营权等重要资产或者技术的取得或者使用存在重大不利变化的风险 ④ 发行人最近1年的营业收入或净利润对关联方或者有重大不确定性的客户存在重大依赖 ⑤ 发行人最近1年的净利润主要来自合并财务报表范围以外的投资收益
违法行为	最近36个月内未经法定机关核准，擅自公开或者变相公开发行过证券，或者有关违法行为虽然发生在36个月前，但目前仍处于持续状态；最近36个月内无其他重大违法行为	发行人最近3年内不存在损害投资者合法权益和社会公共利益的重大违法行为；发行人及其股东最近3年内不存在未经法定机关核准，擅自公开或者变相公开发行证券，或者有关违法行为虽然发生在3年前，但目前仍处于持续状态的情形

(续表)

条件	主板、中小板	创业板
发审委	设主板发行审核委员会	设创业板发行审核委员会,加大行业专家委员的比例,委员与主板发审委员不互相兼任
初审征求意见	征求省级人民政府、国家发改委意见	无
保荐人持续督导	首次公开发行股票的,持续督导的期间为证券上市当年剩余时间及其后2个完整会计年度;上市公司发行新股、可转换公司债券的,持续督导的期间为证券上市当年剩余时间及其后2个完整会计年度;持续督导的期间自证券上市之日起计算	在发行人上市后3个会计年度内履行持续督导责任
创业板其他要求	无	① 发行人的经营成果对税收优惠不存在严重依赖 ② 在公司治理方面参照主板上市公司从严要求,要求董事会下设审计委员会,并强化独立董事履职和控股股东责任 ③ 要求保荐人对公司成长性、自主创新能力做尽职调查和审慎判断,并出具专项意见 ④ 要求发行人的控股股东对招股说明书签署确认意见 ⑤ 要求发行人在招股说明书显要位置做出风险提示,内容为:本次股票发行后拟在创业板市场上市,该市场具有较高的投资风险。创业板公司具有业绩不稳定、经营风险高等特点,投资者面临较大的市场波动风险,投资者应充分了解创业板市场的投资风险及本公司所披露的风险因素,审慎做出投资决定 ⑥ 不要求发行人编制招股说明书摘要

(四) 新三板市场

1. 1992年7月—1993年4月

中国证券市场研究中心和中国证券交易系统有限公司先后在北京分别成立了STAQ系统和NET系统。不管是STAQ还是NET,都以交易法人股为主,因此,它们一度也被称为"法人股流通市场"。邓小平南方讲话以及党的十四大以后,产权交易市场进入发展的高潮时期。至1997年1月,据不完全统计,当时全国就有100多个地方性场外股票交易市场。这给中国的金融系统安全带来了极大的隐患。1997年11月,中央金融工作会议决定关闭非法股票交易市场。1998年在整顿金融秩序、防范金融风险的要求下,《国务院办公厅转发证监会关于〈清理整顿场外非法股票交易方案〉的通知》,将非上市公司股票、股权证交易视为"场外非法股票交易",予以明令禁止,随后STAQ、NET系统也相继关闭。

2. 2000年

是中国产权交易市场出现转机的一年,许多地方恢复、规范、重建了产权交易所,很多地方政府重新肯定"非上市股份有限公司股权登记托管业务"。实质上具有产权交易性质并更具有创新能力的技术产权交易市场在各地蓬勃兴起,这些交易机构全部都是由当地政府部门牵头发起设立的,如上海、北京、深圳、成都、西安、重庆,很多地方的产权交易所出现了联合、整合的趋势。

3. 2001年

2001年7月16日,中国证券业协会为解决原STAQ、NET系统挂牌公司的股份流通问题,开展了代办股份转让系统,指证券公司以其自有或租用的业务设施,为非上市公司提供的股份转让服务业务。代办股份转让系统规模很小,股票来源基本是原NET和STAQ系统挂牌的不具备上市条件的公司和从沪深股市退市的公司。

4. 2001年7月16日

为了解决主板退市问题(包括水仙、粤金曼和中浩等)以及原STAQ、NET系统内存在的法人股历史遗留问题(首批挂牌交易的公司包括大自然、长白、清远建北、海国实、京中兴和华凯),"代办股份转让系统"正式成立,后被称为"老三板"。

5. "新三板"诞生

2006年年初由于"老三板"挂牌的股票品种少,且多数质量较低,再次转到主板上市难度也很大,因此长期被冷落。为了改变我国资本市场柜台交易的落后局面,同时为更多高科技成长型企业提供股份流动的机会,2006年年初北京中关村科技园区建立了新的股份转让系统。"新三板"市场特指中关村科技园区非上市股份有限公司进入代办股份系统进行转让试点,因为挂牌企业均为高科技企业而不同于原转让系统内的退市企业及原STAQ、NET系统挂牌公司,所以被形象地称为"新三板"。

"新三板"与"老三板"最大的不同是配对成交,现在设置30%的幅度,超过此幅度要公开买卖双方信息。目前的"新三板"市场格局是在2009年7月《证券公司代办股份转让系统中关村科技园区非上市股份有限公司报价转让试点办法》正式实施后形成的。

6. "新三板"扩容

中国证监会主席尚福林在2011年全国证券期货监管工作会议上曾表示,今年的重点工作之一就是抓紧启动中关村试点范围扩大工作,加快建设统一监管的全国性场外市场。"新三板"扩容已成为2011年证券市场的焦点事件。目前,"新三板"挂牌公司主要分布于信息技术、医药生物、机械设备、电子及农林牧渔等行业,与国家鼓励的新兴战略产业以及证监会鼓励的创业板六大行业重合度较高。通过"新三板"扩大试点的各高新园区挂牌企业起到示范效应,可推动科技企业迎来新的发展浪潮。

表 11-2 "新三板"扩容重大事件①

时间	事件
2011 年年初	"新三板"规则制度设计初步完成
2011 年 5 月	"新三板"进入会签程序
2011 年 12 月	"新三板"挂牌企业突破 100 家
2012 年 4 月	证监会表示今年将加快推进"新三板"建设;中证协组织券商培训
2012 年 7 月 23 日	"新三板"副主办券商制正式实施
2012 年 8 月 3 日	证监会称"新三板"扩容获国务院批准,首批扩大试点除中关村科技园区外,新增上海张江高新产业开发区、东湖新技术产业开发区和天津滨海高新区
2013 年 1 月 16 日	全国中小企业股份转让系统在京揭牌,标志着市场期待已久的"新三板"正式开启,也标志着我国场外市场建设再进一大步,非上市公司股份转让从小范围区域性市场开始走向全国性市场运作。这意味着全国性场外市场即将进入实质性的大发展阶段
2013 年 12 月 14 日	国务院发布《关于全国中小企业股份转让系统有关问题的决定》,对全国股份转让系统的定位、市场体系建设、行政许可制度改革、投资者管理、投资者权益保护及监管协作等六个方面做了规定。《决定》的出台,意味着"新三板"正式扩容至全国
2014 年 1 月 24 日	全国中小企业股份转让系统(俗称"新三板")迎来史无前例的大扩容。"新三板"首批全国企业集体挂牌仪式在北京举行,在 266 家企业挂牌后,"新三板"挂牌企业将达到 621 家,超过创业板,与中小板企业数量旗鼓相当
2014 年 8 月 25 日	"新三板"做市商制度实施,共有 43 家公司搭上"新三板"做市转让"头班车",同时有 42 家券商以做市商的身份参与做市转让,这意味着做市商制度正式进入我国股票市场

二、"新三板"、中小板、创业板各项对比②

（一）挂牌条件对比

表 11-3 "新三板"、中小板、创业板挂牌条件对比

指标	"新三板"	中小板	创业板
经营年限	存续满 2 年	持续经营满 3 年	持续经营满 3 年
盈利能力	具有持续经营能力	最近 3 个会计年度净利润均为正且累计超过人民币 3000 万元;最近 3 个会计年度经营活动产生的现金流量净额累计超过人民币 5000 万元;或者最近 3 个会计年度营业收入累计超过人民币 3 亿元	最近 2 年连续盈利,最近 2 年净利润累计不少于 1000 万元,且持续增长;或者最近 1 年盈利,且净利润不少于 500 万元,最近 1 年营业收入不少于 5000 万元,最近两年营业收入增长率均不低于 30%

---

① 新三板扩容,http://finance.sina.com.cn/stock/focus/xsbkr/index.shtml[2014]
② 新三板与主板、创业板交易制度实用对比,http://stock.sohu.com/20140514/n399511601.shtml,[2014]

(续表)

指标	"新三板"	中小板	创业板
资产要求	无限制	最近一期期末无形资产占净资产的比例不高于20%,且不存在未弥补亏损	最近一期期末净资产不少于2000万元,且不存在未弥补亏损
股本要求	无限制	发行前股本总额不少于3000万元;发行后股本总额不少于5000万元	发行后的股本总额不少于3000万元
主营业务	业务明确	最近3年内没有发生重大变化	最近2年内没有发生重大变化
公司治理	公司治理结构健全,运作规范	具有完善的公司治理结构,依法建立健全股东大会、董事会、监事会以及独立董事、董事会秘书、审计委员会制度,相关机构和人员能够依法履行职责	具有完善的公司治理结构,依法建立健全股东大会、董事会、监事会以及独立董事、董事会秘书、审计委员会制度,相关机构和人员能够依法履行职责

(二)交易制度对比

表11-4 "新三板"、中小板、创业板交易制度对比

指标	"新三板"	中小板	创业板
交易模式	协议成交,不撮合	连续竞价	连续竞价
交易单位	不低于3万股	最少100股	最少100股
交易时间	相同	相同	相同
涨跌幅	±30%	±10%	±10%
结算方式	T+1交收、双边净额结算、货银对付、无担保交收	T+1交收、多变净额结算、货银对付、担保交收	T+1交收、多变净额结算、货银对付、担保交收
证券账户	深交所证券账户	沪、深交易所证券账户	沪、深交易所证券账户
资金账户	第三方存管资金账户	第三方存管资金账户	第三方存管资金账户

(三)信息披露对比

表11-5 "新三板"、中小板、创业板信息披露对比

指标	"新三板"	中小板	创业板
性质	最低披露要求、鼓励自愿披露	强制性	强制性
年/中/季报	要求/要求/鼓励	要求/要求/要求	要求/要求/要求
临时报告	要求(14项基本披露)	要求	要求
财务报告审计	要求	要求	要求
披露场所	指定网站	证监会指定媒体	证监会指定媒体
信息披露监管	主办券商督导	交易所自律监管,证监会行政监管	交易所自律监管,证监会行政监管

(四)监管制度对比

表 11-6 "新三板"、中小板、创业板监管制度对比

指标	"新三板"	中小板	创业板
发行批准	备案制	核准制	核准制
审批机构	证监会	证监会	证监会
保荐期	主办券商终身督导	3年	2年
地方政府	监管挂牌公司	不直接监管	不直接监管

第二节 中国企业境内上市流程

一、改制阶段

企业改制、发行上市牵涉的问题较为广泛、复杂,一般在企业聘请的专业机构的协助下完成。企业首先要确定券商,在券商的协助下尽早选定其他中介机构。股票改制所涉及的主要中介机构有证券公司、会计师事务所、资产评估机构、土地评估机构、律师事务所。

(一)各有关机构的工作内容

1. 拟改制公司

拟改制企业一般要成立改制小组,公司主要负责人全面统筹,小组由公司抽调办公室、财务及熟悉公司历史、生产经营情况的人员组成,其主要工作包括:

(1)全面协调企业与省、市各有关部门、行业主管部门、中国证监会派出机构以及各中介机构的关系,并全面督察工作进程;

(2)配合会计师及评估师进行会计报表审计、盈利预测编制及资产评估工作;

(3)与律师合作,处理上市有关法律事务,包括编写公司章程、承销协议、各种关联交易协议、发起人协议等;

(4)负责投资项目的立项报批工作和提供项目可行性研究报告;

(5)完成各类董事会决议、公司文件、申请主管机关批文,并负责新闻宣传报道及公关活动。

2. 券商

(1)制订股份公司改制方案;

(2)对股份公司设立的股本总额、股权结构、招股筹资、配售新股及制订发行方案并进行操作指导和业务服务;

(3)推荐具有证券从业资格的其他中介机构,协调各方的业务关系、工作步骤及工作结果,充当公司改制及股票发行上市全过程总策划与总协调人;

(4)起草、汇总、报送全套申报材料;

(5)组织承销团包A股,承担A股发行上市的组织工作。

3. 会计师事务所

(1) 对各发起人的出资及实际到位情况进行检验,出具验资报告;
(2) 负责协助公司进行有关账目调整,使公司的财务处理符合规定;
(3) 协助公司建立股份公司的财务会计制度、财务管理制度;
(4) 对公司前三年经营业绩进行审计,以及审核公司的盈利预测;
(5) 对公司的内部控制制度进行检查,出具内部控制制度评价报告。

4. 资产评估事务所

(1) 在需要的情况下对各发起人投入的资产进行评估,出具资产评估报告;
(2) 土地评估机构;
(3) 对纳入股份公司股本的土地使用权进行评估。

5. 律师事务所

(1) 协助公司编写公司章程、发起人协议及重要合同;
(2) 负责对股票发行及上市的各项文件进行审查;
(3) 起草法律意见书、律师工作报告;
(4) 为股票发行上市提供法律咨询服务。

特别提示:根据中国证券监督管理委员会有关通知的规定,今后拟申请发行股票的公司,设立时应聘请有证券从业资格许可证的中介机构承担验资、资产评估、审计等业务。若设立时聘请没有证券从业资格许可证的中介机构承担上述业务的,应在股份公司运行满三年后才能提出发行申请,在申请发行股票前须另聘有证券从业资格许可证的中介机构复核并出具专业报告。

(二) 确定方案

券商和其他中介机构向发行人提交审慎调查提纲,由企业根据提纲的要求提供文件资料。通过审慎调查,全面了解企业各方面的情况,确定改制方案。审慎调查是为了保证向投资者提供的招股资料全面、真实、完整而设计的,也是制作申报材料的基础,需要发行人全力配合。

(三) 分工协调会

中介机构在经过审慎调查阶段对公司进行了解之后,发行人与券商将召集所有中介机构参加分工协调会。协调会由券商主持,就发行上市的重大问题,如股份公司设立方案、资产重组方案、股本结构、财务审计、资产评估、土地评估、盈利预测等事项进行讨论。协调会将根据工作进展情况不定期召开。

(四) 各中介机构开展工作

根据协调会确定的工作进程,确定各中介机构工作的时间表,各中介机构按照上述时间表开展工作,主要包括对初步方案进一步分析、财务审计、资产评估及各种法律文件的起草工作。

(五) 取得国有资产管理部门对资产评估结果及资产折股方案的确认,土地管理部门对土地评估结果的确认

国有企业相关投入资产的评估结果、国有股权的处置方案需经过国家有关部门确认。

(六)准备文件

企业筹建工作基本完成后,向市体改办提出设立股份有限公司的正式申请,主要包括:

(1) 公司设立申请书;

(2) 主管部门同意公司设立意见书;

(3) 企业名称预核准通知书;

(4) 发起人协议书;

(5) 公司章程;

(6) 公司改制可行性研究报告;

(7) 资金运作可行性研究报告;

(8) 资产评估报告;

(9) 资产评估确认书;

(10) 土地使用权评估报告书;

(11) 国有土地使用权评估确认书;

(12) 发起人货币出资验资证明;

(13) 固定资产立项批准书;

(14) 三年财务审计及未来一年业绩预测报告。

以全额货币发起设立的,可免报上述第8、9、10、11项文件和第14项中三年财务审计报告。

市体改办初核后出具意见转报省体改办审批。

(七)召开创立大会,选董事会和监事会

省体改办对上述有关材料进行审查、论证,如无问题,获得省政府同意股份公司成立的批文,公司组织召开创立大会,选举产生董事会和监事会。

(八)工商行政管理机关批准股份公司成立,颁发营业执照

在创立大会召开后30天内,公司组织向省工商行政管理局报送省政府或中央主管部门批准设立股份公司的文件、公司章程、验资证明等文件,申请设立登记。工商局在30日内做出决定,颁发营业执照。

二、辅导阶段

在取得营业执照之后,股份公司依法成立,按照中国证监会的有关规定,拟公开发行股票的股份有限公司在向中国证监会提出股票发行申请前,均须由具有主承销资格的证券公司进行辅导,辅导期限一年。辅导内容主要包括以下几个方面。

(1) 股份有限公司设立及其历次演变的合法性、有效性。

(2) 股份有限公司人事、财务、资产及供、产、销系统的独立完整性。

(3) 对公司董事、监事、高级管理人员及持有5%以上(含5%)股份的股东(或其法人代表)进行《公司法》《证券法》等有关法律、法规的培训。

(4) 建立健全股东大会、董事会、监事会等组织机构,并实现规范运作。

(5) 依照股份公司会计制度建立健全公司财务会计制度。

(6) 建立健全公司决策制度和内部控制制度,实现有效运作。

(7) 建立健全符合上市公司要求的信息披露制度。

(8) 规范股份公司和控股股东及其他关联方的关系。

(9) 公司董事、监事、高级管理人员及持有5%以上(含5%)股份的股东持股变动情况是否合规。

(10) 辅导工作开始前10个工作日内,辅导机构应当向派出机构提交以下材料:

① 辅导机构及辅导人员的资格证明文件(复印件);

② 辅导协议;

③ 辅导计划;

④ 拟发行公司基本情况资料表;

⑤ 最近两年经审计的财务报告(资产负债表、损益表、现金流量表等)。

辅导协议应明确双方的责任和义务。辅导费用由辅导双方本着公开、合理的原则协商确定,并在辅导协议中列明,辅导双方均不得以保证公司股票发行上市为条件。辅导计划应包括辅导的目的、内容、方式、步骤、要求等内容,辅导计划要切实可行。

辅导有效期为3年。即本次辅导期满后三年内,拟发行公司可以由主承销机构提出股票发行上市申请;超过3年,则须按本办法规定的程序和要求重新聘请辅导机构进行辅导。

三、申报材料制作及申报阶段

(一) 申报材料制作

股份公司成立运行一年后,经中国证监会地方派出机构验收符合条件的,可以制作正式申报材料。

申报材料由主承销商与各中介机构分工制作,然后由主承销商汇总并出具推荐函,最后由主承销商完成内核后并将申报材料报送中国证监会审核。

会计师事务所的审计报告、评估机构的资产评估报告、律师出具的法律意见书将为招股说明书有关内容提供法律及专业依据。

(二) 申报材料上报

1. 初审

中国证监会收到申请文件后在5个工作日内做出是否受理的决定。未按规定要求制作申请文件的,不予受理。同意受理的,根据国家有关规定收取审核费人民币3万元。

中国证监会受理申请文件后,对发行人申请文件的合规性进行初审,在30日内将初审意见函告发行人及其主承销商。主承销商自收到初审意见之日起10日内将补充完善的申请文件报至中国证监会。

中国证监会在初审过程中,将就发行人投资项目是否符合国家产业政策征求国家发展计划委员会和国家经济贸易委员会意见,两委自收到文件后在15个工作日内,将有关意见函告中国证监会。

2. 发行审核委员会审核

中国证监会对按初审意见补充完善的申请文件进一步审核,并在受理申请文件后60日内,将初审报告和申请文件提交发行审核委员会审核。

3. 核准发行

依据发行审核委员会的审核意见,中国证监会对发行人的发行申请做出核准或不予核准的决定。予以核准的,出具核准公开发行的文件。不予核准的,出具书面意见,说明不予核准的理由。中国证监会自受理申请文件到做出决定的期限为3个月。

发行申请未被核准的企业,接到中国证监会书面决定之日起60日内,可提出复议申请。中国证监会收到复议申请后60日内,对复议申请做出决定。

四、股票发行及上市阶段

股票发行申请经发行审核委员会审核后,取得中国证监会同意发行的批文。

刊登招股说明书,通过与媒体合作进行巡回路径,按照发行方案发行股票。

刊登上市公告书,在交易所安排下完成挂牌上市交易。

表 11-7 企业 IPO 具体上市时间表

序号	步骤	所需时间	相关法条
1	企业改制成股份有限公司	股份有限公司应当持续经营3年以上	《首次公开发行股票并上市管理办法》第九条:发行人自股份有限公司成立后,持续经营时间应当在3年以上,但经国务院批准的除外。有限责任公司按原账面净资产值折股整体变更为股份有限公司的,持续经营时间可以从有限责任公司成立之日起计算
1.1	企业IPO具体上市时间表		
1.2	确定企业发展计划,筹备股份制公司改组		
1.3	选定中介机构:会计师、评估师、律师、券商;发行人与中介机构实施股份制改组方案		
1.4	发起人购股、制定公司章程、工商变更、创立大会		
2	上市辅导期	为期至少1年	辅导期是从辅导机构向辅导对象所在地的中国证监会派出机构(以下简称"派出机构")报送备案材料后,派出机构进行备案登记之日开始计算,至派出机构出具监管报告之日结束
2.1	向所在地证监局备案	5个工作日	《证券发行上市保荐业务管理办法》第二十七条:保荐机构应当与发行人签订保荐协议,明确双方的权利和义务,按照行业规范协商确定履行保荐职责的相关费用。保荐协议签订后,保荐机构应在5个工作日内报发行人所在地的中国证监会派出机构备案

(续表)

序号	步骤	所需时间	相关法条
2.2	所在地证监局验收		《证券发行上市保荐业务管理办法》第二十五条：保荐机构在推荐发行人首次公开发行股票并上市前，应当对发行人进行辅导，对发行人的董事、监事和高级管理人员、持有5%以上股份的股东和实际控制人(或者其法定代表人)进行系统的法规知识、证券市场知识培训，使其全面掌握发行上市、规范运作等方面的有关法律、法规和规则，知悉信息披露和履行承诺等方面的责任和义务，树立进入证券市场的诚信意识、自律意识和法制意识； 第二十六条：保荐机构辅导工作完成后，应由发行人所在地的中国证监会派出机构进行辅导验收
3	向证监会提交申报材料		《首次公开发行股票并上市管理办法》第四十六条：发行人应当按照中国证监会的有关规定制作申请文件，由保荐人保荐并向中国证监会申报。特定行业的发行人应当提供管理部门的相关意见
4	证监会决定是否受理	5个工作日	《首次公开发行股票并上市管理办法》第四十七条：中国证监会收到申请文件后，在5个工作日内做出是否受理的决定
5	证监会初审并提交发审委审核	受理后3个月内上发审会	《首次公开发行股票并上市管理办法》第四十八条：中国证监会受理申请文件后，由相关职能部门对发行人的申请文件进行初审，并由发行审核委员会审核； 第五十条：中国证监会依照法定条件对发行人的发行申请做出予以核准或者不予核准的决定，并出具相关文件
5.1	证监会核准	6个月内要发行	《首次公开发行股票并上市管理办法》第五十条：自中国证监会核准发行之日起，发行人应在6个月内发行股票；超过6个月未发行的，核准文件失效，须重新经中国证监会核准后方可发行
5.2	证监会不核准	6个月后可再次申请	第五十二条：股票发行申请未获核准的，自中国证监会做出不予核准决定之日起6个月后，发行人可再次提出股票发行申请
6	发行流程		以深圳上市为例，以下条文引自《深圳证券交易所首次公开发行股票发行与上市指南》，在上海上市类似
6.1	刊登招股意向书，网下初步询价	(T-3)日或之前	(T-3)日或之前(T日为新股申购日，下同)披露招股意向书(招股说明书)摘要
6.2	报送发行申请文件	(T-2)日	主承销商督促发行人按照发行申请文件清单要求通过中小企业板/创业板业务专区报送发行申请文件(电子文件)(编者注：中小企业板和创业板发行人分别通过中小企业板业务专区和创业板业务专区报送申请文件，下同)

续表

序号	步骤	所需时间	相关法条
6.3	刊登发行公告,启动发行	(T-1)日	① 发行公告见报并于当日在巨潮网站披露; ② 主承销商11:00前向深交所中小板公司管理部报送发行申请书面文件
6.4	投资者网上申购	T日	① 投资者缴款申购; ② 发行人确定网上申购资金验资会计师事务所; ③ 主承销商16:00—16:30向深交所中小板公司管理部了解新股发行初步结果
6.5	申购资金冻结	(T+1)日	① 中国结算深圳分公司资金交收部冻结实际到账的有效申购资金; ② 主承销商17:00前将《新股发行划款通知》交中国结算深圳分公司资金交收部,中国结算深圳分公司资金交收部组织主承销商及会计师事务所验资; ③ 主承销商17:00到深交所中小板公司管理部领取新股发行结果; ④ 主承销商准备新股申购情况及中签率公告,经深交所中小板公司管理部审核后联系指定媒体于下一个交易日披露; ⑤ 主承销商联系摇号机构,准备T+2日摇号事宜
6.6	摇号	(T+2)日	① 披露新股发行申购情况及中签率公告; ② 主承销商上午主持摇号仪式; ③ 主承销商上午11:00前将摇号结果送达深交所中小板公司管理部; ④ 主承销商准备中签摇号结果公告,经深交所中小板公司管理部审核后联系指定媒体于下一个交易日披露
6.7	披露中签结果,划转募集资金	(T+3)日	① 披露摇号中签结果公告; ② 中国结算深圳分公司资金交收部将新股募集资金划至主承销商结算备付金账户; ③ 主承销商到中国结算深圳分公司资金交收部领取新股发行认购情况说明; ④ 主承销商尽快将募集资金划入发行人指定账户,发行人请会计师事务所验资,会计师事务所出具验资报告
6.8	办理股份登记	(T+4)日及以后	① 主承销商协助发行人尽快到中国结算深圳分公司登记存管部办理股份登记等事宜; ② 主承销商协助发行人尽快到中国结算深圳分公司登记存管部办理控股股东及其他股东股份锁定手续; ③ 主承销商督促发行人尽快到中国结算深圳分公司登记存管部领取股东名册; ④ 主承销商协助发行人尽快办理工商登记变更手续
7	上市流程(上市与发行并行运作)		

(续表)

序号	步骤	所需时间	相关法条
7.1	上市申请	(T－1)日之前	保荐机构在刊登招股意向书后5日内按照上市申请文件清单要求向深交所中小公司管理部报送上市申请文件(书面文件),并督促发行人同时通过中小企业板/创业板业务专区报送电子文件
7.2	上市审查	(T－1)至(T＋6)日	保荐机构按照上市文件清单要求向深交所中小板公司管理部报送其他上市申请文件(书面文件),并督促发行人同时通过中小企业板/创业板业务专区报送电子文件
7.3	提交补充文件	(T＋6)日之前	
7.4	上市委员会审核	(T＋6)至(T＋10)日	① 保荐机构到深交所中小板公司管理部领取股票上市通知书; ② 保荐机构联系指定媒体披露上市公告书; ③ 发行人到深交所中小板公司管理部领取股票上市初费交款通知,交纳上市初费
7.5	上市通知	(T＋10)日之前	
7.6	披露上市公告书	(L－5)至(L－1)日	① 披露上市公告书; ② 上市公告书、公司章程、申请股票上市的股东大会决议、法律意见书、上市保荐书等于上市公告书见报当日在巨潮网站披露; ③ 保荐机构和公司做好上市准备
7.7	上市	L日	按时参加上市仪式

第三节 中国证监会发行股票审核工作流程

按照依法行政、公开透明、集体决策、分工制衡的要求,首次公开发行股票(以下简称首发)的审核工作流程分为受理、见面会、问核、反馈会、预先披露、初审会、发审会、封卷、会后事项、核准发行等主要环节,分别由不同处室负责、相互配合、相互制约。对每一个发行人的审核决定均通过会议以集体讨论的方式提出意见,避免个人决断。

一、基本审核流程图

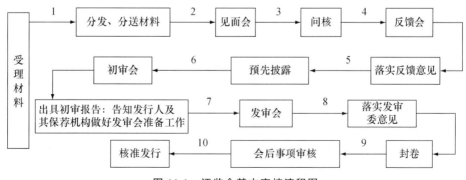

图 11-1 证监会基本审核流程图

二、具体审核环节简介

（一）材料受理、分发环节

中国证监会受理部门工作人员根据《中国证券监督管理委员会行政许可实施程序规定》（证监会令第66号）和《首次公开发行股票并上市管理办法》（证监会令第32号）等规定的要求，依法受理首发申请文件，并按程序转发发行监管部。发行监管部综合处收到申请文件后将其分发审核一处、审核二处，同时送国家发改委征求意见。审核一处、审核二处根据发行人的行业、公务回避的有关要求以及审核人员的工作量等确定审核人员。

（二）见面会环节

见面会旨在建立发行人与发行监管部的初步沟通机制。会上由发行人简要介绍企业基本情况，发行监管部门负责人介绍发行审核的程序、标准、理念及纪律要求等。见面会按照申请文件受理顺序安排，一般安排在星期一，由综合处通知相关发行人及其保荐机构。见面会参会人员包括发行人代表、发行监管部门负责人、综合处、审核一处和审核二处负责人等。

（三）问核环节

问核机制旨在督促、提醒保荐机构及其保荐代表人做好尽职调查工作，安排在反馈会前后进行，参加人员包括问核项目的审核一处和审核二处的审核人员、两名签字保荐代表人和保荐机构的相关负责人。

（四）反馈会环节

审核一处、审核二处审核人员审阅发行人申请文件后，从非财务和财务两个角度撰写审核报告，提交反馈会讨论。反馈会主要讨论初步审核中关注的主要问题，确定需要发行人补充披露、解释说明以及中介机构进一步核查落实的问题。

反馈会按照申请文件受理顺序安排，一般安排在星期三，由综合处组织并负责记录，参会人员有审核一处、审核二处审核人员和处室负责人等。反馈会后将形成书面意见，履行内部程序后反馈给保荐机构。反馈意见发出前不安排发行人及其中介机构与审核人员沟通（问核程序除外）。

保荐机构收到反馈意见后，组织发行人及相关中介机构按照要求落实并进行回复。综合处收到反馈意见回复材料进行登记后转审核一处、审核二处。审核人员按要求对申请文件以及回复材料进行审核。

发行人及其中介机构收到反馈意见后，在准备回复材料过程中如有疑问可与审核人员进行沟通，如有必要也可与处室负责人、部门负责人进行沟通。

审核过程中如发生或发现应予披露的事项，发行人及其中介机构应及时报告发行监管部并补充、修改相关材料。初审工作结束后，将形成初审报告（初稿）提交初审会讨论。

（五）预先披露环节

反馈意见落实完毕、国家发改委等相关政府部门意见齐备、财务资料未过有效期的将安排预先披露。具备条件的项目由综合处通知保荐机构报送发审会材料与预先披露的招股说明书(申报稿)。发行监管部收到相关材料后安排预先披露,并按受理顺序安排初审会。

(六)初审会环节

初审会由审核人员汇报发行人的基本情况、初步审核中发现的主要问题及其落实情况。初审会由综合处组织并负责记录,发行监管部门负责人、审核一处和审核二处负责人、审核人员、综合处以及发审委委员(按小组)参加。初审会一般安排在星期二和星期四。

根据初审会讨论情况,审核人员修改、完善初审报告。初审报告是发行监管部初审工作的总结,履行内部程序后转发审会审核。

经初审会讨论决定提交发审会审核的,发行监管部在初审会结束后出具初审报告,并书面告知保荐机构需要进一步说明的事项以及上发审会前需做好的准备工作。初审会讨论后认为发行人尚有需要进一步落实的重大问题、暂不提交发审会审核的,将再次发出书面反馈意见。

(七)发审会环节

发审委制度是发行审核中的专家决策机制。目前发审委委员共25人,分三个组,发审委工作处按工作量安排各组发审委委员参加初审会和发审会,并建立了相应的回避制度、承诺制度。发审委通过召开发审会进行审核工作。发审会以投票方式对首发申请进行表决,提出审核意见。每次会议由7名委员参会,独立进行表决,同意票数达到5票为通过。发审委委员投票表决采用记名投票方式,会前有工作底稿,会上有录音。

发审会由发审委工作处组织,按时间顺序安排,发行人代表、项目签字保荐代表人、发审委委员、审核一处、审核二处审核人员、发审委工作处人员参加。

发审会召开5天前中国证监会发布会议公告,公布发审会审核的发行人名单、会议时间、参会发审委委员名单等。发审会先由委员发表审核意见,发行人聆讯时间为45分钟,聆讯结束后由委员投票表决。发审会认为发行人有需要进一步落实的问题的,将形成书面审核意见,履行内部程序后发给保荐机构。

(八)封卷环节

发行人的首发申请通过发审会审核后,需要进行封卷工作,即将申请文件原件重新归类后存档备查。封卷工作在落实发审委意见后进行。如没有发审委意见需要落实,则在通过发审会审核后即进行封卷。

(九)会后事项环节

会后事项是指发行人在首发申请通过发审会审核后、招股说明书刊登前发生的可能影响本次发行及对投资者做出投资决策有重大影响的应予披露的事项。存在会后事项的,发行人及其中介机构应按规定向综合处提交相关说明。须履行会后事项程序的,综合处接收相关材料后转审核一处、审核二处。审核人员按要求及时提出处理意见。按照会后事项相关规定需要重新提交发审会审核的,需要履行内部工作程序。如申请文件尚未封卷,则会后事项与封卷可同时进行。

(十)核准发行环节

封卷并履行内部程序后,将进行核准批文的下发工作。

三、与发行审核流程相关的其他事项

发行审核过程中,证监会将征求发行人注册地省级人民政府是否同意其发行股票的意见,并就发行人募集资金投资项目是否符合国家产业政策和投资管理规定征求国家发改委的意见。特殊行业的企业还根据具体情况征求相关主管部门的意见。在国家发改委和相关主管部门未回复意见前,不安排相关发行人的预先披露和初审会。

为深入贯彻落实国家西部大开发战略,支持西部地区经济社会发展,改进发行审核工作服务水平,充分发挥沪、深两家交易所的服务功能,更好地支持实体经济发展,首发审核工作整体按西部企业优先,均衡安排沪、深交易所拟上市企业审核进度的原则实施。同时,依据上述原则,并结合企业申报材料的完备情况,对具备条件进入后续审核环节的企业按受理顺序顺次安排审核进度计划。

发行审核过程中的终止审查、中止审查分别按照《中国证券监督管理委员会行政许可实施程序规定》第二十条、第二十二条的规定执行。审核过程中收到举报材料的,将按照《中国证券监督管理委员会行政许可实施程序规定》第19条的规定予以处理。

发行审核过程中遇到现行规则没有明确规定的新情况、新问题,发行监管部将召开专题会议进行研究,并根据内部工作程序提出处理意见和建议。

本章小结

1. 在资本市场上,不同的投资者与融资者各有不同的规模大小与主体特征,存在着对资本市场金融服务的不同需求。投资者与融资者对投、融资金融服务的多样化需求决定了资本市场应该是一个多层次的市场体系。

2. 我国资本市场从20世纪90年代发展至今,已由场内市场和场外市场两部分构成。其中,场内市场的主板(含中小板)、创业板(俗称"二板")和场外市场的全国中小企业股份转让系统(俗称"新三板")、区域性股权交易市场、证券公司主导的柜台市场共同组成了我国多层次资本市场体系。

3. 本章主要介绍了各市场的特点、各市场上市条件的区别,然后介绍了企业上市的具体流程以及证监会对IPO的审核流程。企业应该根据自身特点选择不同板块上市交易,完成融资。

复习思考题

1. 主板、中小板与创业板上市条件有何不同?
2. 简述"新三板"市场的发展历程。
3. "新三板"、中小板、创业板挂牌条件和交易制度有何不同?
4. 企业应该如何安排上市?
5. 中国证监会发行股票审核工作流程是什么?

> **扩展阅读**

案例一　海澜之家冲刺IPO被否[①]

知名服饰公司——海澜之家冲刺IPO，最终以失败告终。业内人士表示，如果公司顺利IPO，实际控制人海澜之家董事长周建平身家将骤涨数十亿元。

2012年知名服饰公司海澜之家迎接发审委大考。然而，证监会发审委并没能如约给海澜之家发放"准生证"。据悉，海澜之家原拟发行4900万股，发行后总股本从44 000万股增至48 900万股。按原先的融资计划，公司拟融资约10.63亿元用于四个募投项目中。其中，营销网络建设项目投资总额为65 732.5万元，物流仓储配送中心将投资32 277.77万元，C.F.D.服装研究设计中心建设项目投资总额为4 999.93万元，全流程信息化管理系统建设项目投资总额为3 325.2万元。

对于海澜之家为何没有过会，证监会发审委并没有给出答复。一位财务专家表示，行业前景、经营模式以及财务状况等的综合作用，或是导致海澜之家未过会的原因。记者注意到，在海澜之家发布预披露信息后，很多投资者均从公司公开资料中寻找破绽。其中，对公司存货问题最为关注。该财务专家也指出，如今服装更新换代的频率在加快，如果存货多、周转率慢，公司势必存在一些经营风险。截至2011年年末，海澜之家存货达到386 261.59万元，占总资产的比重达到56.82%，比2010年年末增加226 988.05万元，增幅达到134.10%，而6个月以上库龄的存货有62 329.72万元，占总存货余额的比例为40.87%。而业内人士认为，面对较高的存货，公司存货跌价准备提取得并不够，这也会给未来公司财务带来潜在风险。

这位财务专家指出，公司所从事的是服装生产销售领域，与报喜鸟、希努尔、七匹狼为同一行业，但营业利润率却显著较高，这不免让人生疑。据悉，除报喜鸟的营业利润率较高外，其他公司的营业利润率均低于20%，而海澜之家这一指标却高达24.57%。

"服饰销售行业是一个快鱼吃慢鱼的行业，由于铺货成本较大，对企业资金要求也很高。一旦IPO失败，或者在短期内不能重整申报材料，将对企业发展是个打击。从国外的一些经验看，不排除会使企业经营陷入困境。"一位服装行业研究员指出。他告诉记者，海澜之家的公开资料显示，公司的"海澜之家"门店正处于快速发展期，三年平均复合增长率达43.09%，2009年门店数为655家，到了2011年就已逼近2000家的规模，如果顺利融资，新开门店的速度会更快。从服装销售来看，当门店规模越大，覆盖的人群越广，成本越会降低。值得注意的是，随着其他品牌快速抢滩市场，服装销售行业的内部竞争也在加大。如果没有足够资金支持，服装门店开设进度或受到一些影响，加之，管理系统升级如不能如期展开，势必会影响整体市场布局及在市场上原本具有的主动地位。

[①] 黄阳阳.海澜之家冲刺IPO折翼内幕：服饰业成被否重灾区[N].河南日报，2012-05-12.

案例二 "新三板"做市商制度[①]

全国中小企业股份转让系统公司近日发布通知,《全国中小企业股份转让系统股票转让细则(试行)》中做市转让方式相关规定的实施准备工作已经完成。自2014年8月25日起,《转让细则》中关于做市转让方式的规定正式实施。

全国股转系统公司有关负责人介绍,已有66家主办券商获得做市业务备案,做市业务正式实施之日将有43家挂牌公司采取做市转让方式,涉及42家做市商。这些做市商前期在制度、人员、技术系统等方面进行了充分准备,完成了做市业务申请、技术系统测试、做市交易单元和做市账户开通、初始股票获取等流程。

对于挂牌公司而言,选择做市转让方式有利于形成连续价格曲线、发掘企业内在价值和提升流动性。从各方面指标来看,首批申请采取做市转让方式的挂牌公司在规模、质量、财务状况等方面总体较好。

2014年8月25日,43家挂牌公司正式引入做市商制度,即买卖双方不需要等待交易对手出现,只要有做市商出面承担交易对手方责任,即可达成交易。43家公司中除东亚装饰(股票代码:430376)一家没有成交外,其余42家均完成了其做市商的首秀,累计成交478.78万股,成交金额3891.73万元。其中,中海阳(股票代码:430065)成交116.52万股,成交金额735.27万元,是昨天成交数量及金额最大的公司。

由于没有涨跌幅限制,部分个股振幅也非常大。全国中小企业股份转让系统网站数据显示,截至25日收盘,在43家做市转让公司中,涨幅大于50%的有8家,其中行悦信息涨128.03%,新眼光涨125.17%。股价下跌的公司共计7家,跌幅最大的是万通新材,收盘价较前一交易日下跌27%。

在25日之前,"新三板"市场的成交量可以用"极为清淡"来形容。投中研究院统计数据显示:截至8月18日,"新三板"存量挂牌企业为1024家,总股本425.11亿股。但2014年以来,"新三板"市场总共成交了930笔,成交量为4.46亿股,成交总额35.79亿元,这相当于今年以来每家公司成交不足1笔。而这样的成交水平,已经比去年全年整整提高了4倍!

"你可以想象一下这样一个恐怖场景:千余家存量的三板挂牌公司,每天都像僵尸一样挂在城墙上,晃啊晃。"徐彪说,"新三板"之所以出现如此清淡的成交情形,主要是由于交易制度缺陷。在引入做市商制度之前,想买"新三板"的股票,只能协议转让。

而协议转让的要求,也会让投资者看完冒汗:买卖双方在交易之前须明确身份、商定交易价格,并委托营业部安排过户。除机构投资者外,个人投资者仅限于原发起人股东,且投资门槛较高,以30 000股为基本交易单位。

"引入做市商制度后,个人投资者只要资金在500万以上即可参与。只要这家公司背后有券商做市,你就不用担心想买买不到,想卖卖不出的问题。"徐彪称,引入做市商制度将是一个里程碑式的变化,"新三板"将不再是挂在城墙上的僵尸,它会彻底活过来。而未来,挂牌公司的股价有望出现大幅重估,"新三板"的融资功能也将恢复。

[①] 王洁.新三板做市商完成首秀,成下场资本盛宴诞生地区[N].北京晨报,2014-08-26.

第十二章　中国企业境外上市路径与流程

> **学习目的**

目前,国内中小企业普遍存在融资难的问题,境外上市成为国内不少中小企业实现上市融资的一种不错的选择。但是,鉴于对境外市场的不了解,加上本身市场存在的风险,因此境外上市对拟上市企业来讲收益与风险并存。本章通过介绍美国、伦敦、中国香港、新加坡等境外主要证券市场,为境内企业境外上市提供一些可供借鉴的资料。学习本章,要掌握不同境外市场的区别与上市要求,熟悉境外上市流程。

第一节　境外主要证券市场介绍

从近几年中国企业境外上市情况来看,多数企业选择的境外上市地主要有美国、中国香港、英国、新加坡。从 2006 年开始,欧洲交易所、韩国交易所等也频繁到中国做推介路演,吸引中国的优秀企业到他们那里去上市。对于中国企业来说,在近几年里,美国、中国香港、英国、新加坡仍是主流的证券市场,下面将详细介绍各市场的情况。

一、美国证券市场

美国证券市场是世界上最大、最成熟的资本市场,其股票总市值几乎占全世界的一半,季度成交额更是占了全球的 60% 以上。纽约证券交易所是全球大企业的聚集地,而纳斯达克是高成长性企业募集资金的天堂。美国的证券市场具有五个不同的层级,并分为七个主要的市场,针对不同的企业融资需求提供服务。五个层级是交易所、店头市场、电子板市场、粉单市场及非主流报价市场。允许美国本土以外企业上市交易的交易所有:① 纽约证券交易所和美国证券交易所;② 店头市场,即著名的纳斯达克市场,纳斯达克又分为全球精选市场及资本市场;③ 电子板市场,全称为"场外交易市场行情电子公告板"(Over the Counter Bulletin Board,简称 OTCBB);④ 粉单市场,即 Pink Sheets。纳斯达克资本市场与电子板市场、粉单市场之间具有升降板互动关系,当公司股票在纳斯达克资本市场连续 30 日交易价格低于 1 美元,被警告后 3 个月未能使该股票升至1美元以上,则将其摘牌,退至电子板市场板价交易,在电子板市场摘牌的公司将退至粉单市场进行报价交易。

目前,中国企业在纽约证券交易所和美国证券交易所、纳斯达克市场上市的共有30多家,如新浪、搜狐、百度、无锡尚德等公司。近几年,还有不少中小型企业通过IPO或反向收购的方式在OTCBB挂牌上市。在美国上市所具有的知名度大、市盈率高、融资量多等优势,吸引着国内众多的民营企业远涉重洋。

(一)纽约证券交易所

1. 纽约证券交易所概述

纽约证券交易所是世界上第二大证券交易所。它曾是最大的交易所,直到1996年它的交易量被纳斯达克超过。它的起源可以追溯到二百多年前的1792年,当时是由纽约24位股票经纪人和商人在《梧桐树协议》下建立的,1817年3月8日该组织起草了一份协议,并把名字更改为"纽约证券交易委员会",至1863年改为现名。纽约证券交易所现在已经发展成为世界上最为公正、公开、规模最大、纪律最为严格的股票交易市场,上市公司主要是全世界最大的公司,例如通用电器、麦当劳、花旗集团、可口可乐、吉列、沃尔玛等都是在该市场上市的。

所有纽约证券交易所的交易都发生于交易所内交易厅的特定地点,称为交易柜台。在纽约证券交易所交易的每只股票都需由某一位交易专员负责。交易专员有义务在市场变得动荡时,保持股票下单流量及价格的稳定。例如,有大量卖单时,专业商有义务买股票以维持价格稳定。

2. 纽约证券交易所上市的条件

纽约证券交易所的上市挂牌条件非常严格,要求条件包括公司市场价值、盈余、净资产、发行的股数、股东人数、最低股价等。针对国内公司和国外公司,纽交所规定了不同的上市条件,具体如下:

(1)纽约证券交易所对美国国内公司上市的条件要求:

① 公司最近一年的税前盈利不少于250万美元;

② 社会公众拥有该公司的股票不少于110万股;

③ 公司至少有2000名投资者,每个投资者拥有100股以上的股票;

④ 普通股的发行额按市场价格测算不少于4000万美元;

⑤ 公司的有形资产净值不少于4000万美元。

(2)作为世界性的证券交易所,纽约证券交易所也接受外国公司挂牌上市,上市条件较美国国内公司更为严格,主要包括:

① 由社会公众持有的股票数目不少于250万股;

② 持有100股以上的股东人数不少于5000名;

③ 公司的股票在3个财政年度里连续盈利,且在最后一年税前不少于250万美元,前两年每年不少于200万美元,或在最后一年不少于450万美元,3年累计不少于650万美元;

④ 公司的有形净资产不少于1亿美元;

⑤ 其他因素:对公司的管理和操作有多项要求,需要详细说明公司所属行业的相

对稳定性,公司在该行业中的地位,公司产品的市场情况。

(二)纳斯达克证券交易所

1. 纳斯达克证券交易所概述

纳斯达克是全美证券商协会自动报价系统(National Association of Securities Dealers Automated Quotations)的英文缩写,但目前已成为纳斯达克股票市场的代名词。它是美国的店头市场,创立于1971年,起初是以全国证券交易商协会自动报价系统形式运行的。虽然成立时间不长,但因其具有宽松的5个月上市特性以及IPO股票具备零税负、低风险、高获利、绝对的排他性等功能而成为世界第一股票市场。2006年2月,纳斯达克宣布将股票市场分为三个层次:纳斯达克全球精选市场(NASDAQ Global Select Market)、纳斯达克全球市场[即原来的纳斯达克全国市场(NASDAQ Global Market)]、纳斯达克资本市场[即原来的纳斯达克小型股市场(NASDAQ Capital Market)]

2. 纳斯达克交易所的上市条件

(1)公司在纳斯达克股票市场的三个板块首次上市,除了满足公司治理和流动性方面的相关要求之外,其他上市条件如下:

① 纳斯达克全球精选市场 NASDAQ(Global Select Market)的上市条件如下:

A. 资产净值。有盈利的企业资产净值要求在400万美元以上,无盈利的企业资产净值要求在1200万美元以上。

B. 净收入,也就是税后利润。要求有盈利的企业在最新的财政年度或者前三年中两个会计年度净收入40万美元,对无盈利的企业没有净收入的要求。

C. 公众的持股量。任何一家公司不管在什么市场上市流通,都要考虑公众的持股量,通常按国际惯例公众的持股量应在25%以上。比如说,在股票市场上,同一个公司A股价格是10元,而B股才1元或2元。这是为什么呢?就是因为B股没有公众持股的要求,没有充分的公众持股量,也就没有很好的流通性,市价就会很低。市价一低就没有公司愿意或能够在你的市场发行股票。如果是这样,你这个市场就无法利用了。美国纳斯达克全国市场要求,有盈利的企业公众的持股要在50万股以上,无盈利企业公众持股要在100万股以上。

D. 经营年限。对有盈利的企业经营年限没有要求,无盈利的企业经营年限要在3年以上。

E. 股东人数。有盈利的企业公众持股量在50万股至100万股的,股东人数要求在800人以上,公众持股多于100万股的,股东人数要求在400人以上;无盈利的企业股东人数要求在400人以上。股东人数是与公众持股量相关的,有事实上的公众持股就必然有一定的股东。按照我国《公司法》的规定,A股上市公司持有1000股的持股人要1000人以上,才能保证它的流通性。如果持股人持股量很大,那么股东人数就相应减少了。

② 公司在纳斯达克全球市场(NASDAQ Global Market)首次上市,须满足下列三个条件之一:

A. 股东权益为1500万美元;最近一个财年或最近三个财年内的两个财年的税前

盈利 100 万美元；公众持有股份数量 110 万；公众持有股份市值 800 万美元；整股股东 400 名；股票买入价 5 美元；选择 3 名做市商。

B. 公司有 2 年的经营记录；股东权益为 3000 万美元；公众持有股份数量 110 万；公众持有股份市值 1800 万美元；整股股东 400 名；股票买入价 5 美元；选择 3 名做市商。

C. 上市证券市值为 7500 万美元，或者总资产和总收益均为 7500 万美元；公众持有股份数量 110 万；公众持有股份市值 2000 万美元；整股股东 400 名；股票买入价 5 美元；选择 3 名做市商。

③ 公司在纳斯达克资本市场（NASDAQ Capital Market）首次上市，须满足下列三个条件之一：

A. 公司有 2 年的经营记录；股东权益为 500 万美元；公众持有股份数量 100 万；公众持有股份市值 1500 万美元；整股股东 300 名；股票买入价 4 美元；选择 3 名做市商。

B. 上市证券市值 5000 万美元；股东权益为 400 万美元；公众持有股份数量 100 万；公众持有股份市值 1500 万美元；整股股东 300 名；股票买入价 4 美元；选择 3 名做市商。

C. 股东权益为 400 万美元；最近一个财年或最近三个财年内的两个财年持续经营的净收入达 75 万美元；公众持有股份数量 100 万；公众持有股份市值 500 万美元；整股股东 300 名；股票买入价 4 美元；选择 3 名做市商。

（三）电子板市场（OTCBB）

OTCBB 是美国最有影响力的小额证券市场之一。它是纳斯达克直接监管的市场，与纳斯达克具有相同的交易手段和方式。它对企业的上市要求比较宽松，并且上市的时间和费用相对较低，主要满足成长型企业的上市融资需要。因此，它是一个让初级股票上市集资的地方，即先让业绩不高、知名度低的创业资金挂牌，使投资者熟悉，可以说 OTCBB 是低价股票的收容所。这也是一个很活跃的市场，平均每天交易量高达 1 060 949 618 股。

OTCBB 是一个规范的系统，对在 OTCBB 市场上交易的各类证券实时公布报价、最新交易价及成交量等情况。通常，在 OTCBB 市场上交易的是那些还没有在 NAS-DAQ 或其他全国性证券交易所进行交易的证券。在 OTCBB 市场上进行交易的金融品种包括美国国内外各类股票、证券、认购权、基金单位、美国存托凭证（ADR）以及直接参与计划（DPPs）等。OTCBB 对在该柜台买卖中心挂牌的"上市公司"没有很多的限制，这使得在 OTCBB 投资的风险较大。

OTCBB 具有以下特点：

（1）OTCBB 不是证券交易所，也不是发行人挂牌交易系统，它只是场外交易市场（OTC）的一种实时报价服务系统，不提供自动交易撮合，也不是自动交易执行系统。OTCBB 的功能是为那些选择不在交易所或纳斯达克挂牌上市，或者不满足在以上市场挂牌上市条件的股票提供交易流通的报价服务。

（2）OTCBB 没有上市标准，任何股份公司的股票都可以在此报价。

(3) OTCBB采用做市商制度,只有经过美国证券交易委员会(SEC)注册的做市商才能为股票发行人报价。

(4) 在OTCBB上市报价费用低廉。OTCBB不向发行人收取费用,纳斯达克规定禁止做市商以任何形式接受发行人的回扣。做市商按其所报价的证券数,每月每只报价证券向OTCBB交6美元的保价费。

(5) 在OTCBB上市报价时间很短,只要做市商在OTCBB报价公布的前3个工作日向纳斯达克OTC投诉联盟提交真实反映发行人当前最新状况的211表格以及所需的发行者信息的两份拷贝,只要材料清晰,纳斯达克市场数据中心将会通知做市商某证券已注册,可以进行报价。

在OTCBB上市的公司只要达到以下任何一项标准便可申请升入NASDAQ市场:上市公司的净资产达到400万美元或者年税后利润超过75万美元或者市值大于5000万美元,并且股东人数在300人以上,每股股价高于4美元。

(四)粉单市场(Pink Sheets)

1. 概述

粉单交易市场(Pink Sheet Exchange,PSE)原来称全国报价局,于1913年成立,以电子显示看板的新技术提供客户柜台买卖中心的交易信息。OTC市场是资本市场中最古老、历史最悠久的证券市场,可以说现今的各种股票市场都是由OTC市场发展而来的。即使现在资本市场极其发达的美国,OTC市场仍然生机勃勃,美国的粉单市场是OTC市场中的初级股票市场。粉单市场还有一个主要功能,即纽交所、纳斯达克或OTCBB的公司若没有按时申报审计财务报告而被下市或除牌时,仍然可以在粉单市场挂牌做股票买卖。也可以说,粉单市场是一些暂时不合格的上市挂牌公司的临时避难所。

在没有创立OTCBB市场之前,绝大多数场外交易的证券都在粉单市场进行报价。该市场对订阅用户定期制作刊物,发布场外交易的各种证券的报价信息,在每天交易结束后向所有客户提供证券报价,使证券经纪商能够方便地获取市场报价信息,并由此将分散在全国的做市商联系起来。粉单市场的创立有效地促进了早期小额股票市场的规范化,提高了市场效率,解决了长期困扰小额股票市场的信息分散问题。1990年OTCBB市场设立之后,一部分粉单市场的优质股票转到了OTCBB市场。1999年美国证券交易委员会要求OTCBB市场挂牌的公司定期提供财务报告以后,又有一部分OTCBB市场的股票重新回到了粉单市场上进行交易。

2. 粉单市场的结构特点

粉单市场是美国场外交易(OTC)的初级报价形式,广义的美国OTC市场包括NASDAQ、OTCBB和粉单市场,按其上市报价要求高低依次为:NASDAQ→OTCBB→粉单。粉单市场既不是在SEC注册的股票交易所,也不是NASDAQ系统的OTC,而是隶属于一家独立的私人机构(Pinksheets LLC),有自己独立的自动报价系统——OTCQX。粉单市场的功能就是为那些选择不在交易所或NASDAQ挂牌上市,或者不满足挂牌上市条件的股票提供交易流通的报价服务。在粉单市场报价的是那些"未上市证券(Unlisted Securities)",具体包括:

(1) 由于已经不再满足上市标准而从 NASDAQ 股票市场或者从交易所退市的证券。

(2) 为避免成为"报告公司"而从 OTCBB 退到粉单市场的证券。

(3) 其他的至少有一家做市商愿意为其报价的证券。

粉单市场与其他 OTC 市场一样,采用做市商交易制度。只有经 SEC 注册作为 NASDAQ 会员的做市商才能为粉单市场上的股票报价造市。报价系统与股票发行人之间无直接联系,证券发行人不用在粉单市场申请上市和报价,而是通过做市商进行报价。做市商不了解或不经发行人同意也可以在粉单市场上报价。

在粉单市场报价没有特别的上市标准要求,只要做市商填写一份真实反映发行人当前最新状况的挂牌申请书(Form-211)表格提交市场审核即可,并不要求审查发行人的财务状况等。粉单市场是美国唯一一家对上市既没有财务要求,也不需要发行人进行定期和不定期的信息披露的证券交易机构。如果做市商已经在另外一个市场为证券报价了,就不需要任何其他条件,做市商可以和粉单市场联系,并要求立即在粉单市场为其报价。即:满足其他市场上市条件的证券不用经粉单市场的批准就可以在这里兼容报价了。

粉单市场仅仅是一个报价服务系统,不提供自动交易撮合,也不执行自动交易指令。它不是一个发行人上市挂牌交易系统,没有上市标准。因此它不受 SEC 注册要求的管制,不必向 SEC 上交财务信息和其他的公司常规文件,没有信息披露的要求。证券发行者在粉单市场被报价无须支付费用。做市商给证券报价须每月支付很少的费用。

3. 粉单市场的上市方式

要申请在 Pink Sheet 挂牌的公司,首先要有一名做市商的协助认可,接着准备公司的历史资料及财务会计报告,连同挂牌申请书向 NASD 申请。当 NASD 审核后,确认无误,就通知做市商,公司股票就可在 Pink Sheet 挂牌。

由于 Pink Sheet 上的公司不需要财务审计,国内的公司在 Pink Sheets 买"壳"是有较大风险的,因为我们不建议国内在 Pink Sheets 上以买壳的方式实现挂牌。实际上,一个小型的国内企业是完全可以通过造"壳"的方式在 Pink Sheet 上挂牌的。根据我们的经验,一个有较好概念的公司,只要其净资产能达到 60 万美元,即可在 Pink Sheet 上以极低的费用挂牌,而且是完全可以融到资金的。

以下,我们假定有一家国内小型公司,名为至强公司,该公司虽有比较好的产品和概念,但规模太小,无论以何种方式在 OTCBB 上市都有困难,而且上市费用太高。因此,该公司以造壳的方法在 Pink Sheet 挂牌融资,虽然耗时较长,但毕竟可以登陆境外证券市场,并可以获得公司需要的发展资金。

(五) 美国上市的费用及维护费用

虽然美国拥有现时世界最大、最成熟的三大资本市场,多层次的证券市场可以满足不同企业的融资需求,但是相对于其他市场,美国的上市门槛最高,而且上市费用和上市后的维护费用也相对比较高。上市过程中私募佣金 7%～8%,股票承销费 7%～10%,另外有会计费、律师费、财务顾问费等占融资总额的 18% 左右。以一家企业发行5000万股为例,在纽约证券交易所第一年要付的会费为242100美元;第二年以后若还保持发行5000万股,则每年会费为205300美元。而在纳斯达克全国市场发行5000万股,第一年的会费是159500美元;而第二年以后,每年的会费是34500美元。

《萨班斯-奥克斯利法案》的实施,使上市的公司维护成本明显提高。因此,国内企业在美国上市一定要考虑上市后的维护成本。

二、中国香港证券市场

(一) 中国香港证券市场概述

香港交易及结算所有限公司(简称港交所,英文名称为 Hong Kong Exchanges and Clearing Limited,简称 HKEx),是唯一经营香港股市的机构。港交所是一家控股公司,旗下成员包括香港联合交易所有限公司、香港期货交易所有限公司和香港中央结算有限公司、香港联合交易所期权结算及香港期货结算有限公司等。

(二) 中国香港证券交易所的上市条件

1. 中国香港主板的上市条件

(1) 上市公司及其业务必须被交易所认为适宜上市。

(2) 财务标准必须符合以下三项中的其中一项测试(必须具备不少于3个财政年度的营业记录,其间管理层需大致相同,最近一个经审计的财政年度内拥有权和控制权维持不变):

① 上市前3年盈利总和最少达5000万港元;

② 上市市值至少20亿港元,最近一个财政年度的收益最少为5亿港元,及在过去3个财政年度从其拟申请上市的营业活动所生成的净现金流入合计最少为1亿港元;

③ 上市市值至少为40亿港元,最近一个财政年度的收益最少为5亿港元,及上市时至少有1000名股东。

(3) 上市时的预计市值不得少于2亿港元,其中由公众人士持有的证券预计市值不得低于5000万港元。

(4) 已发行股本总额均须有至少25%为公众人士所持有,初次申请上市的证券于上市时最少有股东300名,以及持股量最高的3名公众股东拥有的百分比不得超过50%。

(5) 必须有足够的营运资金应付现时(即上市文件日期起计至少12个月)所需。

2. 中国香港创业板的基本上市条件

(1) 上市前两个财政年度经营活动的净现金流入合计须达2000万港元。

(2) 市值至少达1亿港元。

(3) 公众持股量至少达3000万港元及25%(如发行人的市值超过100亿港元,则为15%~25%,即与主板一致)。

(4) 最少100名公众股东,持股量最高的3名公众股东持有比率不得超过50%。

(5) 最近两个财政年度的管理层成员大致维持不变。

(6) 最近一个财政年度的拥有权和控制权维持不变。

（7）必须清楚列明涵盖其上市时该财政年度的余下时间及其后两个财政年度的整体业务目标，并解释拟达至该等目标的方法。

（三）中国香港的上市费用及维护费用

香港主板上市的融资成本高达融资额的 20% 以上。即使在香港创业板，费用一般也要达到 1500 万元人民币以上，融资成本占到融资额的 10%～15%。

香港创业板上市成本主要包括：保荐人顾问费约 100 万～200 万港元；上市顾问费约 120 万～150 万港元；公司法律顾问费约 130 万～150 万港元；保荐人法律顾问费约 80 万～100 万港元；会计师及核数师费用（视账目复杂程度）约 70 万～150 万港元等。合计大约需要 1000 万港元左右。另外，企业上市之后每年的维持费用，小公司要 100 多万港元，大公司需要 300 万港元左右。

三、伦敦证券交易所

伦敦证券交易所（London Stock Exchang，简称 LSE）是一家有悠久历史的交易所。它最初是 1555 年的一家咖啡馆，其后逐步发展形成一个有监管的证券交易所。伦敦证券交易所是吸收欧洲资金的主要渠道。流动性能好、换手率高、机构投资比例巨大，是伦敦证券交易所的另一个特点。英国上市监管局的上市规则和会计标准是，伦敦证券交易所既接受英美会计准则，也接受国际会计准则。对于中国企业来讲，由于伦敦与香港上市规则相同，法律架构相同，可以做到"一套文件、两地上市"，十分方便。

伦敦证券交易所主要包括主板（Main Market）、创业板（Alternative Investment Market）以及技术板市场（Techmark）等。其中，创业板对上市公司的标准和法定规格的要求较主板宽松许多，其上市程序也比主板简化许多。一般，资本总额少于 5000 万美元的公司并不适合在主板上市。

（一）LSE 主板市场

LSE 主板市场是英国股票市场中最主要的市场（Main Market or Official List），也称主市场或官方市场，其上市条件要求比较严格，具体上市条件如下。

（1）公司一般须有 3 年的经营记录，并须呈报最近 3 年的总审计账目。如果没有 3 年经营记录，某些科技产业公司、投资实体、矿产公司以及承担重大基建项目的公司，只要能满足伦敦证交所《上市细则》中的有关标准，亦可上市。

（2）公司的经营管理层应能显示出为其公司经营记录所承担的责任。

（3）公司呈报的财务报告一般须按国际或英美现行的会计及审计标准编制，并按上述标准独立审计。

（4）公司在英国交易所的注册资本应超过 70 万英镑，已至少有 25% 的股份为社会公众持有。实际上，通过伦敦证交所进行国际募股，其总股本一般要求不少于 2500 万英镑。

（5）公司须按伦敦证券交易所规范的要求（包括欧共体法令和 1986 年版金融服务法）编制上市说明书，发起人必须使用英语发布有关信息。

（二）AIM 市场

AIM 是伦敦股票交易所的另一项投资市场，成立于 1995 年，它侧重于满足那些正在成长的公司的需要,这些公司还没有达到在主板市场上市的所有标准,或者是没有更合适的环境,AIM 为他们提供一条通道。许多现在在主板市场交易成功的公司都是从 AIM 起步的。与主板上市条件相比,AIM 的上市条件要宽松得多。AIM 没有最少股东数量的限制,不要求营业记录,也没有最低市值的要求,上市申请程序也相对简单。但 AIM 上市公司必须在上市期间一直聘请一个保荐人,由保荐人负责上市公司的行为。在 AIM 市场的上市条件如下。

(1) 委派一位指定保荐人和指定经纪人。交易所规定,公司在上市期间必须一直有指定的保荐人与经纪人。

(2) 上市公司必须是根据本国法律合法成立的公司,且是一家公众公司或等同的公司。

(3) 公开的会计账目符合英国或美国通用会计准则,或国际会计标准。

(4) 保证在 AIM 交易的股票可自由转让。

(5) 当公司董事会和雇员掌握了对价格敏感的信息时,必须遵守《AIM 公司标准法规》中的有关规定。《AIM 公司标准法规》要求,除法律的限制之外,公司可对其董事和部分雇员在特定情况下交易本公司股票实施限制。在年报宣布之前的 2 个月之内,公司董事不得交易本公司股票。

此外,伦敦证券交易所还对新兴公司申请在 AIM 上市规定了额外的条件。该条件规定,如果公司主营业务盈利的记录不到 2 年,申请在 AIM 上市还必须符合以下条件:拥有 1% 或更多的 AIM 证券的董事和雇员们,必须承诺公司在 AIM 上市后至少 1 年内,不出售任何股份。

(三) TECHMARK 市场

TECHMARK 是伦敦股票交易市场为满足创新技术企业的独特要求而开辟的市场,也称科技板市场,其最重要的特质是技术创新。TECHMARK 是一个市场内的市场,它按照自成体系的认可方式将伦敦证券交易所股票指数(Financial Times and the Landon Stock Exchange,简称 FISE)行业板块的公司重新集结起来,组成一个市场,因此也被描述成"交易行情单列式的技术板市场"。其为企业与投资者的关系带来了新的衡量方式,赋予创新技术企业更大的透明度,促使投资者更轻松地与技术企业融为一体。以前投资者从规模和行业两方面看股票,但现在他们越来越重视第三条标准——选择具有特质的公司,而不是考虑公司的规模、工业分类或地理位置。

(四) 英国证券市场的上市费用和维护费用

伦敦证券交易所的上市费用低于美国,与中国香港相当。上市费用占融资总额的 15% 左右。维护费用并不高,公司在 AIM 市场上市后向交易所只缴纳 4180 英镑,保荐人和经纪人费用大约为 5~15 万英镑,以及其他服务费用,与其他市场相比具有明显的优势。另外,在英国证券市场上市后的年费也不是很高,例如,在 PLUS 市场(三板交易市场)每年的年费为 5 万英镑;AIM 市场的年费为 10 英镑。

四、新加坡证券市场

(一) 新加坡证券交易所概述

新加坡证券交易所成立于 1999 年 12 月,它是由前新加坡股票交易所和前新加坡国际金融交易所合并而成的,是亚洲首家实现全电子化及无场地交易的证券交易所。新加坡交易所证券市场的交易活动由其下属的两家子企业——新加坡证券交易有限公司和中央托收私人有限公司共同负责管理。新加坡交易所已于2000年11月23日成为亚太地区首家通过公开募股和私募配售方式的交易所。

新加坡证券交易所以为企业和投资者提供健全、透明和高效的交易平台为目标,建立并营造了一个活跃、高效的交易市场,以一流的证券交易服务而著称于亚太地区。

(二)新加坡证券交易所的上市条件

(1)公司要在主板上市首先需通过税前盈利要求,近3年累积税前盈利需要超过新币750万元,并在这3年里每年税前盈利不低于新币100万元。如果近2年累积税前盈利超过新币1000万元,也是符合盈利要求的。

(2)公司在新加坡创业板(SESDAQ)上市,没有盈利要求,但有盈利会有助于上市申请。

(3)在计算税前盈利时,特殊收益将不会考虑在内。如果有特殊损失,而这些特殊损失不会再发生,交易所可以给以适当的调整,但须是与公司直接有关的因素,像美国"9·11"事件或洪水带来的损失,就不会考虑。

(4)申请上市的盈利来源要稳定,带来盈利的业务要继续,已转移走或终止的业务所带来的利润可能不会被考虑,并从累积盈利中扣除。

(5)财务要求:公司要在新加坡上市(主板或SESDAQ),其财务要健全,流动资金不能有困难。公司如果向股东或董事借钱,须先还清或以股抵债。

(6)管理层须基本稳定,也就是说近几年为公司带来利润的管理层基本不变,如有要员离开,公司须证明其离开不会影响公司的管理。

(三)新加坡证券交易所的上市费用和维护费用

新加坡证券交易所的上市费用相较于美国、中国香港、英国是最低的,中国内地企业赴新加坡上市除了要向新加坡证券交易所交费外,还要向各类中介机构支付咨询费、承销费、律师费、审计费等。一般来说,此类费用占募集资金额的比重为5%~10%。上市后向交易所缴纳的年费不超过新币2000元,另加其他费用,维护费也比美国、中国香港低。因此,一些中国内地的民营企业在考虑上市成本后常会选择到新加坡上市。

第二节 中国企业境外上市的路径选择

境外上市是指境内股份有限公司向海外投资人发行股票,在海外公开的证券交易所流通转让。境外上市有广义和狭义之分:狭义的境外上市是指境内企业向海外投资者发行股票或附有股权性质的证券,该证券在境外公开的证券交易所流通转让;广义的境外上市是指境内企业以自己的名义向境外投资人发行证券进行融资,并且该证券在境外公开的证券交易所流通转让。

一家在境外股票交易所上市的公司,能够使股东和公司本身获得很多优势,可以提高股票的可销售性、增加股东数量、抵押价值、获得更好的交易信用、促进贷款融资、提高企业的声望等。

目前,我国大量的中小企业面临着融资难的问题。在解决融资难问题上,上市融资是不错的选择,但是国内证券市场的上市条件较高,使得很多中小企业望而却步,进而选择去境外寻找合适的机会,去境外上市融资。

一、中国企业境外上市的方式

中国企业境外上市的途径大致可归为两大类:直接上市与间接上市。

(一)境外直接上市

境外直接上市是指公司的注册地在国内,将公司现有存量资产和业务进行重组,并设立股份有限公司,直接以该公司的名义向国外证券主管部门提出登记注册、发行股票的申请,向当地证券交易所申请挂牌上市交易,即通常所说的 H 股、N 股、S 股。H 股是指中国企业在香港联合交易所发行股票并上市,N 股是指中国企业在纽交所发行股票并上市,S 股是指中国企业在新加坡交易所上市。

通常,境外直接上市都是采取 IPO 方式进行,即首次公开发行方式。首次公开发行是指公司第一次将自己的股票向公众出售。上市公司的股票是根据向相应的证券管理机构出具的招股说明书或登记声明中约定的条款并通过经纪商进行销售。目前,多数大中型企业采取境外直接上市的方式。境外直接上市的程序较为复杂,需要经过境内、境外监管机构审批,成本较高,所聘请的中介机构也较多,花费的时间较长。但是,通过境外直接上市可以使公司股价达到尽可能高的价格,公司可以获得较高的声誉,股票发行的范围更广。

境外直接上市的主要困难在于,国内法律与境外法律不同,对公司的管理、股票发行和交易的要求也不同。进行境外直接上市的公司需要通过与中介机构密切配合,探讨出符合境内、境外法规及交易所要求的上市方案。

(二)境外间接上市

由于境外直接上市程序复杂,上市的成本较高、时间较长,特别是受到中国证监会规定的上市条件的限制,即净资产不少于 4 亿元人民币,过去一年税后利润不少于 6000 万元人民币,并有增长潜力,按合理预期市盈率计算,筹资额不少于 5000 万美元。许多中小企业,尤其是民营企业很难通过这种方式实现境外上市融资。

境外间接上市又分为:境外红筹上市及反向并购。所谓红筹上市,是指通过在境外设立特殊目的公司收购境内企业资产或权益,以境外特殊目的公司的名义在境外证券交易所上市交易。红筹上市又分为大红筹和小红筹:大红筹是指公司股票在境外证券交易市场的主板公开交易,包括国有控股公司和大中型民营企业,如中国移动、中国联通、蒙牛集团、无锡尚德、新东方教育集团等;小红筹是指公司的股票在境外证券市场的创业板或三板交易,高科技网络企业及中小型民营企业都采用小红筹方式在境外上市,如新浪、网易、百度等。

反向并购,也称买"壳"上市,是中小民营企业尽快实现境外上市的一种方式。

间接方式在境外上市的主要特点就是需要在境外设立特殊目的公司,其本质是通过收购内地企业资产及业务注入特殊目的公司,达到内地资产在境外上市的目的。不同的是可以自己造壳以 IPO 的方式在境外上市,也可以通过借壳、买壳的方式上市。

1. 红筹上市(造"壳"上市)

红筹上市是指内地企业实际控制人以个人或以法人的名义在开曼群岛、维尔京群岛、百慕大等离岸中心设立特殊目的公司,该公司以收购、股权置换等方式取得内地企业的权益或资产,使内地企业变为外商投资公司,然后再以特殊目的公司名义到境外交易上市。由于其主营业务仍然在中国大陆,境外投资者习惯将此类上市公司称作红筹上市公司,将他们的股票称为红筹股。

企业采取境外红筹上市,主要有两方面原因:一是为了规避政策监控,使境内企业得以金蝉脱壳,实现境外上市;二是利用避税岛政策,实现合理避税。

2. 反向并购(买"壳"上市)

虽然有许多企业在境外通过造"壳"以实现上市,但是造"壳"上市也存在一些缺陷,主要有两方面:一是国内企业首先必须拿出一笔外汇或其他资产到境外注册设立公司;二是在特殊目的公司收购境内公司时仍需要大量的外汇,这对资金短缺的企业来说是很难做到的。加之我国严格的外汇管理,使从境外设立控股公司到最终发行股票上市要经历一年多时间。同时,要面对证券市场对企业资产、利润、股东人数等方面的要求,并对企业在法律、财务上进行严格的审查,企业就很难保证百分之百地上市成功。因此,有些有着强烈上市愿望的企业就会选择一种相对简单、快捷的方式——买壳上市。

买"壳"上市,又称反向收购,是指一家非上市公司通过购买一些业绩较差、筹资能力弱化的上市公司来取得上市的地位,然后通过反向收购的方式注入自己有关业务及资产,实现间接上市的目的。买"壳"上市的操作方式是:买"壳"公司与一家上市的"壳"公司议定有关反向收购的条件,"壳"公司向买"壳"公司定向增发股票,买"壳"公司的资产注入壳公司而成为其子公司,但买壳公司的股东是"壳"公司事实上的控股股东。与以 IPO 直接上市相比,买"壳"上市的优点在于:可以用很低的成本在很短的时间内百分之百保证上市;避免了直接上市的高昂费用与不确定性的风险;从时间上来讲,针对不同的市场,可以在 2~6 个月完成全部工作。

3. 借"壳"上市

与一般企业相比,上市公司最大的优势是能在证券市场上大规模筹集资金,以此促进公司的快速发展。因此,上市公司的上市资格已成为一种稀有资源。"壳"就是指上市公司的上市资格。由于有些上市公司机制转换不彻底,不善于经营管理,其业绩表现不尽如人意,丧失了在证券市场进一步筹集资金的能力,要充分利用上市公司的资源,就必须对其进行资产重组,买"壳"上市和借"壳"上市就是更充分利用上市资源的两种资产重组形式。

所谓借"壳"上市,是指未上市公司的母公司通过将主要资产注入到上市的子公司中,来实现母公司的上市。借"壳"上市和买"壳"上市的共同之处在于,它们都是一种对上市公司壳资源进行重新配置的活动,都是为了实现间接上市。它们的不同点在于,买"壳"上市的企业首先需要获得对一家上市公司的控制权,而借"壳"上市的企业已经拥有了对上市公司的控制权。

在具体操作上,境内企业如果已有分支机构在境外上市,则可直接操作。如果境外的分支机构没有上市,则可通过业务、股权的整合使其在境外上市后,再将母公司的资产注入上市公司实现借壳。如果一家企业根本没有境外分支机构而一定要采用借"壳"的方法,则可先剥离一块优质资产在境外并以适合的方式上市,然后上市公司大比例地配股筹集资金,将母公司的重点项目注入到上市公司中以实现借"壳"。

4. APO方式上市(Alternative Public Offering)

即融资型反向收购,是近年来诞生于美国并逐步成熟起来的一种新的复合型的买"壳"上市方式,它创造性地将私募股权融资与反向收购两种方式无缝衔接。其操作模式是:建立一个境外控股公司,由该控股公司反向收购该公司,控股公司路演寻求定向私募获得融资,控股公司与该公司签订换股协议(控股公司付足够控股的股票给该企业,同时该企业将控股公司的全部股份转让给壳公司)。换股协议签署完毕,意味着APO的完成。这种模式主要针对美国资本市场和中国民营企业融资需求两者之间潜在的商机,创造性地将私募股权融资与反向收购两种资本市场的业务进行无缝衔接。它是在境外特殊目的公司向国际投资者定向募集资金的同时,完成与美国OTCBB市场"壳"公司的反向收购交易。私营公司通过这种间接方式最终实现向股票市场公众投资者销售公司的股票。

融资型反向收购是介于IPO和私募之间的融资程序,既有私募的特点,也有IPO的特点。首先,融资成本低且对企业的资质要求不高;其次,APO的过程中,融资和反向收购同时进行,为企业缩短了上市的时间,只要3~4个月就可以完成融资;再次,APO同时具有公募的特点,可以实现更好的估值,流动性强;最后,与单纯买"壳"上市不同,APO多了境外控股公司路演定向私募这一个环节,避免买"壳"上市之后无法实现融资的状况。这种模式主要适合规模小、自身条件不符合IPO上市的资质要求,继而退而求其次的企业。

APO模式在中国始于2005年深圳比克电池,比克电池以APO方式完成1700万美元融资,并且以11.7倍市盈率在OTCBB实现上市。此后,不少中国中小企业将其作为境外上市的开端,纷纷效仿,并最终成功转入美国主板市场上市。通过借壳OTCBB以APO模式达到曲线上市的中国企业有:安防国际(2005年7月在美国OTCBB上市,2007年10月转板至纽交所);圣元国际(2006年5月买壳,2007年5月转板纳斯达克);万得汽车(2007年8月9日由OTCBB转至纳斯达克),等等。

二、中国企业境外上市的重组架构设计

如前面所述,境外上市可选择的方式主要有境内IPO和通过红筹方式上市两种。两种方式的区别就在于直接上市是中国法人申请在海外证券市场上市,而红筹方式则是持有中国境内资产权益的境外法人申请在海外证券市场上市。境外直接上市发行H股、N股、S股,其重组基本限于境内,要求拟上市公司按照证券交易所的要求进行重组,达到突出主营业务、避免关联交易、化解公司股东与公司同业竞争的效果,这事实上与境内上市的重组过程没有实质区别。更为复杂的是,拟间接在海外上市的境内企业通过境内、境外所控制公司共同进行架构重组,将其资产或收益转移到境外,以符合境外上市的要求。

(一)红筹模式上市的架构设计

1. 红筹模式

红筹模式是指境内企业实际控制人通过在海外设立控股公司,将中国境内企业的资产或权益注入境外控股公司,并以境外控股公司的名义实现海外上市的目的。需要完成如下结构重组(见图12-1),使拟上市公司直接或间接持有境内资产权益。

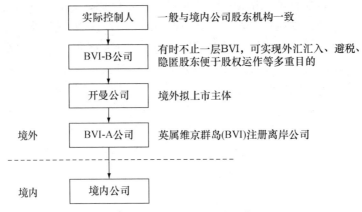

图12-1 红筹模式上市架构

一般来讲,境内拟上市资产实际控制人,都会通过境外投资的方式设立两层或三层境外特殊目的机构(Special Purpose Vehicle,简称SPV),例如在英属维尔京群岛(BVI)设立控股公司,在开曼群岛或百慕大设立拟上市公司,然后通过香港特殊目的机构反程投资收购境内拟上市资产,最终以开曼群岛或百慕大设立的特殊目的机构申请上市融资,所得资金通过外商直接投资或外债的渠道回流国内并用于企业发展。

2. 新浪模式

"新浪模式"也称新浪架构,因新浪公司首家采用合同绑定内资公司获得海外上市而得名。新浪模式可以说是红筹的一种扩展,主要针对外商投资限制性或禁止性领域,如电信行业。根据《中华人民共和国电信条例》、《互联网信息服务管理办法》的规定,互联网业务属于我国的电信法律体系监管范围。而根据《外商投资电信企业管理规定》,外商只能通过与中国投资者以中外合资经营的形式投资设立经营增值电信业务的企业,其出资比例最高不得超过50%,这对互联网企业的海外融资设置了障碍。外商准入问题直接影响到公司海外重组的方案。在企业所在的产业允许外商独资或控股的情况下,重组的方案较为简单;在境外企业所在的产业不允许外商独资或控股的情况下,重组则不得不采用不同的方案。

为解决互联网行业管制和资本需求的矛盾,一般的做法是:根据美国会计准则下"可变利益实体"的要求,通过海外控股公司在境内设立外商独资企业,收购境内企业的部分资产,通过一系列法律协议安排,为境内企业提供垄断性咨询、管理和服务类和垄断贸易等服务,取得境内企业的全部或绝大部分收入。同时,该外商独资企业还取得对境内企业全部股权的优先购买权、抵押权和投票表决权。通过以上安排,境内企业的业务收入都以服务费、租金或咨询费等形式转入外商独资企业,境内企业的利益实际为外商独资企业所控制,因而成为海外控股公司的可变利益实体,成功实现了海外控股公司对境内企业财务报表的有效合并。目前中国在美国上市的诸多互联网企业,包括百度、搜狐、盛大等,均通过以上方式进行海外重组。通过上述协议安排,尽管离岸公司在实际上控制了互联网企业,但在法律意义上离岸公司或者外资独资企业(WFOE)与企业之间没有股权控制关系。

通过这种重组方式的公司组织架构如图12-2所示。

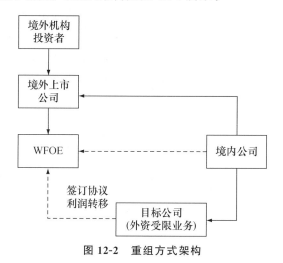

图 12-2 重组方式架构

一般情况下,重组步骤包括资产实际控制人境外投资设立两层或三层特殊目的机构,然后特殊目的机构通过外商投资在境内设立外资独资企业。该外资独资企业通过复杂的合同安排取得境内拟上市资产的控制权和利润。最终特殊目的机构在境外上市融资,所得资金通过外资独资企业投资回流国内。新浪模式主要是针对外资网络高科技公司无法取得 ICP 问题而寻求的变通方案。

新浪模式的实质是为规避禁止外资投资电信业务的规定即"1993 年信息产业部政策——外商不能提供网络服务(ICP Internet Connect Provider)",国际投资者通过投资离岸控股公司控制中国境内技术服务公司,将网站内容与技术相分离,通过独家服务合作协议的方式将境内目标公司和海外离岸控股公司连接起来,实现合并报表的目的,进而实现海外上市。新浪模式是红筹模式的一种,其超越之处在于通过合同绑定控制企业获得海外上市。新浪模式的关键在于境外会计师事务所认可合同绑定方式,境内公司与海外上市公司虽然不存在股权关系,但是报表却能被合并。

新浪协议的效力是普遍关注的问题。按照民事纠纷"不告不理"的原则,法院不会主动去认定"新浪协议"无效,只有利害关系人提起确认无效之诉,法院才会加以认定。如果"新浪模式"运行顺畅,目标公司和 WFOE 双方积极履行协议,则"新浪协议"不可能被确认为无效。法院确认"新浪协议"无效将产生严重的后果:一旦"新浪协议"被确认为无效,目标公司与境外上市公司之间输送利润的纽带将被割裂;境外上市公司与目标公司将成为没有任何联系、各自独立的法人;境外上市公司将变成一个空壳,完全不具备投资价值,上市公司的股价将出现暴跌,严重损害广大投资者的利益。可见法院确认"新浪协议"无效的影响巨大:由于外资受限行业大多采用"新浪模式"实现境外上市,这种模式下的一系列协议被法院确认无效的判例一旦出现,其他已经在境外上市的境内公司完成了境外融资,都可以在境内通过请求法院确认这一系列协议无效,停止向上市公司输送利益;境外的机构投资者和广大公众投资者利益将遭受极大的损害,引起跨国的法律纠纷。因此,"新浪协议"具备法律效力,不可能被认定无效。

（二）买"壳"上市的架构设计

买"壳"上市是指国内企业通过将境内的资产注入到境外上市公司中,以取得境外上市公司的控制权的一种间接上市方式。买壳上市方式如下。

首先,由境内拟上市资产实际控制人与境外上市公司的实际控制人进行买壳协商与谈判,在确定买壳方案后,境内拟上市资产实际控制人通过境外投资设立的 SPV 收购境内拟上市资产,将拟上市资产权益转移到境外有利于下一步重组计划的开展。然后,由壳公司反向并购持有境内拟上市资产权益的 SPV,实现境内资产境外上市。反向并购的方式主要为换股,即由 SPV1 以其持有的 SPV2 的股权为对价购买上市公司向 SPV1 定向增发的股份,达到收购上市公司的目的。最后,上市公司通过配股等方式完成再融资,融资款可通过增值境内 WFOE 的方式回流。

买"壳"相对 IPO 来讲,所需的时间较短且所需审批程序较少,但需要支付比较高的费用购买壳公司,尤其是在收购壳公司的过程中容易触发要约收购机制,故买壳时往往通过期权安排来规避要约收购。

（三）《关于外国投资者并购境内企业的规定》对境外上市的阻碍及对策

1. 红筹上市的相关法规

针对红筹模式,相关法律、法规呈现了从无法可依到严格监管,之后放宽限制,再到目前严格限制的局面。

(1) 无异议函时期和放松监管时期。

2000 年之前,中国企业境外上市以国有企业居多,民营企业境外上市监管问题尚不突出。2000 年,证监会发布了《关于涉及境内权益的境外公司在境外发行股票和上市有关问题的通知》("72 号文"),特别针对将境内资产通过收购、换股、划转或其他方式转移到境外非中资公司或非中资控股上市公司进行股票发行或上市的公司,规定应当由中国律师出具法律意见,并由证监会法律部函复律师事务所对境外发行股票及上市是否提出异议。由于证监会烦琐的审批程序,大部分企业无法顺利获得"无异议函"。但在 2003 年 4 月 1 日后,证监会宣布取消"72 号文"的审批,对国内民营企业境外上市不再监管。

(2) "11 号文"监管时代。

2004 年,有关部门的研究机构出台了一份《中国与离岸金融中心跨境资本流动问题研究》的调查报告,指出红筹模式的滥用使得大量资金不在政府的监管之内,造成资金外逃、公司欺诈、转嫁金融风险等问题。该报告引起了监管部门的高度注意。

2005 年 1 月 24 日,国家外汇管理局发布《关于完善外资并购外汇管理有关问题的通知》("11 号文"),规定以个人名义在境外设立公司要到各地外汇管理局报批,境外公司并购境内资产,要经过国家商务部、发改委和外管局的三重审批。同年,外管局出台了《关于境内居民个人境外投资登记和外资并购外汇登记的有关问题的通知》

("29号文"),试图细化"11号文"的审批程序。但"11号文"和"29号文"均缺乏可操作的细则,使得民营企业红筹之路被暂时关闭。

(3) 放松监管期。

2005年10月21日,外管局发布《关于境内居民通过境外特殊目的公司融资及返程投资外汇管理有关问题的通知》("75号文"),明确了通知的目的是"为鼓励、支持和引导非公有制经济发展,进一步完善创业投资政策支持体系",同时规定了境外设立特殊目的公司、返程投资等业务的登记管理程序。只要特殊目的公司按规定办理了境外投资外汇登记及变更手续,其返程投资企业就可到外汇管理部门办理外商投资企业外汇管理相关手续,境内企业也可向特殊目的公司支付利润、清算、转股、减资等款项。"75号文"于2005年11月1日实施,"11号文"和"29号文"同时被废止。

(4) "10号文"监管时代。

就在红筹上市门阀重启后不到一年,商务部、证监会、外管局等六部门联合发布了《关于外国投资者并购境内企业的规定》("10号文"),于2006年9月8日起实施。

"10号文"第11条规定:"境内公司、企业或自然人以其在境外合法设立或控制的公司名义并购与其有关联关系的境内的公司,应报商务部审批";同时"当事人不得以外商投资企业境内投资或其他方式规避前述要求"。因此,根据该文的规定,境内公司通过对外投资设立特殊目的机构的方式红筹上市面临多方面的困难。

2. "10号文"对境外上市的阻碍

(1) 审批程序增加。根据"10号文",境内公司在境外设立特殊目的公司,应向商务部申请办理核准手续,且特殊目的公司境外上市交易,应经国务院证券监督管理机构批准。红筹上市吸引企业的一点就是境内审批环节少,监管灵活、宽松。而根据"10号文",在设立特殊目的公司阶段就需要披露上市计划,且特殊目的公司的上市须经中国证监会的批准。从政府角度看这一措施是为了加强中国企业境外上市的监管力度,而从企业角度看则大大增加了申请人的负担,从私募股权基金角度看则需要重新评估海外上市退出的不确定性因素。

(2) "10号文"规定的程序烦琐,时间限制严格。特殊目的公司的设立经商务部审批后,第一次颁发的批准证书上有商务部加注的"境外特殊目的公司持股,自营业执照颁发之日起1年内有效"字样。据此申请到的营业执照和外汇登记证也是加注"自颁发之日起14个月内有效"字样。同时,该文第49条规定:"自营业执照颁发之日起1年内,如果境内公司不能取得无加注批准证书,则加注的批准证书自动失效。"也就是说,特殊目的公司必须在一年之内实现境外上市,如果一年之内不能上市,商务部的批准自动失效,境内企业股权结构需要恢复至并购前的状态。

综上所述,"10号文"的严格限制使得在此之前未完成红筹架构搭建的公司境外上市路径基本被封锁,正式出台至今,还没有一家境内企业经商务部批准完成了"10号文"框架下标准的红筹结构搭建。

3. 探寻政策底线

"10号文"中限制上市重组中跨境换股的关键条款是第11条,其中规定了当事人不得以外商投资企业境内投资或其他方式规避商务部对特殊目的公司关联并购的审批,而对于哪些属于"其他方式",监管部门尚未给予明确解释。因此,一直以来各种试图绕开商务部审批达成境外上市的"其他方式"层出不穷。

实践中,很多红筹方案的设计都是从"10号文"中限制关联并购的参与双方主体入手,寻求可以不经商务部批准的合理理由。但由于政策规定、解释和适用中的不确定性,仅仅根据"10号文",律师对某些在"10号文"生效后精心设计的红筹重组方案难以给出确定的法律意见,导致红筹上市方案存在较大的法律风险。以下是部分民营企业采用的上市操作模式,但从严格意义上讲,这些途径的合法性还有待探讨。

(1) 将新浪模式的经验向其他行业复制。

关于新浪模式最为适宜的行业是网络高科技行业,但是在"10号文"后,即普通的红筹模式受阻以后,许多急于退出获利的私募股权基金希望能将新浪模式的适用范围扩展到其他行业,尤其是服务性的轻资产产业。这类企业的共同特点是公司净资产较少,利润来源主要是企业对外提供的服务。换言之,上市公司是否能够实际拥有企业的资产并不重要,重要的是上市公司能够实际控制公司的经营并分享公司的利润。从理论上讲,只要能够通过合同安排转移企业控制权及利润的行业都可以通过新浪模式上市,但实际上上市过程还要考虑证券市场和投资者对于新浪模式的认可程度。

(2) 寻找具有境外身份的近亲属和境外机构代持。

由于包括"10号文"及其某些外汇条例在内的相关法规限制返程投资方式的重组架构,因此部分基金采用在境外架构中寻找具有境外身份的近亲属或境外专业代持机构名义持有境外SPV的股权,规避返程投资限制,并以现金并购的方式来并购境内拟上市资产,最终完成在境外资本市场上市。其关键在于绕开中国监管机构的监管,以境外主体身份在境外直接上市,但是这种方式仍需要有效控制代持的法律风险。

(3) 重组过程中采用现金并购方式。

私募机构同时充当融资机构,帮助民营企业介入过桥资金,用以完成境内资产的并购。"10号文"规定的是特殊目的公司以股权并购境内公司,那么只要私募股权基金在拟上市公司重组的过程中采取现金并购方案,则归属于一般外资并购的审批,就可以在法律上规避商务部对特殊目的公司设立的审批及证监会对特殊目的公司的审批。

(4) 利用期权安排绕开实际控制人返程投资的并购审批。

期权是指在未来一段时间可以买卖的权利,是买方向卖方支付一定数量的权利金后,即拥有在未来一段时间内或未来某一特定日期以事先规定好的价格向卖方购买或出售一定数量的特定标的物的权利,但不负有必须买进或卖出的义务。"10号文"对特殊目的公司的定义为:中国境内公司或自然人为实现以其实际拥有的境内公司权益在境外上市而直接或间接控制的境外公司。那么,如果境内公司实际控制人仅持有少量股权,则持有以完成并购为行权条件的大笔期权的境外公司就不能被视为特殊目的机构。期权的安排使得投资方得以绕开实际控制人返程投资的严格限制。

"10号文"的本意在于打击"外逃资金",但客观上阻碍了内地多层次资本市场特别是创投市场的运作。

但是,在目前的法律、法规的框架下,寻求境外上市的企业和相关中介机构仍需继续寻找红筹上市的突破口与新路径,在实践中来理解监管层对法律、法规的解释、适用以及政策底线,推动红筹上市监管规则的不断更新、进步,进而促进中国多层次资本市场的良性发展。

本章小结

1. 中国境内的民营企业有着强烈的融资需求,在比较境内和境外上市的优劣之后,部分民营企业选择境外上市。境外上市相较于境内上市,具有更快的上市速度、更健全的监管体系、更强的再融资能力等优势。但是由于语言、文化背景的差异,并不能保证企业都能百分之百地在境外成功上市。

2. 随着2006年"10号文"的公布实施,境内企业境外上市变得更加艰难。因此,"10号文"的背景下如何完成融资架构的设计和搭建需要对相关法律、法规的深刻理解,以配合融资策略的不断创新。

复习思考题

1. 请比较美国证券市场、中国香港证券市场、新加坡证券市场的优劣。
2. 请思考直接IPO与红筹模式的不同。
3. 请思考"10号文"之后中国境内企业境外上市的法律架构。
4. 请思考如何解决境外上市带来的财富外流问题。
5. 请思考"10号文"条件下境外上市的出路。

扩展阅读

盛大互动娱乐境外上市案例

2004年5月,盛大互动娱乐有限公司(以下简称"盛大互动娱乐")宣布以每股11美元的价格在美国纳斯达克市场首次公开上市发行,成功发行了1380万股美国存托股证。上市后得到国际投资者的大力追捧,短短半小时,成交量超过150万股,股价由11.30高开后一路飙升至12.38美元,最后以8.8%的涨幅稳收在11.97美元,创造了2004年中国概念股在国际资本市场上最优异的开局,融资超过1.5亿美元,这是中国网络游戏在纳斯达克首次亮相。

盛大互动娱乐成立于1999年11月,是中国最大的网络游戏运营商,运营的网络游戏主要为自主研发和代理运营的产品,公司秉承运营网络娱乐媒体的雄厚实力,通过专业化的团队及先进的网络技术,最大限度地为用户挖掘网络娱乐产业的乐趣。盛大互动娱乐的服务、技术及管理团队每时每刻为用户提供优质服务,保障用户的娱乐需要。截至2003年11月底,盛大互动娱乐成功运营的网络游戏产品的累计注册用户已经突破1.7亿人次,最多同时在线玩家人数突破100万人,分布在全国24个省50多个中心城市的800多组超过9000台服务器,所需使用的Internet骨干带宽超过17G,各类销售终端已超过40万家,所有这些数字写下了中国网络游戏的辉煌记录。

其中《传奇》在国际数据公司(IDC)进行的用户调查中被评为中国最受欢迎的网络游戏,《传奇》是盛大互动娱乐自主研发的第一款网络游戏并在上述调查中被评为最受欢迎的民族网络游戏,《泡泡堂》在该项调查中被评为最受欢迎的休闲游戏。

在中国,包括经营网络游戏在内的网络产业,受到国家信息产业部、国家工商管理局、国家印刷出版管理局和国家安全局的多重监管。如需提供包括网络游戏在内的网络信息服务,不但需要获得国家信息产业部颁发的增值电信业务经营许可证,还需获得国家文化部颁发的网络游戏运营许可证。并且,包括网络游戏运营在内的增值电信业务对于外资进入十分敏感,外商投资增值电信业务的股权比例不得超过50%,而外商投资企业在网络游戏的运营许可方面亦无法获得审核批准。因此,上市公司采取了间接方式来获得对国内实际业务运营公司的所有权和经营权。

上市公司盛大互动娱乐在英属维京群岛上设立了盛大控股有限公司(以下简称"盛大控股"),并由盛大控股在中国国内投资成立了100%控股的外商独资企业盛大信息科技上海有限公司(以下简称"盛大信息科技")。而在国内实际持有相关许可并运营网络游戏业务的公司为全内资的上海盛大网络(中国)有限公司(以下简称"盛大网络")及其下属分公司,该公司的股东为两个中国自然人,陈天桥持70%股份,陈大年持30%的股份,且这两个人同时也是盛大互动娱乐上市前占70%股份的地平线媒体有限公司的股东。上市公司虽然与国内实际运营公司没有直接的权益关系,但通过外商独资企业盛大信息科技与控股盛大网络(内资)及其下属分公司的两个国内自然人及公司的一系列协议安排,上市公司间接取得了境内实际运营的业务和资产。这些协议主要包括以下两部分。

第一部分是转移业务收入的协议,包括可修改及续签的设备租赁协议、技术服务支持和使用许可协议、软件授权使用协议及战略指导咨询协议。根据该协议,盛大信息科技长期向盛大网络提供大型运营设备和器材、技术服务支持,并许可后者使用其关键技术和软件,提供战略发展指导和咨询,而后者则需按期支付有关的租赁费、服务费和技术软件使用费、咨询费,有效地转移了实际运营业务公司的大部分经济收益。

第二部分是获得间接控制权的协议。这些协议与盛大网络公司、其主要自然人股东、盛大网络以及其下属分公司的高级管理人员签订,内容包括:

盛大网络授予盛大信息科技的指定人员不可撤销的代理投票权,可在盛大网络的董事会、总经理及高级管理层的选举中进行表决。

盛大网络承诺,在未获得盛大信息科技的事先书面认可之前,不进行任何可能对公司产生实质性损害的交易,亦不得擅自分配其运营收入。

盛大网络的全体股东同意,如果中国法律取消了对外商进入网络游戏运营的投资限制,或者盛大网络的主要董事和高级管理人员不再履行其工作职能,盛大信息科技将依法购买盛大网络的全部或部分股权。

盛大网络的现有股东将其股权利益进行质押以作为其正常履行盛大网络在上述一系列协议中所应当承担的义务,且未经盛大信息科技的同意,盛大网络的现有股东不得以转让、出售、质押等方式处置其拥有的股权。

以上这一系列协议安排使得盛大网络的境外上市公司及其国内外商投资企业以

间接方式有效获得盛大网络收入的转移和对其经营权的控制,从而避开国家在增值电信业务上限制外商独资和控股的政策。盛大互动娱乐和新浪在境外上市给我国类似行业的境外上市提供了一条绕开我国关于信息行业境外上市的政策限制,从而可以顺利在境外实现上市并融资。随着"10号文"的出台,境内企业通过红筹模式上市变得比较艰难,但是境内企业有着比较强烈的境外上市的意愿。因此,盛大互动娱乐的这种上市模式被复制到电信行业以外的其他行业,作为打破"10号文"限制的一种选择,但是其是否符合我国法律、法规的问题,还值得探讨。

(资料来源:崔学刚,杜世勇.中国境外上市公司私有化退市的战略思考——基于盛大网络退市案的分析[J].财务与会计(理财版),2012年第8期.)

第十三章　我国私募股权投资法律制度

> **学习目的**
>
> 通过学习本章,应深刻领会私募股权投资法律规制的必要性;了解私募股权投资法律制度的沿革与现状;了解公司制、合伙制和信托制私募股权基金当事人之间的法律关系;熟悉法律对各种组织形式下的基金设立、运作、退出等基本环节的规制和各环节涉及的主要法律问题。

第一节　我国私募股权投资法律制度概述

一、私募股权投资法律规制的必要性

(一)信息不对称理论

参与市场经济活动的各方人员对有关信息的了解存在差异。掌握信息比较充分的一方往往处于比较有利的地位,而缺乏信息的一方则处于不利地位。信息不对称的负面影响主要有两个:一个发生在交易之前,称为"逆向选择",即根据真实信息最不可能被选择的潜在交易对手反而得到交易机会;另一个发生在交易之后,称为"道德风险",即信息优势者牺牲信息劣势者为自己谋取利益,而后者却对前者失控。在股权投资领域,由于投资者与被投资者之间存在信息不对称,被投资者是对目标企业信息占有量较多的一方,基于理性人与经济人的立场,为了获得投资人的资金与管理,有可能隐瞒企业的不良信息或者夸大、捏造对企业有利的信息。这势必影响投资者对企业发展前景的客观评价,进而危害其投资策略及整个投资计划。

信息不对称理论不仅阐明信息的重要性,更突出了市场主体因获得信息渠道之不同、信息量的多寡而承担不同的风险和收益。这个理论在当今金融市场运用得尤为广泛,并且已经在立法中得以显现,例如证券交易中若干主体的信息披露义务,保险人在签订保险合同时的释明义务和投保人、被保险人的如实告知义务等。在股权投资领域,可以借鉴证券法的相关制度设计,以此确立私募股权基金的投资者、基金管理者、基金托管人等各方主体的信息披露义务以及违反义务应承担的法律责任。

(二) 机会主义行为理论

机会主义行为是指在信息不对称的情况下人们不完全如实地披露所有的信息及从事其他损人利己的行为。机会主义行为发生的原因有两个。一是机会主义行为源于人的逐利本性。根据新制度经济学对人的假设,人是追求效用最大化的人。人们所从事的各种经济活动最终目的是为了满足自身的需要,人们在追求自身效用最大化时,不惜损害他人利益,借助一切可能给自己带来利益的机会实现自身利益。二是信息不对称和人的有限理性给机会主义行为提供了前提,使得人们难以获得全面、准确的信息,也无法对复杂和不确定的环境做出正确的分析。在这种情况下,一些人就可能利用某种有利的信息条件欺骗对方,或者是利用某种有利的谈判地位背信弃义,以牟取个人私利。因此,这是与信息不对称理论一脉相承的理论,诠释了在信息不对称情况下可能导致的信息享有者的另一行为趋向。

私募股权投融资双方的契约行为,基金与基金托管方的委托代理行为,包括企业内部的委托代理行为等,都存在机会主义行为发生的可能性。因此,对机会主义行为的规制不仅需要当事人双方的契约,更需要合理的法律制度设计来杜绝机会主义行为的发生。

(三) 委托代理理论

法律对委托代理问题的规制是以经济学的理论与实践为基础的。在经济学中,委托代理理论是指委托人为了实现自身效用最大化,将其所拥有资源的某些决策权授予代理人,并要求代理人提供有利于委托人利益的服务或行为。但是由于委托人与代理人的效用函数不一样,委托人追求的是自己的财富最大化,而代理人追求自己的工资津贴收入、奢侈消费和闲暇时间最大化,这必然导致两者的利益冲突。在没有有效的制度安排下,代理人的行为很可能最终损害委托人的利益。

当企业的管理者兼具剩余风险承担者的双重身份时,代理问题不很突出;但是随着现代企业的诞生、企业管理权和剩余收益权(控制权和所有权)相分离时,代理问题就日益凸显出来,也带来了高昂的代理成本。

代理问题主要表现为道德风险和逆向选择。前者是指契约签订后,一方利用信息优势损害对方利益,增加自己利益的行为,如管理层的懒惰和自我输送利益行为;后者是指市场一方如能凭借信息优势而使自身获益、对方受损,那么他将倾向于同对方签订契约,如股东聘请管理者时会面临逆向选择问题。

委托代理理论就解决代理问题给出了两种策略:监督和激励。监督措施的思路在于,既然代理问题的源头在于信息不对称,那么就应尽可能减少信息不对称;激励措施侧重于如何诱使代理人努力而忠诚地工作,一个有效的思路是将委托人与代理人的利益在一定程度上捆绑在一起。

在私募股权投资中,投资方与基金、基金托管方、目标企业内部都存在代理关系,如何使各种代理关系能最大限度地发挥其效益,减少由于代理人的信息隐瞒和机会主义行为所造成的不忠行为,是私募股权基金法律规制面临的重大问题。只有通过切实有效的法律规制措施,并且代理方与被代理方签订互相监督制约的契约,真正做到法律的外部监管与企业间的自律相结合,才能最大限度地杜绝滋生代理问题。

(四) 私法自治理论

私法自治是现代民商事法律最重要的基本原则,是指平等主体的法人、自然人及其他组织之间的法律关系由主体自由决定,主体可以依据其意志,自主形成、变更、消灭法律关系。私法自治原则集中体现为当事人之间的身份平等和意思自治。身份平等主要体现为当事人民事权利平等和民事主体地位平等,并且民事权益都平等地受法律保护,无论是自然人还是法人,不论所有制特性,民事主体的任何一方都没有凌驾于另一方的特权。意思自治主要体现为民事主体根据自己的意愿,自主地行使民事权利,参与民事法律关系,国家对民事法律关系不做过多的干预。

在私募股权投资领域,投资方、被投资方、基金托管方以及私募股权基金本身都平等地以市场主体的身份参加股权投资基金的设立与运作。在意思自治原则的指导下,各方依据自身的意愿参加股权投资基金法律关系,不允许一方依据自身的条件优势而强迫另一方做出违背自己意愿的行为。股权投资基金中的各种法律关系是各方都依据平等自愿原则去追逐经济利益,而非以强制手段获得。

法律对私募股权基金的投资方的资格要求不如公募基金投资方严格,因为私募股权基金募集的对象是特定的投资方,并且这些特定的投资方一般都具有专业的投资意识与雄厚的资金背景。因此,私募股权基金的设立与运作机制具有较强的自主性与灵活性,体现了当事人之间基于意思自治的市场行为。如果法律过多地对股权投资进行干预,势必会将投资与发展扼杀在法律中,因此,在不违背国家政治与经济安全的前提下,赋予基金投资决策机构经营自主权,以保证基金顺利地按照双方当事人的意愿自主运作,实现价值最大化。

(五) 国家干预理论

在市场经济条件下,市场对资源配置进行基本调节,然而市场主体的自利与短视行为、对信息拥有的不充分,以及个体为了自己的利益而进行盲目竞争,造成整个市场秩序的混乱,因此仅仅依靠市场调节,资源并不能得到最优化的配置。为了保证市场的健康运转,国家必须依靠其强制力来实现市场信息的有效披露,制裁各种恶性竞争和限制竞争行为,运用市场手段、行政手段、法律手段对个体各种盲目、短视的市场行为进行调整及规制,使个体的市场行为符合市场整体利益。

国家的这种干预应当是适度的,旨在克服市场调节的盲目性和局限性,并不是为了公权力的利益,而是为了市场的整体利益对市场主体进行适度的、合法的、以竞争为基础的干预。

私募股权投资活动既体现了投、融资双方的自主意志,也体现了有效规制和促进私募股权基金发展的国家意志。从募集设立到运行再到退出,都必须符合法律的规定。另外,在全面推进和改良市场经济的过程中,地方政府为了促进本土经济的长远发展,吸引股权投资基金对本土企业的投资,也会制定各种地方法规和地方政府规章来规制和促进股权投资。因此,在私募股权基金运转的各个环节,都渗透了国家对市场个体行为的干预。如果不对其进行必要的适度的规制,而任其自由发展,那么基于投、融资各方信息、利益、目标的不对等性,股权投资并不能完全依照各方当事人所期望的利益最大化而成功实现其目标。一般情况下,投资人是为了经济利益的最大化的目的而进行股权投资,但是在国际政治、经济风云变幻的今天,不排除因为某些特殊目的而进行的股权投资,对某国的某一产业进行实质性的控制或垄断。如基金投资人是外国财团,被投资方是具有良好发展前景或是因产品性质(如稀土)而具有特殊战略意义的企业。因此,国家对私募股权基金进行适度干预不仅是出于维护国内市场秩序正常、健康运行的目的,更是为了维护一国经济安全和政治安全。

二、我国私募股权投资的法律体系

股权投资是随着我国改革开放应运而生的新事物,在当前因中国经济转轨而带来的生产方式的变革中,股权投资在促进生产力发展的过程中作用日益显现,特别是在民营经济中,迫切需要股权投资带来充足的资金和先进的管理经验,以实现企业的快速壮大。但是,股权投资基金以其私募的特性又为市场带来风险,因此,我们不仅需要股权投资为企业和社会发展做出贡献,更需要防范因股权投资风险而带来的市场波动。在国家调控经济的过程中,法律手段的运用又尤为重要,用具有普遍约束力的法律来保护促进生产力发展的法律关系和惩罚破坏经济发展的社会关系是现代市场经济发展的必然趋势。因此,立法者应该结合股权投资基金的特性,运用法律规制的理论基础和原则,制定切合实际的股权投资基金法律制度来规范我国股权投资基金市场。

当前,我国私募股权投资法律体系主要包括以下几个层次。

(一) 宪法

宪法是我国的根本大法。宪法作为私募股权投资法律环境的组成部分是指:私募股权投资立法最根本的法律依据是宪法;私募股权投资立法的总的指导思想、基本原则和基本法律制度源于宪法中的有关规定;私募股权投资的全部法律规范都必须同宪法相一致,不得抵触。

在《中华人民共和国宪法》(2004年修订案)中,同私募股权投资相关、作为其立法根本依据的规定主要包括:《宪法》序言第7自然段关于社会主义现代化建设和改革开放的规定;第4条关于帮助各少数民族地区发展经济的规定;第5条关于建设社会主义法治国家的规定;第6—11条关于国家基本经济制度和关于国有经济、集体经济、个体经济和私营经济的规定;第12条、第13条关于保护公共财产和公民合法财产的规定;第14条关于完善经济管理体制和企业经营管理制度的规定及关于合理安排积累与消费、生产与生活,兼顾国家、集体和个人利益的规定;第15条关于国家经济体制、完善宏观调控的规定;第16—18条关于国有企业、集体经济组织和外商投资的权利、义务和经营管理的规定;等等。

(二) 法律

这里的"法律"特指由国家立法机关制定的规范性文件。法律是私募股权投资立法中最基本和最重要的组成部分。

当前,与私募股权投资关系比较密切的法律包括《中华人民共和国公司法》(以下简称《公司法》)、《中华人民共和国合伙企业法》(以下简称《合伙企业法》)、《中华人民共和国证券法》(以下简称《证券法》)、《中华人民共和国信托法》(以下简称《信托法》)、

《中华人民共和国中小企业促进法》《中华人民共和国企业所得税法》《中华人民共和国证券投资基金法》等。

（三）行政法规和规章

行政法规是指由国家最高行政机关即国务院依法制定的各类规范性文件,包括国务院对于全国人大及其常委会制定的法律所制定的全国性的实施细则。此外,国务院所属各部委,如中国人民银行、中国证券业监督管理委员会、中国银行业监督管理委员会、国家发展与改革委员会等在各自权限内发布的具有规范性的命令、指示和规章,但其地位和效力低于国务院颁布的行政法规。

2005年11月15日,国家发展和改革委员会、科技部、财政部、商务部、中国人民银行、国家税务总局、国家工商行政管理总局、中国银监会、中国证监会、国家外汇管理局联合发布的《创业投资企业管理暂行办法》是目前我国创业投资的基础性法律规范。首先,该办法统一使用"创业投资"这一称谓,并将投资方式限定为股权或者准股权方式,将创业投资的对象限定于未上市的成长性企业。其次,该办法注重通过实质性政策扶持创业投资发展,并引导其投资方向。此类扶持政策主要有三个方面：一是运用税收政策扶持创业投资企业发展并引导其增加对中小企业尤其是中小高新技术企业的投资;二是国家和地方政府可以设立政策性创业投资引导基金,通过参股和提供融资担保方式,促进民间资金设立创业投资基金;三是积极推进多层次资本市场发展,包括通过扶持发展产权交易市场等措施,拓宽创业投资退出渠道。再次,由于目前以公司形式运作创业投资基金虽然不存在根本性的法律障碍,但《公司法》《证券法》毕竟还不能完全照顾公司型创业投资基金募集与运作的特点,所以该办法在不违背现行法律的前提下,主要为公司型创业投资基金的九大制度创新①提供了特别法律保护。最后,该办法没有采用前置审批制度,而仅仅实行事后备案管理。

由国家发改委、财政部、商务部联合制定的《关于创业投资引导基金规范设立与运作的指导意见》于2008年10月获国务院批准,并以国务院办公厅名义发布,为各级地方政府设立引导基金创设了操作指南。该《指导意见》的出发点是为了实现以下三个目标：一是促进共识,推动引导基金的设立;二是规范投资运作,切实发挥引导基金的政策效应;三是解决引导基金运作的操作性难题。同时,该《指导意见》明确了引导基金的性质与宗旨、引导基金的设立与资金来源、引导基金的运作原则与方式、引导基金的管理、对引导基金的监管与指导、引导基金的风险控制以及该《指导意见》的组织实施等七个方面的政策事项。

2011年1月,在试点基础上,国家发改委发布了《关于进一步规范试点地区股权投资企业发展和备案管理工作的通知》。同年11月,通过进一步总结前期试点经验,发布《关于促进股权投资企业规范发展的通知》和有关备案指引文件,将股权投资企业备案管理覆盖到全国,为全国股权投资企业规范、健康发展明确了制度框架。按该《通

---

① 公司型创业投资基金的九大制度创新涉及：一、关于创业投资企业的资本私募问题;二、关于实行委托管理的问题;三、关于最低资本规模和出资制度的问题;四、关于以全额资产对外投资限制豁免问题;五、关于以特别股权方式进行投资问题;六、关于建立对管理人的成本约束机制问题;七、关于建立对管理人的激励机制问题;八、关于建立对管理人的风险约束机制问题;九、关于通过债权融资提高创业投资企业投资能力问题。

知》的规定,凡在中国境内设立的资本规模达到5亿元及以上的较大型股权投资基金,均需到国家发改委备案;资本规模不足5亿元的小型股权投资基金,均需到省级人民政府指定的备案管理部门备案。

2014年5月,国务院发布了《关于进一步促进资本市场健康发展的若干意见》,以培育私募市场为目标,提出了健立健全私募发行制度和发展私募投资基金两项明确的要求。该意见要求建立合格投资者标准体系,明确各类产品私募发行的投资者适当性要求和面向同一类投资者的私募发行信息披露要求,规范募集行为。对私募发行不设行政审批,允许各类发行主体在依法合规的基础上,向累计不超过法律规定特定数量的投资者发行股票、债券、基金等产品。积极发挥证券中介机构、资产管理机构和有关市场组织的作用,建立健全私募产品发行监管制度,切实强化事中事后监管。建立促进经营机构规范开展私募业务的风险控制和自律管理制度安排,以及各类私募产品的统一监测系统。同时,该意见还要求在发展私募投资基金时,按照功能监管、适度监管的原则,完善股权投资基金、私募资产管理计划、私募集合理财产品、集合资金信托计划等各类私募投资产品的监管标准。依法严厉打击以私募为名的各类非法集资活动。完善扶持创业投资发展的政策体系,鼓励和引导创业投资基金支持中小微企业。研究制定保险资金投资创业投资基金的相关政策。完善围绕创新链需要的科技金融服务体系,创新科技金融产品和服务,促进战略性新兴产业发展。

2014年8月,在总结私募投资基金监管的成功经验和风险教训的基础上,为落实国务院《关于进一步促进资本市场健康发展的若干意见》,中国证券监督管理委员会发布了《私募投资基金监督管理暂行办法》。该办法是我国第一部专门调整私募基金细化操作的部门规章,在私募基金领域具有里程碑式的意义。该办法提取了我国私募基金发展的实务经验,借鉴国外行之有效的私募规范,创立了操作性极强的全口径登记备案制度、合格投资者制度、募资流程规则、投资运人规则和差异化自律监管规则。该办法实施后,中国证监会针对施行中较易出现不同理解的内容,如私募资金的资质等级、募资宣传方式、管理人与基金的相互关系及其资产混同问题先后作出二次重要解释。随着我国私募基金规模、市场成熟度和资本的参与意识的进一步提升和完善,对私募投资基金的立法工作也将提上日程。

此外,中央编办和国务院各部委还出台了一系列规范、鼓励私募股权基金发展的规范性文件。例如:

与基金募集设立相关的有《外商投资创业投资企业管理规定》(2003)、《外国企业或者个人在中国境内设立合伙企业管理办法》(2009)、《国家发展改革委关于加强船业投资企业备案管理严格规范创业投资企业募资行为的通知》(2009)、《关于外商投资举办投资性公司的规定》(2004)、《关于外商投资举办投资性公司的补充规定》(2006)、《关于外商投资创业企业、创业投资管理企业审批事项的通知》(2009)等。

与基金投资相关的有《关于跨境人民币直接投资有关问题的通知》(2011)、《外商投资产业指导目录(2011年修订)》、《关于加快培育和发展战略性新兴产业的决定》(2010)、《关于外国投资者并购境内企业的规定》(2009)、《关于建立外国投资者并购境内企业安全审查制度的通知》(2011)、《实施外国投资者并购境内企业安全审查制度有关事项的暂行规定》(2011)、《关于下放外商投资审批权限有关问题的通知》(2010)等。

与基金退出相关的有《关于豁免国有创业投资机构和国有创业投资引导基金国有股转持义务有关问题的通知》(2010)、《首次公开发行股票并在创业板上是管理暂行办法》(2009)、《中央编办关于私募股权基金管理职责分工的通知》(2013)、《中央编办综合司关于创业投资基金管理职责问题意见的函》(2014)等。

与基金税收相关的有《关于促进创业投资企业发展有关税收政策的通知》(2007)、《关于执行企业所得税优惠政策若干问题的通知》(2009)、《关于实施创业投资企业所得税优惠政策的通知》(2009)等。

（四）地方性法规

地方性法规是指地方权力机关根据宪法和法律的规定所制定的，效力及于其所辖区域的规范性法律文件。在我国，地方性法规按其内容包括：为全国性的法律及行政法规所发布的实施细则；为实施国家政策而结合本地区情况制定的规范性文件；就本地区特殊情况和特殊需要而发布的规范性文件；民族自治地方的人民代表大会根据当地特点制定的自治条例和单行条例；经济特区和特区所在省级人大及其常委会依法制定的法规和规章。

此外，地方行政机关发布的决定、命令、决议，凡具有规范性的，也可纳入广义的地方性法规范畴。

相关部门在探索如何监管和鼓励私募股权基金的过程中，往往会碰到一些事项尚不具备制定全国性法律的条件的情况，可先通过制定行政法规、地方性法规等来探索、积累经验。目前不少地方政府都出台了针对私募股权基金的规范管理和优惠扶持政策措施。例如：上海市出台的《关于推进上海加快发展现代服务业和先进制造业，建设国际金融中心和国际航运中心的意见》(2009)、《浦东新区创业风险投资引导基金试点方案》(2006)、《上海市创业投资企业备案管理操作暂行办法》(2006)、《上海市创业投资风险救助专项资金管理办法》(2006)、《关于浦东新区促进股权投资企业和股权投资管理企业发展意见》(2008)、《浦东新区促进股权投资企业和股权投资管理企业发展的实施办法》(2008)等；北京市出台的《北京市人民政府关于贯彻国务院进一步促进中小企业发展若干意见的实施意见》(2011)、《北京市发展和改革委员会关于做好外商投资项目下放核准权限工作的通知》(2011)、《在京设立外商投资股权投资基金管理企业暂行办法》(2009)、《关于促进股权投资基金业发展意见的通知》(2009)、《北京市中小企业创业投资引导基金实施暂行办法》(2008)等。

（五）行业自律规范

行业自律规范是指中国基金业协会根据我国有关私募基金的法律、法规、规章或者相关部门的授权，结合行业管理的实务经验，对私募基金的创立、登记、运作、监管、解散或撤销进行规则细化，增加实务操作性而作同的规范性文件。严格地说，关于规范性文件能否作为法律渊源的问题，在理论界一直存在较大的争议。但是，中国基金业协会关于私募基金的一系列配套规范，已构成了实务中行之有效且广泛接受的私募体系，是私募从业人员、相关主体和实务操作中必不可少的指导和指引，其重要性不言而喻。

与行业自律规范相关的有:《关于进一步完善基金管理公司治理相关问题的意见》(2014)、《基金从业人员执业行为自律准则》(2014)、《中国证券投资基金业协会投诉处理办法(试行)》(2014)、《私募投资基金管理人登记和基金备案办法》(2014)、《中国证券投资基金业协会投资基金纠纷调解规则(试行)》(2015)、《关于进一步规范私募基金管理人登记若干事项的公告》(2016)、《基金从业资格考试管理办法(试行)》(2015)、《私募基金管理人登记法律意见书指引》(2016)、《私募基金登记备案相关问题解答一至七》(2015—2016)?《私募投资基金募集行为管理办法》(2016)、《私募投资基金风险揭示书内容与格式指引》(2016)、《私募投资基金管理人内部控制指引》(2016)、《基金管理公司风险管理指引(试行)》(2016)、《私募投资基金信息披露管理办法》(2016)等。

三、我国私募股权基金的监管实践

随着改革开放的不断深入,私募股权基金在我国进入一个快速发展时期,但由于公权力监管部门的监管工作未能紧跟形势的发展,仅靠行业自律管理,必然在某种程度上阻碍了私募股权基金的迅速发展。

(一) 与私募股权基金监管有关的立法工作未能与时俱进

我国的私募股权基金运营依据的基础性法律是《公司法》、《证券法》、《证券投资基金法》和《合伙企业法》。私募股权基金面向的企业与《公司法》和《合伙企业法》所适用的企业在交易方式、盈利方式、风险防范等方面差异较大,而现行法律规定过于原则、概括,缺少具有实际可操作性的监管法律规范细则,从而导致私募股权基金在我国的发展常常面临许多障碍,如资金的募集艰难、监管无法可依、税负过重和登记注册时无法可依等。从国外的经验来看,私募股权基金的快速发展离不开法律和政策的支持。我国现行的与私募股权基金相关的法律、法规表现为系统性缺失,这种立法上的缺陷严重阻碍了私募股权基金的快速发展。当监管因立法上的缺陷而无暇顾及私募股权基金所面向的海量企业时,仅仅依靠企业自身的自律和行业协会的监督,显然无法有效预防各种违规行为和权力寻租现象的不断产生。从 2014 开始,中国证监会和中国基金业协会发布了《私募投资基金监督管理暂行办法》和一系列配套的规范性文件,我们期待着在积累一定监管经验后,对私募基金进行立法规范。

(二) 私募股权基金监管的体系化建设滞后

在我国现行的私募股权基金监管体系下,很难实现对 IPO 的前期和询价、重整或重组、股票的增量发行、信托产品的生产与销售、与银行合作的各种理财产品的发行等进行全面监控。其原因主要在于,我国现行的私募股权基金监管体系涉及中国人民银行、外汇管理局、银监会、科技部、发改委、证监会、财政部、工商总局和税务总局等多家监管部门,如此多的监管部门,很容易因职责交叉和监管标准各异导致互相推诿现象的产生,结果往往造成私募股权基金实际上处于无人监管的局面。在我国私募股权基金的发展历程中,由于私募股权基金进入资本市场之后,具有涉及企业众多、覆盖面广、运作方式十分灵活等特点,所以投资者投资私募股权基金的风险极高,这是投资者望而止步的重要原因。令人担忧的是,到目前为止,我国相关监管部门并没有因投资私募股权基金可能带来的高风险而对其涉及的金额做出最高限制,相关的监管工作也没有体系化,这种松散的监管方式往往成为金融市场产生风暴的重要诱因。目前,对私募基金的管理最具体系化的是中国基金业协会,但行业协会本身只是一个自律性的组织,对私募基金缺乏可信的权力来源。

(三)行业协会的监管作用正在形成体系化和规范化

我国现行的法律制度没有对私募股权基金的准入条件进行详尽的规定,行业强制性准入条件的缺乏容易导致监管机关无所适从,客观上限制了私募股权基金的发展。从国外成熟的金融资本市场运营情况来看,私募股权基金的主要来源为社保基金和金融实体。反观我国金融资本市场,到目前为止,相关监管部门对社保基金和金融实体投资私募股权基金的严格限制已经影响国内资本入市的积极性。准入条件的设置过于严苛,表面上看有助于防范金融风险的产生,但实际上直接扼杀了各种资本投资私募股权基金的积极性。

从2013年开始,私募基金的行业协会由分散自治的地方性协会发展为全国性的中国基金业协会。中国基金业协会从2014年开始起草并发布了一系列的私募基金规范性文件,对于规范全国数以万计的私募基金起到了建设性的意义。然而,我国对私募基金的监管尚处于起步阶段,相对于国外私募基金发达的国家还有相当的差距。随着我国经济规模的进一步扩展,私募基金必将也迎来一个快速发展的春天。如何更切实有效地加强行业自律管理,赋予行业协会更加明确的法律定位,将成为关系到我国经济发展的一个重大课题。

第二节 私募股权基金设立的法律规制

根据《创业投资企业管理暂行办法》和《关于促进股权投资企业规范发展的通知》,私募股权基金可以有限责任公司、股份有限公司或者法律规定的其他企业组织形式设立。目前,公司制私募股权基金是主流形式。

一、公司型私募股权基金的设立

公司型股权投资基金设立的主要依据是《公司法》《企业法人设立登记管理办法》《中华人民共和国公司登记管理条例》《公司登记管理条例实施细则》《公司注册资本登记管理规定》和《公司登记程序规定》等相关法律、法规、规章。

目前,除了产业投资基金需国家发展改革委批复外,对公司制私募股权基金的设立没有做限制性规定,也不涉及前置审批,但在设立后应当备案。

(一)设立条件

设立有限责任公司型或者股份有限公司制私募股权基金,应当具备下列条件。

(1)股东(发起人)人数符合法定要求。有限责任公司的股东人数应在50人以下;股份有限公司的发起人人数在2人以上200人以下,其中须有半数以上的发起人在中国境内有住所。

(2)股东出资(发起人认购和募集的股本)达到法定资本最低限额。应当注意的是,依据《公司法》的规定,除法律、行政法规对其注册资本的最低限额另有较高规定外,有限责任公司注册资本的最低限额为 3 万元,股份有限公司注册资本的最低限额为 500 万元;而且投资者可以货币或者实物、知识产权、土地使用权等非货币方式出资。然而,私募股权基金是以自有资金对外投资,股东的出资方式只能是货币出资,且相关政策均规定了资本金及首期交付注册资本金的比例,其标准远高于《公司法》的一般规定。创业投资企业的实收资本不低于 3000 万元,或者首期实收资本不低于 1000 万元且全体投资者承诺在注册后的 5 年内补足不低于 3000 万元的实收资本。单个投资者对创业投资企业的投资不得低于 100 万元。股权投资企业的注册资本不得低于 1 亿元。首期实到资本不得低于总额的 20%。实践中,各地针对当地经济发展特点,对上述标准进行了一定细化和调整。例如上海市《关于本市股权投资企业工商登记等事项的通知(修订)》(沪金融办通〔2011〕10 号)第三项规定,设立股权投资企业时,单个自然人股东的出资额应不低于 500 万元。2010 年深圳市政府通过的《关于促进股权投资基金业发展的若干规定》规定,股权投资基金企业注册资本应不得低于 1 亿元,首期到位资金不低于 5000 万元。单个自然人股东的出资额应不低于 500 万元。

(3) 有符合规定的公司章程。公司章程是公司最重要的法律文件之一,对公司、股东、董事、监事、经理具有约束力。公司制私募股权基金的公司章程除了记载《公司法》规定的一般记载内容外,还需载明以下特别记载内容:业绩激励机制,风险约束机制并约定相关投资运作的决策程序。

(4) 有公司名称。创业投资企业可以在名称内使用"×××创业投资有限责任公司""×××创业投资股份有限公司"的表述,以表明是从事专业性创业投资的企业。股权投资企业可以在名称内使用"×××股权投资有限责任公司""×××股权投资股份有限公司"的表述,也可表述为"×××股权投资基金股份有限公司"。

(5) 有健全的组织机构和治理结构。私募股权基金的管理机构应当符合以下要求:① 具有完善的公司治理、内部控制、业务操作、风险防范等制度;② 管理团队具有私募股权投资、资本运作、企业重组等行业从业经验,具备受托管理出资人资本的能力;③ 具有合格的营业场所、安全防范措施和与业务有关的其他设施;④ 主要出资人和高级管理人员资信良好。

(6) 有公司住所。一般以企业注册、办公地为其住所。

(二) 设立程序

我国目前主管企业设立的机构是国家工商行政管理总局及其下属的各级工商管理机关。工商部门对于企业设立登记申请一般采取"申请资料齐全、形式合法"的形式审查。

按照规定,企业设立需要预先核准名称。拟使用的名称应当符合《企业名称登记管理规定》《企业名称登记管理实施办法》的规定。名称经核准后,工商登记机关会在规定日期内出具《企业名称预先核准通知书》,该预先核准的名称保留期为 6 个月。

设立公司制私募股权基金应当由全体发起人或者全体股东指定的代表或者共同委托的代理人,向工商登记机关递交登记申请书和下列资料:全体发起人或者股东指定代表或者共同委托代理人的委托书;公司章程;由依法设立的验资机构出具的验资证明;发起人或者股东主体资格证明或者自然人身份证明;载明公司董、监事、经理姓名、住所的文件以及有关委派、选举或者聘用的证明;公司法定代表人认知文件和身份证明;企业名称预先核准通知书;公司住所证明;法律、行政法规规定的其他文件。

通过审查后,由工商登记机关发给企业法人营业执照。公司凭企业法人营业执照刻制印章、开立银行账户、办理组织机构代码证及申请纳税登记。至此,公司制私募股权基金设立完成。

(三) 备案登记管理

私募基金在完成公司设立工商注册登记手续,取得营业执照后,应当向中国证券投资基金业协会办理基金管理人登记和基金备案手续。

1. 基金管理人登记

私募基金管理人应当向基金业协会履行基金管理人登记手续并申请成为基金业协会会员。私募基金管理人申请登记,应当通过私募基金登记备案系统,如实填报基金管理人基本信息、高级管理人员及其他从业人员基本信息、股东或合伙人基本信息、管理基金基本信息。登记申请材料不完备或不符合规定的,私募基金管理人应当根据基金业协会的要求及时补正。申请登记期间,登记事项发生重大变化的,私募基金管理人应当及时告知基金业协会并变更申请登记内容。基金业协会可以采取约谈高级管理人员、现场检查、向中国证监会及其派出机构、相关专业协会征询意见等方式对私募基金管理人提供的登记申请材料进行核查。私募基金管理人提供的登记申请材料完备的,基金业协会应当自收齐登记材料之日起 20 个工作日内,以通过网站公示私募基金管理人基本情况的方式,为私募基金管理人办结登记手续。网站公示的私募基金管理人基本情况包括私募基金管理人的名称、成立时间、登记时间、住所、联系方式、主要负责人等基本信息以及基本诚信信息。经登记后的私募基金管理人依法解散、被依法撤销或者被依法宣告破产的,基金业协会应当及时注销基金管理人登记。

私募基金管理人应当向基金业协会报送以下基本信息:① 工商登记和营业执照正副本复印件;② 公司章程或者合伙协议;③ 主要股东或者合伙人名单;④ 高级管理人员的基本信息;⑤ 基金业协会规定的其他信息。

2. 基金备案

私募基金管理人应当在私募基金募集完毕后 20 个工作日内,通过私募基金登记备案系统进行备案,并根据私募基金的主要投资方向注明基金类别,如实填报基金名称、资本规模、投资者、基金合同(基金公司章程或者合伙协议,以下统称基金合同)等基本信息。私募基金备案材料完备且符合要求的,基金业协会应当自收齐备案材料之日起 20 个工作日内,以通过网站公示私募基金基本情况的方式,为私募基金办结备案手续。网站公示的私募基金基本情况包括私募基金的名称、成立时间、备案时间、主要投资领域、基金管理人及基金托管人等基本信息。经备案的私募基金可以申请开立证券相关账户。

二、合伙型私募股权基金的设立

1997 年我国《合伙企业法》的颁行标志着合伙企业成为一种新的企业组织形式。

2006年我国对《合伙企业法》进行了修订,确立了有限合伙制度,为合伙制私募股权基金的设立构建了法律基础。新《合伙企业法》实施后,《合伙企业登记管理办法》《企业登记程序》《关于合伙企业合伙人个人所得税问题的通知》《证券登记结算管理办法》《合伙企业等非法人组织证券账户开立业务操作指引》等一系列配套的行政法规、部门规章也陆续修订或出台。

考虑相关立法的限制,除部分管理机构外,私募股权基金鲜有采用普通合伙形式,故本章叙述的合伙制私募股权基金均指有限合伙制私募股权基金。

(一) 设立条件

根据《合伙企业法》的规定,设立有限合伙企业应当具备以下条件。

(1) 有2个以上50个以下合伙人,但法律另有规定的除外。有限合伙企业应当至少有1个普通合伙人;普通合伙人为自然人的,应当具有完全民事行为能力;国有独资公司、国有企业、上市公司以及公益性的事业单位,社会团体不得成为普通合伙人。《合伙企业法》对有限合伙人的资格并无限制性规定,任何自然人和法人均可担任。

(2) 有书面合伙协议。因此处涉及的合伙制私募股权基金系有限合伙企业,其"合伙协议"的内容除了应当符合《合伙企业法》第十八条的一般规定,还应按照第六十三条规定记载相应的特殊事项。

(3) 有合伙人认缴或者实际缴付的出资。出资形式方面与前述的公司制私募股权基金所遇到的情形相似,即虽然《合伙企业法》规定,合伙人可以用货币、实务、知识产权、土地使用权或者其他财产权利出资,也可以用劳务出资(有限合伙人除外),但是根据《创业投资企业管理暂行办法》和《关于促进股权投资企业规范发展的通知》,私募股权基金的所有投资者只能以合法的自由货币资金认缴出资。因此,实际上合伙制私募股权基金的投资者也只能以自有货币出资。最低出资额方面,目前各地基本都规定了合伙制私募股权基金的首期到位资金额,基本同于公司制私募股权基金的规定。

(4) 有合伙企业的名称和生产经营场所。

(5) 法律、行政法规规定的其他条件。

(二) 设立程序

合伙型私募股权基金的设立要求和程序遵循《合伙企业登记管理办法》《关于做好合伙企业登记管理工作的通知》《企业登记程序规定》等文件的要求。

合伙型私募股权基金也应当按照规定申请名称预先核准。拟使用的名称中必须标明"有限合伙"。各地对名称核准的要求有所差异,设立时应当以注册地命名要求为准。如天津的合伙制私募股权基金的命名格式为"×××股权投资合伙企业(有限合伙)",北京在名称中使用"基金"或者"投资基金"式样。

设立合伙型私募股权基金应当由全体合伙人指定的代表或者共同委托的代理人,向工商登记机关递交下列资料:企业名称预先核准通知书;全体合伙人签署的设立登记申请书;全体合伙人的身份证明;全体合伙人指定代表或者共同委托代理人的委托书;合伙协议;全体合伙人对各合伙人出资的确认书;全体合伙人委托执行事务合伙人的委托书;主要经营场所证明;法律、行政法规规定的其他文件。

(三) 备案管理

参见本节第一部分公司制私募股权基金的设立程序。

三、信托型私募股权基金的设立

2001年出台的《信托法》与2007年银监会陆续出台的《信托公司管理办法》《信托公司集合资金信托计划管理办法》共同组成了规范我国信托业的"一法两规"。此外,银监会还出台了《信托公司治理指引》《信托公司受托境外理财业务暂行规定》《信托公司净资本管理办法》等规定,确立了信托公司自营业务与信托业务相分离的原则,对待信托公司的净资本管理和风险控制做出了详尽规范。这些法律、法规为信托制私募股权基金的形成和发展提供了制度保障。2008年《信托公司私人股权投资信托业务操作指引》正式表明银监会对信托型私募股权基金的支持态度。该指引第二条对信托制私募股权基金做出定义:"信托公司将信托计划项下资金投资于未上市企业股权、上市公司限售流通股或中国银监会批准可以投资的其他股权的信托业务。"这种直接将通过信托计划募集到的资金投资于未上市企业股权的做法,就是常规意义上的信托型股权投资,本章所述的信托制私募股权基金多为此种类型,不包括投资上市公司限售流通股或中国银监会批准可以投资的其他股权的信托业务。

(一)设立条件

根据《信托公司集合资金信托计划管理办法》第五条的规定,信托公司设立信托计划应当符合以下要求。

(1)委托人为合格投资者。合格投资者是指符合下列条件之一,能够识别、判断和承担信托计划相应风险的人:① 投资一个信托计划的最低金额不少于100万元人民币的自然人、法人或者依法成立的其他组织;② 个人或家庭金融资产总计在其认购时超过100万元人民币,且能提供相关财产证明的自然人;③ 个人收入在最近3年内每年收入超过20万元人民币或者夫妻双方合计收入在最近3年内每年收入超过30万元人民币,且能提供相关收入证明的自然人。信托计划的委托人一般需要在信托计划要求的出资时间内将出资落实到位,否则视为放弃投资,并且在信托计划运作期间,委托人不得要求退回出资,实行封闭式管理。

(2)参与信托计划的委托人为唯一受益人。

(3)单个信托计划的自然人人数不得超过50人,但单笔委托金额在300万元以上的自然人投资者和合格的机构投资者数量不受限制。

(4)信托期限不少于1年。

(5)信托资金有明确的投资方向和投资策略,且符合国家产业政策以及其他有关规定。

(6)信托受益权划分为等额份额的信托单位。

(7)信托合同应约定受托人报酬,除合理报酬外,信托公司不得以任何名义直接或间接以信托财产为自己或他人牟利。

(8)银监会规定的其他要求。

根据《信托公司私人股权投资信托业务操作指引》第三条的规定,信托公司从事私人股权投资信托业务,应当符合以下要求:① 具有完善的公司治理结构;② 具有完善的内部控制制度和风险管理制度;③ 为股权投资信托业务配备与业务相适应的信托经理及相关工作人员,负责股权投资信托的人员达到5人以上,其中至少2名具备2年以上股权投资或相关业务经验;④ 固有资产状况和流动性良好,符合监管要求;⑤ 银监会规定的其他条件。

(二)设立程序

1. 股权投资资金信托计划

股权投资资金信托计划是由信托公司通过集合资金信托计划募集资金,然后将募集到的资金直接投资于目标企业,最终通过各种退出途径实现资本增值。它并非法律意义上的企业,其设立及运营的主要法律依据为《信托法》《信托公司私人股权投资信托业务操作指引》,设立遵循信托型资金计划的一般步骤和流程。

(1)由信托公司独立或与专门的股权投资管理机构合作,以信托公司作为发起人和受托人,发行集合资金/基金信托计划,向投资者募集资金。

(2)投资者作为委托人,与信托公司签署《集合资金/基金信托合同》,购买信托单位的计划/基金凭证,同时投资顾问认购不低于信托计划10%的信托单位。

(3)信托公司于第三方银行签署《信托资金保管合同》,指令第三方银行对信托资金进行保管和监管,并提供资金划拨、清算、交割等服务。

(4)根据信托计划的约定,信托公司聘请投资顾问,提供专业的投资意见和建议。

(5)投资项目完成后,投资者按照《信托合同》的约定分享收益,信托公司按照《信托合同》的约定提取管理费,并在信托计划终止并实现盈利时收取业绩报酬。

2. 间接股权投资信托

间接股权投资信托不再直接投资于拟上市公司,而是将信托计划资金作为出资充当私募股权基金的有限合伙人或者股东,以私募股权基金的名义投资于拟上市公司,或者信托公司出资成立特殊目的机构再由其作为有限合伙人或者股东进行股权投资。信托计划与有限合伙的结合,是目前国内信托制私募股权基金的主流模式。

此类信托制私募股权基金的设立以《信托法》《合伙企业法》《信托公司私人股权投资信托业务操作指引》为主要依据,其设立的一般流程为:

(1)发行信托计划募集资金;

(2)投资者购买信托单位信托计划,将其资金转移给信托公司运营和管理;

(3)信托公司担任有限合伙人,以信托计划资金作为资本金成立有限合伙企业,基金管理公司或者投资公司作为一般合伙人,或者信托公司以信托计划出资成立特殊目的公司来担任有限合伙人成立有限合伙企业。

投资公司作为普通合伙人负责投资管理事务的执行,信托公司作为有限合伙人不参与合伙企业的管理事务。

此类信托制私募股权基金涉及的法律文件,除了第一种类型所属的法律文件外,还涉及成立公司型或者合伙制私募股权基金所需的法律文件,具体可参见本节第一、第二部分。

(三)备案管理

参见本节第一部分公司制私募股权基金的设立程序。

第三节 私募股权基金运作阶段的法律规制

在投后管理阶段,私募股权基金基于投资阶段对项目尽职调查的结果,就被投资企业存在的相关问题进行解决和安排,以确保私募股权基金的投资安全以及被投资企业能够实现发展目标,从而顺利实现投资回报。投后管理的依据主要是基于私募股权基金与被投资企业之间签订的《投资协议》和《公司章程》,以及《公司法》《中华人民共和国合同法》《中华人民共和国中外合资经营企业法》等,这些既是作为安排投资协议具体相关条款的依据,又是实施投后管理的主要依据。怎样把握法律规则在私募股权基金组织形式中的适用是降低投资者投资风险,减少投资纠纷的重要一环。

一、公司型私募股权基金运作阶段的法律规制

公司型私募股权基金是指由投资者作为出资人按照《公司法》的规定组建为以投资管理为目标的公司,由公司董事会决议将公司财产委托给专业化的信托管理机构进行财产的信托管理或者约定由公司管理层对公司财产进行投资运作。其损益由公司投资者按出资比例分享利润承担风险,投资管理人向公司收取受托管理手续费。

采用公司型经营的私募股权基金优势比较明显:公司利用自有资产进行投资,能实现较为集中的投资,有利于控制风险;公司能够通过投资者对于公司股权的转让、上市来实现资本增值。但公司型私募股权基金的运作也会带来严重的代理成本问题。不管是公司管理层代理所有的股东决议,将公司财产委托给专门的基金管理机构管理,还是由管理层自行对公司财产进行投资运作,公司财产的控制权始终掌控在管理层手中。这样就容易发生委托代理关系下的道德风险。为了平衡公司型下相关各方的利益,保证私募股权基金的有效运营,就应当遵守公司法律制度对私募股权基金的相关规定。

(一)公司章程约定规则

公司章程是公司的纲领性文件,规定了公司的经营方针、投资方向、股东的基本权利及义务、行使权利的方法及程序、公司管理机构的管理原则及决策程序等重要事项。在制定公司章程的时候除了应当按照《公司法》规定记载一般记载内容外,还需记载特别记载内容:业绩激励机制、风险约束机制,并约定相关投资运作的决策程序。同时,应善用《公司法》中的任意性条款,即可以在公司章程中特别约定的事项,本着"有约定按约定,无约定按法律"的原则。如果能够充分利用法律对公司自治权的保护,用章程来规范公司的运作,将会对公司型私募股权基金的发展和规避风险起到非常重要的作用。

(二)决策规则

根据《公司法》及公司章程的规定,公司型私募股权基金的决策权属于股东会,经营管理权属于董事会,监督权属于监事会。具体投资业务经营管理的执行由董事会委托给经理层;董事会更多是起到投资决策的作用。一般投资项目由董事会下设的投资

决策委员会决策,重大或者金额较大的投资项目由董事会决策,超出公司章程赋予董事会权限范围的投资项目则应提交股东会表决。

(三) 保证股东权利行使规则

根据《公司法》的规定,股东有知情权、收益权、优先认股权、表决权、监督权以及寻求司法救济等权利。由于私募股权基金的特殊性,其投资行为具有一定的隐密性,基金管理人一般不向投资者公开投资信息,这也是逐渐形成的行业潜规则。但公司制私募股权基金应当遵循《公司法》的规定,保障股东依法行使股东权利,否则有可能引起公司管理层与股东的纠纷。

(四) 管理层勤勉尽职规则

《公司法》对公司管理层的任职资格、职权、义务以及违反义务的法律责任做了比较详细的规定。董事、监事和经理拥有公司的决策权、监督权和执行权,很大程度上控制了公司的运营,但同时他们的利益不一定与公司和股东相一致,甚至可能相冲突。《公司法》规定,董事、监事、高级管理人员对公司负有忠实和勤勉义务,具体体现在禁止自我交易、禁止利用或者篡夺公司机会、禁止竞业;同时还规定了上述人员的善管义务,要求其为实现公司利益最大化努力工作,以适当的方式并尽可能地注意履行对公司的职责。

二、合伙型私募股权基金运作阶段的法律规制

根据《合伙企业法》的规定,有限合伙企业在管理方面的特点是:合伙事务由普通合伙人执行,有限合伙人不执行合伙事务,不对外代表合伙企业。其原因在于两个方面:① 普通合伙人要对企业债务承担无限连带责任,而有限合伙人仅以出资额为限承担有限责任;② 合同合伙人一般为具有管理经验的发起人,而有限合伙人一般为资金雄厚的参与人。这种企业组织形式可以最大限度地实现专业分工和资源的有效配置,即将社会闲散资金与专业的股权投资管理技术有效结合起来。但是在合伙制私募股权基金组织中,作为普通合伙人的基金管理人处于主动地位,有限合伙人处于被动地位,如何平衡各方的利害关系,在私募股权投资过程中获取最大收益,很大程度上取决于《合伙企业法》的有效执行。

(一) 有限合伙人的资金投入规则

《合伙企业法》规定,合伙人应当按照合伙协议约定的出资方式、数额和缴付期限履行出资义务。可见,我国合伙企业实行承诺出资制,即合伙人只需按照合伙协议的约定按期足额缴纳出资,并无最低出资额限制。但是目前各地基本都规定了合伙制私募股权基金的首期到位资金额,基本等同于公司制私募股权基金的规定。例如,国家发改委《关于促进股权投资企业规范发展的通知》要求,股权投资企业"所有投资者的首期实缴出资额应不低于认缴出资额的 20%""所有投资者的认缴出资额合计应不低于 1 亿元人民币或等值外币";上海市规定,股权投资企业的股东或者合伙人应当以自己的名义出资,其中单个自然人股东(合伙人)的出资额应不低于 500 万元;天津市规定,合伙制股权投资企业首期实际缴付资本不少于 1000 万元,股权投资管理机构首期实际交付资本不低于 200 万元。

(二)有限合伙型股权投资基金的投资决策制度

就有限合伙型股权投资基金而言,在权利配制方面,所有权即为利润分配和重大决策参与两项主要由作为货币资本提供者的有限合伙人和人力资本提供者的普通合伙人共同享有,管理权和监督权则分别由普通合伙人和有限合伙人单独享有。在机构设置方面,有限合伙型基金通过合伙人会议来共同行使全体合伙人的共享权利,而在股权投资基金领域除法律强制性规定的治理结构外,均以《委托管理协议》或者《有限合伙协议》的形式确立股权投资基金的投资决策机构——投资决策委员会。

有限合伙型基金中的普通合伙人,即基金管理人享有对于基金运营的广泛控制权。普通合伙人虽然对于有限合伙的出资比例甚少并且可以劳务出资,但是对于股权投资基金的经营决策,诸如投资对象的选择、投资前的评估、尽职调查、投资时机的决定、投资定价及数量、投资协议的签订、投资后的管理、退出等权限,除非合伙协议另有约定,否则完全由普通合伙人自行决定。

日常投资决策权由普通合伙人组建的投资决策委员会享有。投资决策委员会通常由普通合伙人组成,有时还会吸收部分外聘行业专家、财务专家及法律专家等专业人士,外聘专家要求必须具备行业背景、财务背景或法律背景。毋庸置疑,投资决策委员会的设置在一定程度上限制了普通合伙人的自主决策权,客观上可以起到保护有限合伙人利益的作用;同时,外聘财务、法律等专业人士参与基金重大事务的决策,不仅可以增强投资决策的科学性,还能在一定程度上防止有限合伙人滥用权力,三方参与者相互制衡,从而最大程度地保护了各方利益,有利于基金的运营发展。

同时,有限合伙人的出资也并非意味着对企业资产控制权的丧失。《合伙企业法》虽然没有直接规定有限合伙企业应当设立合伙人会议,但却规定了应当经全体合伙人一致同意的事项。因此,全体合伙人通过召开合伙人会议的形式对这些事项进行表决不仅不违反法律规定,而且更有效率,有助于基金的运作。对于有限合伙企业的重大变更事项,应当由包括有限合伙人在内的合伙人会议做出决定,而这些事项并非关于有限合伙企业经营管理的事项。因此,有限合伙人参与这些事项的表决,并不属于执行合伙事务,因而也就没有丧失有限责任保护的危险。

(三)有限合伙型股权投资基金的利润分配制度

对财富高速增资的渴望是股权投资基金的制度产生的直接动因,也是投资者和基金管理人参与其中的根本目的所在,而有限合伙制度保证了智力出资者获得较高的利润分配,实现对基金管理人的经营激励,促进股权投资基金运作效益的提升。因此,在有限合伙制基金募集时,就应当在合伙协议中明确约定利润分配方式;《合伙企业法》亦规定,"合伙协议应当载明利润分配方式""执行事务合伙人可以要求在合伙协议中确定执行事务的报酬及报酬提取方式"。通常,有限合伙制基金在退出每一个投资项目之后所得的收益(即扣除管理费及运营成本后的利润部分),就应当在普通合伙人与有限合伙人之间进行分配。国际通行的基本分配规则是,将投资收益总额的20%分配给普通合伙人,作为其执行合伙事务的报酬;其余的80%由全体有限合伙人按照其出资比例分配。此种分配规则充分认可了普通合伙人即基金管理人对财富增值部分的分配权,最大程度地激发了管理人运用专业技能实现财富增值的热情,缓解了代理成本问题。

三、信托型私募股权基金运作阶段的法律规制

信托型私募股权基金在运作过程中涉及的法律主要有《公司法》《信托法》《合同法》《中华人民共和国民法通则》等法律以及近年来国务院所属部委制定有关信托制私募股权基金业务的管理办法和操作指引,如银监会颁布并于 2007 年 3 月 1 日施行的《信托公司管理办法》和《信托公司集合资金信托计划管理办法》、2008 年 6 月 27 日银监会专门印发的《信托公司私人股权投资信托业务操作指引》和中国证监会于 2014 年 8 月发布的《私募投资基金监督管理暂行办法》。信托制私募股权基金在运作阶段应当遵循的法律规则可归纳为以下几个方面。

(一) 参与当事人的资质限制

由于信托型私募股权基金具有较大的风险性,因此信托法对参与此类投资的当事人的资质进行了限制。

1. 对委托人的限制

私募股权基金信托计划中的委托人即投资者,包括机构投资者和个人投资者。能够参与私募股权基金信托计划的投资者并非社会上的任何投资者,而是必须符合法律规定条件的合格投资者。依据《私募投资基金监督管理暂行办法》第十二条规定,私募基金的合格投资者是指具备相应风险识别能力和风险承担能力,投资于单只私募基金的金额不低于 100 万元且符合下列相关标准的单位和个人:① 净资产不低于 1000 万元的单位;② 金融资产不低于 300 万元或者最近三年年均收入不低于 50 万元的个人。

下列投资者无需审查或者提供证明文件,即可视为合格投资者:① 社会保障基金、企业年金等养老基金、慈善基金等公益基金;② 依法设立并在基金业协会备案的投资计划;③ 投资于的管理私募基金的私募基金管理人员及其从业人员;④ 中国证监会规定的其他投资者。

值得一提的是,以合伙企业、契约等非法人方式,通过汇集多数投资者的资金直接或者间接投资于私募基金的,私募基金管理人或者私募基金销售机构应当穿透核查最终投资者是否为合格投资者,并合并计算投资者人数。

2. 对受托人的限制

在私募股权基金信托计划的受托人即信托公司能够参与私募股权基金信托计划的信托公司也并非经注册成立的所有的信托公司。依据《信托公司私人股权投资信托业务操作指引》的规定,符合条件的信托公司应当"为股权投资信托业务配备与业务相适应的信托经理及相关工作人员,负责股权投资信托的人员达到 5 人以上,其中至少具备 2 年以上股权投资或相关业务经验"。

3. 对投资顾问的限制

投资顾问是指信托公司为了营运私募股权基金信托投资业务并弥补自身体制和机制的不足,对外聘请的私募股权基金的投资专家。依据《信托公司私人股权投资信

托业务操作指引》的规定,投资顾问应满足以下条件:① 持有不低于该信托计划10%的信托单位;② 实收资本不低于2000万元人民币;③ 有固定的营业场所和与业务相适应的软硬件设施;④ 有健全的内部管理制度和投资立项、尽职调查及决策流程;⑤ 投资顾问团队主要成员股权投资业务从业经验不少于3年,业绩记录良好;⑥ 无不良从业记录;⑦ 银监会规定的其他条件。

(二) 委托人、受托人、基金管理人的关系

投资者作为实质意义上的委托人,将资产转移给基金管理人和托管人,管理人与托管人构成实质意义上的共同受托人,这是第一层次的信托关系。同时为了便于操作,基金管理人将募集到的信托基金又转移给托管人进行托管,这是第二层次的信托关系,在该层次中,基金管理人是委托人,托管人是受托人。在整个信托关系中,投资者既是委托人又是受益人。

信托型私募股权基金的投资机构按《信托法》及相关法规设立和运作,即由投资者按照信托合同提供资金组建基金,然后交给作为托管人的金融机构保管、监督,再由作为经理人的管理公司(信托公司)经营管理。投资者不直接参与基金的经营管理,对基金的亏损和债务也只以出资额为限承担有限责任。基金经理人和托管人通常不出资,只分别承担善意的经营管理和保管监督的义务,对基金的亏损和债务不承担责任,而只对违反信托合同和重大工作失误承担过错责任。基金的盈利归投资者支配和分享,基金经理人和托管人通常只分别收取合同约定的相关信托费用作为报酬;该信托费用一般不与经营业绩挂钩。

在信托基金中,银行等金融机构作为保管人对基金财产进行保管,负责执行基金管理人的投资指令、监督管理人投资行为等。基金的使用必须通过保管人进行,这就对经营管理者构成了一定的约束。

(三) 投资范围的限制

信托计划的投资范围限制如下:① 投资于未上市企业股权、上市公司限售流通股或银监会批准可以投资的其他股权的信托业务;② 信托公司以信托资金投资于境外为上市企业股权的,应经银监会及相关监管部门批准;③ 私募股权基金投资于金融机构和拟上市公司股权的,应遵守相关金融监管部门的规定。

此处的未上市公司应符合但不限于以下条件:① 依法设立;② 主营业务和发展战略符合产业政策和环保政策;③ 拥有核心技术或创新型经营模式,具有高成长性;④ 实际控制人、股东、董事及高级管理人员有良好的诚信记录,没有受到相关监管部门的处罚和处理;⑤ 管理团队有与履行其职责相适应的知识、行业经验和管理能力;⑥ 与信托公司及其关联人不存在直接或间接的关联关系,但按照银监会的规定进行事前报告并按规定进行信息披露的除外。

(四) 收益分配规则

信托公司管理私人股权投资信托,可收取管理费和业绩报酬,除此之外,不得收取其他任何费用。信托公司收取管理费和业绩报酬的方式和比例,须在信托文件中事先约定,但业绩报酬仅在信托计划终止且实现盈利时提取。投资人在管理人收取管理费外,会与管理人按照一定比例分享投资收益,一般会比照有限合伙制私募股权基金中

的普通合伙人与有限合伙人的收益分配比例20%：80%。

信托公司除了依法取得报酬外，不得利用信托财产为自己谋取利益；违反规定利用信托财产为自己谋取利益的，所得利益归入信托财产。受托人违反信托目的处分信托财产或者因违背管理职责、处理信托事务不当致使信托财产受到损失的，在未恢复信托财产的原状或者未予赔偿之前，不得请求给付报酬。

第四节　私募股权基金退出阶段的法律规制

一、上市转让退出

首次公开募股(IPO)是私募股权基金最向往的退出方式，它可以给投资人和被投资企业带来巨大的经济利益。在美国，许多成功IPO的公司背后均有私募股权基金的支持，如苹果公司、微软公司、雅虎公司、美国在线等；国内的例子则有分众传媒、携程网、如家快捷等。被投资企业的管理层也很欢迎这种退出方式，因为它既表明了金融市场对企业良好的经营业绩的认可，又维持了公司的独立性，还使企业获得了持续融资的渠道。

(一) 境外上市退出

尽管中国境内有供境内企业进行IPO的交易所，但传统上私募股权基金投资的企业选择境外上市实现退出。中国企业通常采用"红筹"模式实现境外上市。这一模式的优势在于，可以使得私募股权基金避免中国严格的资本管制。在这一模式下，中国公司的所有者一般先投资设立一家境外公司(即特殊目的公司，通常在开曼群岛或英属维京群岛设立)，然后通过设立的境外公司收购中国公司的资产或股权。实践表明，境外公司的控股股东往往就是境内公司的控股股东。境外公司一旦成立就会收购该境内公司，从而成为该境外公司的全资子公司。收购完成时，该境外公司就在境外股票交易所上市，这个过程通常被称为返程收购。

然而，出于对国家经济安全、税收流失及反腐败等因素的考虑，2006年8月8日，商务部、证监会、国家外汇管理局、国家工商行政管理总局、国家税务总局和国务院国有资产监督管理委员会等六部门联合发布了《关于外国投资者并购境内企业规定》(以下简称《并购规定》)，并已于2006年9月8日施行。

《并购规定》第三十九条将"特殊目的公司"定义为"中国境内公司或自然人为实现以其实际拥有的境内公司权益在境外上市而直接或间接控制的境外公司"；第四十条规定特殊目的公司的境外上市应经证监会审批；第四十二条要求境内公司在设立特殊目的公司前须向商务部申请审批，其中规定的文件必须向商务部提交。该规定第四十五条规定，若商务部对提交的文件审批同意，商务部将出具原则批复函，境内公司凭该批复函向证监会报送申请上市的文件，证监会于20个工作日内决定是否核准。获得证监会核准后，境内公司向商务部申领批准证书，商务部向其颁发加注："境内特殊目的公司持股，自营业执照颁发之日起1年内有效"字样的批准证书。根据《并购规定》

第四十六条的规定,境内公司应自收到加注的外商投资企业批准证书之日起 30 日内,向工商行政管理部门和国家外汇管理局办理变更登记,工商行政管理局和外汇局分别向其颁发加注"自颁发之日起行政管理 14 个月内有效"字样的外商投资企业营业执照和外汇登记证。另外,境内公司向工商行政管理局办理变更登记时,应当预先提交旨在恢复股权结构的境内公司法定代表人签署的股权变更申请书、公司章程修正案、股权转让协议等文件。根据《并购规定》第四十七条的规定,境内公司应自特殊目的公司完成境外上市之日起 30 日内,向商务部报告境外上市情况和融资收入调回计划,并申请换发无加注的外商投资企业批准证书。同时,境内公司应自完成境外上市之日起 30 日内向证监会报告境外上市情况并提供相关的备案文件。境内公司还应向外汇局报送融资收入调回计划,由外汇管理机关监督实施。境内公司取得无加注的批准证书后,应在 30 日内向登记管理机关、外汇管理机关申请换发无加注的外商投资企业营业执照、外汇登记证。该规定第四十八条规定了融资收入调回的方法。

《并购规定》对于红筹模式海外上市有着极大的影响,主要体现在:在监管层次上,由原来的地方管理部门提升到中央部门,审批的周期及难度进一步加大;在审批的部门上,由原来的无须审批,到后来的外汇局备案,再到现在的证监会与商务部双重审批,证监会事实上已将红筹上市纳入其行政许可的范围;在上市的期限上,设定了 1 年的上市期限,而且启用了自动恢复程序,发行人没有按照要求顺利完成下一个程序时,已经获得的批准证书自动失效,将自动恢复到股权并购之前的状态。这个文件的施行对红筹模式的可行性增加了不确定因素,在一定程度上加大了私募股权基金通过海外上市退出的难度和风险,也直接导致更多的私募投资企业选择中国 A 股上市实现退出。

(二)境内上市退出

中国证券市场远不如纽约证券交易所、纳斯达克等海外交易市场成熟。而且,外国投资者对于中国市场不甚了解、中国市场上市政策的不稳定性也常常使问题复杂化,加之中国相关法律、法规的缺失,A 股上市一直不是私募股权基金退出的首选。然而,随着一系列法律、法规的修订、出台,这一情况将发生很大变化。首先,我国立法降低了公司在国内上市的门槛。2005 年我国对《公司法》进行修订之后,股份有限公司注册资本的最低限额要求从 1000 万元降至 500 万元;同年修订的《证券法》将上市门槛从 5000 万元降至 3000 万元。这些变化使得中小发行者更易进入中国市场。其次,一系列相应的规章制度的出台使得我国股票发行制度更加透明和合理,增加了 A 股市场的吸引力。A 股上市的监管规则由过去的指标制、通道制演变为今天的保荐制,为私募股权投资企业在 A 股上市退出消除了障碍。长期以来上市公司股权的不完全流通是困扰中国股市的重大问题,也影响了私募股权投资者的信心。自 2005 年起实施的股权分置改革则很好地解决了全流通问题。2006 年 5 月《中国证券监督管理委员会发行审核委员会办法》的施行,使 IPO 审核过程更加透明、高效,同时也缩短了在国内交易所上市所需的时间。事实上,目前我们的上市核准制度使得在国内交易所上市比在某些成熟市场上市所需的时间更短。2008 年 10 月 1 日起生效的沪深证券交易所股票上市规则为私募股权基金从 A 股上市退出提供了更便捷的通道。修改后的股票上市规则放松了首次公开发行中有关持股人的股份流通限制：上市公司控股股东和实际控制人在公司首次公开发行股票上市后 36 个月内，经交易所同意，可以在受同一实际控制人控制的或转让双方存在实际控制关系的法人中转让所持股份。为适应全流通市场发展的需要，对于在发行人刊登首次公开发行股票招股说明书前 12 个月内以增资扩股方式认购股份的持有人，要求其承诺不予转让的期限由 36 个月缩短至 12 个月。上述变化再加上《并购规定》为离岸上市带来的新困难，使 A 股上市自然日益受到外国投资者青睐。

二、并购退出与股权回购退出

并购与股权回购退出的实质都是私募股权基金通过将所持有的股权进行转让来收回投资成本和收益。一般来说，当被投资企业达不到上市要求，无法公开出售股份时，私募股权基金可能选择股权转让方式退出。尽管如此带来的收益通常不及上市退出，但私募股权投资者往往也能够收回全部投资，还可获得可观的收益。

（一）并购退出

并购是兼并与收购的合称。兼并是指两家以上企业合并组成一家新的企业，通常由一家占优势的企业吸收其他企业。收购是指一家企业通过购买目标公司的股票或者资产，从而获得对该目标公司资产的所有权或者对目标公司的控制权。并购是战略资本退出比较常用的一种方式。

从标的角度划分，并购可分为股权并购和资产并购。《并购规定》第二条对此进行了准确的概括："本规定所称外国投资者并购境内企业，系指外国投资者协议购买境内非外商投资企业的股东的股权或认购境内公司增资，使该境内公司变更设立为外商投资企业；外国投资者设立外商投资企业，并通过该企业协议购买境内企业资产且运营该资产，或外国投资者协议购买境内企业资产，并以该资产投资设立外商投资企业运用该资产。"

我国当前与并购退出相关的法律、法规主要涉及以下几个方面。

1. 关于国有资产并购的法律规制

《公司法》《企业国有资产监督管理暂行条例》《股份有限公司国有股权管理暂行办法》《企业国有产权转让管理暂行办法》《企业国有产权向管理层转让管理暂行办法》《企业国有资产评估管理暂行办法》《企业国有产权无偿划转管理暂行办法》《利用外资改组国有企业暂行规定》等相关法律、法规对国有资产并购，从并购的报批程序、资产的评估、转让资产的定价方式以及并购合同的强制条件等几方面做出了规范。

（1）并购的报批程序。国有独资公司的董事会可以针对公司并购事宜做出书面决议，如果导致国有公司丧失控股地位或者公司的合并与分立，则必须由其所属的国有资产监督管理机构决定。其中，重要的国有独资公司的合并、分立应当报其所属国有资产监督管理机构的同级人民政府批准；国有独资公司的重大资产处置，应当报其所属的国有资产监督管理机构批准；国有控股公司、国有参股公司的国有资产转让，由其所属的国有资产监督管理机构决定是否批准；转让企业国有产权致使国家不再具有控股地位的，应当报其所属国有资产监督管理机构的同级人民政府批准；国家股转让数额较大，涉及绝对控股权及相对控股权变动的，须报经国家国有资产监督管理机构及有关部门审批；向境外转让国有股权的，须报经国家国有资产监督管理机构和商务部审批。

(2) 资产的评估程序。出售国有资产都应当进行资产评估，以评估价格作为并购的基准价格。其中，《企业国有资产评估管理暂行办法》对国有资产的评估程序、备案程序进行了明确规定。

(3) 转让资产的定价方式。国有资产的转让及定价方式有形式要求，即必须在正式的产权交易中心挂牌进行，要求国有资产转让必须通过公开的方式征集受让方。当征集的受让方为两个以上时，应当通过拍卖、招投标方式定价；当征集只产生一个受让方时，采取协议方式定价。国有资产的转让价格一般不低于评估价格的90%；当转让价格低于评估价格的90%时，应当获得其所属国有资产监督管理机构或者其同级的批准后方可继续进行。

(4) 并购合同的强制条件。转让企业国有产权导致转让方不再具有控股地位的，应当在签订产权转让合同中明确转让方与受让方协商同意的企业重组方案，包括在同等条件下对目标公司职工的有限安置方案等。

2. 关于外国投资者并购境内企业的法律规定

(1) 外商投资领域的监管。外商投资领域的监管主要体现在《并购规定》中。依据该规定，海外私募股权基金投资境内企业应当遵循公平合理、等价有偿、诚实信用等原则，不得造成过度集中、排除或限制竞争，不得扰乱中国社会经济秩序和损害社会公共利益，不得导致中国国有资产流失。同时，海外私募股权基金还需遵循《外商投资产业指导目录》，不得投资禁止外国投资者独资经营的产业；海外资金并购不得导致外国投资者持有企业的全部股权；需由中方控股或相对控股的企业，该产业的企业被并购后，仍应由中方在企业中占控股或者相对控股地位；禁止外国投资者经营的产业，外国投资者不得并购从事该产业的企业。被并购境内企业的经营范围应符合有关外商投资产业政策的要求；不符合要求的，应当进行相应调整。

(2) 行政审批。按照《指导外商投资方向规定》的规定，外商投资项目分为鼓励、允许、限制和禁止四类。外商投资项目按照项目性质分别由发展计划部门和外经贸部门审批备案。外商投资企业的合同、章程由外经贸部门审批备案。其中，限制类项目由国务院发展计划部门和外经贸部门审批，鼓励和允许类项目由省、自治区、直辖市及计划单列市人民政府的相应主管部门审批，同时报上级主管部门和行业主管部门备案，项目的审批权不得下放。

(3) 行业垄断的规定。《关于外商投资企业合并与分立的规定》和《外国投资者并购境内企业的规定》都有反对行业垄断的规定。这些法规授权商务部、国家工商行政管理总局调查并购过程中的垄断问题，并依据调查结果决定是否批准并购方案。境内企业、政府相关职能部门、行业协会也可以向商务部和国家工商行政管理总局申请进行反垄断调查。反垄断调查的主要项目包括并购当事人的资产规模、市场占有率、并购涉及的关联行业数量等。此外，法规还对并购当事人进行了扩大解释，并购当事人包括外国投资者及其关联企业。

3. 并购境内企业的反垄断审查

企业合并对社会经济的影响是复杂的,既可能产生积极影响(如促进资源流动和合理配置、实现规模效益、提高经济效率等),又可能产生消极的影响(如限制相关市场竞争),还可能同时产生积极和消极两方面影响。因此,各国反垄断法基本上都将企业合并列为重要的规制对象,但并非一概予以反对,而是根据合并的不同情况采取不同对策:对有利于社会经济发展的企业合并予以允许;对严重损害相关市场竞争的企业合并予以禁止;对同时具有积极影响和消极影响的企业合并则权衡利弊后予以禁止或者允许。

2008年8月1日起施行的《中华人民共和国反垄断法》的宗旨在于,预防和制止垄断行为,保护市场公平竞争,提高经济运行效率,维护消费者权益和社会公共利益,促进社会主义市场经济健康发展。投资者应当履行《反垄断法》第四章规定的企业合并涉及"经营者集中"的应当向国务院反垄断执法机构进行申报。国务院反垄断执法机构自收到经营者提交的文件资料之日起30日内,对申报的经营者集中进行初步审查,做出是否实施进一步审查的决定并书面通知经营者。该法规定,国务院反垄断执法机构做出决定前,经营者不得实施集中;国务院反垄断执法机构做出不实施进一步审查的决定或者逾期未做出决定的,经营者可以实施集中。

(二) 股权回购退出

狭义的股权回购是指标的公司通过一定途径购回股权投资机构所持的本公司股份。广义的股权回购则是指在某种情况下,投资机构将受让的或者增资形成的标的公司股权回售给标的公司或者其关联方包括其控制股东、管理层等。此处涉及的是广义上的股权回购。

股权回购退出具有简便易行、成本较低、收益较低、风险可控等特点,但由于我国实行法定资本制,基于资本维持原则,保护相关方权利不受损害,法律对股份有限公司股权回购的态度是"原则禁止,例外允许"。首先,在回购事由上进行了严格限制。根据2005年修订的《公司法》,股份有限公司一般不得收购本公司股份,但是有下列情形之一的除外:① 减少公司注册资本;② 与持有本公司股份的其他公司合并;③ 将股份奖励给本公司职工;④ 股东因对股东大会做出的公司合并、分立决议持异议,要求公司收购其股份的,并且因前三种情形收购本公司股份时,须经股东大会决议。其次,《公司法》对公司所收购的本公司股份的注销或者处置期限也做出限定:属于第一项情形的,应当自收购之日起10日内注销;属于第二项、第四项情形的,应当在6个月内转让或者注销;属于第三项情形的,应当在1年内转让给职工。同时,《公司法》还明确规定,为奖励职工而收购的本公司股份,不得超过本公司已发行股份总额的5%;用于收购的资金应当从公司的税后利润中支出。

采用并购和股权回购这两种退出方式时,还应当注意以下法律问题。

(1) 如果出售的股权涉及国有资产转让,还应当符合《企业国有资产法》《企业国有产权转让管理暂行办法》《企业国有产权交易操作规则》《国有资产评估管理办法》及其实施细则等一系列有关国有资产转让、处置的法律规范。

(2) 如果股权受让方为外国投资者,则除了遵循国内股权交易的法律、法规外,应当适用《关于外国投资者并购境内企业的规定》《外资企业法》及其实施细则等外商投资相关的法律规范。

（3）如果股权受让方为上市公司，尤其是该收购是受让方或其控股公司在日常经营活动之外进行的资产交易且达到规定比例，导致该上市公司的主营业务、资产、收入发生重大变化的资产交易行为，则可能涉及《上市公司重大资产重组管理办法》等法律规范。

如果转让标的是上市公司股权，则可能涉及信息披露、强制要约收购等问题，应当遵循《证券法》《上市公司收购管理办法》等法律规范。

（4）如果标的公司属于银行、保险、证券等实行市场准入制度的行业，且转让股权超过规定比例的，股权受让方的股东资格必须经过该行业主管部门的审核，否则股权转让无法顺利完成。

三、清算退出

对于投资者而言，上市转让退出、并购退出和股权回购退出等情形下主要是考虑投资收益的最大化；而清算退出则是在被投资企业未来收益前景堪忧时的退出方式，主要考虑投资风险与损失的最小化。然而，清算是私募股权基金不得不正视的一个问题。

公司清算是指公司解散或者宣告破产后，依照一定的程序了结公司事务、收回债权、清偿债务并分配财产，最终使公司归于消灭的程序。公司清算可分为破产清算和非破产清算。破产清算是指公司被宣告破产，依破产程序而进行的清算，应当遵循企业破产的相关法律、法规，包括《公司法》《企业破产法》及其实施细则。非破产清算是指非因破产原因而在破产程序之外进行的清算，例如公司因出现公司章程规定的解散事由而解散，因股东会或者股东大会做出解散决议而解散，公司依法被吊销营业执照、责令关闭或者被撤销，还可能因为被股东等利害关系人提起解散之诉而被人民法院判决解散，非破产清算主要遵循《公司法》及其实施细则的规定。

本章小结

1. 私募股权基金作为一种有效支持创业创新的新兴投资制度，在我国经历了多年的探讨和实践。从其目前的发展现状来看，资金的募集、投资管理和退出都已经不再成为其发展的实质障碍，而相关法律、法规和监管政策的出台，才会对其发展速度和方向产生根本上的影响。

2. 私募股权基金生存的法律环境还有很多亟待改进的地方。如前所述，目前香港地区的法律、法规十分繁杂，不仅公司制、合伙制和信托制在募集设立方面适用的法律规范有很大的不同，而且涉及的监管机构也比较多，存在"政出多门""多头管理"的现象。

3. 鉴于《创业投资企业管理暂行办法》及《关于促进股权投资企业规范发展的通知》等主要规范性文件只具有过渡性意义，随着实践经验的积累，今后应当适时升格为行政法规。因此，我们应寄望于通过立法和规制手段不断改进私募股权基金的发展环境,创造出有利于其发展的条件。

复习思考题

1. 我国私募股权投资法律体系主要包括哪几个层次？各层次法律规范在效力上有何区别？
2. 在我国,设立公司型私募股权基金应当具备什么条件？
3. 简述创业投资企业和股权投资企业的备案规则。
4. 在有限合伙型私募股权基金中,实施投资决策应遵循哪些主要规则？
5. 从法制环境的角度分析境内外上市退出的利弊。

扩展阅读

案例一 我国有限合伙型股权投资基金的本土化缺失

在国家和地方政府的大力扶持下,我国的有限合伙制基金取得了较为迅速的发展,但由于缺乏有限合伙制度本身赖以存在的信用环境以及信用义务制度的缺失,其正常发展及功能有效发挥遭遇严峻的现实困境。最初采纳有限合伙制的一些股权投资基金,甚至在运营一段时间以后最终折戟沉沙。

曾经轰动一时的长三角地区首家有限合伙制基金——温州东海创业投资有限合伙企业(以下简称"东海创投")即为其典型。成立于 2007 年 7 月的东海创投,由 10 名合伙人组成,其中有限合伙人 9 名,包括佑利集团等 8 家民营企业和 1 名自然人;普通合伙人 1 名,即北京杰思汉能资产管理有限公司。为确保有限合伙人的资金安全,东海创投设立了"联席会议"作为最高决策机构,全体合伙人均为联席会议成员,会议主席由出资最多的佑利集团的董事长胡旭苍担任。联席会议的决策规则是:以每 500 万元作为一股,每股代表一个表决权,每一项投资决策须获得全表决权的 2/3 才能通过。由于普通合伙人出资最少,只占基金规模的 1%,因此也就在事实上成为有限合伙人聘请的经理,并无最终决策权。这种运作模式的弊端很快便显现出来,致使东海创投无法正常决策,运行陷入僵局,最终导致在成立仅 7 个月之后,有限合伙人与普通合伙人分道扬镳。

东海创投失败的惨痛教训昭示我们:《合伙企业法》中关于普通合伙人信义义务规范的缺失,致使有限合伙人过于担心自己的资金安全,而不能完全信任普通合伙人。应当说,有限合伙人的此种担心的确有其合理性,因为作为普通合伙人的基金管理人拥有对基金运营的广泛的自由裁量权和绝对的控制权;同时由于信息不对称的存在,致使有限合伙人难以对其行为进行观察和监督,由此导致普通合伙人与有限合伙人事实上的不对等地位,普通合伙人实施机会主义行为的风险也就不可避免。为了保护处于弱势地位的有限合伙人的利益,防止普通合伙人滥用管理权,英美衡平法创设了普通合伙人的信义义务(Fiduciary Duty)规则:"普通合伙人应当殚精竭虑、忠诚于合伙企业的事务,不利用职权牟取私利而损害合伙企业和有限合伙人的利益;同时还应当以高度的注意与谨慎履行职责,千方百计地谋求合伙企业利益最大化。"而我国《合伙企业法》尚无普通合伙人信义义务的完整规范,无法对其行为进行必要的约束,从而影响了有限合伙制基金的运作效益。

(资料来源:找法网,《温州式私募股权投资:首家有限合伙企业揭密》)

案例二　汇乐集团非法集资案

自 2006 年起,黄浩等人先后成立了汇乐投资、汇仁投资、汇义投资和汇乐宏宇等公司(以下统称汇乐集团),对外宣称为创投企业,但实际投资范围与汇乐投资毫无关系。黄浩等人通过贩卖零风险、高收益的投资理念,设立上限、发展下线和层层持股的"滚雪球"经营模式,募集资金供自己挥霍或者用于炒股。

汇乐集团吸引社会公众投资,在公司亏损后,仍通过借新还旧或挪用本金等方式向投资者兑现每年 10% 的分红以及承诺超额回购,虚构公司业绩良好、实力雄厚的假象,为后续融资营造声势。

2008 年 7—11 月,黄浩等人又以产业基金名义开始了新一轮融资,先后成立了上海德浩投资管理合伙企业(有限合伙)、天津德厚基金管理有限公司、天津德厚投资基金合伙企业(有限合伙),由天津德厚基金管理有限公司担任基金管理人,以每月 0.9% 的收益为诱饵鼓动投资者以合伙人身份加入上海德浩投资管理合伙企业,所吸收的资金并未进行产业型投资,而是被挪用于炒股。

汇乐集团在三年时间内就从近 800 名投资者手中吸收 1.9 亿元资金。这些资金在员工提成、公司开支、炒股损失和个人消费中被挥霍殆尽。

据相关报道,后来检方将黄浩案定性为非法集资诈骗,理由和证据之一是其募集资金的来源是社会不特定人群,被害人人数众多,且多为 60—80 岁的老年人。此外,汇乐集团的经营管理也十分混乱。例如,为了规避有限合伙制股权投资基金对有限合伙人的人数有不得超过 50 人的限制,汇乐集团采取其他投资者代持的方式进行工商登记。

2010 年 12 月,该案主犯黄浩被人民法院以集资诈骗罪和非法经营罪判处无期徒刑,没收财产 1000 万元,其他同案犯被以非法吸收公众存款罪判处有期徒刑 6 年,并处罚金 10 万元和 30 万元。

本案对于股权投资基金及其投资者均有启示意义。对于前者,应严格遵守法律对于发行对象和发行方式的规定,充分揭示风险,不得向投资者承诺固定回报;对于后者,则需对投资持审慎态度,在投资之前应当对基金的经营范围、发起人身份等信息进行必要的核实,以免落入非法集资的圈套。

(资料来源:搜狐财经,《PE 非法集资第一案引发业界热议》;财新网,《上海证监局详解汇乐 PE 非法集资骗局》)

第十四章 私募股权投资模式及股权变更法律制度

学习目的

通过本章的学习,认识和理解私募股权投资模式及股权变更的法律制度;掌握增资入股与股权转让两种模式的程序和基本的法律问题;结合投资模式的特点,在实务中能对于股权变更做出有利于基金运作的选择。

私募股权投资及股权变更模式主要有增资扩股、股权转让、增资扩股和股权转让并用、股权投资与债权投资并用以及实物与现金出资设立被投资公司,尤以前三种模式最为常见。在实践中采取何种模式,需要综合考虑每种方式的优点、缺点以及目标公司的具体情况、我国现行的法律规定等多种因素。

第一节 增资扩股

一、增资扩股

增资扩股模式是指被投资公司通过由新股东投资入股或原股东增加投资的方式扩大股权,从而增加公司的资本金。增资扩股所引起的公司的股权重组并不需要经过公司清算程序,并且公司对外的债权、债务关系在股权重组后仍然维持不变。增资扩股可以分为有限责任公司和股份有限公司两种。对于有限责任公司来说,增资扩股增加的是公司的注册资本,股本新增加的部分由新股东认购或者由新股东与老股东来共同认购。对于股份有限公司来说,增资扩股是指公司向少数特定投资者发行股票募集股份,由新股东投资入股或由原股东增加投资以扩大其原有的股权份额,相应地增加公司的资本金。[1]

---

[1] 隋平,董梅.私募股权投资基金操作细节与核心范本[M].北京中国经济出版社,2013:291。

（一）增资扩股的方法

我国公司增加出资额，有以下三种方式。

1. 增加股份数额

增加股份数额简称增发新股，是指在原定公司股份总数之外发行新的股份。这种发行新股不受公司原资本总额所限。根据我国《公司法》的规定，我国股份有限公司的增资方式在一般情况下，限定为增发新股，这也是私募股权投资关注的一个重点。增加股份数额可以分为以下三种形式。

（1）以公司未分配利润、公积金转增注册资本。公司税后利润首先必须用于弥补亏损和提取法定公积金（提取比例为10%，公司法定公积金累计额超过公司注册资本50%的，可以不再提取），有剩余的，方可在股东之间进行分配。分配公司利润时，经股东会决议，可将之直接转增注册资本，增加股东的出资额。增加公司资本是公积金的用途之一，需要注意的是，法定公积金转为注册资本时，所留存的该项公积金不得少于转增前公司注册资本的25%。另外，公司以未分配利润、公积金转增注册资本的，除非公司章程有特殊规定，否则有限责任公司应当按照股东实缴的出资比例，股份有限公司应当按照股东持有的股份比例增加股东的注册资本。

（2）公司原股东增加出资。公司原股东可以将货币或者其他非货币财产作价投入公司，直接增加公司的注册资本。作为出资的非货币财产应当评估作价，核实财产，不得高估作价或者低估作价；作为出资的货币应当存入公司所设银行账户，作为出资的非货币财产应当依法办理其财产权的转移。

（3）新股东投资入股。增资扩股时，投资者可以通过投资入股的方式成为公司的新股东。新股东投资入股的价格，一般根据公司净资产与注册资本之比确定，溢价部分应当计入资本公积。上市公司发行的可转换债亦可转换为公司注册资本，转换后公司注册资本增加，债券持有人身份从公司债权人转换成为公司股东。从另一个角度来看，公司进行增资扩股可以通过改变原有出资比例和按照原有出资比例增加出资额。前者既适用于股东内部，也可用于原股东之外的第三方出资增资情形；后者并不改变出资额比例，主要适用于股东内部增资。私募股权基金通过增资扩股进入目标公司主要通过第一种方式进行。对于私募股权基金而言，增资扩股主要适用于首次股权投资。由于新股被私募基金认购，原股东的股权比例会被稀释，但程度往往小于股权转让导致的原股东股权稀释。采用增资扩股模式，公司向新进入的投资者增发新股，公司获得新的资本。因为增加了营运资金，可能因此增加有利的业务收益或减轻负债，避免拏息吃利的现象；这种方式比较有利于公司的进一步快速发展。而对于现有股东而言几乎没有任何眼前利益。

2. 增加股份金额

增加股份金额简称扩大资本，是指在不改变公司原定股份总数的前提下增加每个股份的金额。这种方法实质上是要求公司的既有股东增加自己的股份出资。

一般来说，这种扩大资本的增资方法主要限于公司股东内部，私募股权投资很难有所作为。

3. 既增发新股,又扩大股本

即上述两种方式并行采用。私募股权投资可以出资购买增发的新股,同时原有股东也会增加部分的投资甚至改变原有的股权结构。但是,增资扩股模式也存在着一定的弊端:如果增资扩股没有价值链互补效应,就无法达到资本运作的效果。而对于现有股东来说,既要出资又被摊薄股权。因此,在实践中要注意防止不规范的操作,如果增资扩股行为不规范,就会得不偿失。这些不规范的操作通常有:

(1) 不计成本,对入股者承诺过高分红水平或搞存款化的股金。超过公司的承受能力而对入股者承诺过高分红水平,或者搞存款化股金,这样就会增加公司成本,扩大公司的亏损,降低公司的营利能力。

(2) 仅仅注重组织资格股,不注重组织投资股,忽视股金的结构对称性和稳定性。这种做法可能会导致资格股数年后陆续退出,导致公司的资本金严重不足,抗风险能力大大减弱。

(3) 注重募集新股金,忽视对老股本的清理和处置,这样只会对今后股本的管理和分红带来负面影响。

(4) 注重给职工下扩股任务,不注重面向社会公众集资扩股。如果片面强调给职工下任务扩股,职工就会像组织存款一样组织自己的亲朋好友入股,那么就会吸收大量的关联股本,形成内部人控制,与改制建立现代公司制度以寻求上市的愿望相违。

一般来说,如果公司的业务规模和风险程度不变,增资扩股可以改善公司现金流的状况。但是如果只是片面地强调注册资本越大越好,业务规模越大越好,而忽视了资产质量、业务规模控制及内部风险管理,则会导致风险以更大的速度增长,那么现金流的状况反而可能会再度恶化。特别是在增资扩股之后,目标公司的风险就是私募股权基金的风险。目标公司的核心目标应当是股东利益最大化,公司过快扩张的资本将给公司带来沉重的盈利压力。而且沉重的盈利压力有时会诱发管理层的道德风险和机会主义行为,逼迫他们铤而走险,为了实现利润目标而不顾风险地盲目扩大业务规模,或者转向从事高风险的业务,甚至进行违法经营。[①]

(二) 增资扩股的程序

增资扩股是公司融资的常用手段之一,私募股权投资中的增资扩股与一般的公司内部增值扩股有所不同,后者主要是简单地增加公司注册的资本金,改变股权结构。私募股权投资中的增资扩股实质上是对拟投资公司进行资产评估,利用公司现有的资产和私募股权基金的出资资本成立一个新的公司,私募股权基金在新公司依照出资额占有一定的股权。应该说,公司原来的注册资金和增资扩股没有太大关系,因为公司现有的资产可能大于或小于原来的注册资本,不能以原始出资额作为增资扩股的依据。私募股权投资中的增资扩股一般按照以下程序办理。

1. 达成初步合作意向

私募股权基金与被投资公司通过沟通和谈判,达成初步合作意向(一般要签署一个合作备忘录),双方愿意就目标公司的增资扩股、引进新的投资人事项进行深入

---

① 关景欣.中国私募股权基金法律操作实务[M].北京:法律出版社,2008:45—46.

谈判。

达成初步合作意向是增资扩股的第一步,但并不意味着双方必须进行此次合作,只是说双方均有合作的意愿,希望将合作推进到下一个程序。

2. 取得公司同意增资扩股的决议

根据《公司法》的规定,有限责任公司股东会对增加公司资本做出决议,必须经代表2/3以上表决权的股东通过。股份有限公司对增加注册资本的决议,必须经出席股东大会会议的股东所持表决权的2/3以上通过。即增资扩股决议属于公司重要事项,需要得到法定比例的股东人数通过才有效。

一些股权结构比较复杂或者分散的公司,尽管私募股权基金接触的公司高层管理人员愿意进行增资扩股,但是未必达到法律的要求。如果公司没有类似董事会表决决议之类的文件同意增资扩股,可能在后续的实际操作中带来法律纠纷,比如增资扩股无效,带给私募股权基金将是无尽的烦恼。只有在确定公司增资扩股符合法定规范的前提下,才能进入下一个环节。

3. 开展清产核资、审计和资产评估工作

在清产核资和审计的基础上,应当委托具有相关资质的资产评估机构依照国家有关规定对目标公司和作为增资的资产(引进私募股权基金时一般为货币资产,无须评估)进行资产评估。评估报告经私募股权基金评审后,作为确定增资扩股时公司现有资产作价的参考依据。

在清产核资过程中,可能会出现比较复杂的问题。比如不良资产剥离等公司重组的问题,也就是新公司不是原盘接收原来公司的所有资产,而是有选择性地接收原有公司的资产,当然也可以将不属于原公司的关联资产合并到新公司里面。这样,资产评估报告实际上对新公司资产有一个明确的界定,以便新公司准确地经营管理属于自己的资产。私募股权基金也可以明白自己的出资占有了哪些资产的股权,以防止投资资产的模糊混乱和流失。

值得注意的是,公司资产的评估值只是重要的参考依据,在实际操作时,该资产价值可能溢价或折价作资入股。

4. 合作各方签订增资扩股协议

经过比照公司的原有资产,合作各方拟定增资扩股协议,充分协商后签署协议。

增资扩股协议应该界定公司增资前和增资后的注册资本、股本总额、股本结构、种类(优先股/普通股等)、每股金额。

增资扩股协议还应该申明公司原有股东同意放弃优先购买权,接受私募股权基金作为新股东对公司以现金方式增资扩股。增资扩股协议还应该对保密条款、违约处理、不可抗力、协议终止与解除等进行细致规定。

5. 缴纳资本并验资

有限责任公司增加注册资本时,股东认缴新增资本的出资,按照《公司法》设立有限责任公司缴纳出资的有关规定执行。股份有限公司为增加注册资本发行新股时,股东认购新股应当按照《公司法》设立股份有限公司缴纳股款的有关规定执行。

股东缴纳出资后,必须经依法设立的验资机构验资并出具证明。

6. 变更公司章程,履行相应的变更登记手续

公司增加注册资本,应变更公司章程,依法向公司登记机关办理变更登记手续。

(三)增资扩股注意事项

总体来说,私募股权基金在公司增资扩股中有较多的投资机会。公司增资扩股如果发布公开的说明书,表明公司的融资需求比较强烈,同时也表明公司的资金状况不是很好,已经到了不进行融资不行的时候,对于投资方来说风险较大,应注意加强控制。

同时,由于公开进行增资扩股,私募股权基金面临的竞争也比较大,众多的投资者可能抬高投资的门槛,加剧了投资的风险。当然,一些大型国有公司的增资扩股按照要求必须公开进行,成为一些大型投资机构包括国际资本大鳄追捧的对象,本土的私募股权投资鲜有机会。这是我国本土私募股权基金少在公开的增资扩股活动中露面的原因。

本土私募股权基金热衷于探寻到面临困境但又具有发展潜力的公司进行私募股权投资。在这种投资中,可以灵活地选用增资扩股的方式,特别是一些公司注册资本金较少,不太符合上市要求,选用增资扩股提前解决了这个问题。不过,寻找适合的投资公司是一件费神费力的事情,会增加私募股权投资的成本。总体来说,公开的增资扩股是人所尽知,注意加强风险控制,而私募股权基金自己寻找投资公司要眼光独具、信息灵通,注意降低成本,通过较低的代价获取较好的投资机会。

(四)公司增资扩股说明书

公司进行增资扩股需要提供增资扩股说明书,该说明书是邀请意向投资者出资入股的书面材料。公司增资扩股说明书一般包括以下内容。

第一部分　增资扩股方案

一、增资扩股的方式

二、增资扩股的定价

三、新增股本的数量

四、本次增资扩股的期限

第二部分　公司基本情况

一、公司设立及其历史沿革

二、前次募集资金的使用情况

三、公司的组织结构图

四、公司控股股东及其他主要股东情况

五、本次增资扩股后公司股本和股权比例的变化情况

六、董事、监事、高级管理人员的基本情况

> **第三部分　业务与技术**
>
> 一、公司所处行业概况与公司的发展前景
> 1. 行业概况及发展前景
> 2. 影响行业发展的有利因素和不利因素
> 3. 公司的主要竞争对手
> 二、公司的主要业务
> 三、公司的质量控制体系
> 四、公司的技术水平
>
> **第四部分　公司财务情况**
>
> **第五部分　公司业务发展目标**
>
> 一、当年及未来三年的发展计划
> 二、本次募集资金使用对实现公司业务发展目标的作用
>
> **第六部分　本次募集资金运用及效益预测**
>
> **第七部分　风险及对策**
>
> 一、风险因素
> 二、风险防范措施

公司的增资扩股说明书是私募股权基金认识公司的第一个窗口。在私募股权基金投资的公司，可能存在公司再次增资扩股进行融资的需要，因此，有必要掌握增资扩股说明书的要素。一般来说，增资扩股说明书应从下列几个方面进行阐述。

1. 增资扩股方案

（1）公司的净资产总额（一般为原有股东出资金额）及占有增资扩股后的股权比例、拟增资总额及其占有增资扩股后的股权比例等介绍。原有股东一般为要约发起人，如果要约发起人主体不明，则存在原公司股东意见不统一的风险。

（2）合格投资者的条件限制，这表明要约发起人希望什么样的人投资，私募股权基金经过对照如果不符合要求，就不必深入下去。

（3）认购事宜，包括最低认购数、认购期限、认购流程、认购申报文件等限制性要求的说明，投资时必须注意符合要求。

2. 公司介绍

公司介绍主要包括增资扩股公司的基本情况、历史沿革、发展态势、组织结构、主要参控股公司、人力资源状况、高级管理人员介绍等。

这是了解拟投资公司的重要信息，特别是关于人力资源和高级管理人员的信息，容易被人们忽略。公司的人员构成决定了公司的发展潜力，不容小觑。

3. 业务介绍

业务介绍主要包括业务范围、业务经营状况、产品与服务、成功经营案例、重要的供货商、经销商（分销和代理等）、经销渠道、合作伙伴、核心技术（专利和知识产权等）、

重要的合作计划与协议内容等。

4. 财务会计信息

主要是阐述最近阶段（一般为最近 3 年）的资产增值情况、收入和支出、利润和税收、所有者权益等。

需要提供对应的年度资产负债表、损益表，一般以附件的形式附在说明书后面。

5. 利润分配政策

分别阐述公司现行的股利分配政策和增资扩股后的股利分配政策，并就政策的变化加以对比。同时申明公司现有股东将享有本公司的未分配利润直至增资扩股完成之日，其后实现的利润由新老股东共享。

6. 发展规划

主要包括公司的总体发展目标、近期目标、中期目标、长期目标，公司发展的基本战略、发展措施和实施计划等，主要是为了增强投资者的信心。

7. 本次募集资金的运用

主要包括增资扩股募集资金的运用计划、用途等说明和介绍。

8. 增资扩股后的损益预测

主要是增资扩股后 3 年（或 5 年）的主营业务收入、主营业务支出、营业税金及附加支出、投资收益、利润总额、公司所得税支出、净利润等损益预测。

9. 参股出资认购意向书

在增资扩股说明书的最后，一般会附上参股出资认购意向书，供投资者填写确认。[①]

第二节　股权转让

一、股权转让

（一）股权转让的方法

股权转让是指公司原股东将自己的股份让渡给他人，使他人成为公司股东的行为。股权转让是股东行使股权经常采用的普遍的方式。一般来说，有限责任公司股东转让出资的方式有两种：一是股东将股权转让给其他现有的股东，即公司内部的股权转让；二是股东将其股权转让给现有股东以外的其他投资者，即公司股权的外部转让。这两种形式在条件和程序上存在一定差异。

1. 内部转股

出资股东之间相互转让其持有的股份，属于股东之间的内部行为。按照《公司法》的规定，这种转让在股东之间达成转让协议之后，变更公司章程、股东名册及出资证明书等即可发生法律效力。如果股东之间发生权益之争，可以以此作为依据。

---

① 增资扩股协议范例见书后附录三。

2. 向非股东转股

原有股东向股东以外的第三人转让股份,是对公司外部的转让行为。《公司法》第71条第2款规定:"股东向股东以外的人转让股权,应当经其他股东过半数同意。股东应就其股权转让事项书面通知其他股东征求同意,其他股东自接到书面通知之日起满三十日未答复的,视为同意转让。其他股东半数以上不同意转让的,不同意的股东应当购买该转让的股权;不购买的,视为同意转让。"该法第71条第3款规定:"经股东同意转让的股权,在同等条件下,其他股东有优先购买权。两个以上股东主张行使优先购买权的,协商确定各自的购买比例;协商不成的,按照转让时各自的出资比例行使优先购买权。"此外,根据《公司法》的规定,除按照上述规定变更公司章程、股东名册以及相关文件外,还需要在工商行政管理机关办理变更登记。

实践中股权转让的实施,可依两种方式进行:一是先符合上述程序性和实体性规定后,与受让人签订股权转让协议,使受让人成为公司的股东。这种方式对双方都没有太大风险。但是需要在没有签订股权转让协议之前签订股权转让草案,对股权转让相关事宜进行约定,并约定违约责任的承担。二是转让人与受让人先行签订股权转让协议,由转让人在公司中履行程序及实体条件。由于存在不能实现股权转让的可能性,这种方式对受让人而言风险很大。一般来说,受让人要先支付部分转让款,如股权转让不能实现,受让人就要承担追回该笔款项存在的风险。

(二)股权转让一般程序

有限责任公司股权转让需要履行相关变更手续。《公司法》第74条规定:"依照本法第七十一条、第七十二条转让股权后,公司应当注销原股东的出资证明书,向新股东签发出资证明书,并相应修改公司章程和股东名册中有关股东及其出资额的记载。对公司章程的该项修改不需再由股东会表决。"

股份有限公司股权转让受到的限制相对较少,《公司法》第138条规定:"股东持有的股份可以依法转让。"股份有限公司股权转让主要集中于对发起人、公司董事、监事、高级管理人员作为转让方的限制。《公司法》第142条规定:"发起人持有的本公司股份,自公司成立之日起一年内不得转让。公司公开发行股份前已发行的股份,自公司股票在证券交易所上市交易之日起一年内不得转让。公司董事、监事、高级管理人员应当向公司申报所持有的本公司的股份及其变动情况,在任职期间每年转让的股份不得超过其所持有本公司股份总数的百分之二十五;所持本公司股份自公司股票上市交易之日起一年内不得转让。上述人员离职后半年内,不得转让其所持有的本公司股份。公司章程可以对公司董事、监事、高级管理人员转让其所持有的本公司股份作出其他限制性规定。"该法对发起人等特定人群作为转让方作出限制,对其他转让方并无限制,即非法律限制主体作为转让方可依法转让股份。

与增资扩股不同,股权转让是公司股东之间或者股东与第三人之间的交易,并不涉及目标公司本身。股权转让的对价是由股权受让方向转让股权的原股东支付,并不进入目标公司。此外,公司的注册资本以及股份总数并不因股权转让交易而发生变化,只是在原股东之间或原股东和新股东之间重新分配股份。对于目标企业而言,增资扩股较股权转让对原股东利益影响较小,而且能够给企业带来新的资本,可用于企业的发展壮大,因此它们往往更倾向于接收私募股权基金以增资扩股的方式进入。

一般来说,公司股权的转让需要履行以下程序:

(1) 股权出让和受让双方进行初步的交流,达成股权转让的初步意向。

(2) 由受让方对企业进行尽职调查。

(3) 在尽职调查的基础上,出让方和受让方进行实质性的协商和谈判。如果是首次私募投资的谈判,通常谈判方仅包括目标公司原股东和私募股权投资方。除了股权转让的份额、股权转让价款及支付方式、股权转让的交割期限及方式之外,谈判的另一项核心内容就是私募股权投资方取得的一些特殊权利,例如优先认购权、优先购买权、优先分红权、优先清算权、赎回权等。对于前任私募股权投资方将股权转让给新的私募股权投资方的情况,除了股权的出让方和受让方,目标公司的原股东往往也会参与谈判。谈判的内容还会包括对原私募股权投资方享有的特殊权利的调整。

(4) 国有、集体企业出让方向上级主管部门提出股权转让申请,并经上级主管部门批准。

(5) 评估、验资或者协商以确定股权转让价格。

(6) 出让的股权属于国有企业或国有独资有限公司的,需到国资委进行立项、确认,再到资产评估事务所进行评估。其他类型企业可直接聘请会计事务所对变更后的资本进行验资。

(7) 出让方召开职工大会或股东大会。集体性质的企业需召开职工大会或职工代表大会,按《中华人民共和国工会法》条例形成职代会决议。有限责任公司需召开股东大会,并形成股东大会决议,按照公司章程规定的程序和表决方式通过并形成书面的股东大会决议。

(8) 股权变动的公司需召开股东大会,并形成决议。

(9) 出让方和受让方签订股权转让合同或股权转让协议。其内容主要包括:转让方与受让方的名称、住所、法定代表人的姓名、职务、国籍等;转让方的告知义务;公司简介及股权结构;股权转让的份额,股权转让价款及支付方式;股权转让的交割期限及方式;股东身份的取得时间;股权转让变更登记,实际交接手续;股权转让前后公司债权债务;股权转让的权利、义务;违约责任;法律争议的解决;双方的通知义务、联系方式;协议的变更、解除约定;协议的签署、生效;协议订立时间、地点。

(10) 由产权交易中心审理合同及附件,并办理交割手续。

(11) 到各有关部门办理变更、登记等手续。

变更登记手续包括股权过户和公司变更登记两个方面。股权过户是指股权在投资者之间转移引起的股权的登记变更。现代证券交易的对象大多是记名式证券。由于没有实物载体,股东对相应证券的所有权无法凭借实物券来体现,而是在股东名册上对股东的姓名等资料进行登录从而确认其股东身份,并明确相应权利、义务的法律关系。在证券交易中,股东的身份会不断发生改变,权利、义务不断在交易者之间转移,要求能够对已有的股权登记进行修改。股权过户操作程序是,过户双方到股权托管机构填写股权过户申请表,交验过户双方有效身份证明、产权证等相关材料,打印过户凭单,过户双方确认签字盖章,到股权托管机构办理登记过户。

公司变更登记包括注销和签发出资证明书、变更股东名册、修改公司章程、进行工商登记变更。

(三)国有股权转让的程序

为了防止国有资产流失,体现国有资产的价值量,保护国有资产所有者和经营者的合法权益,国有股权转让需要遵守国有资产转让的特殊规定。2003年12月31日国务院国有资产监督管理委员会同财政部联合发布《企业国有产权转让管理暂行办法》,规范了企业国有产权转让的全过程,明确了审批程序。企业国有产权转让的程序主要包括企业可行性研究和内部决策、报主管机关批准、清产核资和审计、资产评估、通过信息披露征集受让方、组织实施产权交易、按合同约定支付转让价款、办理相关产权登记手续等。在中国,如果对国有股权进行转让的,需要严格执行特别的程序规定。对于转让方而言,国有股权交易需要经过内部决策、初步审核、资产评估、申请挂牌、签订协议、审批备案、产权登记一系列程序。

其相关具体规定如下:

(1)国有独资公司股权转让要符合特殊的内部程序要求,应当由董事会审议;没有设立董事会的,由总经理办公会议审议。涉及职工合法权益的,还应当听取转让标的企业的职工代表大会的意见,对职工安置等事项应当经职工代表大会讨论通过。

(2)国有公司股权转让要由出让方向上级主管部门提出股权转让申请,并经上级主管部门批准。具体来说,国有资产监督管理机构决定所出资企业的国有产权转让,转让企业国有产权致使国家不再拥有控股地位的,应当报本级人民政府批准。所出资企业决定其子企业的国有产权转让,重要子企业的重大国有产权转让事项,应当报同级国有资产监督管理机构会签财政部门后批准;涉及政府社会公共管理审批事项的,需预先报经政府有关部门审批。申请人需要提供以下材料:转让企业国有产权的有关决议文件;企业国有产权转让方案;转让方和转让标的企业国有资产产权登记证;律师事务所出具的法律意见书;受让方应当具备的基本条件以及准机构要求的其他文件。

(3)为了确定国有股权的价值,转让方应当委托具有相关资质的资产评估机构依照国家有关规定进行资产评估。评估报告经核准或者备案后,作为确定企业国有产权转让价格的参考依据,在产权交易过程中,当交易价格低于评估结果的90%时,应当暂停交易,只有在获得相关产权转让批准机构同意后方可继续进行。

(4)国有股权转让必须通过有资格的产权交易机构征集受让方。转让方应向产权交易机构提交下列申请文件:产权转让申请书、转让方和转让标的企业法人营业执照、组织机构代码证、转让标的企业国有资产产权登记证、转让方的内部决策文件、产权转让有权批准机构同意产权转让的皮肤或决议、转让标的企业资产评估报告、资产评估项目核准表或备案表、转让标的企业审计报告、律师事务所出具的法律意见书、产权交易委托合同。转让标的企业为有限责任公司的,提交标的企业的股东会决议和公司章程;转让标的企业为中外合资或中外合作企业的,提交标的企业的董事会决议和公司章程;涉及职工安置的,提交标的企业职工代表大会决议。产权交易所对意向受让方进行形式审核,并出具产权受让申请受理通知书,转让方股权则可上市交易。转让方应当将股权转让公告委托产权交易机构刊登在省级以上公开发行的经济或者金融类报刊和产权交易机构的网站上,公开披露有关企业国有股权转让信息,广泛征集受让方。产权转让公告期为20个工作日。挂牌期间,私募投资者作为意向受让方向产权交易所提出股权受让申请,并提交以下文件:产权受让申请书、法人资格证明文件或自然人身份证复印件、企业法人的近期资产负债表、损益表、公司章程复印件、有关此次受让内部决议及批准情况、产权交易委托合同、符合受让条件的相关文件或证明、按照交易规则应提交的其他文件及材料。交易所同转让方将依据转让方提出的受让条件和国家有关规定,对意向受让方进行资格审核,并出具产权受让申请受理通知书或产权受让申请不受理通知书。挂牌期满,只产生一个符合条件的意向受让方的,可以采取协议转让的方式。转让方和意向受让方洽谈成功,确定其为受让方,草签产权转让合同,并按照程序进行内部审议。经公开征集产生两个以上受让方时,转让方应当与产权交易机构协商,根据转让标的的具体情况采取拍卖或者招投标方式组织实施产权交易。

(5) 私募股权投资方和国有股权转让方签订股权转让合同。根据《企业国有产权转让管理暂行办法》的规定,股权转让合同内容应包括:转让与受让双方的名称与住所、转让标的企业国有股权的基本情况、转让标的企业涉及的职工安置方案、转让标的企业涉及的债权、债务处理方案、转让方式、转让价格、价款支付时间和方式及付款条件、股权交割事项、转让涉及的有关税费负担、合同争议的解决方式、合同各方的违约责任、合同变更和解除的条件、转让和受让双方认为必要的其他条款。

(6) 企业国有股权转让成交后,转让和受让双方应当凭产权交易机构出具的产权交易凭证,办理相关产权登记手续。

以北京产权交易所规定为例,国有产权转让的程序主要分解如下。

1. 提交转让申请

转让方应委托经纪会员向北京产权交易所(以下简称"北交所")提交以下申请文件:

(1) 产权转让申请书
(2) 转让方和转让标的企业法人营业执照、组织机构代码证;
(3) 转让标的企业国有资产产权登记证;
(4) 转让方的内部决策文件;
(5) 产权转让有权批准机构同意产权转让的批复或决议;
(6) 转让标的企业为有限责任公司的,提交标的企业的股东大会决议和公司章程,转让标的企业为中外合资或中外合作企业的,提交标的企业的董事会决议和公司章程;
(7) 涉及职工安置的,提交标的企业职工代表大会决议;
(8) 转让标的企业资产评估报告,资产评估项目核准表或备案表;
(9) 转让标的企业审计报告;
(10) 律师事务所出具的法律意见书;
(11) 向转让标的企业法定代表人转让的,提交法定代表人的经济责任审计报告;
(12) 产权交易委托合同。

2. 转让申请审查

转让方委托经纪会员提交文件齐备后,北交所对转让文件进行形式审查,审查通过的,向转让方出具产权转让受理通知书。

3. 信息披露

产权交易项目挂牌公示不少于20个工作日。通过北交所网站、电子显示屏及指定的各类媒体对外披露产权交易信息。

4. 提交受让申请

挂牌期间,意向受让方应委托经纪会员向北交所提交以下文件:

(1) 产权受让申请书;

(2) 法人资格证明文件或自然人身份证复印件;

(3) 企业法人的近期资产负债表、损益表;

(4) 公司章程复印件;

(5) 有关此次收购的内部决议及批准情况;

(6) 产权交易委托合同;

(7) 符合受让条件的相关文件或证明;

(8) 按照交易规则应提交的其他文件、材料。

5. 受让申请登记

北交所对所有提出受让申请的意向受让方均予以登记,并出具产权受让申请登记通知书。

6. 受让申请受理

北交所会同转让方依据转让方提出的受让条件和国家有关规定,对意向受让方进行资格审核,并出具产权受让申请受理通知书或产权受让申请不受理通知书。

7. 确定受让方

挂牌期满,只产生一个符合条件的意向受让方的,转让方和意向受让方洽谈成功,确定其为受让方;产生两个及以上符合条件的意向受让方的,转让方按照约定通过拍卖、招投标、网络竞价或北交所组织的其他竞价程序确定受让方。

8. 签订交易合同

转让方和受让方签订产权交易合同(至少6份)。

9. 交易价款结算

受让方将产权交易价款交纳至北交所。如最终受让方属于管理层,价款应来源于管理层本人银行账户。

10. 出具交易凭证

产权交易价款到账后,北交所审核并出具产权交易凭证。交易双方将产权交易服务费统一交纳至北交所并领取产权交易凭证。

11. 办理变更手续

转让方向北交所出具工商部门变更后的企业法人营业执照和工商部门批准的企业组织章程,并领取产权交易价款。

(四)股权转让意向书与股权转让协议书的内容

1. 股权转让意向书的内容

股权转让双方经过初步接触后,就会签订股权转让意向书。股权转让意向书是股权转让双方谈判后就股权转让事宜达成的初步协议,也可称为备忘录。其作用在于:股权转让双方达成的初步协议可以作为继续磋商的基础,同时可依此做进一步的审查作业。一般来说,股权转让意向书的内容有些有法律约束力,有些没有法律约束力。其中,保密条款、排他协商条款、费用分摊条款、提供资料与信息条款和终止条款有法律约束力,其他条款的效力视股权转让双方的协商结果而定。

(1) 股权转让标的条款。

主要说明股权转让方拟转让的对象具体的范围和数量等。

(2) 保密条款。

保密条款的作用有二:其一,可以防止股权转让方对目标公司的股权转让意图外泄,从而对股权转让双方造成不利影响,股权转让意向书一般都会约定诸如"股权转让的任何一方在共同公开宣布股权转让前,未经对方同意,应对本意向书的内容保密,且除了股权转让双方及其雇员、律师、会计师和股权转让方的贷款方之外,不得向任何其他第三方透露"的内容;其二,可以防止股权转让方将目标公司向其提供的资料向外公开。当然,如果有法律强制公开的情况,则不在保密条款的效力范围之内。

(3) 提供资料与信息条款。

该条款要求目标公司向股权转让受让方提供其所需的资料和信息,尤其是没有向公众公开的资料和信息,有利于股权转让方了解目标公司。

(4) 费用分摊条款。

该条款主要规定无论股权转让是否成功,股权转让双方都要共同来分担因股权转让事项产生的费用。

(5) 对价条款。

主要说明股权转让受让方打算给出的对价的性质和收购价格的数额或计算公式等。

(6) 进度安排条款。

主要说明后续的股权转让活动的步骤和大致时间。

(7) 排他协商条款。

股权转让受让方为了取得独家股权转让谈判的地位,可能会规定这个条款。该条款主要规定没有取得股权转让受让方同意,目标公司不得与第三方公开或者私下进行股权转让接触和谈判;否则视为目标公司违约,并要承担违约责任。

(8) 终止条款。

该条款明确规定,如果股权转让双方在某一规定期限内无法签订股权转让协议,则意向书丧失效力。

2. 股权转让协议的内容

(1) 陈述与保证条款。

陈述与保证条款可谓股权转让协议中最长的条款,内容也极尽烦琐,但是这是必需的,因为这是约束目标公司的条款,也是保障股权转让受让方权利的主要条款。后面的其他条款又以该条款为基础,所以它对于股权转让受让方的重要性不言而喻。通常来说,股权转让受让方的法律顾问的资历越深、相关业务水平越高,那么这一条款的内容就越详细,对收购方权利的保障也越全面。

陈述与保证条款在股权转让契约上通常表示为买方是"依契约约定的条件及出卖人的陈述及保证,而同意购买该股份或资产"的形式。据此,卖方对于有关的公司文件、会计账册、营业与资产状况的报表与资料,均应保证真实性。尤其关于公司负债状况,买方应要求出卖人就公司人对第三人所负的债务,开列清单,并保证除该清单上所列债务外,对其他人不负任何债务。由于陈述与保证条款内容对于股权转让双方而言都极为重要,所以股权转让双方协商的主要时间,一般花在陈述与保证的范围的磋商以及如果卖方这些陈述有错误时,卖方应如何赔偿买方。

(2) 履行契约期间的义务。

股权转让协议签订后可即时履行,亦即卖方交付标的物股票,而买方交付价金。但是可能基于某些理由,而使收购契约签订后尚未完成交割或支付价金。其理由可能是因为须等待政府有关机关核准,或者此项股权移转需债权人同意方有效,或者买方还须再做一番审查后才交割。此外,也可能须取得供应商、客户的同意,因为其与该公司的契约中规定,如公司控制权若有变更需其同意,方得延续卖方与该第三人原有的合约,否则可终止契约。

签订股权转让协议,是整个交易行为的开始。到了交割日,双方移转股份或者资产及交付价金时,则为交易行为的终结。这一期间是双方一个敏感的过渡时期。对买方而言,因股份尚未正式移转,未能取得股东或者所有者的合法身份,从而无法直接参与目标公司的经营;就卖方而言,其可能因为股权即将移转而降低经营意愿,从而影响公司的收益。因此,为了避免双方权利、义务在这段期间内发生变动,最好在契约中明确规定双方当事人在此期间的权利与义务。

在此期间,双方应注意的事项包括:双方应尽快取得股权转让交易所需的一切第三者的同意、授权及核准;卖方承诺将于此期间内承担妥善经营该公司的义务;为维持目标公司的现状,防止卖方利用其尚为公司股东的身份,变相从公司获取其他利益,减少公司资产价值,卖方在此期间内,不得分派股利或红利,并不得将其股份出售、移转、质押或作其他处理。此外,非经买方同意,亦不得与第三人有任何对目标公司的营运或财务状况有损害的行为;双方对于收购契约所提供的一切资料,均负有保密的义务。

(3) 履行股权转让协议的条件。

股权转让双方签订股权转让协议的时候,常将协议的签署与标的的交付日期分开。因为签订协议之日,表示双方就收购股份一事已达成一致,但是只有当双方依协议履行一定义务及有关要件具备后,才开始互相转移标的与支付价金。

因此,契约履行的条件是指如果一方没有达成预定的条件,另一方有抗辩的权利,可以在对方尚未履行预定的条件前,暂时拒绝履行自己的义务(即完成交易)。例如,一方要求他方须获得股东会与董事会必要的同意,此项条款是保障买方在卖方不完成其应做之事时,买方不需受任何处罚。

契约履行的义务及条件,主要应包括以下几点:至交割日时,双方于本次交易行为中,所做的一切陈述及保证均属实;双方均已依收购契约所订的条款履行其义务,如卖方已依约提供有关报表,以供买方审查;股权转让交易已取得第三者一切必要的同意、授权及核准;双方均已取得本项股权转让行为的一切同意及授权,尤其是各董事会及股东会关于收购行为的决议;待一切条件及义务履行后,双方开始互负转让股份或者目标公司资产所有权及支付价金的义务;卖方应于交割日将股份转移的一切有关文件交付买方,同时,买方亦应依约支付价金给卖方。

至于交割日的确定,在签署股权转让协议的时候,双方通常难以预测交割要件何时才能够具备,因此无法确定交割日。因此,一般做法是在契约中约定,当交割条件具备时,股权转让受让方以书面通知卖方指定交割日。但双方必须在契约中规定交割的期限,逾期仍无法交割者,除非双方另有延长的协议,否则此股权转让协议就失去其效力,以免双方的法律关系长期处于不确定的状态。

(4) 股票及价金的提存。

股份购买契约签署的目的,是当约定的条件及义务履行后,双方均能依约移转股票及支付价金。而在跨国性的收购活动中,若双方并无足够的信赖关系,为确保双方均能诚信履约,在收购契约签署的同时,亦可约定将股票与价金提存第三人(通常为银行或律师)。提存的意义,系指双方将尚未移转的股票及价金,提存给双方所同意的第三人保管,除经双方指定授权的代表外,任何一方不得自保管人处取回股票或价金。

(5) 交割后公司的经营管理。

假如股权转让受让方取得目标公司的全部股份或者全部资产,那么一般来说股权转让受让方可以取得目标公司全部控制权。日后关于公司的经营管理,可自主在法令许可的范围内自由制定。如果仅收购目标公司的部分股份,应按照取得股份的比例,就有关经营管理的权限做明确约定。另外,关于雇员的留任问题,双方一般可以在股权转让协议中明确规定,如果内部雇用人员确实无法维持某一既定标准或无法达到某一预定的增长率时,有权加以更换。

(6) 损害赔偿条款。

在股权转让协议中,损害赔偿条款可以说是最难达成一致的项目之一。如果某方违反契约规定,另一方可要求损害赔偿。例如,如果卖方"陈述及保证"其拥有某项资产,结果发现并没有,则买方可对此资产的价值要求赔偿。股权转让受让方通常要求将部分价金寄放于第三者,如果卖方违反保证而须偿付股权转让受让方时,可直接用以偿付损失。此外,鉴于"损害额"认定上很困难,双方通常会另外预定"损害赔偿金额"。

(7) 其他常见的条款。

其他常见的条款,如此项交易所发生的赋税及费用由哪方负担。股权转让双方签订股权转让协议的时候还有一个问题值得注意,即风险分担问题。因为股权转让交易的风险很大,交易双方若能达成协议,签订收购契约,则契约上的许多条款必然表现出双方在各项风险分担的共识。一方对无法接受的风险往往试图将风险转嫁给对方,这种风险转嫁意图往往体现在以下几个方面:

卖方为限制本身由于未知晓而承担过多风险,故希望在契约上以"就卖方所知"做陈述,"卖方所知"仍然是一个很模糊的用语,因此双方进一步加以界定,如说"卖方从目标公司内部人员所知的范围"。

对于损害赔偿,卖方亦常要求交割后某期间内发现不实才予赔偿,如一年。但是,买方会要求更长的保证期间,甚至依不同的"陈述与保证"及发现不实的困难性,分别制定不同的保证期间。此外,卖方也常要求订出赔偿金额不可超过某一金额或者赔偿金额须达某一金额才赔偿,若只是一点点轻微损失即不必追究。买方则常希望保留部分价金,以备交割后发现资产不足或负债增加时加以抵消。但也可获得卖方承诺,以本身的资产作为担保,保证负责此项损害赔偿。

在股份收购的契约中,买方最关切的是是否有负债的承担。有的负债包括股权收购前,卖方因其所有的车辆出车祸、客户在其营业场所跌倒等正进行的诉讼的潜在赔偿或因过去侵犯商标或专利权、不良产品对客户造成伤害等使未来可能发生的损害赔偿,这些均非卖方故意不揭露或自己也搞不清的负债,而是发生损失的几率未定或赔偿金额未定的潜在负债。

因此,买方所争取的是"与卖方划清责任",要求在正式交割前如果有负债完全归于卖方。此外,收购后若发现有任何以前卖方未披露的负债,不管是故意或过失,均由卖方负责。但是仍要注意的是,公司股权的移转并不影响债权人求偿的对象,买方收购目标公司后,仍须先清偿该债务,要依"股份购买契约"向卖方求偿,但是卖方届时是否具清偿能力,尤应注意。

总之,买方对目标公司真实状况的"无知",必须获得卖方的保证。但卖方是否愿在契约上答应给予保证,取决于双方协商时的谈判力量及价格上的调整。在某种低价上,买方会同意放弃一切保证,在某种高价上,卖方也会同意一切保证。事实上,买方对风险的控制,除了在陈述与保证条款与损害赔偿条款上明确约定外,尚可通过"支付价金"的妥善安排,来达到目的。①

(五)股权转让中的法律问题

在股权转让中,有关法律程序的强制性规定必须遵守。如果不符合法定的程序要求,股权转让不发生效力。另外,国有资产、外资等具有特殊性质的股权的转让还要在办理相应审批或登记手续后才能够生效。股权转让应首先考虑是否符合以上相关实体性和程序性的法律要求,为了避免来自转让效力方面存在的法律风险,受让方可考虑先行与转让方签订股权转让的初步协议,对股权转让相关主要事项进行约定,并一定要约定违约责任。在不存在影响效力的瑕疵后,双方再签订正式股权转让协议,以充分保证股权转让的效力,有效降低法律风险。

转让方授权瑕疵的法律风险主要包括以下三个方面。

1. 法律限制中的法律风险

(1)有限责任公司股权转让程序限制中的法律风险。

对于内部转让,法律并无强制性要求,符合公司章程的程序即可,股东之间只要达成了转让协议,并履行相应变更手续,合法、有效的股权转让即可实现。对于外部转让来说,法律有着严格的程序规定。根据法律规定,有限责任公司的股东向股东以外的人转让其出资时,必须经其他股东过半数同意。否则,转让股权的行为对公司不发生

---

① 股权转让协议范例见书后附录四。

效力。如果受让人受欺诈的,可主张撤销转让合同。如果受让人明知股权交易未经得其他股东同意,那么他就不能主张违约责任。也就是说,未经得内部同意程序的股权转让行为,就合同本身而言并不必然发生无效的效果,如果不存在恶意串通的情形,该转让合同也还是有效的,转让人应当向受让人承担违约责任。

有限责任公司的股东向股东以外的人转让其出资时,股东应当就股权转让事项书面通知其他股东征求同意,其他股东自接到书面通知之日起 30 日没有答复的,将被视为对转让的同意。其他股东中有过半数不同意转让的,那些不同意转让的股东有义务购买该转让的股权,如果不购买的,则被视为同意转让。

股东向其他股东发出书面通知,书面通知的内容应明确、具体,说明拟转让股权的比例、接受转让方的基本情况等,征询其他股东对外不转让的意见。同时,其他股东可能对通知事项提出更为具体的要求,以增加信息披露的全面性和真实性,转让方应当予以进一步的说明。

转让股东取得其他股东同意的实质条件是过半数股东同意,需要注意的问题是,这里所指的"过半数"完全是以人数来确定表决结果的效力,是指除转让股权以外的其他股东的过半数,而不是股权比例的过半数。

其他股东同意方式可以采取明示同意和默示同意的方式。其他股东可以以股东会决议的形式或其他书面形式取得同意,法律并无强制性的要求。实践中一般采取股东会决议授权的形式,因为股权转让事项可能涉及股权比例的变化和股东的变更,此变化将导致公司章程的修改,而修改公司章程需要经过股东会的同意。

默示同意的方式主要是法定的"视为同意"情况,包括两种情形:一是其他股东接到通知后未答复的,视为其同意转让,也就是说不答复构成同意;二是其他股东既不同意也不购买的,视为其同意转让,也就是说,不购买构成同意。这是法律对股东同意权的限制,也就是说,其他股东如不同意对外转让股权,那么就负有购买此股权的义务,以保护股本的稳定性。

关于有限责任公司股权转让的程序,公司章程可以做出具体规定或限制。因此,在公司章程中可以对股权的内外部转让是否需要经得其他股东同意做出限制。如果不符合公司章程对股权转让的限制要求,该转让行为对公司将不产生法律效力,由转让的双方承担相应的法律责任。

(2) 股份有限公司股权转让程序限制中的法律风险。

在证券交易所公开挂牌上市的股份有限公司的股份流动性较强,相关法律也较为明确。《公司法》第 139 条规定:股东转让其股份,应当在依法设立的证券交易场所进行或者按照国务院规定的其他方式进行。该法第 140 条规定:记名股票,由股东以背书方式或者法律、行政法规规定的其他方式转让;转让后由公司将受让人的姓名或者名称及住所记载于股东名册。此类转让场所的限制规定,在世界范围内极为少见。实践证明,此类限制条款亦极其缺乏可操作性。如不在证券交易场所签订的、代表交易双方真实意愿的、同时亦不损害任何第三人利益的股份转让协议,也应受法律保护。若将违反此类限制的股权转让协议认定为无效,则极不公平。但是私募股权投资基金的投资对象都是非上市公司的股权,相关股权转让在法律序存在一定的不确定性。非上市股份有限公司依法公开发行的股票不可能上市交易,只能通过国务院规定的其他方式进行。但是究竟什么是"国务院规定的其他方式"并不确定。现行全国性和地方性法律仅要求国有和集体股份有限公司股权转让应在产权交易机构进行,对于民营股份有限公司的股权转让场所没有明确限制。目前的趋势表明,非上市公司股份交易的场所主要是代办股份转让系统技术产权交易所、地方产权交易所和股权交易所。

代办股份转让系统即所谓的"三板"市场,目前包括2001年成立的原代办股份转让系统(也被称为"老三板")和2006年成立的中关村科技园区非上市股份有限公司股份报价系统(即"新三板")。前者主要为了解决原STAQ、NET系统历史遗留问题和退市公司的股权转让问题。证券公司以其自有或租用的业务设施,为非上市公司提供的股份转让服务业务,代办股份转让系统规模很小。后者主要是通过定向增资来融资,交易方式不经过大盘,而是委托券商,最低要购买3万股,有退出机制,可自由买卖。

2006年3月15日,《科技部关于印发关于加快发展技术市场的意见的通知》指出,在发展较好的技术产权交易市场开展国家高新区内未上市高新技术公司股权流通的试点工作。因此,在技术产权交易所也会开展国家高新区内非上市高新技术股份有限公司的股权转让工作。

自2000年以来,一些产权交易所也探索性地开展了非上市股份有限公司股权登记托管业务。它们主要是沿用国有股权或其他性质股权进场转让的方式和交易规则,通过信息披露最终达成协议转让。转让完成后,股权托管平台再进行股权过户。有些地方政府也就此制定了专门的法规,例如,自2005年3月1日起实施的《上海市非上市股份有限公司股权转让试行规则》。

2008年9月22日,国内首家股权交易所——天津股权交易所依据国务院《推进滨海新区开发开放有关意见》和《天津滨海新区综合配套改革试验总体方案的批复》在滨海新区挂牌成立,主要致力于为"两高两非"(非上市非公众的国家级高新技术产业园区的高新技术企业)企业挂牌融资以及私募股权投资基金的流动和转让、退出提供一个规范、有效的平台。同年,天津滨海国际股权交易所成立,它主要定位于企业股权投、融资信息交易的第三方服务平台。其交易主体较为广泛,既包括国内外股权投资机构,也包括各类经济公司和专业中介服务机构等。2012年,浙江股权交易中心成立,它的功能定位是为省内企业,特别是中小企业提供股权、债权转让和融资服务。

非上市股份有限公司股权转让还涉及其他法律问题,例如股权的变动不可能仅以股权转让协议为标志,而需要具体的处分行为。《公司法》第141条规定,无记名股票的转让,由股东将该股票交付给受让人后即发生转让的效力。倘若公司此前没有遵守法律要求发行股票,而导致无法背书,则只能依据股权转让协议来认定股权变动。只要是真实的意思表示,对法律关系的分析有益,就应确认其效力。当然这里只能明确双方当事人之间的真实法律关系,如果涉及第三人,还要以其他法律要件为必要。

2. 公司章程限制中的法律风险

如前所述,有限责任公司股权转让的程序,公司章程可以做出具体规定或限制。因此,在公司章程中可以对股权的内外部转让是否需要经得其他股东同意做出限制。

如果不符合公司章程对股权转让的限制要求,该转让行为对公司将不产生法律效力,由转让的双方承担相应的法律责任。

同时,法律赋予公司章程可以对公司购买股权的条件做出相应的限制,不具备相应条件,未经公司授权,这样的转让行为对公司不发生效力。

3. 受让方授权瑕疵的法律风险

对于受让方的公司而言,购买股权属于重大的投资行为,应根据公司章程的规定,由董事会或股东会(大会)授权,才能保障转让的生效。如果未经得内部合法授权,属于违反公司章程的行为,导致转让对内无效。如果相应决议的内容违反了公司章程关于股权转让的限制规定,受让方股东可以自做出决议之日起 60 日内,请求人民法院撤销此决议,同样也会导致转让的无效。

此外,股份回购应经过股东大会的授权。

综上所述可以看出,对于股权转让应首先考虑是否符合上述实体性和程序性的要求。为避免来自效力上的风险,可考虑先行签订股权转让草案,对股权转让相关事宜进行约定,并约定违约责任即缔约过失责任的承担;在不存在影响效力的瑕疵后,再签订正式股权转让协议。这样才能充分保证股权转让的效力,有效降低法律风险。

(六)国有股权转让相关问题

国有企业股权转让通常涉及资产剥离、资产评估、人员安置、税务处理、应收账款等敏感问题。因此,在上述方面存在的法律风险尤为显著。

1. 转让主体资格瑕疵的法律风险

在国企股权转让中,必须首先明确股权转让的主体问题。国有企业财产的所有权属于国家所有并由国务院统一行使。企业只拥有企业财产经营权,其不能出让属于所有者的产权。因此,国有企业产权的出让方必须是国家的授权部门或国家授权的投资机构以及对该企业直接拥有出资权的国有企事业单位,被出让企业自己不能够作为其自身产权转让的主体。授权投资机构是指国家投资公司、国家控股公司、国有资产经营公司等;在国家授权部门尚未明确的情况下,一般都是由政府的企业主管部门、行业总公司等代行资产所有者的职责。

2. 国有资产转让程序中的法律风险

我国现行的法律、法规规定,出让国有资产产权必须严格履行有关报批手续。转让国有资产应事先经得国家有关部门审批,转让方能有效。属于中央级国有企业产权出让的审批,应当按照中小型、中型、大型国有企业的不同划分,分别报经国家商务部、财政部或国务院批准;属地方国有企业产权出让的审批应分为:成批出让国有企业以及大型、特大型国有企业产权的,必须由省级政府授权的部门报国务院审批,出让属于地方管理但由中央投资的国有企业,应当先征得国务院有关部门的同意;有权代表政府直接行使国有企业产权的部门或机构出让单个企业、事业单位国有产权的,按其隶属关系由同级国有资产管理部门审批后,向产权转让机构申请转让。

决定或者批准企业国有产权转让行为,应当审查下列书面文件:转让企业国有产权的有关决议文件;企业国有产权转让方案;转让方和转让标的企业国有资产产权登记证;律师事务所出具的法律意见书;受让方应当具备的基本条件;批准机构要求的其他文件。其中,国有产权转让方案一般应当载明下列内容:转让标的企业国有产权的基本情况;企业国有产权转让行为的有关论证情况;转让标的企业涉及的、经企业所在地劳动保障行政部门审核的职工安置方案;转让标的企业涉及的债权、债务包括拖欠职工债务的处理方案;企业国有产权转让收益处置方案;企业国有产权转让公告的主要内容。转让企业国有产权导致转让方不再拥有控股地位的,应当附送经债权金融机构书面同意的相关债权、债务协议及职工代表大会审议职工安置方案的决议。

3. 职工安置中的法律风险

在国有股权转让中,企业职工安置是非常敏感的问题,因此需要予以特别的重视。主要应当注意以下问题:

(1) 人事档案交接与管理中的法律风险。

在合并的情况下,转让方对于继续留任的员工,应将相关人事档案完整移交给受让方,保持继续留任的员工劳动和人事关系的有效衔接。

(2) 工资清欠处理中的法律风险。

对于企业拖欠的员工工资,必须进行妥善处理。受让方为了避免风险,通常要求将转让方清偿拖欠工资作为股权转让协议生效的先决条件之一。

(3) 退休人员福利保障延续中的法律风险。

在国有股权转让中,对企业退休人员的福利保障,需要充分考虑转让前的福利情况和转让后的实际情况,退休人员福利保障方案必须要获得企业职工代表大会或职工大会的审议通过。

4. 国有资产评估不实的法律风险

在国有股权转让实践中,对国有资产不评估或评估不实,将造成国有股权转让定价失实,造成国有资产的流失。而且,在国有企业改制过程中,还要对改制企业国有资产进行评估。有些国有企业在转让过程中,对国有资产不评估、评估不规范或评估不实都会导致国有资产不同程度地流失。在国有股权转让中,如果存在转让双方恶意串通,损害国家利益,不仅转让行为无效,相关人员还要承担相应的刑事责任。国有资产评估不实产生的原因主要包括以下几个方面:

(1) 评估机构选择中的问题。

在国有资产评估过程中,常由国有资产管理部门指定专业评估机构进行资产评估。即使由双方协商聘请中介机构,也应慎重选择,应聘请有丰富国有资产评估经验的机构进行资产评估。

(2) 评估程序中的问题。

国有资产的评估一般需要经过以下几个程序:

① 申请立项。国有资产占用单位,经其主管部门审查同意后,向国有资产管理部门提出资产评估立项申请书。国有资产管理部门在10天内做出是否准予评估立项的决定,并通知申请单位及其主管部门。

② 资产清查。在收到准予立项的通知书后,申请单位即可委托具有国有资产评估资格的资产评估机构评估资产。资产评估机构首先应当对被评估的对象进行资产清查。

③ 评定估算。在对资产清查核实的基础上,资产评估机构对被评估的资产价值做出估算,并向委托单位提交资产评估结果报告书。

④ 验证确认。国有资产占用单位提出资产评估结果,确认申请报告,连同评估报告书及有关资料,经上级主管部门审查同意后,报国有资产管理部门确认。国有资产管理部门应当在45天内对评估结果进行审核验证,并分别视不同的情况下达确认通知书,或做出修改、重评或不予确认的决定。

(3) 评估方法选择中的问题。

资产评估机构进行国有资产评估时,根据法律规定,应根据不同的评估目的和对象,采用收益现值法、重置成本法、现行市价法、清算价格法中的一种或几种方法进行评定估算。选用几种方法评估的,应对各种方法评出结果进行比较和调整,确定合理的资产评估价值。

(4) 资产和负债剥离中的问题。

国有资产和负债剥离中,必须明确划定资产范围和负债额度大小,防止国有资产的流失,便于股权转让后企业资产的管理和债务的承担。对国有资产和负债进行剥离时,应注意以下问题。

① 出售或处置所有投资的问题。对于已进行的投资项目,应在股权转让过程中做出合理处置,可以根据实际情况一并出售给受让方或转让给第三方。

② 房地产手续变更中的问题。股权的转让如涉及土地使用权问题,应当办理相应的变更登记手续。如果是以划拨方式取得使用权的,还会涉及土地使用金的交纳问题,双方对此问题也应做出相关的明确约定。

③ 转让方付清所有负债的问题。受让方一般希望转让方清偿所有已有负债,以减轻接手后自身的债务负担。要求转让方清偿所有已有负债,必然会导致转让方提高转让的交易条件,这同样需要双方根据实际情况慎重考虑和协商解决,如果处理小当,同样会引发纠纷。

(5) 忽视无形资产评估的问题。

无形资产在现代企业中占有着举足轻重的地位。在国有资产评估过程中,应重视是否对无形资产进行了合理评估。无形资产主要是指企事业单位拥有的专利权、商标权、非专利技术、计算机软件、土地使用权、服务标识、商业信誉等对生产经营和后续发展产生持续影响的非实物形态的经济资源。在对无形资产进行资产评估的过程中,应遵循"真实、科学、公正、合理的原则,既要看对现有资产评估是否认真审核国有企业现有的账面资产和实物资产,又要考虑到企业如果转让出售,按照现在市场价格可能达到的实际价值,是否保障了国家作为这些资产所有者的权益。

(七)股权转让应注意的其他问题

股权转让应注意哪些问题呢?实践中主要应注意下列问题:

1. 主体身份问题

被转让公司或自然人是否符合公司相关法律、法规及公司章程的规定,比如上市公司的提前申报制度、有些行业的自然人排斥制度、外国人的限制制度等。

2. 转让价款及付费方式

主要注意的是转让的价款是钱还是物或者知识产权,如果是物则要考虑物的所有权,知识产权还要考虑是否能最终持有该权利,以及不对其他人、公司有侵权瑕疵。付费方式主要是提示付款的时间。

3. 股权转让的生效条件

在实践中有几种方式作为生效条件:① 签订协议时生效;② 付款时生效;③ 股东会同意后生效;④ 主管机关审批后通过,等等。这样约定主要是因为协议的生效与协议的成立是两个不同的概念的缘故。

4. 股东会决议

必须由股东会全体同意后才能通过转让,但如有不同意的,按照《公司法》的规定该股东应购买该股份。所以要注意原股东的优先购买权问题。

5. 公司原有的债权、债务问题

必须对原有的债权、债务做一说明,并要求原股东对原债权、债务承担连带责任。

6. 纠纷的解决问题

如出现纠纷怎样来解决,是通过仲裁还是诉讼。

7. 主管机关的审批

如果是特种经营行业或国有控股的企业,一般都要求有主管机关审批。

8. 工商机关的备案

这是完成转让的正式生效程序,如果没有备案,按照法律规定以未转让论。

第三节 增资扩股和股权转让并用

一、增资扩股和股权转让并用

增资扩股和股权转让结合一般来说是购买公司原有股东的股份,形成新的股东构成,再按照新的股东构成进行增资扩股,增加公司的股本,改变公司股东持股比例,形成新的股权结构。

通俗地说,增资扩股和股权转让就是让渡一些股权,然后再由新老股东追加投资,改变并形成新的股东结构和股权结构。增资扩股和股权转让结合的操作比较复杂,究竟是先增资扩股,还是先股权转让并没有必然的顺序,关键是结果形成了新的股东和股权结构。

私募股权基金参与增资扩股和股权转让结合的投资并不少见,而且有利于新公司符合未来首次公开发行股票时适当的注册资金要求、合理的股权结构要求等,可谓一步到位。

尽管增资扩股和股权转让结合的操作复杂,但是仍然可以把它分为增资扩股和股权转让两个事情来做,各自的方法和流程上面已经介绍,完全可以参照施行。

二、股权投资与债权投资并用

可转换债兼具股权投资和债权投资的特点,也是私募股权基金常用的投资方式之一。投资人通过认购目标公司发行的可转换为股票的债券,首先通过债权的方式向公司投资,然后在适当时候,投资者可以选择将债权转换为公司的股权。从私募股权投资基金的本质特征上看,可转换债不是它们投资的主要方式,但在资金暂时闲置、固定收益水平较高时,对私募股权投资基金也不失为较好的选择。

但是在目前中国的法律制度下,私募股权投资基金通过可转换债券投资目标公司依然存在法律障碍。首先,我国法律禁止公司间私相借贷,中国人民银行颁布的《贷款通则》第61条规定:"企业之间不得违反国家规定办理借贷或者变相借贷融资业务。"该通则第21条规定:"贷款人必须经中国人民银行批准经营贷款业务,持有中国人民银行颁发的《金融机构法人许可证》或《金融机构营业许可证》,并经工商行政管理部门核准登记。"如果私募股权投资方有外资背景,那么国内公司向其借贷则构成举借外债,需受我国《外债管理暂行办法》《外债统计监测暂行规定》及其实施细则等法律、法规的约束与规范。其次,我国目前公司股权登记管理办法中也未规定债权可以直接转变为股权,实务中很多地方的工商登记机关也不受理这种出资方式的工商登记。

我国目前只有改制的国有企业才能实施债转股,而且转换的债权只能是金融机构的债权。这对于私募股权基金意义不大。2002年最高人民法院通过一个司法解释,十分明确地表达了法院对此类债转股的积极态度。该司法解释对实践中出现的债权人与债务人自愿达成的债转股协议定下了基调,即只要这样的协议不违反法律和行政法规强制性规定的,应当确认为有效。2002年12月3日最高人民法院颁布《关于审理与企业改制相关的民事纠纷案件若干问题的规定》。该《规定》第五部分主要有三个条款:第14条规定,债权人与债务人自愿达成债权转股权协议,且不违反法律和行政法规强制性规定的,人民法院在审理相关的民事纠纷案件中,应当确认债权转股权协议有效。政策性债权转股权,按照国务院有关部门的规定处理。第15条规定,债务人以隐瞒企业资产或者虚列企业资产为手段,骗取债权人与其签订债权转股权协议,债权人在法定期间内行使撤销权的,人民法院应当予以支持。债权转股权协议被撤销后,债权人有权要求债务人清偿债务。第16条规定,部分债权人进行债权转股权的行为,不影响其他债权人向债务人主张债权。最高人民法院对股权转让协议态度与对普通合同态度无异,即股权转让协议只要满足自愿及内容合法等法定条件,应认定有效。若有欺诈情形,则与普通合同法律后果相同,受欺诈方(即债权人)可依法撤销转让协议。2010年国务院《关于加快培育发展战略性新兴产业的决定》也仅是原则性提及要积极探索开发私募可转债等金融产品,拓宽企业债务融资渠道,此后并未有具体措施出台。但是,有些地方出台了地方性规章对债权转股做出了具体规定,如《重庆市公司债权转股权登记管理试行办法》。2009年4月,成都市金牛区首家债转股企业成功领取企业法人营业执照。

实践中,私募股权基金可以通过银行委托贷款或信托贷款的方式来对目标企业进行债权投资。所谓委托贷款,是指由委托人提供合法来源的资金,委托业务银行根据委托人确定的贷款对象、用途、金额、期限、利率等代为发放、监督使用并协助收回的贷款业务。委托人包括政府部门、企事业单位及个人等。通过委托贷款,名义贷款人是银行,实际贷款人是私募股权投资方,前者只收取手续费,后者承担贷款风险。

三、现金和实物出资设立目标公司

在某些情况下,私募股权基金也可能会联合公司的股东,由私募股权投资方以现金出资,而原公司以其资产实物出资,共同设立新的目标公司。采取这种方式往往是因为原目标公司的运作不规范,存在法律或财务上的重大问题,不利于私募股权投资方顺利退出,增加了投资风险。但是这种方式由于令投资者的投资全部被计入新目标公司的注册资本,无法实现溢价,往往令原公司股东无法接受。实践中,可以将溢价部分以债权投资的形式进入新成立的目标公司构成公司债务,然后再由投资者对该债务进行免除;或者是在目标公司成立后,由私募股权投资方和原公司股东进行谈判,对目标公司的股权比例进行无偿调整。①

第四节 股权变更登记中相关的其他法律

私募股权投资必须注意股权交易的程序合法性,工商行政机关的股权变更登记是股权交易合法性的重要保障,签署投资协议后,要及时变更登记,保证交易的有效和合法。

股权交易中还会牵涉到召开股东大会通过、国有资产需要上一级所有人批准、集体企业需要召开职工代表大会通过等合法性的程序。

需要特别指出的是,对于涉外的私募股权交易,依据商务部等六部委联合签发的《关于外国投资者并购境内企业的规定》(简称"10号文"),必须通过商务部的审核。对于可能产生垄断、影响行业发展等重大的私募股权交易,依据2008年8月1日实施的《反垄断法》,可能还需要通过有关的反垄断审核。

因此,在投、融资双方签署投资协议书后,私募股权投资活动还需要通过上述审核后才能真正成交。在完成审核后,投、融资双方按照投资协议规定进行入资和完成股权变更登记。此后,私募股权投资进入到另一个阶段,就是投资项目管理和资本退出阶段,私募股权投资的进程翻开了新的一页。

本章小结

1. 本章主要介绍了公司股权变更及法律股权变更登记的相关法律问题,特别重点介绍了私募股权投资中的增资扩股的程序、增资的方法和增资扩股注意事项。

2. 介绍了私募股权基金为达到投资的目的而参与股权转让活动的流程、股权转

---

① 北京市道可特律师事务所.中国PE的法律解读[M].北京:中信出版社,2010:182.

让的法律风险以及股权转让应注意的问题;进一步介绍了私募股权基金参与增资扩股和股权转让结合的投资。

3. 股权变更登记应当注意的其他问题,有助于了解这一方面的法律问题。

复习思考题

1. 私募股权投资中的增资扩股的程序?
2. 私募股权投资中的增资扩股的方法?
3. 私募股权基金参与股权转让活动的流程?
4. 股权转让的法律风险?
5. 国有股权转让过程中应当注意的问题?

扩展阅读

黑石入股蓝星案

1. 蓝星简介

中国蓝星(集团)总公司是由中国化工集团公司管理的大型国有企业。公司2005年总资产300亿元,销售额300亿元。蓝星以化工为主导业务,是国内最大的化工新材料生产商,旗下拥有星新材料、蓝星清洗、沈阳化工等多家上市公司。

黑石入股蓝星前,蓝星系三家上市公司的盈利情况都不错,而且各有各的优势。星新材料的主营业务之一有机硅技术壁垒很高;而苯酚丙酮、双酚A等产品的价格相对2007年同期也增长不少,毛利率都很高,预计公司已进入一个新的高速增长期。蓝星清洗作为国内生产TDI"甲苯二异氰酸酯"的英文缩写的少数公司之一,产能不断放大,2007年TDI价格不断走高,盈利能力很强,TDI当年在公司的主业收入和净利润中的占比大约达到63%和84%。TDI对安全的要求很高,对其他公司有一定的壁垒。而沈阳化工的利润主要来源是糊树脂和丙烯酸及酯,公司在行业内也占一席之地。

蓝星集团作为中国化工集团的成员之一,是国资委旗下100多家央企之一,其直接或间接持有蓝星清洗、星新材料、沈阳化工的股权分别为27.08%、52.53%和33.66%。

2. 黑石简介

全球著名私人投资和咨询公司黑石集团(Black Stone-Group,又译"百仕通集团")创建于1985年。作为美国最大的私募基金之一,该公司自成立以来共筹集约590亿美元,每年基本以41%的速度增长,至今拥有的资产已接近900亿美元。百仕通拥有多名在多个领域具有专长且富有经验的专业人士。其核心业务包括私人房地产投资、公司债务投资、对冲基金、共同基金管理等。

黑石集团在2007年年初聘请中国香港特别行政区前财政司司长梁锦松担任公司的高级执行总裁,兼任大中华区主席职务,为在中国投资投石问路。

黑石于2007年6月在美国纽约上市。上市之前,曾获得中国政府约30亿美元外汇投资。

此前,黑石参股蓝星集团一事被市场传得沸沸扬扬,梁锦松与蓝星集团接触的消息也曾引起蓝星系上市公司股价一度波动,入股蓝星集团是百仕通集团成立二十多年以来在中国的第一笔投资,引人瞩目。

3. 入股落定

关于与境外潜在投资者合作一事,蓝星系公司曾于2007年6月下旬集体做出公告称,蓝星集团与境外投资者进行了接触但无实质性进展。"境外潜在投资者"有哪些、其真面目怎样,当时市场猜测颇多。最后都指向了黑石集团这家华尔街著名的投资公司,尤其至8月下旬,黑石集团更成为市场关注的焦点。

9月10日,外界猜测已久的黑石集团入股蓝星一事,终于敲定。双方当天下午在北京人民大会堂举行签约仪式,黑石出资6亿美元购入蓝星20%的股权。

黑石大中华区主席梁锦松在北京参加了签约仪式。不过,双方对外均保持低调,不愿发表评论。据悉,在谈判过程中,黑石曾提出5亿美元入股18%,之后在蓝星业绩达到一定条件下再购入2%。但最终双方上报和公布的方案为6亿美元入股20%。

4. 引资意义

中国蓝星(集团)总公司由任建新于1984年创办。2004年,国资委直属中央企业中国化工集团组建成立,蓝星成为中化集团全资子公司。任建新同时兼任蓝星总经理和中化总经理职务。

目前,国资委正在大力推动中央级国企做大做强。国资委明确要求,到2010年时,要培养出30～50家具有国际竞争能力的大企业集团,而且中央企业必须做到行业前三名。中化集团成立时,任建新亦曾表示,希望能在三年内跻身世界500强。

因此,让蓝星引入战略投资者、实现改造和整体上市,是蓝星扩张的重要一步。据悉,蓝星在引资过程中,曾与数家私募股权基金接触,最后选中黑石。

一位私募股权基金人士表示,引入私募股权基金可以带来资金,并帮助公司进行战略性重组,这两点正是蓝星需要的。另外,对于蓝星正在进行的国际化,百仕通也可以起到很大的帮助。

5. 争议与波折

不过,中国国家外汇投资公司(简称"中投"公司)投资黑石,黑石又投资大型国企。对这种国家外汇以"出口转内销"形式投资国有企业存在一定争议,因为这样不仅导致外汇进出和人民币升值带来的损失,还要支付给黑石管理费用以及收益分红。但是,由外资身份的黑石入股蓝星,最大的好处是将带动这家国有企业的机制转变,并有可能针对管理层安排相应的激励措施。

蓝星集团与黑石曾有望在2007年6月30日达成协议。不过,由于收购价格方面的分歧,双方未能最终签约。

同时,中国外汇政策管制政策收紧,黑石投资能否获得放行成为一个疑问。7月1日,国资委颁布《国有股东转让所持上市公司股份管理暂行办法》,改变长期以来国有股东转让上市公司股份以每股净资产为基准的做法,而是以前30天股价的平均值为定价基础。这致使一些在此前达成意向的外资购并案受到影响。

然而,就在市场认为百仕通入股蓝星希望渺茫之时,黑石董事长兼首席执行官苏世民8月14日在北京拜访了国资委副主任李伟。国资委网站2007年8月17日发布消息称:"会见中,李伟就百仕通集团与中央企业的战略合作谈了意见。苏世民先生表示黑石集团愿与中央企业以多种方式进行合作,加快其国际化的步伐。"

国家发展改革委2008年1月10日在网站上披露,发展改革委于2007年12月核准了中国蓝星(集团)总公司整体重组改制,并通过增资扩股方式引入美国黑石集团作为战略投资者的项目。至此,黑石集团成功入股蓝星集团。

(资料来源:根据蓝星系上市公司蓝星清洗(000598)、沈阳化工(000698)公告,中国蓝星(集团)股份有限公司网站(www.china-bluestar.com)相关资料以及新华网、新浪财经等有关报道整理而成。)

附　录

附录一　私募股权融资服务协议范例

私募股权融资协议

甲方：
乙方：
鉴于甲方正在就　　项目(以下简称"目标项目")进行(股权/债权)融资,经双方友好协商,达成如下私募股权融资服务协议：
第一条　服务事项：甲方委托乙方就目标项目进行私募股权融资。
第二条　甲方对项目私募股权融资的基本要求：首笔融资额度：　　万元。可在此上下浮动。
第三条　乙方的权利与义务
1. 乙方有权在甲方的要求范围内自主与投资商沟通和谈判。
2. 乙方有权按双方协议约定收取私募股权融资服务报酬。
3. 原则上,乙方不能逾越甲方的要求,若在融资过程中,投资商或融资对象提出了与甲方要求相违背的事项,则乙方不能擅作主张,应书面征求甲方意见,待甲方正式回复(传真或正式文本)后,乙方再向投资方做出相应答复。
4. 乙方的主要工作：
(1) 指派项目融资负责人,以全程负责该项目的私募股权融资；
(2) 对项目进行审慎调查；
(3) 审慎调查情况,制订该项目的融资策略与融资实施进度计划；
(4) 制作项目《商业计划书》；
(5) 精心挑选切合的投资商；
(6) 与投资商进行初步沟通和答疑；
(7) 协助甲方与投资商等的谈判；

(8) 乙方应就目标项目私募股权融资进展及时向甲方进行汇报。

第四条 甲方的权利义务

1. 甲方有权获得按协议约定的全面优质服务。
2. 甲方有权询问并监督乙方在目标项目上的工作进展,乙方应如实详细回答。
3. 甲方就如实向乙方告知项目重大事项,不得隐瞒或虚报。
4. 甲方应按乙方要求准备有关针对投资者的提问,不得有误。
5. 甲方应对乙方在私募股权融资过程中提出的问题和要求在2日内做出书面正式回复。
6. 甲方应配合乙方与投资者的谈判,不得无故推迟或拒绝。
7. 甲方应友好、周到地接待重点投资商的考察事宜,可按乙方的指示决定是否要求当地政府部门有关领导参加接见事宜。
8. 甲方应按协议要求向乙方支付相应服务费用。

第五条 协议期限

自双方签订融资服务协议之日起至　年　月　日止(共　个月时间),因甲方原因导致时间的耽误则相应期限顺延。若在时间到期后融资工作已进入实质性关键阶段,则经甲方同意,期限可延长,具体由双方签订补充协议进行明确。

第六条 费用支付

1. 该项融资服务费用总额按首笔融资额的　%,由甲方向乙方支付。费用支付方式:

(1) 前期费用,在双方签订私募股权融资服务协议和保密协议后2日内,甲方支付　元(大写　万元)前期融资服务费;

(2) 在首笔融资资金到达有关账户后7日内,甲方向乙方支付扣除首付费用后的其余款项。

2. 甲方按乙方要求将费用划至乙方指定账户。

第七条 双方承诺

1. 应本着诚信、专业、高效的职业精神为甲方提供优质的服务。
2. 甲方为所提供的一切资料负责,并保证其真实性、完整性和合法性。
3. 甲方不应要求乙方做出有违国家和行业法律、法规的事情。

第八条 违约条款

1. 若乙方收了费用后,无故不履行融资相关义务,则甲方有权要求乙方按已经支付金额的双倍返还违约金。
2. 若甲方不履行诚信义务,向乙方和投资者隐瞒、虚报相关资料和数据,则乙方有权提前终止服务协议,并要求甲方支付首付费用两倍的违约金。
3. 若因甲方原因导致融资工作不能继续进行、投资商资金不能到位,如甲方破产清算,或因种种原因甲方中途放弃本协议(如期货资金到位,被收购等)等,则乙方有权要求甲方继续履行本协议;若甲方拒绝继续履行,则乙方有权单方面终止本协议,并要求甲方支付首付费用两倍的违约金,同时保留要求赔偿的权利(包括但不限于因甲方违约造成乙方在投资商领域失信于人的信誉损失等)。

4. 若甲方不按本协议约定支付相关款项,则自应支付之日起,每逾期一天,按未支付金额的千分之五支付罚金。

第九条 甲方和乙方的选择权

在签约后的一个月时间内:

1. 甲方的选择权:甲方可以终止本协议,并以书面的方式通知乙方,甲方已经向乙方支付的费用不能再要回,乙方也不能要求甲方赔偿因合同终止导致的前期投入等相关损失。本协议提前终止。

2. 乙方的选择权:若乙方通过一定时间的工作后,发现感兴趣的投资商较少,则乙方有权终止服务,并书面通知甲方,但乙方应全部退回乙方已经支付的定金,甲方亦不应向乙方索赔。本协议提前终止。

第十条 合同争议的解决方式

本合同在履行过程中发生争议,由双方当事人协商解决;协商不成,可申请××市仲裁委员会仲裁,或直接向×市人民法院起诉。

第十一条 本合同一式两份,本协议自双方签字盖章之日起生效。

甲方(章): 乙方(章):

法定代表人(签字): 法定代表人(签字):

签订时间: 年 月 日

附录二 保密协议范例

保密协议

甲方:(目标企业)

乙方:(私募股权投资基金)

鉴于甲乙双方具有开展业务合作的意向,双方以此为目的着手进行了解,因此,在此过程中将涉及有关资料的保密事宜,特此制定本协议。

本协议所称的保密资料是指由甲方向乙方提供的任何下述资料。该资料包括有关甲方的公司情况、商业计划、开发计划、技术数据及图表、产品信息、信件、传真以及以其他书面或电子方式载录的资料;但不包括以下资料:非因乙方原因公开的资料和甲乙双方一致认为属于非保密的资料。

保密资料为甲方所有,乙方在未经甲方授权的情况下不得以任何形式将保密资料泄露给第三方。

本协议签署后直至双方合作结束或双方决定不进行合作或终止合作一年内,乙方仅将保密资料用于有关本次合作所需用途,保证除因本次合作而必需接触到保密资料的乙方人员外,不向任何其他人披露保密资料,并对其知晓的保密资料承担保密责任。

本协议受中国法律保护,一式两份,甲乙各执一份。

甲方代表: 乙方代表:
　年　月　日 　年　月　日

附录三　增资扩股协议范例

××××有限公司
增资扩股协议书

目　录

第一条　增资的认缴
第二条　出资的缴付
第三条　股权交割
第四条　先决条件
第五条　股权交割之后的协议安排
第六条　乙方的陈述和保证
第七条　甲方的陈述和保证
第八条　乙方与甲方的承诺
第九条　违约责任
第十条　保密义务
第十一条　法律适用与争议解决
第十二条　其他规定

甲方:××××股权投资基金(有限合伙企业)
乙方:××××有限责任公司
鉴于:

1. 乙方是一家根据中华人民共和国法律成立并有效存续的有限责任公司,注册资本为××××万元人民币,其企业法人营业执照见本协议附件一。乙方的经营范围为:××××。

2. 截至××××年××月××日,乙方经审计的财务报表由乙方提供,并作为本协议附件二。

3. 本协议生效后甲方按本协议的规定完成投资,其所持乙方的股权比例为××%。

4. 乙方于××××年××月××日召开股东大会审议通过了增资扩股的决议,即同意甲方为公司新股东向公司出资,投资总额为×××万元,投资后占公司总股权比例的××%(《股东大会决议》见本协议附件三)。

5. 甲方经对乙方进行尽职调查后,同意认缴乙方的本次增资。

因此,本协议各方现达成协议如下:

第一条 增资的认缴

1. 根据本协议的条款和条件,乙方本次增资拟新增注册资本人民币××××万元(人民币××××元),其中,甲方认缴注册资本为人民币××××万元(人民币××××元),占乙方注册资本比例为××%。

2. 乙方本次共增资人民币××××万元,其中,甲方的投资金额为人民币×××万元(人民币××××万元)。甲方的投资金额中,人民××××万元(人民币××××元)计入乙方注册资本,人民币××××万元(人民币××××元)计入乙方资本公积。

3. 完成本次增资后,乙方的注册资本为人民币××××万元(人民币××××元),各股东所占注册资本比例为:

股东名称	持股数量	股权比例(%)
×××	×××	×××%
×××	×××	×××%
×××	×××	×××%
×××	×××	×××%
合计		100%

第二条 出资的缴付

1. 甲方应自行承担因认缴出资而发生的相关费用。

2. 在本协议第四条的先决条件全部满足之日起10日内,甲方应以人民币现金将本协议第一条第2款确认的出资款项人民币××××万元(人民币××××万元)汇入乙方书面指定的以下账户:

户名:× ×××有限公司

开户银行:××××××

账号:×××××××××××××××××

第三条 股权交割

1. 股权交割

乙方承诺,按照本协议的约定,于甲方根据本协议第二条第2款将出资款项支付到位后的1个工作日内向甲方出具收款证明,并按照本协议第三条第2款规定完成股权变更登记,将甲方登记于乙方的股东名册,甲方应在完成股权工商变更登记之日起3日内向甲方开具股东证明文件。

2. 股权变更登记

乙方承诺,按照本协议的约定,于甲方根据本协议第二条第2款将出资款项支付到位后的30日内完成办理本次增资的工商变更登记,但因不可抗力或非乙方过错导致无法完成的除外。

第四条 先决条件

1. 甲方履行出资缴付义务之先决条件

仅在下列先决条件均得到满足的前提下,甲方方有义务履行其在本协议第二条第2款的出资缴付义务:

(1) 陈述与保证属实。乙方在本协议第六条所做出的陈述与保证在所有方面、在本协议签署之日均为真实和准确。乙方已经履行、遵守所有乙方在本协议签署之日应履行和遵守的约定和义务。

(2) 合法投资。在本协议签署之日,对甲方和乙方具有约束力的所有有关法律合法允许本协议项下的交易。

(3) 审批。乙方已做出有效的股东大会决议,批准本次增资。

2. 先决条件不成立

自本协议生效之日起30日内,若上述先决条件不能全部满足,甲方有权解除合同。

第五条 股权交割之后的协议安排

1. 各方同意,自本协议约定的股权交割日起,甲方将享有乙方股东权益。

2. 股东大会的职能按照修改的章程行使职权。

第六条 乙方的陈述和保证

1. 乙方是依照中国法律合法设立,并有所需的权利和授权拥有和经营其所属的财产,从事其营业执照或组织章程中描述的业务。

2. 乙方已取得及履行完毕签署及履行本协议所需的一切必要的内部批准、授权或其他相关手续,并已取得及履行完毕签署及履行本协议所需的一切政府部门的批准、同意或其他相关手续。

3. 本协议对乙方构成合法、有效并具有法律约束力的义务。

4. 本协议签订后至乙方完成本次增资扩股的工商变更登记之前,原股东应确保乙方不得转让或放弃任何资产,一致保证,除非甲方同意不会做出影响乙方经营和资产发生重大不利变化的行为,包括但不限于:

(1) 乙方的土地使用权、房产、现金和银行存款、债权、机器设备、原材料、低值易耗品等。

(2) 乙方尚未履行完毕的合同和协议(包括对该等合同和协议的修改和补充)项下的权利。

(3) 乙方在其全资子公司、中外合资公司和联营公司中拥有的权益。

第七条　甲方的陈述和保证

1. 甲方是根据中华人民共和国法律成立并有效存续的有限合伙企业,具有拥有其财产及继续进行其正在进行的业务的权利和授权。

2. 甲方已取得及履行完毕签署及履行本协议所需的一切必要的内部批准、授权或其他相关手续,并已取得及履行完毕签署及履行本协议所需的一切政府部门的批准、同意或其他相关手续。

3. 本协议对甲方构成合法、有效并具有法律约束力的义务。

4. 甲方按本协议缴纳的出资款项使用的资金均来源合法。

第八条　乙方与甲方的承诺

1. 乙方的承诺

(1) 本次增资扩股并股改完成后至乙方完成IPO之前,乙方若向新的投资人发行新的股权类证券(不包括为完成IPO如公开发行的股票),原股东承诺,新投资者入股的价格应满足下列条件中计算价格孰高者:

① 按下列方法计算的价格,即本次投资总额加上按照15%的年利率计算的自本次增资扩股完成日至该次扩股完成日期间的利息;

② 新投资者入股作为入股定价基数乙方的企业估值(不得低于甲方投资时乙方的企业估值);

③ 甲方投资并股改完成后的每股净资产价格。

根据中华人民共和国法律的要求,负责申请、办理本次增资时乙方所需的各项批准、许可、营业执照变更等手续。

根据中华人民共和国法律的要求和对乙方有约束力的合同、章程及协议,获得完成本次增资所必需的所有政府部门、乙方内部权力机构或第三方的授权、批准或同意。

(2) 根据本协议第三条之规定,向甲方签发出资证明书并将其记录在股东名册上。

2. 甲方的承诺

(1) 按照本协议的规定,按时向乙方付清全部所认缴的出资款项。

(2) 除本协议另有规定外,为使本次增资得以完成,甲方应当在本协议签署后,及时提供相关文件和手续,并协助乙方申请、办理乙方增资所需的各项批准、许可、营业执照变更等手续。

(3) 根据对甲方所适用的法律和对其有约束力的合同、章程及协议,获得完成本协议项下的增资所必需的所有政府部门、投资各方内部权力机构或第三方(包括但不限于甲方的债权人或债权人小组)的授权、批准或同意。

3. 乙方在每年年度结束时应聘请甲方和乙方共同认可的具有证券从业资格的会计师事务所对公司财务经营情况进行审计。

第九条　违约责任

本协议各方应本着诚实、信用的原则自觉履行本协议。如任何一方违反本协议,其应向遭受损失的一方或几方或其余各方做出赔偿。但要求赔偿方的任何损失及索赔,应以书面形式向违约方提出,并应附有对引起该损失及索赔的事实及情况的合理而详尽的描述。

第十条 保密义务

本协议各方同意,对其中一方或其代表提供给协议他方的有关本协议项下交易的所有重要方面的信息及/或本协议所含信息(不包括有证据证明是由经正当授权的第三方收到、披露或公开的信息)予以保密,并且同意,未经对方书面同意,不向任何其他方披露此类信息(不包括与本协议拟议之交易有关而需要获知以上信息的披露方的雇员、高级职员和董事)。

第十一条 法律适用与争议解决

1. 本协议的订立和履行适用中华人民共和国现行有效的法律,并依据中华人民共和国现行有效的法律解释。

2. 各方之间产生与本协议或与本协议有关的争议,应首先通过友好协商的方式解决。如在争议发生之日起30日内仍不能通过协商解决该争议,任何一方有权将争议提请原告方有管辖权的人民法院裁决。

3. 除有关争议的条款外,在争议的解决期间,不影响本协议其他条款的继续履行。

4. 本协议部分条款依法或依本协议的规定终止或被宣告无效的,不影响本协议其他条款的效力。

第十二条 其他规定

1. 本协议应依照中华人民共和国法律、法规或有关政府主管机关的规定,由各方共同协助办理有关本次增资扩股的批准手续。

2. 在签署本协议时,各方对有关协议规定的事项所做出的任何口头或书面的约定或承诺均自动失效,并以本协议的规定为准。

3. 本协议只有经本协议各方的法定代表人或授权代表签署书面文件方可修改、补充或取代。

4. 本协议经各方法定代表人或授权代表签署之日起生效。

5. 各方应各自承担其为商谈、草拟、签订及执行本协议而产生的一切费用和开支。

6. 本协议正本一式八份,各方分别持有一份,其他留存目标公司以办理手续之用,每份均具有同等法律效力。

附件一(略)
附件二(略)
附件三(略)

甲方:××××股权投资基金
法定代表或授权代表:×××
乙方:××××有限责任公司
法定代表或授权代表:×××

附录四 股权转让协议范例

公司股权转让协议

本协议由以下各方授权代表于××××年××月××日于××××签署。

股权转让方（甲方）：出让股东××××有限公司，是一家依照中国法律注册成立并有效存续的公司（以下简称"股权出让方"），其法定地址位于××市××路××号。股权受让方（乙方）：受让股东××××投资管理有限公司，是一家依照中国法律注册成立并有效存续的公司（以下称"股权受让方"），其法定地址位于××市××路××号。

前言

1. 鉴于股权转让方与××××公司于××××年××月××日签署合同和章程，共同设立山西某目标公司（简称"目标公司"），主要经营范围为××××。目标公司的营业执照于××××年××月××日签发。

2. 鉴于目标公司的注册资本为××××万元人民币（RMB××××）。股权转让方为目标公司之现有股东，于本协议签署日持有目标公司××%的股份；股权转让方愿意以下列第1条规定之对价及本协议所规定的其他条款和条件将其持有的目标公司××%的股份转让予股权受让方，股权受让方愿意在本协议条款所规定的条件下受让上述转让之股份及权益。

甲乙双方经过友好协商，就甲方持有的有限责任公司股权转让给乙方持有的相关事宜，达成如下协议，以资信守：

① 转让方（甲方）转让给受让方（乙方）有限公司××%的股权，受让方同意接受。

② 由甲方在本协议签署前办理或提供本次股权转让所需的原公司股东同意本次股权转让的决议等文件。

③ 股权转让价格及支付方式、支付期限。

④ 本协议生效且乙方按照本协议约定支付股权转让对价后即可获得股东身份。

⑤ 乙方按照本协议约定支付股权转让对价后立即依法办理公司股东、股权、章程修改等相关变更登记手续，甲方应给与积极协助或配合，变更登记所需费用由乙方承担。

⑥ 受让方受让上述股权后，由新股东会对原公司成立时订立的章程、协议等有关文件进行相应修改和完善，并办理变更登记手续。

⑦ 股权转让前及转让后公司的债权、债务由公司依法承担,如果依法追及股东承担赔偿责任或连带责任的,由新股东承担相应责任。转让方的个人债权、债务的仍由其享有或承担。

⑧ 股权转让后,受让方按其在公司股权比例享受股东权益并承担股东义务,转让方的股东身份及股东权益丧失。

⑨ 违约责任。

⑩ 本协议变更或解除。

⑪ 争议解决约定。

⑫ 本协议正本一式四份,立约人各执一份,公司存档一份,报工商机关备案登记一份。

⑬ 本协议自双方签字之日起生效。

甲方:××××有限公司
法定代表或授权代表:×××
乙方:××××投资管理有限公司
法定代表或授权代表:×××

参考文献

[1] 王苏生,陈玉罡,向静.私募股权基金:理论与实务[M].北京:清华大学出版社,2010.
[2] 李昕旸,杨文海.私募股权投资基金理论与操作[M].北京:中国发展出版社,2008.
[3] 李晓峰.中国私募股权投资案例教程[M].北京:清华大学出版社,2010.
[4] 刘兴业,任纪军.中国式私募股权投资[M].北京:中信出版社,2013.
[5] 潘启龙.私募股权投资实务与案例[M].2版.北京:经济科学出版社,2011.
[6] 张国峰.走向资本市场:企业上市尽职调查与疑难问题剖析[M].北京:法律出版社,2013.
[7] 叶有明.股权投资基金运作——PE价值创造的流程[M].2版.上海:复旦大学出版社,2012.
[8] 欧阳良宜.私募股权投资管理[M].北京:北京大学出版社,2013.
[9] 卞耀武,贾红梅.德国股份公司法[M].郑冲译.北京:法律出版社,1999.
[10] 朱奇峰.中国私募股权基金理论、实践与前沿[M].北京:清华大学出版社,2010.
[11] 德珍.中国非公募资产(基金)营运和管理研究[M].上海:复旦大学出版社,2004.
[12] 张朝元,于波.企业上市前改制重组[M].北京:中国金融出版社,2009.
[13] 马瑞清,安迪·莫,珍妮丝·马.中国企业境内上市指引[M].北京:中国金融出版社,2011.
[14] 张兰田.企业上市审核标准实证解析[M].2版.北京:北京大学出版社,2013.
[15] 彭丁带,熊建新,陈建勇.新三板上市实务:难点攻破及案例分析[M].北京:中国法制出版社,2014.
[16] 周红.企业上市全程指引[M].3版.北京:中信出版社,2014.
[17] 伏军.境外间接上市法律制度研究[M].北京:北京大学出版社,2010.
[18] 邹菁.私募股权基金的募集与运作[M].北京:法律出版社,2009.
[19] 朱小川.营业信托法律制度比较研究[M].北京:法律出版社,2007.
[20] 吴瑕.融资有道——中国中小企业融资经典案例解析[M].北京:中国经济出版社,2009.
[21] 人本投资集团企业融资团队.企业境外及香港上市全程指引[M].北京:化学工业出版社,2009.
[22] 李建伟.公司法学[M].北京:中国人民大学出版社,2008.
[23] 张诗伟.离岸公司法:理论制度与实务[M].北京:法律出版社,2004.
[24] 北京市道可特律师事务所.中国PE的法律解读[M].北京:中信出版社,2010.
[25] 李寿双.中国式私募股权投资:基于中国法的本土化路径[M].北京:法律出版社,2008.
[26] 陈永坚.中国风险投资与私募股权(中英文对照)[M].北京:法律出版社,2008.
[27] 隋平,董梅.私募股权投资基金操作细节与核心范本[M].北京:中国经济出版社,2013.
[28] 王楠,隋平.私募股权投资基金实务详解与政策优惠[M].北京:北京大学出版社,2013.
[29] 关景欣.中国私募股权基金法律操作实务[M].北京:法律出版社,2008.

[30] 王佳俊.私募股权投资中的企业价值评估研究[D].重庆大学,2008.

[31] 张超.私募股权投资基金退出方式及案例分析[D].华东理工大学,2013.

[32] 田晓.企业并购后品牌生态战略构建及其整合系统研究[D].天津大学,2008.

[33] 贾敬峦.私募股权投资参与中小企业公司治理的研究[D].南开大学,2009.

[34] 程文红.信息不对称与风险投资的契约设计[D].复旦大学,2003.

[35] 蒋悦炜.私募股权基金与中国中小企业公司治理研究[D].上海交通大学,2012.

[36] 锥柞芳.私募股权投资对公司治理的影响研究[D].天津财经大学,2011.

[37] 王成荣.品牌价值的评价与管理研究[D].华东科技大学,2005.

[38] 黄晓捷,赵忠义.私募股权投资基金研究:文献综述[J].武汉金融,2008(9).

[39] 李靖.全球私募股权投资发展的历程、趋势与启示[J].海南金融,2012(5).

[40] 金中夏,张宣传.中国私募股权基金的特征与发展趋势[J].中国金融,2012(13).

[41] 安国俊,李飞.国际私募股权投资基金的发展态势及我国的路径选择[J].金融前沿,2011(3).

[42] 迟晓燕.议私募股权投资项目风险管理[J].现代经济,2011(5).

[43] 李建华,张立文.私募股权投资信托与中国私募股权市场的发展[J].世界经济,2007(5).

[44] 刘健均.创业投资基金运作机制的制度经济学分析[J].经济研究,2000(4).

[45] 徐冰.私募股权投资基金财务管理与风险控制[J].现代会计,2010(1).

[46] 龚鹏程,孔玉飞.论有限合伙制私募股权基金的治理结构[J].法学研究,2007(11).

[47] 刘奕泂.如何认定风险投资[J].人民论坛,2011(2).

[48] 李勇,陈学文.信托产品的制度解析——兼与《信托制度异化论》作者商榷[J].广东金融学院学报,2010(2).

[49] 吴序祥.积极引导和推动我国私募股权投资基金的发展[J].时代金融,2009(10).

[50] 范志勇.论信托财产的所有权归属——信托财产共有权的构建[J].西南交通大学学报(社会科学版),2011(1).

[51] 边立婷.私募股权——解决我国中小企业的融资困境[J].财经界(学术版),2011(4).

[52] 栾华,李珂.我国私募股权投资基金发展现状分析[J].山东财政学院学报,2008(6).

[53] 贾森·凯利,唐京燕.私募帝国:全球PE巨头统治世界的真相[M].北京:机械工业出版社,2013.

[54] 戴维·斯托厄尔.投资银行、对冲基金和私募股权投资[M].黄嵩,赵鹏,等译.北京:机械工业出版社,2013.

[55] 凯文·莱恩·凯勒.战略品牌管理[M].李乃和,等译.北京:中国人民大学出版社,2003.

[56] 马提亚斯·君德尔,布庸·卡佐尔.私募股权:融资工具与投资方式[M].吕巧平,译.北京:中信出版社,2011.

[57] Robert Finkel,David Greising. *The Masters of Private Equity and Venture Capital*[M]. The McGraw-Hill Company,2009.

[58] Paul Pignataro. *Financial Modeling and Valuation:A Practical Guide to Investment Banking and Private Equity*[M]. John Wiley & Sons Inc,2013.

[59] Eileen Appelbaum,*Rosemary Batt. Private Equity at Work:When Wall Street Manages Main Street*[M]. The Russell Sage Foundation,2014.

[60] Harry Cendrowski,*Louis W. Petro. Private Equity:History,Governance,and Operations*[M]. John Wiley & Sons Inc,2012.

[61] Josh Lerner,*Felda Hardymon,Ann Leamon. Venture Capital and Private Equity:A Casebook*[M]. John Wiley & Sons Inc,2012.

[62] Dale A. Oesterle. *Mergers and Acquisitions*[M]. Law Press China,2005.
[63] Gompers and Lerner. *Venture Capital Distribution:Short and Long-run Reactions*[J]. Journal of Finance,1998(01).
[64] David Rosenberg.*Venture Capital Partnerships:A Study in Freedom of Contract*[J]. Columbia Business Law Review,2002(04).